历史的天空

历史上那些
非常情侣

杨 柳

编著

北京航空航天大学出版社
BEIHANG UNIVERSITY PRESS

图书在版编目（CIP）数据

历史上那些非常情侣 / 杨柳编著 . -- 北京 ： 北京
航空航天大学出版社，2012. 5
ISBN 978-7-5124-0786-2

Ⅰ . ①历… Ⅱ . ①杨… Ⅲ . ①故事 - 作品集 - 中国
Ⅳ . ① I247.8

中国版本图书馆 CIP 数据核字（2012）第 068084 号

历史上那些非常情侣

杨柳 编著

责任编辑 崔昕昕

*

北京航空航天大学出版社出版发行

北京市海淀区学院路 37 号（邮编 100191 ） http://www.buaapress.com.cn
发行部电话：（010）82317024 传真：（010）82328026
读者信箱：bhpress@263.net 邮购电话：（010）82316936
涿州市新华印刷有限公司印装 各地书店经销

*

开本：720×1020 1/16 印张：18.25 字数：327 千字
2012 年 5 月第 1 版 2012 年 5 月第 1 次印刷
ISBN 978-7-5124-0786-2 定价：36.00 元

若本书有倒页、脱页、缺页等印装质量问题，请与本社发行部联系调换。联系电话：（010）82317024

前　言

　　当人从纯情少年渐渐成长成熟以后会发现，在现实生活中，爱情其实没那么美好，甚至没那么重要。可是，对于绝大多数人来说，如果没有爱情，人生就会显得干瘪枯燥。换句话说，经历过爱情的人生，会显得更加饱满。

　　爱情是一个永恒的话题，似乎自人类混沌初开之时就存在了，例如亚当之于夏娃，女娲之于伏羲。中国最早的诗歌总集《诗经》，就是爱情故事的大集合，其中"山无棱，江水为竭，冬雷震震，夏雨雪，天地合，乃敢与君绝！"让多少人为之动容。

　　爱情总能催生出最凄美的故事，元代诗人元好问在十六七岁的时候就写出了"问世间情为何物，直教人生死相许"的绝句，让多少痴情人感同身受，伤怀泣下。

　　每个人，甚至同一个人的不同爱情之旅都是不一样的：有时是马拉松，苦追才能成功；有时却是短道速滑，没费什么劲就到终点了；有时是你化好妆坐等爱情上门即可，有时候你又是爱情苦力，穷追不舍；有时候你能修成正果，有时却可能是屡战屡败……

　　世上没有爱你一万年，所以爱情有热恋期也有平淡期。要想保鲜爱情就需要经营，有人最终将爱情经营成一片花园，有人却弄得一地鸡毛。全凭各人的智商了。

　　爱情的内容和形式太多了：追求与等待、忠贞与宿命、暧昧与表白、偶然与必然、激情与性欲、诱惑与出轨、巧取与豪夺、新鲜与保鲜……层出不穷，常说常新。由是，历史上留下了无以计数的缠绵悱恻的爱情故事。正是这些感人的，或者发人深省的爱情故事，催生了本书。

　　本书以民国为分界线，分为民国卷和古代卷两部分，不同时代的爱情，各有各的味道。

民国以前的爱情是纯中国式的爱情，深植在浓厚的国学氛围中，所以，那时候的爱情是婉约的，带着羞涩、端庄、清华、开阔的古典气息。

爱情本来是两个人的事，两性相悦，心灵相通，就爱了。可是，中国人的爱情从来就不只是两个人的事情那么简单。因此，中国式的爱情故事就难免带有那么一丝悲情和复杂。这种情况在现如今依然存在。

民国时期与之前、之后相比都大不相同。在历史长河中，民国只是短暂的一瞬，却是中国历史上一个最时尚、最丰富、最风流、最大放异彩的年代。国学与西学碰撞产生了一大批风流人物。而那个时期的爱情，没有了古代的背景，也就没有了羞答答的古典的气息，取而代之的是大城市的繁华、紧促、紊乱，还有隐隐透出的乡土清香。那是一种春天的气息，虽然带着青味，却饱含着无限的生机和活力。

民国的爱情颇有骑士精神，就是单纯的爱，不关名利。情敌可以坦诚相见，为自己所爱的人可以一生守候，倾家荡产。比如，金岳霖为了林徽因终身不娶，翁瑞午为了陆小曼可以倾其所有，毫无所求。那个年代，才子佳人的爱情虽然难免过于多情，但每一段都很真挚。即使是流氓匪类的爱情，竟然也透着那么一丝柔意。那是一个神奇的年代，前无古人。这一时期的内容虽然占据了本书一半的篇幅，却难以道尽其中一二。

看别人的故事，想自己的人生。了解别人的经历和经验会让我们更爱惜自己，也更懂得珍惜另一个人。当然，你也可以把本书看做一本纯粹的消遣之作，但是，假如你能从中找到共鸣，或者找到解决困惑的钥匙，那我们就欣喜若狂了。

在本书的编写过程中，得到以下老师和朋友的帮助，他们是：袁洪毅、李勇、任志杰、梁顺利、张晓峰、杨爱霞、陈旭勇、闫武、谢景然、穆学军、任仲奇、于明琪、孙慧、张学会、郑志远、尚成、刘博、刘亚杰等，在此一并表示感谢。

目　录

上　民国篇

下　古代篇

上

民
国
篇

精诚笃爱：宋庆龄与孙中山

　　孙中山与宋庆龄的父亲宋耀如（也称宋嘉树）是很要好的老友，宋庆龄刚出生时，孙中山还曾抱着她在膝头玩耍。在接下来的日子里，孙中山为他的事业四处奔波，宋庆龄则进行着她由幼童向奇女子蜕变的进修，两人再没有见过面。

　　1913 年 8 月末，19 岁的宋庆龄从美国学成归来，到日本横滨看望父亲宋嘉树和大姐宋霭龄。当时孙中山也在日本，宋霭龄是他的秘书，宋嘉树协助孙中山打理经济方面的事务。宋庆龄对孙中山仰慕已久，第二天就随父亲和姐姐前去拜访这位革命前辈。孙中山上一次见宋庆龄时她还在襁褓中，如今见她已经出落成一个亭亭玉立的大姑娘，着实吃了一惊，笑着说："十九年前我还抱过你哩！"长辈对晚辈的慈爱之情溢于言表。

　　宋庆龄来到孙中山身旁时，他正处于极其艰难的状况。当时刚刚诞生的中华民国被袁世凯篡权，孙中山组织发动的"二次革命"也遭遇失败，他本人流亡日本。当时不少革命者意志消沉，革命队伍内部发生分歧，真是困难重重。而宋庆龄学业有成，风华正茂，面临着各种机遇。但她见了孙中山后，当即决定心甘情愿地"做个冒险的追随者"。

　　在宋庆龄留美归来一个月后，宋霭龄向中山先生提出辞职，回上海与孔祥熙结婚，宋庆龄接替了姐姐的工作。宋庆龄进入角色很快，令孙中山吃惊。她的青春活力和革命热情，照亮了孙中山一度灰暗的心情，让他精神焕发，信心倍增，浑身都流淌着青春般的血液。

　　改造国民党的大业进行得卓有成效。1914 年 7 月 8 日，孙中山在日本正式创立中华革命党。这时候的孙中山真切地感受到了宋庆龄对他的事业和精神上的不可替代性，宋庆龄对孙中山也由当初纯粹的革命友情转变为革命爱情，愿意为他和他的事业奉献一切。

　　以《西行漫记》闻名的美国记者斯诺曾在 20 世纪 30 年代问宋庆龄是如何爱上孙中山的。宋回答："我当时并不是爱上他，而是出于敬仰。我偷跑出去协助他工作，是发自少女浪漫的念头——但这是一个好念头。"

　　宋庆龄首先捅破了这层窗户纸。1915 年 6 月，宋庆龄准备回上海省亲。临行前，她凝视着孙中山说："有一件事我要晓得，你愿不愿和我永远在一起？我知道你结过婚，但那已经过去，与目前的事情不发生关系。我认识你的儿子孙科。……至于说过后悔，记得我小时候听你讲过：'要是我不为一件伟大的事业而生存，那么我的生命便毫无意义'，我还是个小女孩的时候，就梦想着能有一天帮助几百万民众，成为伟大事业的一分子。现在我要知道的只有一件事：你要不要我做你的妻子，永远帮你做革命工作。"

孙中山的心情很复杂，他的内心是渴望宋庆龄的，可是，现实中，他已有妻室和三个子女，而且是父亲辈的人。所以，他推托说，自己已经老了，而宋庆龄还那么年轻。

"但是革命呢？"宋庆龄问。

孙中山摆摆手说："它可不管年龄，却需要一切人。……庆龄，可爱的孩子，我不晓得我应当说些什么活，你是知道我的心的。"

"你的心吗？"宋庆龄亲切地望着孙中山欣慰地说："你是需要我的。这样一切都停当了。我非常快乐。我这一生非常清晰而简单了。"

"但是，庆龄！"孙中山握着她的手，急促地说："你必须得到你父母的同意才行。我不能对不起你和他们。"

宋庆龄吁了一口气："我会跟他们说的，不过现在一切都算决定了。"

孙中山还是说要她父母同意才算决定了，但宋庆龄坚持："现在可以说一切都决定了。"

孙中山深深地吸了一口气，便把宋庆龄拥抱在臂圈里。她的头搁在他的肩上。最后孙中山还是提出要征得她父母的同意。

今天看起来，上面这段对话未免太过于戏剧化，太不真实了。可是，在那个时势造英雄的年代并不稀奇，先驱们的爱情和革命事业大抵是分不开的。

宋庆龄回到家里，把和孙中山结合的想法告诉了父母。宋氏夫妇震怒惊骇。宋嘉树破口大骂孙中山，宋母则泪眼婆娑地劝导庆龄放弃这个念头。可是宋庆龄心意已决，始终不为所动，无奈之下，宋嘉树将宋庆龄软禁在家。宋庆龄苦于无法脱身，只好给孙中山写了一封信，悄悄托看管自己的女佣寄了出去。假如没有这个女佣，历史或许就要重写了。

在宋庆龄与家庭据理力争时，孙中山也在安置自己家中的妻子。

早在1884年，孙中山就已奉父命与卢慕贞结婚，两人生有一男两女，子即是孙科。孙中山和宋庆龄都是基督教徒，该教主张一夫一妻制，他们结婚前必须先恢复单身。就算没有教义的要求，对于自身条件优越而且自尊心极强的宋庆龄来说，也是不屑于做侧室的。所以，孙中山派人去澳门将卢慕贞接来日本，商谈离婚之事。

说到这里，插一句题外话。孙中山是在与卢慕贞成婚前成为基督徒的，该教提倡一夫一妻制，但孙中山婚后与陈粹芬婚外同居，还有几个日本妻子，其实都已经违背了基督教所提倡的一夫一妻制。可见，孙中山坚持恢复单身，最重要的原因不是教义，而是因为对方是宋庆龄。

卢慕贞比孙中山小一岁，身材矮小，肤色较黑，相貌普通，自幼缠足，性格内向，是一个典型的旧式女子。而孙中山温文儒雅，长期留学于海外，学贯中西，见多识广。夫妻二人不管从哪方面来衡量，条件都不相当。

卢慕贞对离婚一事表现得相当有风度。有材料记载，早在1915年3月，孙中山就曾写信给卢慕贞，就与宋庆龄结婚一事征求她的意见。卢慕贞见信后十分平静，问了宋庆龄的一些情况后，在信上写了一个"可"字。当时部分革命党人反对孙中山与卢夫人离婚，而卢夫人当着大家的面慨然表示："孙先生为革命奔走海外，到处流浪，身心为之交瘁，既然现有人照料他身边的生活，且有助于其政治活动，我愿意成全其事，与先生离婚。"大家听罢自然也无话可说。

1915年9月1日，卢慕贞应孙中山之邀到日本东京协议离婚。孙中山对自己给卢慕贞带来的伤害深怀内疚，据说他向卢慕贞承诺：她永远是孙家的人，孙科永远是她的儿子。

卢慕贞虽然老派，并不懂孙中山所从事的反清革命，不能和丈夫夫唱妇随，但她以另外一种方式默默地支持着丈夫。孙中山长期在外为革命奔波时，她在家中悉心照料家庭，教育子女。即使离婚后，她依然一如既往地照料孙中山的母亲和家庭，毫无怨言。这是一位善良的女性，也是一位伟大的女性。

与孙中山离婚后，卢慕贞一直住在澳门的孙公馆，她还听从孙中山的劝告，皈依基督教。孙中山与宋庆龄对卢慕贞非常尊重，两人结婚的第二天，就给在澳门的卢慕贞汇款。此后，孙中山一直关心着卢慕贞的生活和健康，并与她保持着书信往来。

话说孙中山这边顺利地解除了与卢慕贞的婚约，宋庆龄那边却迟迟未归，他已意识到情况不妙，等接到宋庆龄的来信后，才知道她被软禁了。宋庆龄在信中问孙中山，他现在是否还需要她？自己应该待在家里还是回他身边去？

孙中山接信后，人变得情绪低落，不思茶饭。幸亏房东梅屋夫人是个热心肠的老太太，她替孙中山出谋划策，建议孙中山派人把宋庆龄从上海接过来。

在被软禁了近三个月后，宋庆龄在女佣的帮助下，趁夜跳窗逃走。1915年10月24日中午，宋庆龄抵达日本，孙中山去火车站接她。次日上午，两人在日本律师和田家中办理结婚手续，下午在日本友人庄吉家举办婚礼。他们听从和田的建议，在结婚的誓约书上，把结婚日期写成26日，以取逢双大吉的意思。那一年，孙中山49岁，宋庆龄22岁。当时到场致贺的中国人只有少数几人，有人劝孙中山悬崖勒马，孙拒绝和他们谈"私事"。他说："不；如能与她结婚，即使第二天死去亦不后悔。"

宋嘉树在女儿离家出走后，立即与妻子搭船追至日本。据庄吉女儿回忆，当时宋嘉树站在大门口，气势汹汹地吼道："我要见抢走我女儿的总理！"庄吉夫妇很担心出事，打算出去劝宋嘉树。孙中山拦住他们说，这是他自己的事情，自己出去。孙走到门口台阶上对宋嘉树说："请问，找我有什么事？"暴怒的宋嘉树突然平静下来，叭的一声跪在地上说："我的不懂规矩的女儿，就托付给你了，请千万多关照。"然后磕了三个响头。孙中山一言不发，宋庆龄出面解释，说这一切均出自自己本心，还拿出两人订立的婚姻誓约书给父亲过目。誓约书已经律师作证并由当事人签字生效。

宋嘉树还是不死心，又跑到日本政府起诉，说宋庆龄尚未成年，是被迫成亲的。日本政府以手续齐全，合乎中日两国法律为由拒绝干预。无奈之下，宋氏夫妇只好认命，还送了一套古家具和百子绸缎给宋庆龄做嫁妆。真是可怜天下父母心。

能够培养出宋氏三姐妹的人毕竟不会是普通人。宋嘉树虽然不愿意当自己老朋友和同辈人的岳父，但为了革命，他又与孙中山重归于好，在政治上继续和他共事。

宋庆龄与孙中山的婚姻是那个世纪最重要的婚姻之一，如果没有他们二人的结合，就不会有宋美龄与蒋介石的婚姻，也不会有四大家族的崛起。中国的历史或许与现在不一样。

宋、孙二人婚后，全身心地投入革命奋斗。1925年3月12日上午，孙中山因肝癌在北京病逝，享年60岁。孙中山去世后，被国民党尊称为"国父"，宋庆龄则被尊称为"国母"。此后，她一心扑在革命中，为中国的命运四处奔波。因为身份特殊，她在几次危急关头发挥了不可替代的作用。特别是在抗日战争时期，她利用自己在国内的威望，努力促成了国共两党建立抗日民族统一战线，意义尤其重大。1981年5月，宋庆龄在北京去世，全国人大常委会决定授予她"中华人民共和国名誉主席"称号。

　　宋庆龄和孙中山的一生真正是革命的一生。他们似乎就是为了革命而生,他们的爱情也因革命而生,并且因革命而显得伟大。

　　一流的女人只有一流的男人配得上,宋孙是绝配。乱世,我们不能以和平年代的规则来评判事物。宋庆龄抢了有妇之夫,但没有人会指责她;孙中山抛弃了结发妻子,也没人会指责他。一切为了苍生,苍生自然以敬仰之心待之——这是爱情的另一种使命,非常罕见,但确实存在。

失落但永恒：陈粹芬与孙中山

孙中山的老朋友宫崎寅藏在《孙逸仙其仁如天》（陈鹏仁译著《宫崎寅藏论孙中山与黄兴》）里记录了这样一个故事：

有一天犬养毅（日本第29任内阁总理）问孙中山："您最喜欢的是什么？"孙中山毫不犹豫地回答说"revolution（革命）"。犬养毅又问："您喜欢革命，这是谁都知道的，除此而外，您最喜欢什么？"孙中山看了看犬养毅夫人，笑而不答。犬养毅催问说："答答看吧。"孙中山答说："woman（女人）"。犬养毅拍着手说："很好"，又问："再其次呢？""book（书）。"犬养毅哈哈大笑，说："这是很老实的说法，我以为您最喜欢的是看书，结果您却把女人排在看书前面。这是很有意思的。不过喜欢女人的并不只是您！"他接着佩服地说："您这样忍耐对于女人的爱好而拼命看书，实在了不起。"

孙中山是个性情中人，他的一生中，走到哪里都会有女人追随，有中国人，也有日本人。这也无话可说，优秀的男人必然有极强的吸引力。在众多的女人中，只有两位被写入孙中山的公开传记中，一位是卢慕贞，一位是宋庆龄。但是，在孙家的族谱中还有一位侧室被记录在册，她就是陈粹芬。她是孙中山的生命里很重要的女人，也是长期以来被遮蔽的革命伴侣兼红颜知己。

陈粹芬，原籍福建厦门同安，1873年出生于香港新界的屯门，原名香菱，又名瑞芬，因排行老四，故人称陈四姑。她的父亲是位郎中，据说爱国华侨陈嘉庚是她的侄辈。陈粹芬身材适中，眉清目秀，吃苦耐劳，颇具贤德。由于家贫，父母早亡，未曾读过书，因而有人说她不识字。

1891年，在香港西医书院读书的孙中山经陈少白介绍，认识了年方18岁的陈粹芬。初次见面，孙中山即向她表示要效法洪秀全、石达开推翻清朝。陈粹芬被孙中山的豪言壮语深深感动，崇拜之情油然而生，于是立志追随孙中山革命。不久，两人便在香港屯门附近的红楼租屋而居，策划反清工作。当时革命党人来面见孙中山，多是夜里秘密乘舟前往红楼。这一年孙中山已26岁，在西医书院尚有一年才毕业，他与夫人卢慕贞的长子孙科也在此年出世。

陈粹芬性格刚强，办事麻利，颇有"女中豪杰"的气概。宫崎寅藏的夫人宫崎褪子在《我对辛亥革命的回忆》中，对陈粹芬有过十分传神的叙述，她说寅藏的哥哥宫崎民藏一边睁大眼睛称赞陈粹芬，一边对自己说："在照顾孙先生日常生活的那位中国妇女同志，真是个女杰。她那用长筷子，张着很大的眼睛，像男人在吃饭的样子，革命家的女性只有这样才能担当大事。你看她声音之大。你应该向她看齐才对。"这种麻利的性格正是革命初期所需要的。

陈粹芬自从1891年认识孙中山起，在此后将近20年的时间里，一直追随在孙中山身边，陪着他出生入死。1907年镇南关之役中，陈粹芬也跟着孙中山、黄兴、胡汉民等一道上了前线，随军作战、送饭，终日忙碌，从不言苦。孙中山到日本和南洋各地为革命奔走时，陈粹芬也一直跟随服侍，给往来的革命同志洗衣做饭，传递信函，并且亲自印刷宣传品。她甚至参与了秘密运送枪支弹药之类的地下工作。在生活中，她也是孙中山的最佳拍档，孙中山颇精于30年前盛行之广东天九牌，陈粹芬常常是他的铁杆牌友。大家都十分钦佩这位革命女性，亲切地称呼她为"陈四姑"。当年胡汉民、朱执信等人反对孙中山与宋庆龄的婚姻，其部分原因也在于陈粹芬的存在。

孙中山爱女人，所以，与陈粹芬同居期间，他依然娶妻纳妾。1895年底，广州起义因计划泄露而宣告失败后，遭到清政府通缉的孙中山流亡于日本横滨。在此后将近10年的时间里，横滨一直是孙中山最为重要的居留地。这期间，孙中山娶了多名日本籍妻妾，其中留下姓名的只有两位。其中有一位叫大月薰的，出生于1888年，1903年与38岁的孙中山结婚时，只有16岁。在与大月薰结婚生育期间，孙中山还与日本横滨一位名叫浅田春的少女保持着情爱关系。

当然，成大事者不拘小节，这些女人并没有影响他与陈粹芬的革命伙伴关系。无数次的朝夕相处、出生入死让他们结成了深厚的感情——革命友情和爱情相互掺杂。那个时候，她是他最信任的人。

1911年10月10日，武昌起义成功，随后，清政府被推翻，孙中山就任中华民国临时大总统。就在这个时候，陈粹芬却离开了。

关于陈粹芬与孙中山分手的时间，说法不一。一般认为，大约在1912年4、5月间。因为，当时孙中山在广州及香山故居门前的全家合影照片中没有陈粹芬，而在5月下旬，英文秘书宋霭龄出现了。

那么，陈粹芬为什么在孙中山功成名就之时离开呢？显性的原因是，她得了肺结核，为了不传染给孙中山，她离开了。可是，陈粹芬恰好在孙中山功成之时退身，难道仅仅是因为患病吗？不全是，应该有更多的考虑。陈粹芬没读过多少书，与孙中山长期在一起，却一直无名无分，在当时的情况下，陈粹芬多少是会有一些压力的。她可以与孙中山一起出生入死，但却不适合与他一同身居高位，所以她选择离开。

陈粹芬功成身退后，孙家人以家人的身份接纳了她，她虽然没有与孙中山正式结婚，但被孙家以妾的身份收入祖谱。孙中山的哥哥孙眉特意在澳门给她买了套房子，而孙中山的正妻卢慕贞也与她相处融洽，情同姐妹。

其实，孙中山在与宋庆龄结婚之前，是承认陈粹芬是自己的妻子的。1910年12月10日，孙中山前往欧洲宣传革命，在从埃及苏伊士运河写给女儿的家信中写道：

"父今晚行到第四个埠，即苏彝士运河，再六日便到步矣，可告两母亲知之也。"这里所说的两母亲，指的是孙中山的元配夫人卢慕贞以及陈粹芬。可见，孙中山当年是承认陈粹芬为自己"按照旧风俗再娶"的第二房妻子的。但是后来，却不再提了。

1915年，宋庆龄出现并与孙中山结婚，陈粹芬就像大夫人卢慕贞一样，表现大度。她说："中山娶了宋夫人之后有了贤内助，诸事顺利了，应当为他们祝福。"她知道自己不可能再与孙中山相伴，于是不久后即告别亲友，只身赴南洋，隐居在马来半岛槟榔屿，当地侨界人士都尊称她为"孙夫人"或"孙太太"。陈粹芬离开孙中山后，淡泊名利，生活俭朴，从不提自己的身世，留的是民国初期女学生的发式，不了解她的人，很难想象她曾经有过那么一段惊心动魄的历史。

非但如此，当后来有人为她打抱不平时，她主动出面为孙中山辩白说："我跟中山反清，建立中华民国，我的救国救民愿望已经达到。我自知出身贫苦，知识有限，自愿分离，并非中山弃我，他待我不薄，也不负我。"其胸襟之坦荡非常人能比。

陈粹芬没有自己的孩子，42岁时抱养了一位苏氏华侨的幼婴为女儿，取名孙容，后改名为苏仲英。

1925年3月12日，孙中山逝世，陈粹芬远在南洋，痛哭失声。她说："我虽然与中山分离，但心还是相通的，他在北京病危期间，我几乎每天晚上都梦见他在空中飞翔。"为纪念曾经的战友和爱人，她设坛遥祭七天，感情之笃，异乎寻常，在当地传为佳话。

1931年，"九一八"事变后，陈粹芬应时任行政院长的孙科之请，携女儿孙容回国，住在广州，为孙科操持家务，照顾孩子。1936年蒋介石南下广州，为答谢当年陈粹芬在日本时的照料，特亲自修书托时任司法院长的居正探望陈粹芬，并致送 10 万元，给她作为建筑房屋及养老之用。

1937 年，陈粹芬的养女孙容与孙眉的次孙孙乾相爱，本来论辈分属姑侄，遭到长辈反对。但因无血缘关系，孙科也极为赞成，出面成全。孙容恢复原姓，改为苏仲英。离开孙中山后，陈粹芬一直过着平静而幸福的晚年，由养女和女婿供养，与孙家保持着良好的关系。1960 年秋，陈粹芬在香港溘然长逝，享年 87 岁。由于担心影响孙中山的形象，陈粹芬的丧礼颇为简单，不登报，不发讣告，匆匆葬于荃湾华人墓地，孙中山的传说里也没人敢写她。

作为政治人物，她被人为地排除在孙中山的身边，但作为一个女人，她被孙家乃至当年的同志们认可，并最终名正言顺地成为孙家一员：1986 年年末，孙乾将陈粹芬的遗骨迁于中山县翠亨村孙氏家族墓地之内，墓碑上书：孙陈粹芬夫人之墓，婿孙乾率外孙必胜、必兴、必达、必成、必立建立。

> 陈粹芬不是平常女子，因此，她可以坦然地离开一起出生入死 20 年的爱人，没有斤斤计较于是否有名份、是否有面子，以及付出是否得到回报。这份豁达为她赢得了广泛的敬重。
>
> 孙中山不是薄幸男儿，他也不曾怠慢过跟随过他的女人。
>
> 大爱无声，爱情的最高境界是志同道合、心意相通、互相包容，除此之外，一切都不过是浮云。

堕落政客的爱情悲歌：陈璧君与汪精卫

汪精卫在中国历史上，因其汉奸生涯被长期完全否定。事实上，他在辛亥革命以及国民党建立过程中具有不可抹杀的功绩，曾成为万民景仰的英雄。而他与陈璧君的感情与他跌宕起伏的政治生活息息相关，谱写了一段另类的爱情故事。

汪精卫原名叫汪兆铭，字季新，精卫是笔名。汪家祖籍浙江，汪精卫本人出生在广东佛山，是家中的第十个孩子。汪精卫的父亲在广东充当幕僚，说起来是仕宦人家，其实家境不算太好。汪精卫的父母在他十三四岁时相继去世，他跟着同父异母的长兄汪兆镛生活。汪兆镛中过举人，是个老派的道学家，对汪精卫管教极严。这种拘束的家庭环境，铸造了汪精卫懦弱自卑、优柔寡断的性格。

汪精卫天资甚高，5岁入私塾，18岁时参加广州府试得头名秀才。后因家境困窘，到广东水师提督李准家中当老师，这段在大官僚家当私塾老师的经历很艰难，更加剧了他驯顺懦弱的性格。

所谓性格决定命运，汪精卫后来成为大汉奸，性格起了一定的作用。

1904年，汪精卫考上留日官费生，赴日留学。1905年，孙中山自欧洲入日本创立同盟会，汪精卫慕名前往，被孙中山的演讲所吸引，当下决定跟随孙中山革命，并且成为早期同盟会中最年轻的骨干，还是同盟会章程的起草人。

1907年夏天，汪精卫来到马来亚槟城，传播革命思想，发动华侨，为国内武装起义筹备款项。在这里遇到了陈璧君。

陈璧君，原名冰如，乳名环，祖籍广东，1891年11月6日出生在马来亚槟榔屿乔治市，其父陈耕基是当地有名的华商，人称"陈百万"。陈璧君是家中长女，因为生得较胖，人称"肥环"。由于家境优越，陈璧君接受的是中英文教育，她对自己的描述是："绝对清洁，但不齐整。爱好天然，不事装饰，除去爽身粉外，一生未涂过脂粉。不会唱歌，不会跳舞，好听优美的音乐，但是不懂。好看新、旧、中、外的画，但自己一条直线都画不出来。"陈璧君的父亲陈耕基虽然也对国内革命出钱出力，但对政治较为超然，其母卫月朗却性格直爽，识大体，明大义。陈璧君有乃母风范，有主见，有胆魄，比一般女生更有思想和决断力。

汪精卫来到槟城后，便在华侨俱乐部小兰亭设台演讲。汪精卫是革命党中有名的才子加美男子，口才非常了得。有人说汪精卫的演说，"不但能把死人说活，而且能把活人说死。"胡适就说过，他若是女人就一定要嫁汪精卫。陈璧君早就在报纸杂志上见识过汪精卫的文采，如今见汪精卫果然如传说中一表人才，立刻一见倾心。在陈璧君这个情窦初开的少女心中，已经悄悄燃起了爱情的圣火。从此，陈璧君就成了汪精卫的忠实听众，每讲必到。时年，陈璧君16岁，汪精卫24岁。

一个偶然的机会，陈璧君在当地同盟会会长吴世荣家中正式结识了汪精卫。由于不敢贸然表达自己的爱情，陈璧君只好处处表示亲近，闲暇时陪同汪精卫四处游览名胜。在近距离的交往中，陈璧君更为汪精卫严肃的生活作风所倾倒。

当时的年轻革命家中，不少人嫖妓赌博酗酒，汪精卫却像个清教徒，被人称为"道学先生"。汪精卫认为，"革命家生活无着落，生命无保证，革命家结婚必然陷妻子于不幸之中，让自己所爱之人一生不幸是最大的罪过。"他还发誓："革命不成功就不结婚。"汪精卫越说不结婚，陈璧君反而越爱汪精卫。

在汪精卫的吸引下，陈璧君毅然加入了同盟会，成为同盟会中年龄最小的会员。经过一段时间的酝酿后，陈璧君终于鼓足勇气向汪精卫吐露了爱慕之情，结果却遭遇了冷处理。

当时陈璧君和汪精卫的个人情况也有些复杂。一方面，陈璧君已和表兄梁宇皋定了亲。另一方面，汪精卫本人在家乡有一位有名无实的妻子刘氏，这桩婚事是汪精卫早年订下的。后来，他长年奔波在外，怕连累刘氏，于是写信回去表示要解除婚约，不想刘氏是个烈性女子，对夫君忠贞不渝，拒绝离婚，因此这段婚姻一直悬而未决。

总之，内因加外因，汪精卫拒绝了陈璧君的求爱。汪精卫在槟城活动数日后，即行离去。留下陈璧君一人坐卧不安，茶饭不思。天性执拗的她，不管汪精卫愿不愿意，一心要嫁汪郎。其父闻讯后，严厉斥责，认为"千金女绝不可下嫁亡命徒"，母亲虽然同情女儿，但也无可奈何。

1908年初，汪精卫到新加坡为同盟会主办的《中兴日报》撰稿，孙中山也化名"南洋小学生"，亲自撰文参加论战。在这里，汪精卫的追求者依然络绎不绝。据说某天有一位浓妆艳抹的女郎去找汪精卫，汪从楼梯口向下一看，见该女郎艳丽过甚，面红耳赤，不敢下楼，急忙躲开，该女郎只好怅然而返。此事不知怎么被陈璧君知道了，一股无名的妒火烧得这个少女坐卧不安。当时正值暑假期间，她就一再鼓动母亲卫月朗同去新加坡。在新加坡，陈璧君母女俩受到孙中山的热情接待，年过半百的卫月朗亲睹了一代伟人的风采，亲耳聆听三民主义主张和创建共和的远景描绘，心驰神往，似乎全然忘记了到新加坡来的初衷，毅然决然地加入同盟会。

在狮城，陈璧君求爱的希望再次落空，不过，她并没气馁，暗下决心，要以实际行动赢得这位英俊革命家的爱心。

1909年，革命形势急转直下，革命党人组织的六次起义相继失败，汪精卫不得不流亡日本。陈璧君闻讯后，当即以留学为名，赶赴日本，跟随在汪的左右。当时革命处于最困难的时期，同盟会上层领导之间又发生了严重分歧。汪精卫力辟谣言，反对分裂。

为了挽救局面，汪精卫做出了一个惊人的决定：谋杀清朝重臣，幻想借助炸药的威力，消灭清朝，激奋人心，取得革命成功。汪精卫曾在报纸上发表文章称：现在四亿人民正如饥泣的赤子，正在盼等吃革命之饭。但烧熟米饭所需要的一是薪，二是釜。所以革命党人的角色有二：一作为薪，为薪的人需要奉献的毅力，甘心把自己当做柴薪，化自己为灰烬来煮成革命之饭；二作为釜，为釜的人需要坚韧的耐力，愿意把自己当做锅釜，煎熬自己来煮成革命之饭。

同盟会领导人并不支持他的暗杀计划，他最要好的朋友胡汉民写信劝他说：你是同盟会中举足轻重的人物，你的文才、口才和号召力都是无人可以取代的。如果你以一时之激情与虏酋拼命，对革命的损失太大，足阻革命之前途。汪精卫回函道：梁启超骂我们这些革命党人是"远距离革命家"，章炳麟等人又背叛孙先生和同盟会，已经到了"非口实所可弥缝，非手段所可挽回"的地步。并表示，他愿意当革命之薪，以实际行动，回击分裂势力与保皇党人的攻击和挑衅。

由于没有同盟会领导人的支持，汪精卫不得不自己寻找同伴，他联络到了黄复生、喻培伦、黎仲实、曾醒、方君瑛等人，组成了暗杀团。一行人在香港一个农场试验炸药，密谋起事。陈璧君也坚决和汪精卫一起北上。有人半开玩笑地对她说："你有一张英国臣民的护照，当然不怕死。到关键时刻，你把英国护照一抛，英国领事馆自会来救你。"陈璧君听完，当即将英国护照撕成碎片，满座皆惊。

在整个准备过程中，陈璧君紧随汪精卫几度南下北上，马不停蹄。陈璧君还再度风雨兼程，独自返回槟城，力劝母亲卫月朗将金银首饰和所有积蓄倾囊而出，赞助汪精卫，以讨汪之欢心。

1909年12月，汪精卫同陈璧君等人日夜兼程，奔赴北京。次年元旦过后，他们在北京开设"守真照相馆"作掩护，积极研究布置暗杀活动和研制炸弹。陈璧君与汪精卫假扮夫妻，挽手共进退，让她满心欢喜。

汪精卫建议一不做二不休，杀一两个清朝重臣，直击朝廷心脏。他们首先选定暗杀庆王奕劻，他是清王朝中权威最盛的顽固派，是革命党的死对头。由于奕劻出行非常谨慎，无法下手，只好作罢。接着，他们仓促将目标改为即将从欧洲回来的清贝勒载洵和载涛。两贝勒回国那天，汪精卫、黄复生、陈璧君三人乘一辆骡车前往前门站。火车到站时天已黄昏，当时满站台都是戴着红顶子的官员，他们无法分辨谁是载洵、载涛，恐误伤他人，只好罢手。几次暗杀计划落空后，汪精卫决定擒贼先擒王，以摄政王载沣为目标。

经过一番准备后，他们最终将什刹海旁的银锭桥下选为爆炸地点。行动之前，汪精卫找陈璧君进行了一次严肃的谈话，希望她认真考虑是否参与此事。陈璧君说："我不是为刺杀摄政王来的，而是因为爱你才来的。当然，这件事我们一起干。不过，万一我们两人都能活下来，我愿意把一切都献给你，做你的妻子。希望你能够答应我。"汪精卫当时已抱定必死的信念，对陈璧君也谈不上爱，此时却为她的真情实意所感动，便答应了她的要求。这种保证在当时的环境下虽然显得十分渺茫，但陈璧君多年的夙愿毕竟得以实现，她的心中充满了由衷的幸福。

1910年3月31日，汪等人将炸弹用一辆骡车运到银锭桥边的清虚道观里藏起来。深夜，汪精卫、黄复生、喻培伦三人前去埋炸弹，不料突然犬声四起，当夜行动中断。次日夜里，三人又继续工作，将炸药罐埋好后，铺设电线，铜线过短，所差太多，只好再次停止。第三日半夜三人继续铺设时，忽见桥上有人张望，黄复生感到行动有可能被发现了，叫喻培伦通知汪精卫不要来了，自己藏于树后观察情况。只见一人手提小灯笼来到桥下，东照照，西照照，就走了。黄复生赶紧跑到桥下，将电线收回。因炸药罐太重，不能取出。这时，又来了三个人：一个警察，一个宪兵，还有先前来的那个人，在桥下查找很长时间才离去。事后才知道，提灯笼的人是一个车夫，因他的妻子三日未归，出来查找，见桥下有人，以为是奸夫，结果在桥下发现炸药罐。因不知是何物，赶紧报告警察。汪等人费尽心机的行刺计划就这样暴露了。

第二天一早，市面上一切平静，直到下午，也没有发现清兵抓人的迹象。喻培伦大着胆子到银锭桥附近观察，发现桥下埋的炸弹不见了。原来，炸弹前晚已被清兵取出，抬到官府中了。清廷官吏们也不知这个铁家伙为何物，第二天一早特请来日本和美国使馆的专家进行鉴定。外国专家一来就看出这是一颗威力强大的炸弹。当他们听说这颗炸弹埋设在载沣要经过的桥下时，心有余悸地说：幸好未爆炸，要不然，别说是桥，就是附近两三里之内都会被炸成一片焦土。关于炸弹出自何处，美国专家认为这颗炸弹工艺先进、设计高明、威力强大，不可能是中国制造的。日本专家却根据炸弹外壳上明显的车削痕迹，断定这颗炸弹一定是在中国境内加工装配的。由于北京城戒备很严，这么笨重的铁家伙肯定是在北京城内制造的，但究竟是中国人干的还是外国人干的不能确定。清朝官吏们恭敬地送走洋人后，便秘密对城内的铁匠铺逐户排查，并且顺藤摸瓜查到了"守真照相馆"。

汪精卫他们在照相馆中等了几天，风闻了不少关于搜查炸弹的消息，但似乎并没有指向革命党人。他们松了一口气，决定再图大事。由于从日本带来的炸药和器材已所剩无几，只能再派人去日本购进。大家商定，由喻培伦、陈璧君去日本，汪和黄复生仍留北京，准备再举，另有其他人去筹款等。陈璧君怀着依依不舍的心情，离开汪精卫，离开北京。

陈璧君等人走后不久，清政府就找到"守真照相馆"，抓捕了汪精卫和黄复生。汪被捕后，自料必死，吟诗言志，在狱中成《被逮口占》四首，其中《慷慨篇》中的"慷慨歌燕市，从容作楚囚；引刀成一快，不负少年头。"以及"一死心期殊未了，此头须向国门悬"等铿锵的诗句曾流传一时，为人称颂。

汪精卫和黄复生被捕后，都说自己是主谋，争着救对方牺牲自己，因此两人都要被处死刑。这些壮举不仅被一般人传为佳话，也为主审官肃亲王善耆所赞叹。在善耆的干预下，汪精卫等人被"从宽"处理，免于一死。4月29日，汪精卫和黄复生被宣判终身监禁，开始了铁窗生涯。

陈璧君在日本得知汪精卫被捕的消息后，气急败坏。发泄无门的她竟然破口大骂同来日本的喻培伦，说他是胆小鬼，临阵怯逃，出卖同志，见死不救，等等。少数不明真相的革命党人信以为真，纷纷指责喻培伦，甚至疏远他。喻培伦觉得自己自参加革命以来，几次重大的行动都没有完成，也没有血染沙场，这种没有结果的失败对革命者是不能原谅的。同时，他对于汪、黄的被捕也感到伤心，因此，他不愿和丧失理智的陈璧君争执，也没有向不明真相的革命党人进行解释，而是将委屈埋在心底。后来，他对吴玉章说："谁怕死，将来的事实是会证明的。"1911年4月，广州起义时，喻培伦身背炸弹筐冲锋在前，身负重伤被俘，被清政府用灭绝人性的"大辟"处死，临刑前他慷慨激昂地宣称："学说是杀不了的，革命尤其杀不了！"。

汪精卫入狱后，孙中山等革命党人立即组织了营救活动。最焦急的自然是陈璧君。她四处求人打探消息，并且东奔西走筹措营救汪精卫的经费，从日本到新加坡，又从新加坡到槟城。陈璧君、胡汉民、黎仲实等人又在香港九龙城外设立了一个秘密的营救机关。大家虽四处募集经费，但仍感不足。有一天，陈璧君心血来潮，向大家提议说，有人是靠赌博发家致富的，为了营救精卫，咱们不如去赌一下，碰碰运气。大家研究了一番，认为这也是个办法。于是由胡汉民带领，陈璧君扮作男子，带着一行人去了澳门赌场。这些人根本不谙此道，不知其中深浅，结果将带来的钱全部输光，狼狈而归，又增添了一份烦恼。

陈璧君在香港心急如焚，坐卧不宁，提出要亲自去北京进行营救，被胡汉民劝阻。几经周折，大家终于探明了汪精卫囚禁之所，并设法建立了联系，但也无营救之计。

1910年冬，陈璧君携带募集到的款项，冒着生命危险，与黎仲实去北京营救汪精卫。临行时，胡汉民为其送行，并诵叶清臣《贺圣朝》词云："不知来岁牡丹时，再相逢何处？"众人相对泣下，不胜悲壮。经过一番周折，陈璧君重金买通狱卒，将十余枚鸡蛋送进监狱，内藏书信一封。信中写道："四哥如面：千里重来，固同志之情，亦儿女之情也。妹之爱兄，已非一日，天荒地老，此情不渝。但此生已无望于同衾，但望死后得同穴，于愿已足。赐我婚约，以为他年作君家妇之证。忍死须臾以待之，其当字覆许我也。"署名"冰如"。

汪见信后，悲喜交集。喜的是狱外的同志正在积极设法营救，陈璧君甘冒风险亲自来京，对自己真是情深似海；忧的是陈璧君此行危险很大，唯恐发生意外。于是咬破手指，写下"信到平安"的血书。百感交集之下，又吟诵《金缕曲》词一首赠陈璧君。词云：

别后平安否？便相逢凄凉万事，不堪回首。国破家亡无穷恨，禁得此生消受。又添了离愁万斗。眼底心头如昨日，诉心期夜夜常携手。一腔血，为君剖。

泪痕料渍云笺透。倚寒衾循环细读，残灯如豆。留此余生成底事，空令故人偪愁。愧戴却头颅如旧。跋涉关河知不易，愿孤魂缭护车前后。肠已断，歌难又。

在这阕词后，汪精卫又血书五字——"勿留京贾祸"，表达了他的殷殷关爱。对于陈的来书，存之不能，弃之可惜，最后竟嚼而吞之。此事又成一段佳话。

接到汪郎倾诉衷肠的词作，陈璧君备受鼓舞，她彻底表明了心迹："我们两人虽被牢狱的高墙阻挡无法见面，但我感到我们的真心能穿过厚厚的高墙。我将遵从你的忠告，立即离开北京，不过在此之前有一件事想和你商谈。你我两人已不可能举行形式上的结婚仪式，但你我两人从现在起，在心中宣誓结为夫妇，你看好吗？"汪精卫自料必死无疑，有约如此，理应遵行不悖。他咬破手指，写了一个红红的"诺"字。

以汪精卫当时的情况，如果不叛变的话，除非革命胜利，否则根本没有出狱的希望。换言之，或许他永远也见不到陈璧君了，但陈璧君仍然对他痴心不渝。这份感情天高地厚，此时的汪精卫对陈璧君死心塌地地爱上了。

汪的应诺给了陈璧君无穷的力量，她与各方联络，准备从狱外挖一条通往牢房的地道救汪，事实上这很难办到。最后只好空望监狱，痛哭失声。由以上的种种行为看，陈璧君是个痴情种，敢想敢干，也有一定的能力，却算不上一个有理智和讲大义的人。

就在陈璧君想尽各种办法救情郎时，孙中山和黄兴、胡汉民等革命党人正在商议发动革命军起义，并认为取得革命胜利才是营救汪精卫的最好办法。胡汉民接受了孙中山的意见，立即通知在北京营救汪精卫的陈璧君等人返回香港，准备参加广州起义。不想广州起义最终失败。

1911 年 10 月 10 日，武昌起义爆发，推翻了清王朝。11 月 6 日，汪精卫、黄复生等人被释放出狱。不少民众围在刑部门前，争睹这位英雄的风采。三个月后，汪精卫和陈璧君在上海相聚，正式宣布结婚。久别重逢，二人相偎相依，海誓山盟，此后永远结合，不会再离。二人还联袂做词一首：

飘摇一叶，看山容如枕，波浪如簟，谁道长江千里直，尽入襟头舒卷。暮霭初收，月华新浴，风定微波剪。翛然携手，云帆与意俱远。

记否烟树凄迷，年年漂泊，泪洒关河遍。恨缕悉丝千万结，才向东风微展。野藿同甘，山泉分汲，蓑袂平生愿。呢喃何语，掠弦曾笑双燕。

1912 年 4 月，汪、陈在广州举办婚礼，陈璧君的伴娘是何香凝。其时，同盟会志士齐聚广州，公祭黄花岗七十二烈士牺牲一周年，因此汪、陈的婚礼办得非常气派，观礼的人很多。

苍天不负有心人，陈璧君苦苦追求爱情，终成正果。然而，这个结合对汪精卫来说，却算不上喜事。

汪精卫与陈璧君的性格正好相反，一个是水，一个是火。汪才思敏捷，待人温和，可办起事来优柔寡断，缺乏魄力。陈璧君却是火爆脾气，快人快语，勇决智断。汪精卫在政治上遇到重大难题，总喜欢与夫人商量，陈璧君也乐此不疲。久而久之，陈璧君养成习惯，事无巨细均要插手过问，令汪精卫的左右苦不堪言。汪曾说："陈璧君不但是我的妻子，而且是老同盟会会员，许多事当然要听她的意见才能决定。"这就等于亲口承认了陈璧君是其主心骨。

假如陈璧君识大体、有大智慧也罢了，不幸的是，她生性自负、任性、骄狂，权力欲极强，这样的性格是领导人的大忌。正如汪精卫的死党陈公博所说：没有陈璧君，汪干不了大事，但如果没有陈璧君，汪也不会坏了大事。

如果汪精卫是个普通人，这种"妻管严"式的爱情模式挺适合他的。可是，他是一个要决定许多人立场和命运的人，而他的妻子又没有大视野，所以，他的结局注定是悲剧。

性格即命运，只能说时也命也。

1924 年 1 月，中国国民党第一次全国代表大会召开，会上，陈璧君出尽风头。她不仅是仅有的妇女界与会三名代表之一，而且当选为国民党中央监察委员，开始步入政坛。陈璧君有一定的能力，筹集创办黄埔军校的经费，就有她的功劳。

1925 年春，孙中山病逝于北京。同年 7 月，汪精卫接位，成为集党、政、军大权于一身的头号人物。陈璧君也平步青云，成了令人仰慕的"第一夫人"。特殊的地位和身份，让她成为汪精卫政治生涯中举足轻重的人物，同时也让陈璧君任性、自负、骄狂的性格如虎添翼，发扬光大。

当时汪精卫的头号对手是蒋介石。陈璧君对蒋很反感，她特别担心汪精卫千辛万苦得来的大权被蒋攫去。一次，汪精卫在信函中称呼蒋介石为"介弟"，陈璧君在旁边便数落道："你愿意做他的把兄，我还不愿意做他的把嫂呢！"汪精卫听出了言外之意，于是另行起草，所谓的"兄弟情分"就这样被抛到了一边。

1926 年，蒋介石气走汪精卫，将众多要职抓在手中。数年后，汪精卫虽然东山再起，出任行政院长兼中央政治会议主席，但已退而居其次。陈璧君虽然贵为院长夫人和主席夫人，但觉得派头较之昔日略逊一筹，心中很是悻悻然。于是她开始另寻途径，寻找亮色，住豪宅，穿华服，食佳肴，热心于社会慈善事业以博取美名。对于行事高调的蒋夫人宋美龄，妒意和敌意齐发。于是，蒋介石与汪精卫在政坛上掰腕子，两位夫人在后院中钩心斗角，热闹得很。

1935 年 11 月 1 日，国民党四届六中全会在南京丁家桥中央党部召开。开幕式结束后，全体中央委员合影时，汪精卫遇刺，但未伤及要害部位，逃过一劫。由于当时汪和蒋的关系本就貌合神离，而且巧的是，合影时蒋介石借故没有参加，他的嫌疑最大。所以，质疑矛头全部集中在了蒋介石身上。

陈璧君是个火爆脾气，汪遇刺第二天就强行闯入蒋介石的办公室，严词厉色地质问道："蒋先生，你不要汪先生干，汪先生不干就是，何必下此毒手！"蒋介石对这位汪夫人很蹙眉头，心里有火又不便发作，还得反过来安慰她。但陈璧君毫不买账，弄得蒋介石下不来台。

抗日战争爆发后，汪精卫力主和谈，他认为中国军队根本不是日军的对手，应该委曲求全。汪的妥协论调受到舆论的强烈反对，国民党内倒汪的呼声迅速高涨，蒋介石是幕后推手。汪精卫深知蒋的厉害，他一度心灰意冷，决定退党赋闲。但人在江湖，身不由己，他手下的那些小弟，尤其是陈璧君，绝不会允许他金盘洗手，他们要为他找寻出路。

这个时候，日本军方为了腾出兵力征服南亚和东南亚各国，邀请汪精卫出马收拾中国沦陷区。汪精卫深知这一步迈出，就等于踏上了不归路。他迟疑不定，召集手下干将周佛海、梅思平等人商议对策，一旁的陈璧君按捺不住道："只要日本御前会议承认汪先生出来领导'和平运动'，汪先生是愿意出来的。"一语定乾坤。1938年11月，汪派梅思平与日方秘密达成协议，初步拟定汪脱离重庆另组政府的行动计划。在是否签订协议这个事上，汪精卫仍旧摇摆不定，内心很受煎熬，毕竟这要背上叛国的骂名。但对陈璧君来说，事情简单得很：蒋介石一手遮天，汪精卫形同摆设，与其这样，还不如换个地盘，另起炉灶。她见丈夫下不了决心，便再次发话，话说得很难听："难道当汉奸也要坐第二把交椅？谁不愿意走，只管留下好了，我是一定要走的！"就这样，汪精卫终于上了贼船。

投靠日本后，陈璧君终于满足了多年梦寐以求的权力欲望。她将汪伪政权视为"家族公司"，亲戚熟人统统上位。1939年8月，汪精卫召开"国民党六大"，陈璧君的两个弟弟和妹婿、侄子、干女婿以及家庭教师全部当选"中央委员"，而后更成为汪伪国民政府的显要官员。

权力让人疯狂，在汪精卫的纵容下，陈璧君的气焰日益嚣张。她对汪精卫进行全方位的干预。有时汪精卫与客人交谈，刚过约定时间，陈璧君就会推门而入，发出逐客令；有时汪精卫设宴待客，谈兴正浓时，陈璧君轻咳一下，或叫声"四哥"，汪精卫就会放下酒杯。久而久之，汪伪政权中的那些官员对这位汪夫人畏之如虎，即使被她辱骂，也只能忍气吞声，不敢还以颜色。汪精卫对于沦为"妻管严"从未流露过抵触情绪，对于妻子的嚣张，他苦笑着自嘲说：陈璧君到更年期了。

如果说救汪之前，陈璧君是个巾帼英雄的话，如今已完全退化成一个政治悍妇。

闹剧终有收场的时候。1943年，汪精卫枪伤复发，送往日本动外科手术。然而旧弹头的铅毒已经渗入骨髓，虽削去病变部分，仍无法活命。1944年11月10日，汪精卫高烧后陷入昏迷，最终一命呜呼。

汪精卫撒手归西，陈璧君顿失凭依。昔日宾客如云、走卒如蚁的汪公馆，如今门可罗雀，陈璧君眼看南京不是安身之地，只好前往广东投靠胞弟。此时，汪伪政权风雨飘摇，等待陈璧君的是接连的坏消息。她的胞弟、伪广东省省长陈耀祖被爱国志士刺杀身亡，侄儿陈春圃见大事不妙，也挂冠而去。陈璧君唯有指靠在南京任职的妹婿褚民谊，请他出马主持广东政局。然而今时不同往日，新上任的"国民政府"老板陈公博对陈璧君的要求不以为然，找个借口不放人。陈璧君再次发飙，直闯主席官邸，一脚踹开陈公博的办公室，拍案狂呼："汪先生一向待你不薄，你就这样对待他的未亡人！"陈公博深感惹不起这位主儿，于是，陈璧君如愿以偿，妹婿褚民谊得以出任伪广东省省长。

1945 年 8 月 15 日，日本天皇宣布日军无条件投降。陈璧君自知大限将临，但向亲信训话时还自欺欺人地说："慌什么，汉奸才发慌呢，我们又不是汉奸。我们的目的是求和平，现在和平已经实现，我们的任务已经完成，有什么可慌的！"私下里，她授意褚民谊给蒋介石发去电报，表示"愿为中央效犬马之劳，誓将广东完璧归还中央，盼蒋委员长训示。"陈璧君连发两封电报，均如同泥牛入海。此时，广州城内，锄奸行动正在紧锣密鼓地进行，陈璧君躲在寓所里，忧心如焚，一日数惊。几日后，国民党军统局广州站主任郑介民带来了蒋介石的密码电报，邀褚民谊和陈璧君去重庆商谈，并且已经备好了专机，不日来接。

陈璧君为人骄躁，但并不天真，她疑心这是蒋介石设的一个"请君入瓮"的圈套。但褚民谊比她乐观，认为看在彼此反共目标一致的份上，蒋介石会给他们效劳的机会。陈璧君进退两难，最终，她靠一枚硬币决定去重庆。临行前，陈璧君让人上街买了两筐刚上市的洋桃，准备带到重庆，一筐送给宋美龄，另一筐送给国民党元老吴稚晖，请他代为说项。然而，陈璧君和褚民谊登车后就失去了自由，被军统特务押送至南京，沦为阶下囚。

抗战胜利后，法庭审判汉奸。法庭上，汪府大员一个个垂头丧气，唯陈璧君拒不承认是汉奸，还厉声质问众位法官："日寇侵略，国土沦丧，人民遭殃，这是蒋介石的责任，还是汪先生的责任？若说汪先生卖国，重庆统治下的地区，由不得汪先生去卖；东北、华北、华东沦入日本人之手，还不是蒋委员长拱手相让的！当初日本人进攻广东，国府大员闻风而逃，你们何曾尽过守土之责，这难道也是汪先生的责任？南京统治下的地区，是日本人的占领区，并无寸土是汪先生断送的，相反只有从敌人手中夺回权利，还有什么国可卖？汪先生倡导和平运动，赤手收回沦陷区，如今完璧归还国家，不但无罪，而且有功……汪精卫投靠日本是汉奸，蒋介石投靠美国英国是不是汉奸？"此言一出，法庭哗然。陈璧君最后以"通谋敌国，图谋反抗本国"罪名，被判处无期徒刑。当庭宣判时，她大声抗辩道："本人有受死的勇气，而无坐牢的耐性，所以希望法庭改判死刑！"

1949年初，中国人民解放军全面接管江苏后，陈璧君被移送到上海提篮桥监狱。当年9月，中国人民政治协商会议在北京举行。会议期间，与陈璧君私交很深的宋庆龄与何香凝找到毛泽东、周恩来，特意为陈璧君说情，请求特赦陈璧君。毛泽东同意了这个请求，并说，她是个很能干、也很厉害的女人，可惜她走错了路。她只要写个认罪声明就恢复她的自由。

当晚，宋庆龄与何香凝经过一番斟酌，由前者执笔，给陈璧君写了一封辞情恳切的信，信中转达了毛泽东的意见，还说"我们知道你的性格，一定难于接受。能屈能伸大丈夫，恳望你接受我们的意见，好姐妹，殷切期待你早日在上海庆龄寓所，在北京香凝寓所畅叙离别之情。"陈璧君并未接受宋庆龄和何香凝的善意，她回信婉拒，始终不承认自己和汪精卫是汉奸，并表示自己愿意在监狱里送走她的最后岁月。

在上海监狱中度过了十年后，陈璧君辞世。死硬的陈璧君真就把牢底坐穿了。

一个真性情的巾帼英雄痴狂地爱上了一个万人景仰的青年才俊，千辛万苦之后，有情人终成眷属——陈璧君与汪精卫的爱情故事如果在这里结束，会是完美爱情的典范。有了后面的故事，就有了悲剧的色彩。

对于汪精卫，人们在不齿之余难免痛惜："卿本佳人，奈何作贼？"奈何为贼？只因遇到陈璧君这个绝世异品。

陈璧君的行为会让人联想到金庸小说中的人物黄蓉。两人都是心中只有"靖哥哥"，为了"靖哥哥"甘愿赴汤蹈火，想尽办法为"靖哥哥"谋福利，一门心思地望夫成龙。可是，这不是健康的相爱之道，智商不高，操作不当就会误入歧途。小说中的黄蓉智商极高，在面临逃命和为民族大义舍身的选择时，选择与丈夫一起杀身成仁，美名天下传。陈璧君不，为了保住汪精卫的地位，她不惜逼丈夫当汉奸，毁了丈夫和自己的一世英名。

陈璧君是真的在乎汪精卫。即使在身陷囹圄之时，宁愿舍弃自由，也不愿为自己的丈夫抹黑。可是，她不知道，丈夫身上的污点正是她逼着抹上去的。

是真名士自风流：陈独秀和他的女人们

1919年6月29日，《每周评论》上发表了胡适的一篇文章，通篇只有一段话："你们要知道陈独秀的人格吗？请再读他在《每周评论》第25号里的一条随感录。"

胡适提到的这条随感录是陈独秀以笔名"只眼"发表的《研究室与监狱》，文中说："世界文明发源地有二：一是科学研究室，一是监狱。我们青年要立志出了研究室就入监狱，出了监狱就入研究室，这才是人生最高尚优美的生活。从这两处发生的文明，才是真文明，才是有生命有价值的文明。"

窥一斑而知全豹。只看这一小段文字，就知道陈独秀不是一般人。事实确实如此。陈独秀，中国近代史上赫赫有名的人物，五四运动的主帅，中国共产党创始人之一。这样一个开创新时代的人物，自小就异于常人。

陈独秀1879年出生于安徽安庆，自小随人称"白胡爹爹"的祖父修习四书五经。所谓三岁看老，祖父对陈独秀的评价是："这孩子长大后，不成龙，便成蛇。"成龙上天，成蛇钻草，沦为打家劫舍的地头蛇，总之不可能成虫、成熊。陈独秀倒也"争气"，终其一生用实际行动证明了祖父的这个评语。

17岁那年，陈独秀参加科举考试，题目是"鱼鳖不可胜食也材木"。他觉得试题狗屁不通，于是忽发奇想，弄了一堆难字和生僻的古文，牛头不对马嘴地填满试卷，然后乐颠颠地回家了。回到家后，大哥问他要草稿，看完之后，一个多钟头没有说话，陈独秀这才觉得玩笑似乎开得有点大。不想，这篇不通的文章镇住了不通的老师，结果，陈独秀不但中了秀才，还是头名。这下，陈独秀的大哥彻底懵了。

陈独秀小小年纪就中秀才之首，顿时扬名四野八乡，上门提亲者络绎不绝。最后，陈家长辈选中了安徽统帅部副将高登科的女儿高晓岚。次年（1897年）8月，两人拜堂成亲。陈独秀的感情生活就这么懵懵懂懂地开始了。

高晓岚是个旧式女人，遵从"女子无才便是德"的教诲，大字不识一个。而陈独秀虽说胡闹，但学识渊博，通古博今，思想新潮，还通晓英、法、日三国语言。新婚伊始，陈独秀就命令高晓岚必须认字。偏偏高晓岚性格倔强，死认古训，就是不认字。这两个年轻人，一个新潮、一个守旧，都倔强地不服对方。于是，度完蜜月，两人一辈子的话也就说完了。不过，当时陈独秀还年轻，整天忙得不亦乐乎，所以对不如意的婚姻生活并不在意。

从1901年开始，陈独秀数次东渡日本，结识了苏曼殊、黄兴、陈天华、邹容、章士钊等革命党人，见识更长。回国后，他就开始忙活起来。他曾独自一人办了一份报纸，反响出奇的好，全国各地都有订户。有些读者不知道是一人办报，写信希望把报纸办成日报。他还曾在安徽公学兼任国文教师，上课时不拘小节，有时一边上课，一边搔痒，全不把纲常名教、师道尊严放在眼里。

1909年，高晓岚同父异母的妹妹高君曼来到安庆，住到了姐姐家。高君曼在北京女子师范学校读书，是个标准的文学女青年，性格开朗，而且长相出众，衣着新潮。高君曼在北京读书时就读过陈独秀的文章，对这个姐夫崇拜之至。如今见了真人，常常缠着他问这问那，陈独秀也是欣然辅导。

两人年龄相近，情趣相投，时间久了，难免擦出火花。或许是因为包办婚姻，陈独秀就有了一份出轨的理由。而高君曼对于姐姐，或许是因为同父异母，便少了一半自责。总之，两个叛逆的年轻人于1910年公开同居，继而宣布他们要正式结婚。双方父母都觉颜面无光，但也无可奈何，只能大骂逆子叛女玷辱门风，至于成亲那是万万不会同意的。陈独秀见正式结婚不太可能，索性带着高君曼私奔到上海，过起了甜蜜的同居生活。

1915年初夏，陈独秀在上海创办了著名的《青年》杂志（后改名为《新青年》），1918年李大钊在北京创办《每周评论》，提倡新文化，两人一南一北，遥相呼应，历史上俗称"南陈北李"。1916年12月，北京大学新任校长蔡元培聘请陈独秀担任该校文科学长（相当于系主任），高君曼大大方方当上了陈教授夫人。至于高晓岚，则悄无声息地退居幕后。1930年，高晓岚去世，生前与陈独秀育有三子二女。

陈独秀当了北大教授后，依然我行我素，特立独行，常常流连于北京有名的烟花之地——八大胡同，据说他的很多激扬文字都是在八大胡同的床上完成的。1919年，北京的报纸刊登了陈独秀在八大胡同"因争风抓伤某妓女下部"的新闻。这事让北大有点下不了台，结果，陈独秀在当了两年多北大教授后，被北大开除。几个月后，他又因为散发传单入狱。发传单这事发生在1919年6月11日。那天晚上，40岁的陈独秀站在新世界屋顶花园，向下层露台上看电影的群众散发传单。这种空前绝后的举动，让陈独秀失去了自由。

陈独秀入狱后，反响极大，在社会各界的积极营救、声援下，陈独秀受了三个多月的牢狱之苦后获释。1920年2月14日，为躲避军警的追捕，陈独秀打扮成财主模样，与账房先生打扮的李大钊，乘着一辆带篷骡车偷偷离开北京直奔天津。两人在路上商量出一件开天辟地的大计划——组织中国共产党。1921年7月23日，中共一大在浙江嘉兴南湖的一条游船上秘密召开，陈独秀没去，却被缺席选举为首任中共总书记。

从1910年至1925年的15年间，是陈独秀一生中最繁忙，也是建树最大的时期。这一时期，高君曼始终相伴左右，不仅是他生活中的伴侣，也是他事业上的支持者与助手。她帮助编辑出版《新青年》杂志，掩护陈独秀的革命活动，充当联络员，甚至与他一起被捕坐牢。两人度过了来自外界的一个个难关，但最终还是在感情这个难关上卡壳了。自1922年起，两人感情逐渐冷淡。为了孩子的教育问题，两人最终发展到拳脚相向。陈独秀对儿子要求非常严酷，他让老大、老二小兄弟俩睡图书馆的地板，外出打工自食其力，以磨炼意志。继母兼姨母的高君曼心生不忍，提出让孩子回家吃住，不许，君曼又请人说情，陈独秀斥为妇人之仁，还是不许。无奈之下，高君曼于1925年带着一儿一女移居南京。自此一别，两人再也没有见过面。

1925年冬，陈独秀的胃病发作，他到上海一家私立医院诊治，结识了年轻貌美的女医生施之英。两人很快就过起了夫妻生活，并且没跟任何人打招呼，施施然相携去杭州、扬州等地度"蜜月"去了。陈独秀那时是党内举足轻重的人物，突然失踪可是大事。党组织在四处打探寻找无果后，只好在上海《民国报》上登出"寻人启事"。陈独秀看到报纸后，从扬州发回电报，说是"外出治病，初有好转，可以扶病视事"。

特立独行的性格，别出心裁的思想，让他的革命之路也如北大教授之路一样，终遇滑铁卢。1927年大革命失败后，陈独秀被撤销了总书记职务，施之英也在此时离开了他，在上海另嫁他人。他们的"夫妻"生活仅仅维持了14个月。

陈独秀被撤职之后，在上海隐姓埋名，住在熙华德路（今长治路）一座石库门房子的前楼。那是陈独秀最为孤寂的时期：大儿子陈延年和二儿子陈乔年相继壮烈就义，共产党对他停职、开除党籍、批判，国民党也在四处悬赏通缉他。他的婚姻生活也陷入最低谷，两度离合，年过半百却孑然一身。

虎落平阳，分外凄凉。就在这个时候，他结识了小自己29岁的单身邻居、英美烟草公司女工潘兰珍。潘兰珍出落得亭亭玉立，也因为美貌受尽欺侮，被一个流氓工头强逼同居，在无数次的暴力后，她逃离虎口，搬到石库门，成了陈独秀的邻居。

潘兰珍并不知道眼前的这个老头就是赫赫有名的陈独秀，只知道他是个卖字为生的孤苦老人。或许是出于同病相怜的同情心，她开始照顾陈独秀的生活。

老虎就是老虎，就算没了牙齿，威风还在。在潘兰珍的照顾下，陈独秀再次焕发光芒。他换上西服，打上了领带，刮掉胡须，染上秋霜的头发也梳得油光闪亮，更显得精神矍铄。起初，两人的关系就像父女，又是师生。这种纯朴的师生关系在时间酵母的催化下渐渐发生了变化。在经过一场场激烈的思想斗争后，潘兰珍终于抛开世俗的牵绊，向陈独秀表达了火热的爱慕之情。1930 年，经邻居许大姐出面做媒，这对老夫少妻正式结婚了，婚后两人领养了一个女儿，取名潘凤仙。

对于陈独秀来说，潘兰珍已是一种不可或缺的需要，她的关心照顾让陈独秀获得了意想不到的感情，那是与轻狂年少时的感情截然不同的。复杂的斗争形势使得陈独秀一直未将真实身份告诉潘兰珍，他怕为潘玉珍惹来麻烦。

1932 年 10 月 15 日晚，在国民党巨额悬赏多年后，陈独秀被上海国民党当局逮捕，后送往南京老虎山模范监狱关押。这是陈独秀第四次，也是最后一次被捕。经庭审，陈被判有期徒刑 13 年。巧的是，陈独秀被捕当天，潘兰珍刚好与陈独秀因为照顾小凤仙的事吵了一架，潘兰珍赌气带着小凤仙回了娘家，才躲过一劫。陈独秀被捕的消息见报后，潘兰珍才知道一起生活了两年的丈夫原来是大名鼎鼎的陈独秀。

陈独秀对自己被捕并不放在心上，他在被押解的路上也能酣然入睡，让同坐一辆囚车的彭述之羡慕万分。唯一让他放心不下的是潘兰珍。入狱后，潘兰珍是他委托狱外事务的重要内容。他为自己对潘兰珍造成精神刺痛而悲苦，也为给她造成物质损失而难过。被拘后，他还托人去住处寻找潘的东西。在给好友高语罕的信中，他询问潘兰珍的态度时说："她对于我，以前未曾告以真姓名，及她此次失去衣服，有怨言否？"不是爱到骨髓，一个放流形骸，面对死亡安之若素的男人又岂能说出这种小男生式的话来？

想到自己垂垂老矣，且释刑遥遥无期，陈独秀托老友去见潘兰珍，让她与自己断绝关系，另谋出路，免得受牵连。然而，潘兰珍已经打点好行装向南京走来了。

听说潘兰珍要来看自己，陈独秀又写信叮嘱高语罕，要他"婉言劝她不必来看我"。这是一种乏力的拒绝，更是一种焦灼的期盼！理性和感性捉对厮杀，让他心乱如麻。潘兰珍的决定却很简洁，她在得知丈夫的下落后，立刻将女儿送回南通娘家，只身来到南京，在老虎山附近租了一间民房，靠做女红零活维持生计，照顾牢狱中的陈独秀。1937 年 8 月，南京沦陷前，陈独秀被提前释放，这时候，潘兰珍已经整整送了五年牢饭。

是牛人在哪里都是焦点，所以陈独秀的被捕所引发的反响也异彩纷呈。陈独秀被捕之时虽然已没有职务，但是在国共两党都引起了强烈且有趣的反响。国民党各界因其为共产党领袖而纷纷致电中央要求"严惩"、"处极刑"。同时，共产党这边也发表消息，指责他为资产阶级走狗、反共先锋。当时，《世界日报》刊登一幅漫画：主人公是受尽皮肉之苦的陈独秀——共产党一拳把他打伤，国民党两拳把他打昏。两个政党都欲把这颗"中国革命史上光焰万丈的大彗星"(傅斯年语)除之而后快，相映成趣，后人评价这也许是当时国共两党拥有的唯一共识。

1933 年 4 月 14 日，国民党江苏高等法院开审陈独秀，审判进行了三天，旁听席上连过道里都站满了人。大律师章士钊免费为陈独秀辩护，十分卖力，陈独秀却不领情，说："章律师所云惟其本人观点而已。吾人之政治主张，以吾本人之辩护状为准。"整个庭审过程中，陈独秀态度安闲，顾盼自若，妙语连珠，常常惹得哄堂大笑。他的《辩护状》有理有据，妙趣横生，成为脍炙人口的佳作，后被上海沪江大学、苏州东吴大学选为法学系教材。

陈独秀入狱后，把监狱变成了研究室，他在牢房里摆了两个大书架，堆满了书籍。起初，看守见潘兰珍年轻漂亮，总是不怀好意地指指点点，被陈独秀大声斥责道："她是我的妻子，怎么，我不配有这样的妻子吗？"从那以后，看守再也不敢说什么了。还有一个传言说，陈独秀与潘兰珍在狱中公然做爱，且斥骂狱卒："老子人犯了法，老子的性欲却没有犯法。"一个如此真性情的奇男子，也难怪潘兰珍会爱上他，并甘愿送牢饭。

一些报刊对陈独秀和潘兰珍的关系造谣污蔑，连陈独秀的表弟也信以为真，到监狱劝他注意检点。陈独秀沉默良久后说，他的私生活在建党前是有些放纵，但建党以后，就再没有乱来。接着他郑重地说："至于国民党报纸的造谣，我不在乎，可你怎么也相信呢？我可以告诉你，潘女士是我的夫人，是我晚年爱情的归宿，是我陈独秀深深爱恋的女性，是我离不开的伴侣。"

陈独秀被释放后，国共两方都盛情邀约，均遭陈独秀严词拒绝。几经辗转，陈独秀带着潘兰珍来到重庆偏僻的江津县五举乡石墙村隐居，生活穷困潦倒。期间友人赠钱都被拒绝，说"无功不受禄"。

1942 年 5 月 27 日，64 岁的陈独秀在一间破落的角门里悄然辞世。弥留前给潘兰珍留下的唯有一句遗言："兰珍吾妻，望今后一切自主，生活务求自立。倘有合适之人，可从速改嫁，安度后半生。"

34 岁的潘兰珍遵从丈夫的遗嘱，在安葬了丈夫后，独自外出自谋生计。她先是在陈独秀好友的帮助下在重庆一家农场做工，后迫于生活，与一个国民党下级军官结婚，不久这个男人也病故了，她又孤独度日。1945 年抗战胜利后，她回到上海，在浦东一所小学做炊事员，与 18 岁的养女潘凤仙相依为命。1949 年 10 月 30 日，身患子宫癌的潘兰珍在饱经孤寂与病痛之后，于上海肿瘤医院去世，年仅 41 岁。

大幕关闭了，一段忘年恋情画上了句号。

名士总是特立独行、我行我素。世俗能奈我何？作为他们生命中的伴侣，情投意合者，觉得三生有幸，否则，度日如年。但一定不会觉得乏味。

此情可待成追忆：于凤至与张学良

说起于凤至，不少人会联想到鲁迅的元配夫人朱安。可是，虽然都是元配，虽然都是一生等待，但是，于凤至与朱安还是不一样的。朱安生于普遍人家，没有读过书，是一个裹着小脚的旧式女人。更重要的是，朱安长相不太好，生得高颧深目，很难让人第一面就生出好感。于凤至则不同，她的父亲于文斗是当地商会会长，家境富足，知书达理，人又生得花容月貌。末代皇帝的弟弟溥杰说于凤至如雨后清荷，可以想象，年轻时的于凤至必定是让人看一眼就难忘的。就算张学良起初抵触这门包办婚姻，但面对这样一位美娇娘，也没什么意见了。更重要的是，她是张家求进门的。据说张学良的父亲张作霖没发迹前，就听说于凤至"福禄深厚，乃是凤命"。张作霖深信"将门虎子"与"凤命千金"是难得的姻缘，所以在做了奉天督军后，他便上门求亲。为了让于凤至顺利过门，张作霖还答应了老亲家一些要求，比如张学良婚后不再纳妾，任何女人都不可与于凤至相提并论，等等。即便这些只是传说，也足以看出于凤至当年在张家的地位。

于凤至生于 1897 年 5 月，1914 年与张学良订婚时 17 岁，张学良比她小 3 岁，当时不过是个 14 岁的半大小子。年龄的差距，让于凤至难免要承担起照顾张学良的重任，她既是他的姐姐，又是他的妻子。

于凤至有着良好的家教和个人涵养，对婚姻的认识非常清晰，说过一段颇有见识的话："夫妻之间的关系犹如弓与箭，夫如箭，妻如弓，如果弓坏了，箭就无法射出去。"于凤至的学识和见识也不一般，所以张学良在关键时刻总征求她的意见。

在张学良晚年的回忆录里，说他与于凤至在婚前没见过面，他也很不情愿这包办的婚姻，婚后日子说不上美满，但也还是过下来了。这样的记录与于凤至晚年的回忆大相径庭。在于凤至的记忆里，她与张学良在结婚之前，是有过一段时间接触培养感情的，这也是张学良日后很信任她的一个原因。

两位当事人的各执一词，已无从考证孰是孰非，但从他们留下来的老照片合影里，还是可以看出他们有过甜蜜岁月。照片上的他们一起打高尔夫球；于凤至穿着时髦的貂皮大衣与张学良十指紧扣，行走在街头；每次重要聚会，张学良的身边都有于凤至相伴。

少帅风流是出了名的，他在晚年曾形容自己：平生无憾事，唯一爱女人。因此，婚后的张学良女人不断，他对她们都好，但不给她们名分，但这依然不妨碍她们爱他，即使明明知道他已有妻室。张学良是民国四大美男之一，有权、会玩，又很会哄女人开心，什么样的女人能抵挡来自少帅的魅力呢？这是个很有趣的现象，少帅花心，却无法把他与贱男人划个等号，似乎他被女人爱是理所当然的。

　　在赵四小姐出现之前，张学良无论怎么在外面玩，都没有影响于凤至的地位。有一次于凤至生孩子生命垂危，家里人提出让于凤至的侄女儿来照顾张学良，却遭到张学良的拒绝。少帅说，我现在娶别的女人过门不是催她早死吗？即使她真的不行了，也要她同意，我才能答应。神奇的是，这件事之后，于凤至的病竟很快好转了。于凤至康复后，感动得不行。她以为这辈子，自己和少帅会这么相守到老。可是，有那么一天，少帅在外面玩出了事儿。

　　少帅喜欢跳舞，每到一处都会去舞场，一进舞场就必然成为焦点。1927年，张学良去了天津著名的舞场蔡公馆，在那里遇到了名叫赵一荻的女子，即赵四小姐，两人一见钟情。

　　虽说赵四小姐与少帅的爱情被后人形容得感天动地，可在那个时候，赵四小姐的做法不算厚道。在恋上少帅之后，还是中学生的赵四小姐便什么都不顾了，为了维持与少帅的恋情，她不惜与家里脱离关系，只身从北京跑去沈阳的张公馆。赵四小姐跪在于凤至面前，求她收留她，她保证说，自己不要名分，只希望能做张学良的女秘书。

　　很多亲戚都反对她收留赵一荻，理由是这样一个爱玩的女孩，待在张学良的身边，不会有什么好结果的。这种闹法让于凤至很为难，最终她心软了。她觉得这个小姑娘这么小就和家里断了关系，以后怎么办呢？于是，于凤至不仅答应让赵四小姐留下来做女秘书，还让会计给她的工资从优。这样赵一荻以女秘书的身份挤进了这个原本平静的家庭。于凤至没有想到，有一天这个女秘书会取代她，与张学良结婚。

　　1936年12月12日，东北军领袖张学良与西北军领袖杨虎城发动西安事变，在西安扣留当时任国民政府军事委员会委员长和西北剿匪总司令的蒋介石，迫使其停止剿共，改组政府，出兵抗日。西安事变最终和平解决，蒋介石被迫接受停止剿共、一致抗日的主张，从此开始了第二次国共合作。事后，张学良送蒋介石回南京，随即被扣押。杨虎城及家人、秘书共8人被军统局人员杀害。

　　西安事变对中国抗日战局产生了深远的影响，对张学良、于凤至以及赵一荻三人的关系也产生了决定性的影响。

张学良被蒋介石扣押之时，于凤至正在国外陪伴子女读书。她得到消息后，连忙飞回国内，四处奔走，希望张学良能获得自由。她去求见蒋介石，被蒋拒绝，而后又去求宋美龄。虽然于凤至与宋美龄私交甚好，这次宋美龄也帮不上她什么忙。

在张学良被软禁的头几年里，于凤至被获准陪伴在他身边。少帅带兵出征时，于凤至担忧，如今没有战争了，她更加担忧。看着一个本应在战场上拼杀的英雄，日日落寞地被关在小屋里唱《四郎探母》："我好比笼中鸟，有翅难飞"，于凤至焦灼、痛苦，又无能为力，终于病倒了。她患上了乳腺癌。

张学良建议于凤至去美国看病，设法把当时尚在英国读书的几个孩子转到美国继续学业。张学良此意一是保护张家的血脉，以防蒋介石有朝一日对张家斩草除根。另外，也是希望于凤至能借机为自己的自由向世界呼吁。少帅说："盼望苦难早日过去，我们重获自由，到时我们一起回故乡。"就这样，1940年，于凤至离开少帅，经宋美龄暗助前往美国就医。她以为这只是与少帅暂别，没想到这一别就是50年，再没有重逢。

于凤至离开后，赵四小姐被获准代替于凤至照顾被软禁的少帅。身在香港的赵四小姐闻讯喜出望外，而于凤至正在美国忍受化疗和生存的双重压力。她的左乳被摘除，化疗让她的头发大把脱落，身体痛楚难忍。为了自己和孩子们的生活、学业，她开始学外语，学炒股，做房地产商。在为生活为子女打拼之余，她一直没有放弃为少帅的自由奔走呼吁。她盼望着与少帅重逢，但最终等来了一纸离婚协议书。

他们的离婚缘于张学良的《忏悔录》。

1964年7月1日，台湾《希望》杂志在创刊号上刊载一篇惊世之作，题为《西安事变忏悔录》，文稿作者为张学良。多年来始终处于与世隔绝状态的"西安事变"主角的"自述"，顿时引起众多广泛的关注。台湾一时间洛阳纸贵，虽然台湾当局在几天后突然变脸，下令查禁、封存相关报纸杂志，但《西安事变忏悔录》的内容则辗转传至海外。当时正在美国洛杉矶养病的于凤至，对此格外震惊和气愤。当年，于凤至赴美就医前，张学良告诉她：只要蒋介石在世，他就绝对不会有出头之日。而他只要有一口气，也绝对不可能"认罪"。基于上述原因，于凤至认为《西安事变忏悔录》是假的，她甚至认为是蒋介石及特务们伪造的。于凤至做梦也不会想到，这篇所谓的《忏悔录》，确是张学良亲笔所写，而且是按蒋介石的要求不得不写的。只不过，这篇以长信方式上陈蒋介石的有关"西安事变"经过的长文，并不是以"忏悔录"为主旨，而是"回忆录"和"长信"。《忏悔录》是台湾当局某些别有用心者冠上的，目的不外是对张学良进行丑化与诋毁罢了。

不明真相的于凤至借此在美国掀起一波"为夫叫屈"的传媒大战，她在传媒上多次发表讲话，并且在美国参众两院议员间发起救张呼吁攻势。她的原意是想借此对亲美的蒋介石施压，从而释放张学良，不想却起到了让她做梦也想不到的副作用。蒋介石认为只要于凤至还在美国，张、于两人亲生的几个子女还在美国，那么张学良的心始终会向往美国。所以，1964年当蒋获悉于凤至在美国施压的消息后，萌发了让张学良变成杨虎城第二的罪恶念头。

张学良的好友张群是国民党政权的高层要人，他洞悉了蒋介石心中的恶念后，出于对张学良生命安全的考虑，张群建议张学良解除与于凤至名存实亡的夫妻关系，他还重提了早前张大千的良好愿望：尽快给赵四小姐一个应得的名分！

张群的这种考虑得到了宋美龄的积极赞同，张学良也表示理解和同意。于是张群以私人名义从台湾飞到美国，秘密来到于凤至住所，当面向她说明与张学良办离婚手续的近因与将来的益处。于凤至对张群的建议表示强烈的反对，事过多年以后，于凤至这样回忆这段难忘的往事："……在登门访我时开门见山地说是为了汉卿办离婚的事特来美国的。我问他是否'政府'派来的，是台湾什么机关？他说：他是'政府'的公务人员，但不是奉'政府'之命，而是为了汉卿的处境安危而来。我问他：那么是汉卿委托你来？他犹豫了，然后回答说：不是，是他知道这事，根本上是汉卿经过多年教育，已经认罪和守法了，并感谢'政府'，愿意和赵四在台湾终老，所以才要办离婚的。并说，这是他到汉卿家里和汉卿、赵四三个人说这事，赵四说的。他见我不为所动，说出了：这是你闹的，'政府'对汉卿这样管束已是很宽大了；任何时候，任何办法，汉卿如果擅自行动想离开，离开之时，就是他死亡之时。更说：你不懂这些，赵四懂……你不签字'政府'也有办法，决不让他来美国去大陆的……"

于凤至在其回忆录中又表示："我思考再三，他们绝不肯给汉卿以自由。汉卿是笼中鸟，他们随时会捏死他，这个办法不成，会换另一个办法。为了保护汉卿的安全，我给这个独裁者签了字。但我要向世人说明，我不承认强加给我的、非法的所谓离婚、结婚……"

1964年7月，张学良和赵四在台北杭州南路美国友人伊雅格的寓所里秘密举行了婚礼，于凤至和张学良的缘分彻底结束了。

于凤至虽然签了离婚协议，但从来不承认这是真的，依然以少帅夫人自居。她以为总有一天他们会再度重逢，一起回东北。即使不能回东北，于凤至也做了打算。她在美国建了两幢别墅，室内都按当年家里的摆设布置，希望有一天张学良来美国居住。

　　她就这么带着希望苦苦地等待着她的汉卿。时间无情地流逝，愿望却从未实现。1990年3月20日下午，93岁的于凤至无限依恋地闭上了双眼。洛杉矶比弗利山的玫瑰公墓，新添了一座黑色大理石墓。三年后，张学良的禁令终于解除，到夏威夷定居。于凤至苦等了五十载，最终却也没能熬到与少帅相见的一天。

　　于凤至临终前在自己的墓旁给少帅留了个空穴，希望死后他们能葬在一起。赵四小姐去世后也在自己的墓旁为少帅留下一个空穴。就像生前的选择一样，少帅最终选择在赵四小姐的墓旁长眠，连最后的机会也没有给于凤至。

　　一生若只爱一个人也是一种福，心就不会在空气中飘来飘去。只是，对于带着一颗孤独的心苦守半个世纪的于凤至来说，这种福太过残忍了。

爱是可以等来的：张学良与赵四小姐

张学良生得风流倜傥，有英雄气魄又不乏才情，且多势多金，是民国名媛的大众情人。他本人性喜才女，尤其是美女级的才女，林徽因、唐怡莹都曾是他追求的对象。更难得的是，他对女人很呵护，从不恃强。这样的男人理所当然是社交界的栋梁。换言之，对于年轻的少帅张学良来说，他在情感上有着种种可能，遇到赵四小姐只是无数偶然中的一个，但最终结合却是必然。

赵四小姐的祖籍在浙江兰溪市灵洞乡洞源村，其父赵庆华曾长期为官，而且都是肥缺，所以家境不俗。

1912年，赵四小姐在香港出生，所以母亲为她取名"赵香笙"。据说她出生的时候，天空出现了一道 霞光，所以又得名"赵绮霞"。她小时候的英文名字是Edith，又取其谐音，名为"一荻"。此外，她还有两个名字：赵媞和赵多加。赵多加是她晚年笃信基督教后取的教名。以上这些名字虽然意境颇美，但世人最熟悉的还是"赵四"。"赵四"源于排行，赵庆华膝下六男四女，赵绮霞在女孩子中排行老四，家里人称她四小姐，外人则称她为赵四小姐，后来人们简而化之，只称"赵四"。

赵四的容貌只属中上等，但她身材颀长，体态婀娜，爱打扮也会打扮，所以气质和风度都很出众。另外，她还喜好运动，嗜好读书，内外兼修，让她别有一番风韵，天津的《北洋画报》还曾把她的玉照当做封面。

1927年，16岁的赵四小姐终于可以自由地出入社交界了，她的第一站是天津蔡公馆。蔡公馆是当时天津颇有名气的上流社会交际场所，张学良是那里的常客。对于这样一处社交场所，喜爱跳舞的赵四小姐也是神往已久。这一天，她软磨硬泡，让她的姐姐们带她去见识一下。自此，一个传说了半个多世纪的动人爱情故事拉开了序幕。

在那些着意修饰、浓妆艳抹、花枝招展的太太小姐们中间，正值豆蔻、不施粉黛的赵四小姐显得格外超凡脱俗，吸引了诸多青年才俊的目光，大家争先恐后邀其共舞。但赵四却一反常态，先后婉拒了多次邀请，只是静静地坐在大厅的一角，一边品茶，一边观看舞者，仿佛在刻意等待着谁的到来。

突然，舞池中一阵轻轻的骚动，随即，一位年轻人在一群侍卫的簇拥下，神采奕奕地走了进来。他就是张学良。赵四对张学良早有耳闻，一见之下，果然风采不凡。张学良也渐渐注意到了角落里独处的赵四。他虽然见多识广，阅女无数，却也被眼前这个不施粉黛、如清水芙蓉般超凡脱俗的女子晃了一下眼睛，他不由自主地走过去邀赵四共舞。赵四好似沉睡已久的白雪公主，终于等来了她盼望已久的王子。在舞步翩跹之中，他们都从对方眼中发现了一种微妙的感情。这是张学良与赵四初次相识，匆匆一聚，两人竟一见钟情。

蔡公馆一别后，两人很长一段时间没有再见。或许是机缘注定，或许是天公作美，第二年夏天，两人又再度相逢于北戴河。意外相逢让两人喜出望外，在北戴河的那些日子里，他们几乎每天都见面，感情迅速升温。在两人的最初交往中，虽是两情相悦，但情窦初开的赵四投入的感情更多，陷得更深。有一次，张学良来找赵四，直入卧室，碰巧赵四外出不在。张学良顺手翻了一下她放在床头的日记，见日记中写有"非常爱慕张少帅，可惜他已有妻室，命何之苦也"等语，不由心潮起伏，好一阵不能自已。又有一次，赵四与张学良参加一个宴会。赵四胸前垂着一颗鸡心饰物，张学良伸手拿过饰物，打开盖，发现鸡心里面嵌着的竟是自己的小照，这使张学良对赵四的爱情更入肺腑。

两人常常相携出入于京津之间的各大娱乐场所，花前月下，卿卿我我。消息很快传入赵四的父亲赵庆华耳中，赵庆华大为光火，因为张学良已有了妻室，赵四小姐进入张家只能做小，这是他不能容忍的。张学良家世虽然不俗，但赵四的条件也相当优越，完全可以明媒正娶地嫁一个有为好青年。为了彻底斩断这段不伦不类的情缘，赵庆华迅速给赵四物色了一桩门当户对的婚事。赵四对这门婚事似乎也并不太排斥。毕竟，使君有妇，况且张学良也没有给她什么承诺。

然而，事情往往出人意料。1928年，震惊中外的皇姑屯事件爆发，张学良的父亲张作霖被炸死，张学良接掌大权。百废待兴、百事待理，张学良每日忙于公务，病倒了。得知此消息的赵四心急如焚，恨不得生出双翅马上飞到沈阳。1929年9月的一天，赵四给家里留下一张字条后，只身去了沈阳。

赵庆华知道赵四私自离家投奔张学良后，极为恼怒，当即在报上刊登启事，将赵四清理出门户。这则启事名为《兰溪赵燕翼堂启事》，从1929年9月25到29日，连登了5天。赵四的生母吕葆贞是赵庆华的二夫人，因赵四事件备受赵庆华的冷落，只得去秦皇岛投奔三儿子。这次赵庆华是伤透了心，直到1952年病逝于北京时，都不肯原谅这个他最钟爱的小女儿，这成为赵四心中永远的痛。

根据张学良晚年的回忆，赵四的初衷本也单纯，只把这次沈阳之行当做一趟探病之旅，然后还要赶回去。她已有未婚夫，而她对这门亲事并不排斥。但是事情并没有她想得那么简单。人事纷扰的大家庭岂容她翩然如燕，轻松来去，父亲的声明让她再也回不去了。

沈阳之行，赵四等于将自己连根拔起交给了少帅。没有娘家庇佑的赵四小姐身份大跌。被逼无奈之下，赵四找到张学良的妻子于凤至，请求做张学良永久的秘书。大帅府中多数人都不同意让她进府，最后，张学良表态说赵四是不可能回天津了。于凤至对眼前这个还是中学生的女孩子半是无奈半是可怜，就允许她留下来了，但不能住进帅府。赵四对她跪地叩头，承诺永远不忘她的大恩大德，一辈子只做张学良的秘书，绝不要任何名分。张学良也坦言：他们一旦结合，赵四也不会有夫人的名分，"对外国称她为自己的秘书；对中国人称之为侍从小姐。"

于凤至最初的想法是，赵四是一个受过正规教育的大家闺秀，年龄又小张学良十几岁，肯定忍不了多久就会离张学良而去。可是出乎所有人的意料，赵四安然地住进了帅府后的一座小楼内。这座楼是于凤至拿出自己的私房钱买的，小楼与帅府有门可通，人们也称这座小楼为"赵四小姐楼"。很多人不明白，赵四小姐为什么舍弃阳光明媚的南屋，而是选择位于东北角、终年阴冷潮湿的房间为自己的卧室？原因其实很简单，只因为站在这里，她能隔窗看到位于大青楼二楼张学良办公室里的灯光。

在这座小楼里，赵四度过了她人生中最为幸福的一段时光。更让她为之兴奋的是，在这里，她与张学良的爱情终于开花结果——她生下了和张学良唯一的儿子张闾琳。

赵四身材婀娜多姿，像柳，性格也有柳质，柔中带韧，屡折不断。在妻妾争宠的大帅府，她与世无争的缺点成了优点，于凤至渐渐喜欢上了她，在帅府大青楼内为她特辟一室，还帮她抚养孩子。

当时国难当头，张学良因为奉行蒋介石的不抵抗政策，被讥为不抵抗将军，赵四受牵连，被认为是祸水的红颜。与蔡元培齐名的马君武以笔杀伐："赵四风流朱五狂，翩翩蝴蝶最当行。温柔乡是英雄冢，哪管东师入沈阳……"举国皆对这对漂亮夫妻侧目，赵四不声明，不辩解，生生吞下了这根刺。

1936年，"西安事变"爆发，少帅冲冠一怒，尽显英雄本色。西安事变和平解决后，张学良被蒋介石软禁，于凤至陪伴左右。赵四既不能与张学良见面，又不能投奔娘家，孤身一人带着儿子闾琳在上海及香港等地居住。1940年2月，于凤至患病去美国就医并定居，赵四被获准照顾张学良。

赵四当年 28 岁，正值最有魅力的年龄，与少帅又没名分，在新的天地里，说不准会有新的生活。但是身在香港的她得到可以陪伴张学良的消息后喜出望外，立刻将不到 10 岁的儿子送到美国，托人抚养，自己赶到贵阳修文县阳明洞，陪伴张学良。

如果说在张学良软禁之前，赵四对他的爱还比较盲目，那么在少帅软禁之后，盲目就变成了一种真实又残酷的方向。她回到张学良身边，等于放弃了自由和可能出现的新生活。

宋美龄起初不太喜欢赵四，觉得她跟了去像姨太太，况且她跟于凤至关系极好，从感情上讲，更偏向于原配于凤至。但后来，却非常喜欢她。赵四小姐没有于凤至的学识和见识，从私奔事件来看多少还有点缺心眼，但这种无心机的傻气却也正是她的福气。在素以智商和权谋见长的宋美龄看来，不争不斗的赵四就像一条明澈的小溪，惹人疼惜。后来赵四能和张学良成婚，宋美龄功不可没。

囚禁剥夺了"平生无遗憾，唯一爱女人"的张学良博爱的机会，赵四小姐成了他的"唯一"。赵四小姐本人也有同感："没有西安事变，咱俩也早完了，我早不跟你在一块了，你这乱七八糟的事情我也受不了。"时间在相濡以沫中缓缓流逝，张学良常用一口地道的东北话对旁人说："这是我的姑娘！"

时间久了，有人开始劝说张学良给赵四一个名分。最早提出这个主张的是著名国画大师张大千。1959 年秋，张大千从巴西飞回台湾地区，主持《张大千画展》。在好友也是国民党要员张群的安排之下，张大千亲往张宅拜访张学良。席间，张大千在赞许赵四多年对爱情坚守如一、甘于清贫寂寞的同时，向张学良和张群提出给赵四小姐以公开名分的问题。张大千认为："只有这样才合乎情理！于夫人毕竟在美国住的时间太久了，她也应该成全赵四小姐的一番美德！"尽管张大千的话入情入理，也颇得张群赞同，但是，当时由于种种缘由，张学良没有同意。

1964 年，于凤至救夫心切，在美国发动传媒大战，引动蒋介石对张学良的杀心。为了张学良的安全，张群带着离婚协议亲赴美国，于凤至无奈之下在协议上签了名。

1964 年 7 月 4 日，63 岁的张学良与赵四小姐举行婚礼，这年，赵四 52 岁，做了一回"白发新娘"。后来，随着蒋介石父子先后离世，张学良夫妇的自由度也越来越大。1993 年，他们终于离台赴美，定居夏威夷。

赵四小姐的身体状况一直很差，特别是因为长期抽烟，造成肺部出现癌变而动了一次大手术，半边肺叶被切除，之后一直呼吸困难，这成为影响她晚年健康的主要因素。2000 年 6 月 22 日，赵四小姐在美国夏威夷史特劳比医院去世，终年 88 岁。次年的 10 月 15 日，张学良与世长辞，一周后与赵四小姐合葬。新华社的电稿中说："张学良将军的长眠地坐落在一片绿地如茵的山坡上。去年 5 月，两位老人曾一同庆贺百岁和 88 岁华诞，今天他们在这里再度相聚。"

世间不乏痴情种，但是如此不要名分，只为感情的女子，却只有赵四小姐。一生只爱一个男人，一生只追随着这个男人。这是一位至情的女子。

赵四小姐的墓墙上镂刻着她生前叮嘱的《圣经》中的诗句："复活在我，生命也在我，信我的人虽然死了，亦必复活。"或许这是她对自己一生的感悟和总结。固然，是囚禁岁月成全了她与张学良的这段传奇婚恋，是偶然事件，但如果没有她对爱的执著，又怎么会有这个偶然。

人生若只如初见：陈洁如与蒋介石

陈洁如祖籍宁波，家境宽裕，父亲是一位纸商，经营很多地产手工艺品，母亲来自苏州，姓吴。"洁如"这个名字是蒋介石给她取的，在此之前，资料上留下的只有她的乳名——阿凤。

陈洁如自幼生活在上海，12岁时进入蔡元培创办的上海爱国女子中学读书。她个子高挑，身体发育比同龄女子成熟。以现代人的眼光看，陈洁如脸的轮廓稍显硬朗，算不上漂亮，但在民国初年，这样的长相具有很高的回头率。

陈洁如在学校时和朱逸民非常要好，朱逸民比陈洁如大5岁，陈对她很依赖。两人同学时间不长，朱逸民就嫁给一个叫张静江的男人做了续弦，陈洁如常常去看望她。1919年的一天，陈洁如去张静江家玩耍，碰见了前来造访的孙中山和蒋介石等人。

蒋介石遇见陈洁如这年已经32岁，事业正处于低谷，整日无事可做，在上海街头晃荡，期待着命运的改变。当时蒋已有一妻一妾，元配毛福梅是包办婚姻，比蒋介石大，信佛，蒋介石对她一直没什么感情。蒋还有一个侧室姚氏，是个歌女，是蒋介石在1916年在苏州乐园认识的。两人是萍水相逢的情感，本来不会再有瓜葛，哪知偏生出事端来。姚氏对蒋介石好惹怒了一个有钱恩客，结果在争风吃醋中，这位大爷将一碗滚烫的鱼翅汤泼到姚氏脸上。蒋介石对女人特别心软，看到姚氏为了他被毁容，歌女也做不成了，便将她纳为侍妾。蒋介石娶姚氏纯属义气，也没有多少感情。

在张家偶遇陈洁如，让蒋介石精神一振。在他眼中，纯洁无瑕、充满活力的陈洁如与自己的那一妻一妾简直是云泥之别，他当即决定追求这个女孩子。拜访结束后，他在张家大门口等着陈洁如，见她出来就要送她回家。年纪轻轻的陈洁如被吓坏了，在蒋介石的不断追问下，她说了一个错误的门牌号，便匆匆逃走。没想到蒋是个有心人，居然找到了陈家。

蒋介石这边穷追不舍，陈洁如的母亲出面干预了。陈洁如当时不到14岁，家境不错，况且还是家中独女，是父母的掌上明珠。当时的蒋介石在陈洁如母亲的眼中简直太糟糕了——无业，老大不小了，还有一妻一妾，这样的人当然不是理想的女婿人选。

蒋介石却是个情种，面对陈洁如的躲避和她父母的阻挠，他依然不屈不挠。他知道陈洁如常去张静江家，就去张家蹲点。一次，两人在张家狭路相逢，蒋介石逼着陈洁如表态。陈洁如无奈之下答应和他约会，结果蒋介石直接把陈洁如带到酒店，吓得陈姑娘夺门而逃，并且对蒋心生厌烦。14 岁的陈洁如不知道，这个中年男人真的爱上了她。因为爱，心里才会焦灼，才会做出这种在她看来是"下作"的举动。

此事没过多久，陈洁如的父亲去世，蒋介石也穿着孝服前来祭拜，脸上那种哀伤的神情深深打动了陈洁如，自此，她对他的仇视也一扫而光。与此同时，朱逸民也带来了张静江的劝说，大意说：蒋介石会有远大前程，如果拒绝，就是不给他张静江面子。张静江也算是个人物，陈洁如的母亲在这么重的说辞下只好答应了这门婚事。为了向陈洁如表真心，蒋介石又虚张声势地要剁下一根手指表示诚意。年轻的陈洁如哪里想得到这是蒋使的花招，她又被惊吓了一通，连声大叫："请——请将那把刀放下——我相信你——只要你放下刀！"就这样，陈洁如彻底向蒋介石交出了一颗心。

在陈母的安排下，陈、蒋的婚礼依循正常的方式，先举行了订婚仪式再结婚。订婚仪式后的第二天，蒋介石陪伴陈洁如外出购物，在南京路一家巧克力点心店，蒋介石拿出一张自己穿着军服的照片赠给陈洁如。照片上有蒋介石的签名，旁边还有一个新名字：洁如。

蒋介石对陈洁如说："这是我给你起的新名字，我想它恰合你的性格。在我的眼中，你是纯洁无瑕的，如同未受世间的污染。"陈洁如羞红了脸，她喜欢这个名字。自此，阿凤变成了陈洁如。

1921 年 12 月 5 日，蒋介石与陈洁如在上海举行了半中半西的婚礼。蒋介石终于娶到了真心爱着的妻子，兴奋异常。从新婚之夜到第二天，蒋介石都不肯出新房，用餐也在房内，用过餐他就躺在床上呵呵傻笑。陈洁如问他傻笑什么，他说自己曾经许了三个愿望：一、娶陈洁如为妻；二、要赢得孙中山的信任，以便成为他的继承人；三、要成为中国唯一的军事领导人，并且要将全中国统一于一个中央政府之下。如今，这三个愿望轻松地实现了第一个，是一个好的开始。巧的是，蒋介石和陈洁如结婚后，他的命运真的开始发生改变了。

关于在上海举行婚礼这件事，主要见于陈洁如的回忆录，后来蒋介石予以否认，还有人根据蒋介石的日记推算，蒋和陈洁如没有正式结婚。孰是孰非，恐怕只有当事人知道了。

陈洁如与蒋介石成婚后到蒋的老家奉化祭祖，在那里见到了蒋介石的原配夫人毛福梅，两人相处得很好。陈洁如独得蒋介石的宠爱，但并不张狂，一直敬重毛福梅，疼爱她的孩子蒋经国，蒋经国也亲切地称陈洁如为"上海妈妈"，蒋纬国也尊敬地称她为"庶母"。

蜜月期里，蒋陈二人一起游山玩水，逛寺庙。一次站在四明山上，看着四周的美景，蒋介石不禁将陈洁如揽入怀中，深情地说：我爱这山水，但多少年来这是最快乐的一次，因为身边有了你。他再一次起誓：我将永恒不渝地爱你。

蜜月还没过完，蒋介石接到孙中山要他速返广州的电报，于是带着陈洁如匆匆前往。为了离蒋介石的生活更近些，陈洁如开始研读革命以及国民党各方面的书籍，在以后的几年中，陈洁如一直以妻子和秘书的双重身份随侍蒋介石左右。

1923 年 2 月 18 日，蒋介石被孙中山任命为大元帅府行营参谋长，次年就任黄埔陆军军官学校校长。此时，毛氏和姚氏都在冷宫，而陈洁如独享夫人的风光。如果没有宋美龄出现，陈洁如也许至死都是蒋夫人。然而，这只能是假设了。

早在蒋陈关系还很亲密的时候，蒋就在孙中山的家中认识了宋美龄，并且为她倾倒。当然，迷倒蒋介石的除了宋美龄的姿色，还有她的背景。宋美龄的大姐宋蔼龄对蒋介石非常看好，为了孔宋利益，她主张由宋美龄取代陈洁如的位置。

1926 年夏季，蒋介石携陈洁如去孔祥熙的家里吃了次美味的鸽子宴。孔祥熙是宋蔼龄的丈夫。这次宴会上，陈洁如与宋美龄初次见面，她当然不会想到，这竟是夺夫宴。席间，宋美龄与宋蔼龄多次打听蒋介石前妻的事情，陈洁如内心虽然不快，还是一一作答。她明显感觉到了宋氏姐妹对自己的不友善。

鸽子宴会几个月后，在汉口的蒋介石意外接到宋美龄的来信。这封信勾起蒋介石对宋美龄的想念。他对陈洁如说，想请宋美龄来九江游玩以答谢鸽子宴。陈洁如不喜欢宋美龄，可是她说：只要你高兴，怎么做我都愿意。蒋介石听她这么说，愉快地笑了。

当时，蒋介石与陈洁如的感情尚好，如果没有接下来的事情，他们的婚姻或许不会结束得那么迅速。然而，世事无常。接下来发生的事情让陈洁如始料未及。由于北伐军攻克南昌，蒋介石再度陷入困境。他如果想要东山再起，就必须借助上海财团的支持，而孔家是财团的领军人物，宋氏家族借机再次提出让蒋介石娶宋美龄。这个时候娶宋美龄还有一个好处，就是宋美龄留过洋，可以争取西方支援。

宋美龄那边逼得很紧，她要求蒋介石必须把身边的所有女人都清算干净，她只能是唯一的蒋夫人。蒋介石为了前程，内心虽有不忍，还是决定抛弃陈洁如。他给了陈洁如一笔钱，让她暂去美国进修。他说：这是一桩政治婚姻，你先离开五年，五年之后我们一定恢复夫妻关系。陈洁如当时还只是不到21岁的年轻女子，这番变故让她感觉天都塌了，却又无力回天，只好逼着自己相信，只要隐忍五年，蒋介石还会和她重新在一起。

1927年8月19日，陈洁如在张静江女儿黛瑞莎和海伦陪同下，乘杰克逊总统号轮船去了美国。船到日本神户时，日报的新闻中还称"蒋夫人搭轮赴美"。等轮船航行在太平洋上时，陈洁如从无线电广播中听到了上海各报刊载的《蒋中正启事》，启事中，蒋介石竟然已经根本不承认陈洁如是他妻子这件事了。启事中说："民国十年，原配毛氏与中正正式离婚。其他两氏，本无婚约，现在与中正脱离关系。现除家有二子孙，并无妻女。惟传闻失实，易滋浍惑，特此奉复。"

陈洁如听后如晴天霹雳，痛不欲生。当初明明是他纠缠着要娶她的，可是她真的爱上他时，他却如此残忍地抛弃了她。悲痛之下，她几次要跳海，均被护送者劝阻。

蒋陈婚姻就这样因为蒋的野心被牺牲了，前后只维持了六年时间。两人没有孩子，只有一个养女，由蒋介石取名瑶光。蒋陈离婚后，瑶光改姓陈。六年的婚姻就像云烟，没有留下实质的东西。

此后，陈洁如再也没有嫁过人，在留美的五年多里，她苦修英文、养蜂和园艺，并从哥伦比亚大学教育学院获得硕士学位。1933年，陈洁如回到上海，这里是她与蒋开始和结束的地方，虽然睹物伤情，但亲人在这里，她还是回来了。

陈在上海深居简出，闭门谢客。她与蒋介石的姻缘虽然接续无望，但二人一直有联系。据说蒋介石绯闻中神秘的"陈小姐"就是陈洁如。故事是这样的，抗战爆发后，上海被日军占领，陈洁如秘密离开上海，辗转到了陪都重庆，被蒋介石安排在盟兄吴忠信的家里，蒋因为经常去探望而旧情复燃。1962年，75岁的蒋介石曾派戴季陶之子戴安国秘密送一封亲笔信给陈洁如，信中说："曩昔风雨同舟的日子里，所受照拂，未尝须臾去怀。"可见，蒋介石对陈洁如一直没有忘情。根据种种正史、野史的记载，宋美龄虽然是唯一的蒋夫人，但两人感情并不太好。如果这是真的，只能套用一句老话：上天是公平的。

陈洁如的晚年还算幸福。上海解放后，陈洁如被邀为上海市卢湾区政协委员，1961年她获得周恩来总理亲自批准去香港定居，改名"陈璐"。蒋经国闻讯后，特为她买了一套宽敞的豪华公寓作为养老的安乐窝。1967年，陈洁如完成自传稿，纽约一家出版公司有意出版，但因蒋家出钱收买，该书未能问世。1971 年 2 月 21 日，陈洁如在香港寓所中风去世，享年 65 岁。她的骨灰葬在美国，异乡孤茔，恰和她生前一样，在寂寞中来，在寂寞中去。临终前她给蒋介石写了一封信："30 多年来，我的委屈惟君知之，然而为了保持君等国家荣誉，我一直忍受着最大的自我牺牲……"心中长期的积郁终于得到抒发。

清代才子纳兰性德有诗云："人生若只如初见，何事秋风悲画扇。等闲变却故人心，却道故人心易变。骊山语罢清宵半，夜雨霖铃终不怨。何如薄幸锦衣郎，比翼连枝当日愿。"陈洁如多年后，回想当初，或许会有如此感慨吧！

至于宋美龄，虽如愿成为唯一的蒋夫人，却终究未能完全拥有他的爱。至于蒋介石，虽成功地向宋美龄寻求到了政治支援，却失去纯真的爱，最多算个不输不赢。拿爱情当赌注的，即使不输，也成不了赢家。

幸因青眼逢知遇：潘玉良和潘赞化

从情节上看，潘玉良与潘赞化的故事属于英雄救美。只是，潘赞化虽是英雄，潘玉良却不是美女。

潘玉良原本姓张，叫张秀清，后改名张玉良，出生于江苏扬州，自小父母双亡，14岁时被舅舅卖到安徽芜湖的妓院。虽然生在出美女的扬州，又顶着"青楼妓"的出身，但是潘玉良的长相似乎并不好看。有人形容潘玉良的照片所带来的冲击是"感官上一脚踩空，意识上连打趔趄"。确实，从流传于世的照片来看，潘玉良长相奇特：狮子鼻、厚嘴唇、高颧骨、表情严肃，不但与娇美无缘，简直可以说是丑陋不堪。不但长相不符合通常所谓的"女性美"，据熟识她的人讲，潘玉良做事、说话直来直去，嗓音也像男人，擅长唱京剧老生。

细想之下，这事有些奇怪。当年潘玉良被地方官向潘赞化隆重推出，其目的是女色贿赂，想来她在当地粉黛中定属凤毛麟角，长相再不济，也当属清丽佳人之列。可是，为什么她在照片中身材呆板，面容木讷呢？只能有一个解释，这是潘玉良有意为之。她是刻意而决绝地扫除女性的妩媚，以期完成真正意义上的脱胎换骨。或许她也是想以淡化自身美貌的手段，凸显潘赞化的大恩大义。

潘玉良是一个性格倔强、坚忍的姑娘，进入妓院后拒绝接客，四年中逃跑十次，甚至不惜毁容上吊。这让小玉良保留了清白之身，也让她过早地尝遍了人世间的冷暖。17岁这年，她遇到了生命中的真命天子潘赞化。

潘赞化生于1885年，安徽省桐城县潘家楼人，父母早逝，祖父曾官居天津知府。潘赞化是一个受五四新思想影响的进步人士，早年参加过同盟会，后又追随蔡锷将军的护国军讨伐袁世凯。据熟悉的人回忆，潘赞化温厚儒雅，是一个有文人气质的军人。

1912年，潘赞化被任命为芜湖海关监督，当地政府及工商界人士举行盛宴为他接风洗尘，商务会长将玉良献上助兴。玉良轻拨琵琶，慢启朱唇，唱了一曲《卜算子》古调，词曰：不是爱风尘，似被前缘误。花落花开自有时，总赖东君主。去也终须去，住也如何住？若得山花插满头，莫问奴归去。

潘赞化被玉良寄于曲中的哀怨之情所感动，问："这是谁的词？"玉良一声长叹："一个和我同样命运的人。"潘赞化又问："我问的是她是谁？"玉良道："南宋天台营妓严蕊！"

潘赞化凝神地瞅了她一眼，说："嗯！你倒是懂点学问。"

张玉良腼腆不安地答道："大人，我没念过书。"

潘赞化"啊"了一声，不觉生出一缕怜爱之情。在一边目睹此景的商会会长暗自高兴，他凑近潘赞化，耳语道："潘公，她还是黄花闺女呢！"潘赞化没有搭腔。

宴罢已是深夜，潘赞化回到住所，正要歇息，家仆前来敲门，说会长送来一个姑娘伺候大人。潘赞化心里明白，这位姑娘一定是白天弹琵琶唱曲的那个女子，也知道会长此意不过是巴结自己。他对这种官场习气极其厌恶，说："我睡了，叫她回去！"话刚出口，又觉得不妥，赶着补充道："你告诉她，明天上午如有空，请她陪我看芜湖风景。"

回到妓院，玉良少不了挨了一顿打骂。

第二天，玉良陪潘赞化出游，她对芜湖的名胜一概不知，反倒是潘赞化耐心地给她讲述风景名胜的历史和典故。玉良深为潘赞化的学识和修养所倾倒，潘赞化没有把她当做一个伴游的烟花女子，也让玉良忘了自己的身份，更忘了世人的冷眼和歧视。

一天很快过去了，这是玉良出生以来，难得的幸福时光。夜幕降临时，潘赞化吩咐车夫送她回去，玉良跪在地上，死也不愿回去。潘赞化问道："我问你，你要留下做什么？"玉良鼓足勇气说："我知道会长他们把我当鱼饵，想钓潘大人上钩，一旦你喜欢上我，就找你讨价还价，给他们货物过关行方便，否则就以你狎妓渎职为由，败坏你的名声！这对你不利。可是，你若赶我回去，他们会说我无能，找流氓来糟蹋我。我知道大人是正派人，留下我对你不利，但我无奈啊！"

潘赞化听了，可怜这个小姑娘，于是将她带回住处。这一夜张玉良辗转反侧，反复回忆与潘赞化一起的点点滴滴。虽然相处的时间很短，但她对这个博学、正直而且具有怜悯心的男人已经生出强烈的爱意。

第二天，潘赞化带回来一套小学课本，亲自充当张玉良的老师，教她读书写字。张玉良宛如重获新生，如饥似渴地学完了那套高小语文课本。一转眼两个月过去了。一天，潘赞化对张玉良说："我想把你赎出来，送你回老家扬州做一个自由人。"张玉良一听哭了起来，她当初就是被亲生舅舅卖进妓院，如今再回去，无异于再次羊入虎口。她哭着乞求潘赞化将自己留下来，她愿终生侍奉潘大人。潘赞化有些为难地说："玉良，在我眼里，你是个孩子，我长你 12 岁，家中早有妻室儿女，我总不忍委屈你。"想了一下，潘赞化又说："现在看来没有别的办法，他们在外面给我造了不少谣言，想要我在关税上向他们让步。你要是愿意，我就决定娶你作二房，明天就在报上登结婚启事。"张玉良眼睛里放出了异彩，她欣然同意了。二人随即成婚，证婚人是潘赞化的同窗好友陈独秀。张玉良改姓潘，以表达对潘赞化的感激。

潘赞化为人正直，这样的性格注定当不久官。1913 年，潘赞化被免去芜湖海关监督一职，携潘玉良寓居上海。他为潘玉良专门请了老师，系统地教她读书。这个改名为潘玉良的女子就像春天的雏燕，迎着明媚的春光，开始学着飞向天空。

潘氏夫妇的邻居是上海美术专科学校色彩学教授洪野先生。天生对色彩敏感的潘玉良，每天站在窗外屏声静气地看洪先生作画，回家后偷偷临摹。时间久了，洪先生发现了她，并且免费收她为学生。

人的机遇真是难以预料的，偶然认识潘赞化是张玉良人生道路上的转折点。而这个偶然性导致潘玉良此后一系列奇特的命运。与洪野先生认识是她人生中又一次决定性的机缘。

潘玉良的绘画天分让洪野先生吃惊。1918 年，在丈夫和洪野老师的鼓励下，潘玉良报考了上海美术专科学校。她的成绩相当好，但由于出身问题，学校没有录取她。洪野先生气急了，跑去找当时任校长的刘海粟。爱才心切的刘海粟顶着社会压力，提笔在榜上添上她的名字。就这样，潘玉良踏进了这所中国高等艺术学府的大门。

在学校里，潘玉良遇到不少麻烦。她的出身遭到众人的非议，有同学甚至要求退学，"誓不与妓女同校"。她另类的执著也让她麻烦不断。潘玉良的课程中有人体素描课。当时国内还比较保守，政府不允许人们画裸体，甚至明令禁止用模特教学。潘玉良一直苦于在人体写生上找不着感觉。有一天，她去浴室洗澡，突然眼前一亮，裸体的女人成了她眼中的艺术素材。她躲在角落里偷偷地画着，结果招致责骂并且挨了顿打。浴室画不了了，她就在家中对着镜子画自己的裸体。1921 年，即将毕业的潘玉良展出了她的所有习作，其中就有她在浴室里的人体素描和自画像。这些作品让她进入了优秀毕业生的行列，但也为她惹了不小的麻烦，一时间对她的漫骂、批责不绝于耳。

校长刘海粟很欣赏潘玉良，他意识到，在当时的道德环境里，潘玉良的绘画才能会被扼杀，于是建议她去欧洲深造。潘玉良征求潘赞化的意见，赞化无条件地支持她，并且通过关系为其搞到公费留法的名额。这样开明的丈夫即使在现在也是少见的。

这是玉良和赞化结婚八年来第一次别离，遥远而且不知归期。送别的那一天，两人在上海黄浦江码头上站立许久，潘赞化没有太多的话语，只是从口袋里掏出一条镶嵌着两人照片的鸡心项链，戴在玉良颈上。一切尽在不言中。

随着一声沉闷的汽笛声，加拿大皇后号邮轮缓缓开行，码头上潘赞化的身影越来越模糊。

留学生活非常艰苦，当时国内政局不稳，潘赞化也丢掉了官职，不能按时寄钱给潘玉良。潘玉良只能靠很少且时断时续的留学津贴生活，最后竟饿晕在课堂上。但是，她的成绩却是斐然的，她先后在法国里昂中法大学、里昂国立美术专门学校就读，接着又先后在巴黎国立美术学院、意大利罗马国立美术学院学习。她的油画《裸体》获得了意大利国际美术展览会金奖。

1929年的春天，刚刚毕业的玉良在欧洲与老校长刘海粟不期而遇。刘校长当即写聘书，请玉良担任上海美专绘画研究室主任兼导师。在异国他乡漂泊九年后，潘玉良终于与潘赞化久别重逢。

潘玉良回国后两个月，就在上海举办自己的第一次画展，这是中国第一个女西画家画展。画展很成功。接着，她又应留学时期的同学徐悲鸿之邀，任南京中央大学油画教授。此后，她多次举办美术展，已是知名画家。但是，她仍不能摆脱妓女身份的困扰。1936年，在她举办的第五次美展上，《人力壮士》获得极高的评价。不料在收展时，《人力壮士》那张画上被人贴上了一张纸条，上面写着："妓女对嫖客的颂歌。"这对潘玉良来说是重重的一击。除了这种躲躲藏藏的攻击，还有旧式文人当面嘲讽她说"凤凰死光光，野鸡称霸王"。潘玉良一记耳光打了过去，自此便跟这个不能见容于她的社会彻底决裂了。

外界的侮辱固然令潘玉良气愤，但来自家中的压力更让她无法承受。潘赞化家中是有妻子的，但是由于一直住在桐城老家，所以潘玉良一直没有感受过身为二夫人的尴尬。然而，该来的总会来。有一天，潘赞化告诉她：大夫人来了。大夫人为人并不刁钻，但她是个传统的女人，虽然潘玉良当时已是画坛知名人物，但她仍然认为潘玉良身份低贱，并且多次当面戳她的痛处。内外交困，潘玉良不堪其辱，只得痛别潘赞化，再次去法国寓居。

1937年的深秋，上海的黄浦江码头再次出现了16年前的那一幕。这一次潘赞化依旧没有说太多话，他将当年蔡锷送给他的一块怀表送给潘玉良作为临别的纪念。他们都没有想到，此一别，竟是永别。

1938 年初的一天，日军占领南京，潘玉良与潘赞化失去了联系，这让她痛苦万分，她全身心地扑在绘画上，不谈恋爱、不加入外国籍、不依附画廊拍卖作品，被称为"三不女人"。1940 年，德国纳粹的铁蹄践踏了巴黎，潘玉良的画室没了，她的生活陷入极端困窘的地步。这时王守义伸出了援助之手。

王守义是留法勤工俭学的学生，在巴黎和同乡开了一家名为"东方饭店"的中餐馆。他结识潘玉良后，出资帮她建立画室，举办艺术沙龙，筹备画展，陪她出入凡尔赛宫、卢浮宫浏览艺术珍品，陪她在塞纳河畔写生。王守义的陪伴让潘玉良冷寂的生活重又温暖起来，她感觉得到王守义的爱，但她的心中除了潘赞化再也容不下别的男人。一次，她与王守义去纳赛河写生，王守义向她表现了爱慕之情，玉良叹了口气说："你太了解我了！我只告诉你，我没有这个权利，我比你大 12 岁，且我已早成了家呀！"王守义说："不！你是在骗我，也骗你自己，我虽然不了解你最早留法的原因，但我知道你第二次来巴黎是决定不再回去的，你有痛苦，有难言之隐，有不幸，这是瞒不了爱你爱得强烈的人！"潘玉良身子微微一抖，眼眶红润，她苦笑了一下，回答道："朋友，我不讳言，我有痛苦，但也有宽慰，那就是赞化和我真诚相爱，我虽然和他隔着异国他乡，但我相信总有一天，我还要回他的身边。"王守义的眼泪夺眶而出。

1950 年，潘玉良终于又收到了潘赞化从国内寄来的信，信中，赞化介绍了新祖国蓬勃发展的情况，并且希望她早日回国。潘玉良说不出有多激动，她向往着飞回祖国。由于当时她还有画展需要准备，她决定画展一结束就回国。然而，赞化的书信慢慢少了，信中再也不提让她回去的事了，只有三言两语的客套话，还有一些莫名其妙的句子，诸如"家中还好，谢谢你的支持"，"望善自保重"，"政府英明，给我照顾"，等等。到后来，竟至于长时间没了音信。

赞化发生了不幸？莫非他有什么难言之隐？

她的感觉是对的。1958 年 8 月，潘玉良接到潘赞化的一封来信，信中说："你要回国，能在有生之年再见，当然是人生快事。不过虑及目前气温转冷，节令入冬不宜作长途旅行，况你乃年近六旬的老妪，怎经得长途颠簸和受寒冷，还是待来春成行为好……"读到这里，她终于读懂赞化以前那些莫名其妙的信了。他在信中兜兜转转，大费周章的措辞，是要急切地表达一个核心：现在不宜回国！当时国内政治斗争正进行得如火如荼，以潘玉良的出身、经历，回国后结果必然不妙，这是潘赞化最担忧的，所以，尽管他饱受相思之痛，却不让她回去。

这封信就像一柄冷剑，刺碎了潘玉良的归乡梦。她只能把所有的精力都投注到绘画中去。1959年，巴黎大学把它设置的多尔利奖奖给了潘玉良，这在巴黎大学的奖励史上是破天荒第一次。晚上回到住处，张玉良写了两封信，一封信给老校长刘海粟，一封给赞化。给赞化的信中，她特意附上一张照片，背面写上：

今天获巴黎大学多尔利奖，此系授奖时与巴黎市市长留影。赞化兄惠存。

玉良

一九五九年四月二十七日

她的心中还埋藏着希望的种子，希望有朝一日能够再次见到爱人。但她不知道，她的赞化就要去了。1959年7月，潘赞化去世。当时中法尚未建交，直到两年后，潘玉良才从大使馆的人口中得到这一消息。紧接着，"文革"开始，玉良的归乡梦再次打碎了。

1976年，病中的潘玉良在给儿子潘牟（潘赞化与大夫人的孩子，潘玉良曾长期带在身边抚养，两个人感情很好）的信中写道："我的精神很痛苦，老想祖国。你喜欢吃我做的红烧肉，等我身体好了，就回来做给你吃……只要回去，我的病就好了。"然而，她终于没有回去。1977年，82岁的潘玉良身穿中式旗袍，留下"将所有作品捐献祖国"的嘱托，带着未能回归故土的遗憾，长眠于法兰西。

潘玉良被尊为"一代画魂"。但当她还叫张玉良的时候，她只是一个没有灵魂的女人——直到她被潘赞化赎身并纳为小妾，改名潘玉良。潘赞化是个少有的好男人，几乎一生都在默默地付出，默默地等待。

或许是太隐忍了，或许是有太多的别离，他们的爱情故事看起来并不浪漫，更多的是付出、感恩，以及浓浓的思念。能说什么呢？只能默默地替玉良念一声：赞化兄。

永失我爱：石评梅与高君宇

"曾经有一份真诚的爱情放在我面前，我没有珍惜，等我失去的时候我才追悔莫及。人世间最痛苦的事莫过于此。"——这是电影《大话西游》中的一段台词。它像是在诠释石评梅和高君宇的爱情，更确切地说，是石评梅的爱情。

石评梅（1902年~1928年），山西省平定县人，乳名心珠，学名汝璧。因自小爱慕梅花，自取笔名石评梅，此外，还用过波微、漱雪、冰华、心珠、梦黛、林娜等笔名。她和吕碧城、张爱玲、萧红并称为"民国四大才女"。自古红颜多薄命，向来老天妒英才。在中国近代女作家中，石评梅是生命最短促的一位，27岁时病逝，留下数篇诗歌小说散文，还有一段被誉为现代版梁祝的凄凉绝美的爱情。

才女的背后往往有才华横溢的父母，石评梅也不例外。她的父亲石铭是清末举人，思想开放，辛亥革命后，毅然剪掉辫子，去省府太原做了省立图书馆馆员和中学教员。石评梅母亲是续弦，在石铭46岁时生了石评梅。老来得女，石铭对石评梅千疼百爱，视其为掌上明珠。评梅自幼是个易动感情、爱伤心流泪的女孩子，那种与生俱来的伤感影响了她的一生。

评梅自幼聪明，加之父亲的熏陶，琴棋书画诗词文赋无一不长，风琴演奏更是闻名遐迩。在省城的师范附属小学毕业后直接升入山西省女子师范学校。在期校间，她画了一幅配诗画《雪梅图》，引得众多知名老学者前来观赏，她因此被誉为晋东才女。那年她才12岁。

1919年，18岁的石评梅考入北京女子高等师范学校。由于当年该校国文系不招生，无奈之下，石评梅权衡兴趣，选择了体育系。在学校里，石评梅同庐隐、陆晶清结为至交，开始发表作品，并且很快声名鹊起，被时人誉为"北京著名女诗人"。1923年，石评梅毕业后在母校附属中学任女子部主任、体育教员，同时由于国学功底厚实，还兼任国文教员，是全校授课钟点最多的教员之一。此后，石评梅在附中一干六年，兢兢业业，教书育人，直至病逝。

时间倒回到1919年，那一年，石评梅遇到了自己的初恋。

1919年5月4日，北京数所大学的三千多名热血青年在天安门广场举行示威，打出"还我青岛"、"取消二十一条"、"严惩国贼"的口号，这就是举世闻名的五四运动。石评梅正是在这一年去北京读书，她的父亲放心不下，于是把女儿托付给正要返回北京的老乡吴天放（也有说叫吴念秋）。

吴天放毕业于北大，风流倜傥，是出名的才子，与当时担任外交总长的王正廷有亲戚关系，供职于一家刊物任诗歌编辑。从山西到北京的火车上，吴对石细心照顾。他得知石评梅爱梅花，于是到北京后特意制作了一叠精美的信笺送给石评梅，信笺每页都印有梅花以及古人咏梅的诗句，下方还印着"评梅用笺"四字。据说吴天放送信笺时，深情地注视着石评梅，轻声说："这一切，是因为我爱梅。"这意外的礼物让对爱情还懵懵不识的石评梅欣喜异常，不由得对这个男人怦然心动。吴天放是个懂得讨好女人的男人，他对评梅关爱有加，还时不时与她讨论文学和未来。就这样，情窦初开的她渐渐对吴迷恋，甚至许下"终身不嫁第二人"的承诺。

恋爱中的日子过得很快。三年后的某一天，石评梅没有事先约定就去了吴天放的公寓，结果在门前遇到一个把吴天放叫"爸爸"的小男孩，石评梅这才知道自己深爱的这个男人原来早有家室。伤透了心的石评梅毅然决定离开，吴天放舍弃不开妻小，也不愿放开石评梅，于是对石评梅软硬兼施，不惜以将两人的情书在报纸上公开为要挟，但石评梅没有回头。

爱到骨髓，却被挫骨扬灰，评梅没想到自己的理想完全是梦，她决意不再相信爱情，抱定了独身主义。就在这个时候，高君宇正式走进石评梅的感情生活。

高君宇（1896～1925 年），北大才子，也是山西人，原名尚德，字锡三，号君宇，笔名天辛。他 18 岁时，父母给他定了一桩婚姻，高君宇极力反抗，将父亲气晕，无奈之下，高君宇将妻子迎娶入门。两年后，他考入北大，后留校任助教，终于得以离开了那段名存实亡的婚姻。他的老师是共产党创始人之一的李大钊，五四运动中，他是冲在第一线的热血青年，是中国共产党早期核心人物，中共一大时全国总共有 53 名党员，高君宇就是其中之一。他曾担任过孙中山的秘书，担任过北京市第一任青年团书记，共产国际代表来中国帮助建党，高君宇也是重点培养对象之一。

石评梅第一次遇到高君宇是在一次同乡会上，那时她还在与吴天放热恋。经过交谈，石评梅得知这个高君宇竟然曾经是自己父亲的学生，这让她对这个充满着昂扬革命斗志的同乡油然生出亲切感，高君宇对这个小师妹也心生好感。此后，在不断的交往中，高君宇对石评梅生出超出友情之外的情愫。

石评梅与吴天放分手后，高君宇虽然自知已婚的身份没有资格谈婚嫁，但又克制不住对评梅的火热感情，于是决定坦露自己的心迹。1923 年秋天，在北京西山碧云寺养病的高君宇寄给石评梅一封信，信中夹着一片心形的红叶，红叶上题着两句诗："满山秋色关不住，一片红叶寄相思。"明确地表达了自己对石评梅的爱慕之情。在信中，高君宇开诚布公地讲了自己的几点情况：一，在老家有一个包办的妻子；二，他选择的是一条极其危险的革命道路；三，他身患当时很难治愈的肺病。

评梅是喜欢高君宇的，她也不在乎后面两点，但是刚刚过去的那场残酷的失败的爱情让她心有余悸，何况高君宇又是一个有家室的男人，她不愿意伤害高君宇的妻子。所以石评梅拒绝了高的求爱，她在红叶的背面回了一行字："枯萎的花篮不敢承受这鲜红的叶儿。"

有些事情一旦产生就不能停止，比如爱。遭到拒绝后，高君宇对弟弟高全德说："现在，我对评梅的感情非但没有减弱，反而更深了。"他给石评梅回信说："你的所愿，我愿赴汤蹈火以求之；你的所不愿，我愿赴汤蹈火以阻之。不能这样，我怎能说是爱你！"但石评梅始终将高君宇拒之于紧锁的心门之外。石评梅为此自责道："我现在恨我自己，为什么去年不死，如今苦了自己，又陷溺了别人。"

1924年初，石评梅不幸患上猩红热，重病卧床40多天，一度生命垂危，她甚至写好了遗书。高君宇得知消息后匆匆赶去看望石评梅，为她端药送水，精心照顾。石评梅很感激高君宇的照顾，但她依然不愿意打开心扉，更重要的是，她不愿意伤害那个在乡下的妻子。她说："宁愿牺牲个人的幸福，而不愿侵犯别人的利益，更不愿拿别人的幸福当做自己的幸福。"高君宇被评梅的素洁之心所感动，他认为自己没有爱的资格，但依然一如既往地关心着石评梅。

1924年5月，高君宇因张国焘被捕叛变遭到北洋军阀政府通缉。化妆从北京住所脱险后，高君宇冒着生命危险来到石评梅的住处向她告别，来时还不忘为石评梅带了一份治病药方。鉴于当局对信件的检查，两人约定，高君宇用天辛为名，石评梅则用 Bovir（波徽）——这是由拉丁字根和词缀组成的符号，代表着勇敢和勇气。天亮后，高君宇秘密回了山西老家。

几个月后，石评梅收到高君宇的一封长信。在信中，高君宇详细述说了与包办妻子离婚的过程，而后以一个单身男人的身份对石评梅表达了炽热的爱情。他写道："我是有两个世界的，一个世界一切都属于你，我是连灵魂都永禁的俘虏；为了你死，亦可以为了你生。在另一个世界里，我不属于你，更不属于我自己，我只是历史使命的走卒。"

评梅本是富于感情的女子，对于高君宇焉能毫无所动，只是吴天放的背叛对她的伤害太重了，她不敢轻易再接受别的爱了。她给高君宇回信说："我可以做你唯一的知己，做以事业为伴共度此生的同志。让我们保持'冰雪友谊'吧，去建筑一个富丽辉煌的生命！"

收到石评梅的信后，高君宇万分凄怆道："评梅，你只会答复人家不需要的答复，只会与人订不需要的约束！""评梅，我是飞入你手中的雪花，在你面前我没有我自己。"

同年10月，广州商团叛乱，高君宇作为孙中山的助手协助平定叛乱，他乘坐的汽车遭到枪击，留下一堆玻璃碎片，所幸他只是手受了轻伤。躲过一劫的高君宇特意去买了两枚象牙戒指。在石评梅生日前夕，他将一枚戒指连同枪击事件留下的玻璃碎片，随同一封信寄给了石评梅。信中写道："愿你承受了它。或许你不忍，再令它如红叶一样的命运吧。我尊重你的意愿，只希望用象牙戒指的洁白坚固，纪念我们的冰雪友情吧……或者，我们的生命亦正如这象牙戒指一般，惨白如枯骨？"

这一次，石评梅终于打开了心扉。

1925年的第一场大雪后，高君宇和石评梅来到银装素裹的陶然亭，高君宇感慨道："北京城的地方，全被权贵们的车马践踏得肮脏不堪，只剩陶然亭这块荒僻土地还算干净。评梅，你是真爱我的朋友，倘若我有什么不测，你就把我葬在这里吧。"

陶然亭是中国历史四大名亭之一，据说在这里谈情说爱的情侣都会终成眷属。石评梅和高君宇之间的爱情若隐若现地出现了。就在这时，一封信又击碎了高君宇的期盼。这封信是吴天放写给石评梅的："一方面我是恭贺你们成功；一方面我很伤心，失掉了我的良友……我总觉得这个世界上，所可以安慰我的只有你，所以你一天不嫁，我一天就有安慰。"

石评梅再次动摇了，毕竟旧爱难忘，何况是她的初恋，她再次决定独身。尽管如此，她与高君宇之间毕竟看到了爱情的曙光。然而，老天留给他们的时间太短了。

1925年3月1日，高君宇在参加国民会议促进会第一次全国代表大会期间，突发急性盲肠炎，被送进了协和医院。几天内，石评梅数次到医院探望，每次都会带一束鲜艳的红梅。躺在病床上的高君宇看着眼前细心照料自己的石评梅问："世界上最冷的地方是哪里？"

石评梅说："就是我站着的这地方。"

3 月 4 日，高君宇病情开始恶化，石评梅在病床前请求他原谅自己决心独身的想法，高君宇说："我原谅你，至死我也能了解你，我不原谅时我不会这样缠绵地爱你了。但是，一颗心的盼赐，不是病和死换来的……我现在不希望得到你的怜恤同情，我只让你知道世界上有我是最敬爱你……"

为了不让石评梅担惊受怕，高君宇拒绝石评梅的陪护，两人约定三天后再见。这一别，就是永别。1925 年 3 月 5 日凌晨 2 时 40 分，高君宇永远离开了没有完成的事业和爱人，年仅 29 岁。死时身边无人陪护。对他来说，爱情终究成为一场难圆的梦。

君宇的突然离世，使评梅痛悔交加。痛失所爱，她再一次体会到痛彻心扉的感觉。

在高君宇的遗物中，石评梅找到了当初那片寄情的红叶，上面字迹依然，人却阴阳两隔。石评梅饮恨痛哭："红叶纵然能去了又来，但是他呢，是永远不能再来了！"

高君宇逝世后，石评梅依照他生前的愿望，将他葬在陶然亭，墓碑是用白玉雕琢的，正面刻着"吾兄高君宇之墓"几个大字，是高君宇的弟弟高全德所立。墓碑左侧，刻着石评梅手书的碑文：

"我是宝剑，我是火花。我愿生如闪电之耀亮，我愿死如彗星之迅忽！——这是君宇生前自题相片的几句话，死后我替他刊在碑上。

君宇！我无力挽住你迅忽如彗星之生命，我只有把剩下的泪流到你坟头，直到我不能来看你的时候。评梅。"

和高君宇一起入葬的，还有那枚戴在他手指上的洁白如玉的象牙戒指，以及石评梅的一张照片，另一枚戒指则戴在石评梅手上。石评梅说，自己是在高君宇死后才把心完全收回来交给他，用那一枚象牙戒指套住了自己的一生。

以后的日子里，陶然亭高君宇的墓边，经常能看到一个默诉哀思、暗饮悲伤的女人。就在这个时期，石评梅写下了令人肝肠寸断的《墓畔哀歌》：

假如我的眼泪真凝成一粒一粒珍珠，

到如今我已替你缀织成绕你玉颈的围巾。

假如我的相思真化作一颗一颗红豆，

到如今我已替你堆集永久勿忘的爱心。

我愿意燃烧我的肉身化成灰烬，

> 我愿放浪我的热情怒涛汹涌，
>
> 让我再见见你的英魂。

——《墓畔哀歌》

高君宇去世后，石评梅专心于教学工作，空闲时间就整理高君宇的遗作。石评梅说："他的死成全了我，我可以有了永久的爱来安慰我来占领我，同时可以贯彻我孤独一生的主张。"这种豁达的背后，该隐藏着多少负疚、痛苦和无助。

这个时候，一个叫高长虹的人向石评梅发出了爱的讯息。高长虹曾在北京大学作旁听生，日后在中国近代文学史上占有一席之地。但石评梅心中先有吴天放，后有高君宇，自然不会为高长虹所动。她的心已经完全被悲苦淹没，她在给友人的信中写道："宇死后我更不敢在人间有所希望。我只祈求上帝容许我忏悔，忏悔自己的过错，一直到死的时候！……快了，我快要到那荒寂的旷野里，去伴我那多情的宇。"

1928 年 9 月，石评梅患急性脑膜炎被送进一家日本医院，随后又在昏迷中被转送到高君宇生前住的协和医院，住进高君宇去世前住的病房。12 天后，也就是 9 月 30 号，石评梅在高君宇去世的时刻（凌晨 2 点左右）病逝。想来，她是毫无留恋地离开这个世界的，因为她知道，在彼岸有一个爱她的她也爱的人在等待着她。

她的好友庐隐在整理她的遗物时，在枕头下面发现一个笔记本，里面夹着高君宇的照片和那片题诗的红叶。笔记本的扉页写着两行字："生前未能相依共处，愿死后得并葬荒丘。"朋友们把这两句话当做是石评梅的遗言，将她葬在高君宇墓旁，和石评梅一起葬入墓穴的，是高君宇的遗像、那枚象牙戒指、一支钢笔、一只石评梅生前上体育课常用的银色口哨，还有数枚评梅印章。后人将两人并立的两块墓碑合称为"高石之墓"。这对苦命的鸳鸯，终于可以在天国里不受任何限制地相亲相爱了。

1973 年，高石之墓遭到红卫兵的破坏，身染重病的周恩来得知后十分痛心，立即委托邓颖超妥善照管。在邓颖超的关照下，高君宇的遗骨火化后安放在八宝山革命公墓，墓碑陈放在中国革命博物馆；石评梅的遗骨也被妥善迁移，但具体迁移到哪里了，无人知晓。奇怪的是，象征两人纯洁爱情的那两枚象牙戒指，当年各自在众目睽睽下被放进各自的墓中，开棺火化时，却已不见踪迹。1984 年，"高石之墓"又重新屹立在陶然亭湖畔。

你认识我时，我不认识你；你喜欢我时，我认识你；你爱上我时，我喜欢你；你离开我时，我爱上你。——这是何等的悲哀和无奈。

有人说：不读石评梅肝肠寸断的血泪之文，就不会懂得爱情的力量。又有人说：如果高君宇不死，他们是痛苦的一生；高君宇死了，石评梅不死，石评梅的一生更加痛苦。他们先后逝去，才是他们最幸福的结局。

或许是吧。但是，假如老天怜悯，给他们足够的时间，两个人最终或许能够幸福地生活在一起。

能说什么呢？失恋、离婚、分手，这些本来都是爱情生活中必然存在的部分。但是石评梅太在意了，深陷其中，不能自拔。更可悲的是，老天没有给她充足的时间化解心中的苦结。所以她的爱情注定是苦涩的，苦得让人绝望。

乱世情殇：萧红与萧军

1932 年 7 月，哈尔滨连续下了 20 多天的大雨。位于哈尔滨道外区十六道街一座叫东兴顺的旅馆里，一位面容憔悴的女子，拖着沉重的有孕之身，赤着脚在房间里焦虑地来回挪动，这个女子叫张乃莹。三年后，她以长篇小说《生死场》一举成名，也让世人记住了她的另一个名字——萧红。

在近代文学史中，萧红和张爱玲、石评梅、吕碧城被并称为"民国四大才女"、"30 年代的文学洛神"。然而，在个人生活方面，萧红或许是民国时期的女作家中最萧瑟、最悲苦的。在她留世的照片中，找不到一张漂亮的、有开心笑容的，她曾经长时间地与饥饿为伴，甚至萧军对她的爱情都是让人心虚的。

萧红是个让人眼睛发酸的女子。有人说，看了萧红的经历，谁还敢说比她更苦。尽管如此，萧红与萧军的爱情，在开始时却是既传奇又浪漫，英雄救美、才子佳人、志同道合、比翼双飞的新旧套路都适用，满足文学女青年对于爱情的一切想象。

1911 年，萧红出生在黑龙江省呼兰县的一户小康人家，生日是 6 月 1 日，如今的儿童节，但她的童年却并不幸福。她 9 岁时母亲去世，父亲随即续弦，所以她的童年少有温情，好在还有善良宽容的祖父。17 岁那年，中学毕业的萧红在家里的安排下，与同乡汪恩甲订婚。那时候的萧红情窦初开，而且有了心上人，他就是萧红没有血缘关系的表哥陆振舜。为了抗婚，萧红跟随陆振舜私奔到北平。两家同时施压，这段感情终因陆振舜的屈服而告终。

1931 年，萧红因为劝伯父不要逼农民加租而引来暴打，随后她再次离家来到哈尔滨。萧红的这次出逃给那个传统的家庭带来了极大的伤害，萧红的父亲当众宣告开除她的祖籍，中断了对她的经济供给，此后两人形同陌路。走投无路的萧红去投奔未婚夫汪恩甲。汪恩甲人长得挺帅，家境富裕，只比萧红大两岁。可能是年龄相仿的原因，萧红对于这个包办婚姻的丈夫产生了感情，两人很快同居了，租住在东兴顺旅馆。

1932 年 2 月，哈尔滨被日本关东军占领，当地经济活动受到严重冲击，而汪恩甲是出了名的纨绔子弟，没有经济来源的两人很快陷入困境。这一年萧红 21 岁，已经怀有汪恩甲的骨肉。由于两人一直无力支付住宿费，7 月，旅馆老板对他俩发出最后通牒，如果不能还清拖欠的 600 多元房费，就把萧红卖掉。

这一天，汪恩甲外出筹钱，萧红留在旅馆作人质。汪恩甲迟迟不归，旅馆的老板又不允许萧红出门寻找丈夫。困窘中的萧红只能支撑着身体，依附在窗口上，期盼汪恩甲能够突然出现在大街上。可是，汪恩甲再也没有出现，而且再也没有人知道其下落。汪恩甲从此背上了始乱终弃的千古骂名，可是，或许他是遇害了也未可知。

无论怎样，萧红当时的窘境可想而知。鲁迅夫人许广平曾在《追忆萧红》一文中提到这一段时说："秦琼卖马，舞台上曾经感动过不少观众，然而有马可卖还是幸运的，到连马也没得卖的时候，也就是萧红先生，遭遇困厄最惨痛的时候。"身处绝境的萧红想到了求救。她用"悄吟"这个笔名写了一首小诗《春曲》，寄到了《国际协报》副刊部。《国际协报》是当时在哈尔滨影响最大的一家民办报纸。萧红寄诗的目的并不是想发表作品，而是含蓄地发出了一个求救信号，可是编辑却把它扔在了一边。

此时，萧红的境况愈加窘迫，旅馆老板将她从三楼赶到二楼一间发霉的小储藏室，并且已经找好了一家妓院，准备将她卖过去。绝望的萧红再次给《国际协报》寄去了求救信，这一次她的信写得很直白：你和我都是中国人，中国人见中国人不能不救啊！

《国际协报》副刊部的主编裴馨园看到了信，出于同情，他立即派人去看望萧红。旅馆老板的态度很明确：只要还钱就立刻放人。第二天，裴馨园召集了一些报社的同事商议营救萧红的办法，其中有一个叫三郎的小伙子，他的原名叫刘鸿霖，后来人们最熟悉的是他的另一个名字——萧军。

萧军比萧红大四岁，1907 年出生在辽宁义县的农村，父亲是一个木匠。萧军18 岁时考入了东北陆军讲武堂炮兵科，成绩优秀，但在还差一天就毕业的时候，却因为替一个同学抱不平，差点把一个教官劈死，结果被开除。离开学校后，萧军辗转来到了哈尔滨，被欣赏他的文章的裴馨园聘请为编辑。萧军对营救萧红一事表现得非常漠然，因为当时他自己就非常穷困，他不愿意做空喊口号的事。

尽管裴馨园他们没有拿出具体解救萧红的办法，但报纸的介入还是引起了东兴顺老板的恐慌。旅馆老板暂时不敢把萧红卖到妓院，却进一步限制了萧红的食物供给。

7 月 12 日中午，萧红接连向裴馨园打去几个求救电话，当时萧军正好在场。由于一时没有什么好办法，裴馨园只好写了一封安慰萧红的信，找出几本小说让萧军给萧红送去。萧军把信交给萧红后，在她看信的时候，仔细地观察了一下这个女子。当时的萧红毫无美感可言，萧军这样描写："她脸色是苍白的，在昏暗的灯光下她的头发披在肩上，好像好长时间没有梳理也没有剪了。黑发里头，都已经看见白发在闪。"萧军完成了使命，转身准备离去，萧红轻轻说了一句话：能坐下来谈一会儿吗？

萧军坐下以后，萧红就像对朋友一样，坦率地说了她的经历。萧军无意中发现了萧红放在桌上的一首小诗："这边树叶绿了，那边清溪唱着。姑娘啊，春天来了，春天到了。"这首诗很有诗意，而且恰好写出了萧红当时的处境，让人不由得想痛惜、呵护她，何况萧军这样一个有血性、有正义感的男人。萧军忽然觉得，眼前这个女人变得比世界上任何一个女人都美丽。而且他马上下了决心，无论付出多大的牺牲，都要拯救这个有才华的女子。

临走时，萧军留下了口袋里仅有的五角钱，让萧红买点吃的东西，他自己则步行了约十里路的回程。后来的几天，萧军不时去看望萧红，萧军在回忆录《人与人间》中写道："我们遇合了，我们结合了。"萧红拖欠旅馆的六百多元钱始终没有办法凑齐，不过萧军向萧红承诺，一定会救她出去的。

这个时候，老天出面帮助他们了。当时哈尔滨已经连续下了 27 天的大雨，8月 8 日夜间，松花江大堤全线溃决，哈尔滨市区陷入洪水之中。根据中国水文大事记的记载，这场洪水使哈尔滨市区受淹达一个月之久，全市几十万人受灾。但是这场灾难对萧军、萧红，尤其对萧红来说却是个幸运。萧红趁乱逃出旅馆，与萧军在裴馨园家中汇合。

如果是童话故事，就此可以用"他们从此过着幸福的生活"结尾了，可惜生活不是童话，也不能到此结束。死里逃生后，他们暂时栖身在欧罗巴旅馆。几星期后，萧红产下一个女婴，萧军好几天不看萧红一眼，萧红也一直不肯给孩子喂奶，几天后，她把孩子送给了道里公园的看门人，从此再也没有见过这个孩子。那时候的萧红眼中只看到爱情，但骨肉分离成为她永久的伤痛。多年后，她写下撕心裂肺的《弃儿》。在香港时，她嘱咐端木有机会一定要去寻找这个孩子，可是谈何容易，在乱世，大人能活下来就是奇迹，何况一个孩子。

接下来的日子依然困苦。因为没有钱，店老板抽走了雪白的被褥床垫，他们躺在光秃秃的棕板上，忍饥挨饿。1932 年 11 月，他们搬出旅馆，终于有了自己的家。这段生活被萧红自称为"没有青春只有贫困"，虽然困苦，却因为他们的相濡以沫而充满温暖。1934 年 6 月，萧军、萧红离开哈尔滨前往青岛，11 月又辗转来到上海。在那里，他们得到了鲁迅的资助，并且结识了包括茅盾在内的一大批进步作家。没过多久，他俩各自的长篇小说《八月的乡村》、《生死场》由鲁迅编入《奴隶丛书》印刷出版。《生死场》署名萧红，这是她第一次使用这个笔名，鲁迅亲自为其作序，作品一炮而红，奠定了萧红在文坛上的地位。萧军在《八月的乡村》中起初署名田军，后改为萧军。

他们终于可以吃饱饭了。从 17 岁到 31 岁去世，在不同的城市之间漂泊的萧红，也终于在上海找到了安定感——因为鲁迅和许广平对她的宠爱，她被鲁迅一家亲昵地称作"红姑娘"。

可以想见，历尽磨难，鲜有家庭关爱的萧红是多么珍惜这难得的温暖和宠爱。在鲁迅家，她梳着扎着蝴蝶结的辫子，蹦蹦跳跳的。这固然是她在潜意识里渴望回到烂漫的花季，与此同时，她也是在以天真的形象，承欢鲁迅，讨好萧军，以期拥有一份安全的爱。思之，令人落泪。有一天，阴沉多日的上海突然绽放阳光，萧红兴奋地冲到鲁迅的房间报告："出太阳了！出太阳了！"先生感到一阵酸楚，在萧红的生命中，欢乐太过贫瘠，连一缕阳光都能让她雀跃。鲁迅曾经说过，萧红是最有前途的女作家。但鲁迅一家对她的爱护，显然并不仅仅因为她是一个有前途的新人。

但好景不常在，日子平稳后，两人之间的爱情开始飘忽不定。1938 年 3 月，萧红、萧军在经历了六年的情感跋涉后最终分手。没有谁是谁非，性格上的不合拍从一开始就注定他们无法走完一生。萧红纤弱、敏感、细腻，或许是因为命是萧军救的，两人走路时，萧红从来都是落后一步，低着头，紧紧跟随。萧军坦荡豪爽，虽然忠义俱全，疾恶如仇，但在感情方面却是粗疏的。他的拳头曾经数次砸向他所不耻者，也落在了柔弱的萧红的身上。两人之间的冲突日益激烈，直至拳脚相向。有一次，萧红左眼青紫地出现在公共场合，她说是自己不小心撞的，萧军却以豪迈的气派说，是他打的。萧红又说，他不是故意的，萧军却说"不要为我辩护！"

萧红连用谎言维护可怜的自尊的权利都没有。

饱受煎熬的萧红曾写下一组《苦怀》诗，其中写道："我不知道你们男人为什么那样大的脾气，为什么要拿自己的妻子作出气筒，为什么要对妻子不忠实！忍受屈辱，已经太久了。"她还写道："我不是少女，我没有红唇了，我穿的是从厨房带来的油污的衣裳。为生活而流浪，我更没有少女美的心肠。"

这些诗句深切地道出了萧红的痛苦：做萧军的妻子太痛苦了。

1936 年 7 月，萧红接受了鲁迅的建议，远赴日本。萧红的离开，是希望借助别离的空间，挽救濒临灭绝的感情。1937 年 1 月，萧红回国，两人再次和好。然而，两人心中虽然依旧有爱，可两人之间纠结的心结，已经无法解开。萧军曾经形容他与萧红的关系像"健牛和病驴"。如果是共同拉一辆车，在行程中，总要有所牺牲的，不是拖垮了病驴，就是要累死健牛！很难两全，若不然，就是牛走牛的路，驴走驴的路。

两人分手是迟早的事。

1937 年卢沟桥事变后，日军大举进攻上海，萧红和萧军与一些文艺界人士撤往武汉，在那里，他们与诗人蒋锡金共同租住一个寓所。这时，他们迎来了一位新的住户——端木蕻良。端木原名曹京平，辽宁昌图人，比萧红小一岁，长得白皙清秀，比起赳赳武夫似的萧军，是另一种完全不同的气质。端木的文学修养也极高，而且喜欢绘画，与萧红有着相同的爱好。萧红虽然不大喜欢端木的文弱，但他的书生气质却与她更加投契。

1938 年，萧军和萧红一行来到设在山西临汾的民族革命大学工作。不久晋南战局变化，日军向临汾进攻，萧红和萧军因去向问题发生争执，最后萧军独自去了延安，萧红和端木则随丁玲率领的西北战地服务团去了西安。临别时，萧军说："我们还是各走自己要走的路罢，万一我死不了……我想我不会死的，我们再见，那时候若还是乐意在一起就在一起，不然就永远分开。"在车站送别时，萧军对热心的聂绀弩说：我说过我爱她，我可以迁就她，不过这是痛苦的，她也会痛苦。但是如果她不先说分手，我们就永远是夫妻。

不久，丁玲和聂绀弩拖着萧军回到西安，想弥补他们二人的关系，萧红与端木一起出来迎接萧军。萧军进屋后，萧红也跟了进来。她站在一边看着正在洗脸的萧军，微笑着说："三郎，我们分手吧！"萧军平静地回答："好。"就这样，萧红怀着萧军的孩子和他分手了。这个孩子在生下来不久就不见了，一种说法是出生不久就夭折了，还有一种说法则暗示着可能送人了。总之，萧红再一次失去了骨肉。和萧军在一起的时候，她怀着负心人的骨肉，生下来，养不起，送给了别人。和端木在一起的时候，她怀着萧军的孩子，养得起，却依然失去了。枕边人与腹中胎儿的错位，骨肉分离的割裂，在萧红的灵魂中蚀出一个骇人的黑洞。这是怎样一个悲情的女子。

1938 年 4 月，身怀六甲的萧红和端木去了武汉。5 月，两人举行了婚礼。萧红这么做，只是因为端木蕻良主动提出要举行一场正式的婚礼，给萧红一个名分。

对于一直颠沛流离中的萧红来说，还有什么能比这种承诺更能打动她的心？

在婚礼上，萧红说："我和端木蕻良没有什么罗曼蒂克的恋爱史。是我在决定同三郎永远分开的时候我才发现了端木蕻良。我对端木蕻良没有什么过高的要求，我只想过正常的老百姓式的夫妻生活。没有争吵、没有打闹、没有不忠、没有讥笑，有的只是互相谅解、爱护、体贴。我深深感到，像我眼前这种状况的人，还要什么名分。可是端木却做了牺牲，就这一点我就感到十分满足了。"

这场婚姻并不为大多数人所祝福。首先是端木的母亲认为萧红是个不祥之人。萧红的朋友们也不承认这场婚礼，在他们的笔下，称萧军和萧红是夫妻，而萧红与端木则是"同居"。有人斥责萧红："你不能一个人独立地生活吗？"萧红回应："我为什么一定要一个人独立地生活呢？因为我是女人吗？"

萧红渴望得到相依为命的温情，但是萧军给不了她的，端木蕻良也给不了她。两个人婚后不久，日军轰炸武汉，端木乘船逃往重庆，把大腹便便的萧红留在战火硝烟的武汉。1940年1月，萧红和端木去了香港，不久因肺结核住院。因为庸医误诊错做喉管手术，至其不能说话。1942年1月22日，萧红在香港病逝，时年31岁，端木依然不在身边。最后的44天里，陪伴在她身边的是年轻的骆宾基。据骆宾基回忆，萧红在弥留明灭之际曾经热切地盼望道："如果三郎在重庆，我给他拍电报，他还会像当年在哈尔滨那样来救我吧……"只是，这一次，三郎再也不能劈波斩浪来救她了。

萧红在遗嘱中对自己的版权是这样分配的：散文集《商市街》归弟弟，小说《生死场》归萧军，小说《呼兰河传》归骆宾基。而当时身为萧红丈夫的端木蕻良，什么也没有。萧红留给端木蕻良的只有一句话：别在我的坟前哭，脏了我轮回的路。

萧红曾说，她是《红楼梦》里的那个痴丫头。

她还说过：我这一生，是服了毒的一生，我是有毒的，受了害的动物，更加倍地带了毒性。

离世前，她写下"半生尽遭白眼冷遇……身先死，不甘、不甘。"

萧红在短暂的一生中，一直努力为心找到栖息之地，却始终没有得到珍爱，一直在流浪。她说："我没有家，我连家乡都没有。"

1944年11月，诗人戴望舒去了萧红的墓地，在墓畔口占：走六小时寂寞的长途，到你头边放一束红山茶，我等待着，长夜漫漫，你却卧听着海涛闲话。

萧军后来有了自己的家庭。他的晚年是在对萧红的怀念中度过的，他整理了当年萧红写给他的信，并结集出版。有一次，他对友人说到萧红："她的心太高了，像是风筝在天上飞……"

明明互相爱着对方，却不断地伤害对方。这样的爱情充满悲情，却也无可奈何。萧红和萧军不幸遇到了这种爱。分手对他们或许是最合适的——身体上保持一定距离，心灵上却能息息相通，不伤害，不越位，维持一生的情谊。

倾城之恋：张爱玲与胡兰成

算起来，张爱玲与胡兰成相识于 1944 年，分手在 1947 年，加起来不过短短三年，然而这段恋情却是张爱玲一生中浓墨重彩的一笔。张胡的爱情故事之所以为人津津乐道，大部分原因在于张爱玲。张被誉为一代奇才女作家，有众多的支持者，号称张迷。其代表作《倾城之恋》、《金锁记》、《红玫瑰与白玫瑰》、《半生缘》等，在近现代文学中也占有一席之地。

张爱玲，1920 年 9 月 30 日出生在上海，本名张瑛，爱玲是英文名的音译。她拥有显赫的家世，祖父张佩纶是清末名臣，祖母李菊耦是朝廷重臣李鸿章的长女。张爱玲从小就显露出天才的一面，对色彩、音符和文字都极为敏感，12 岁时发表了短篇小说《不幸的她》。正如她在《天才梦》中所说："我是一个古怪的女孩，从小被目为天才，除了发展我的天才外别无生存的目标。"

1938 年，张爱玲考取了伦敦大学，却因为战事激烈无法成行，最后进入香港大学。后来又因为战事，没毕业就回到上海，开始在各家杂志发表文章，并很快声名鹊起，被认定是上海首屈一指的女作家。

1944 年初的某一天，胡兰成在南京寓所小憩，躺在藤椅上随手翻看杂志。看着看着，他坐起来了，因为这一期上刊登了一篇不寻常的小说：《封锁》，作者的名字陌生而普通：张爱玲。那的确是一篇很好的小说。讲的是一个普通的女教员和一个普通的中年男职员，在封锁期偶然相识于公交车上。两人在短短的一段光阴里，由调情发展到爱情，他们决定各自背叛自己的家庭，不顾一切地相爱。然而封锁解除了，两人重新回归到固有状态。

胡兰成说这小说好，却没做过具体的分析。以局外人看，他欣赏这篇小说，不仅是因为小说本身好，还因为文中的男主角和他有几分相似：想要浪漫，却脱不了俗，有一点点油滑和无奈，偶尔也会豪气冲天，却又很快自怨自艾地颓唐下来。胡兰成一定是从中感到如遇知音的悸动。所以他从女作家苏青那里弄来张爱玲的地址，寻个机会，登门拜访去了。

胡兰成是近代颇有争议的一位作家，因为一直为汪精卫的亲日政权摇笔鼓舌，因此向来被作为汉奸看待。正因为此，有人认为张爱玲的《色戒》就是她与胡兰成的写照，因为作品中的男主人公也是汉奸。

胡兰成的第一次拜访，张爱玲不见。几天后张爱玲忽然主动打来电话，说要来拜访他。张爱玲前拒而后访，前者大约是出于警觉，毕竟这是一位不速之客。后访则因为，胡兰成颇有才名，而且是好友苏青的朋友，她对这个陌生的男人还是有好感的。更重要的是，张爱玲正处于想恋爱的年龄，却在有限的圈子里找不到合适的对象，所以难免会对貌似优秀的男人多一些留意。

无论怎样，张爱玲主动见了胡兰成，而且印象不错。她这样描写初次见到的胡兰成：他穿着中式的长袍，有一种古典知识分子的气质，我不禁想到我的父亲。但胡兰成如愿见到张爱玲时却颇感失望。见惯了风月的他本以为张爱玲是个风流人物，不想出现在眼前的却是个羞缩如中学生的小女子。但是，这个安静的女子还是让他过足了自恋瘾。

虽说第一次见面没有留下好印象，但胡兰成并不甘心就这么放弃，张爱玲的文采与形象的强烈反差让他惊讶，他觉得，这个小女子必定有他不知道的精彩一面。于是他又去拜访张爱玲，这一次，张爱玲在自己的地盘上，尽显大家闺秀的华贵之气。再说，张爱玲本是个玲珑的女人，在有足够安全感的情况下，也有丰富有趣的一面。情势发生逆转，胡兰成由居高临下改为抬头仰慕，同时虚荣心也让他生出攀附之心。这并没有冤枉胡兰成，从他后来的表现可以看出，张爱玲对于他更像是一件炫耀品而不是爱人。

胡兰成开始写信，用他擅长的文字表达爱慕之情。他当时已届中年，而且已有两次婚姻，谈情说爱的经验丰富。张爱玲固然有七巧玲珑心，但毕竟年轻，而且渴望爱情。所以，她用自己的想象力重新包装胡兰成，用自己的心灵重新诠释胡兰成的感情。就这样，一来二去，两人相恋，并于 1944 年 10 月成婚。

这种相恋在一开始便是不平衡的。张爱玲初涉爱河，对爱情始终不渝，对这次相恋全身心地付出与投入。而胡兰成当时已有过两个老婆，而且他视婚姻为儿戏，他更中意的是张爱玲的人，无意于她的心。所以，他本无意娶张爱玲，以他的本意，两人风花雪月一番，当他对张爱玲没有兴趣的时候，可以轻松地相忘江湖，而不必承担任何责任。胡兰成在晚年所写的自传体小说《今生今世》中提到这段婚姻时说："我们两人都不曾想到要结婚。但英娣竟与我离异，我们才亦结婚了。是年我三十八岁，她二十三岁。我为顾到日后时局变动不致连累她，没有举行仪式，只写婚书为定，文曰：'胡兰成张爱玲签订终身，结为夫妇，愿使岁月静好，现世安稳。'上两句是爱玲撰的，后两句我撰，旁写炎樱为媒证。"他还说，"我们虽结了婚，亦仍像是没有结过婚……两人怎样亦做不像夫妻的样子，却依然一个是金童，一个是玉女。"金童玉女"之说被许多人骂了个狗血喷头，张胡结婚时，张爱玲 23 岁，说她为玉女还可以，但是胡作为一个已经结过两次婚的 38 岁中年男人，自称为金童，就有点矫情得令人恶心了。

从上面的文字中可以看出，他们的婚事办得极为低调。张爱玲本是一个在许多方面喜欢出点风头的人，即使穿衣服也总要与众不同。这一次却能容忍最重要的婚姻如此低调，可见她对这段爱情是倾情付出的。

胡兰成在《今生今世》中还得意地提到，张爱玲曾寄给他一张照片，照片后写道："见了他，她变得很低很低，低到尘埃里，但她满心欢喜，从尘埃里开出花来。"

这让众多的张迷们感到不解乃至悲愤。其实，这正彰显了张爱玲的高傲，只有真正高傲的人才敢于将自己置于低到不能再低的位置。还因为，张爱玲是个纯粹的唯美主义者，她渴望一切都是完美的，因此，她不顾是非、不顾身份地去演绎视为生命的爱情。

然而，婚姻并非像张爱玲想象得那么完美。1944 年 11 月，胡兰成去武汉担任《大楚报》的社长，这是一份由日寇操纵的报纸。到武汉不到一个月，胡兰成便与汉阳医院 17 岁的小护士周训德打得火热，且像模像样地举行了婚礼，还特意为此写了一篇文章《武汉记》。胡兰成痛快地与小周结婚，只是因为小周提出，自己的娘就是妾，自己不能再做妾。此时他与张爱玲结婚不过一个月而已，张爱玲对此事一无所知。这时候，她还沉浸在幻想的深情蜜意之中。1945 年，张爱玲在散文《气短情长及其他》中提到，冬天她第一次穿皮袄时的欢喜，其中透露着小女人式的自怜与爱娇。向来冷傲的张爱玲何曾如此温存过，令人称奇。后来看胡兰成说，张爱玲版税高，能自立，不用他给钱。他只给过张爱玲一点钱，她去做了件皮袄。想来，散文中这件让她尽显女儿态的皮袄就是用胡兰成的钱做的那件皮袄。

张爱玲天性敏感，这种人本就天生孤寒。再加上从小与父亲疏远，母亲又总是用一种淑女式的挑剔来对待她，这让她习惯于与外界保持距离，却又对人世的温暖心存向往。与胡兰成的这段婚姻，让她建立了与外界的一种联系，她享受做寻常妇人的感觉，所以一件皮袄就能让她心花怒放。她不知道真实的爱情并非如她想象。

1945 年 3 月，胡兰成回到上海，一个月后他将与小周的事告诉张爱玲，并把记述这段情的《武汉记》拿给张爱玲看。一切刚刚开始就出现了不和谐音，张爱玲受到的震动可想而知，但她默默地承受了。好不容易爱上一个人，纵然他有千宗罪，也不舍得轻易放弃。可是，胡兰成5月又回到了武汉，一见到小周，他就又忘了张爱玲。

胡兰成毕竟只是个普通男人，消受不起张爱玲这样云端中的女人。小周让他体会到了非知识女性的妩媚，他教她读书写字，享受她的崇拜和感恩。相比之下，与张爱玲在一起的日子就太沉重了，她什么都懂，想卖弄点什么也难得机会。

1945年下半年，中日战争胜负已逐渐明朗，作为汉奸的胡兰成逃亡到了温州，与长他两岁的范秀美同居。这一切身在上海的张爱玲毫不知情，还整日对月伤怀，思念远方的丈夫。终于有一天，张爱玲忍不住思念，跋山涉水赶到温州看望胡兰成。这次千里寻夫，她还想让胡兰成在她与小周之间做出选择，不想胡兰成另有新欢。她千里迢迢来到温州探夫，胡兰成表现得很淡然，甚至因为她不善于待人接物而责备她。

张爱玲感觉到胡兰成已不像当初那样视她如珍宝，她再也无法说服自己。张爱玲是完美主义者，她曾以为自己与胡兰成之间的感情是人世间仅有的完善，事实给了她当头棒喝。所以，她虽然珍惜这一次难得的生命燃烧，但眼里终究揉不得沙子。她提出分手，一个人静静地离开了温州。她与胡兰成的短暂爱情辛酸地落下帷幕：聚少离多，真情少欺骗多。

张爱玲的社会声望是其他女人比不上的，这是虚荣的胡兰成舍不得的。所以两人分手后，他又找过张爱玲几次，希望能与她再续前缘，都被张爱玲冷冷地拒绝了。这就是张爱玲，相恋时毫不顾惜地付出，当一切尘埃落定时，也能挥刀斩情丝，绝不拖泥带水。1947年6月10日，胡兰成收到张爱玲的诀别信："我已经不喜欢你了。你是早已经不喜欢我的了。这次的决心，是我经过一年半的长时间考虑的。彼惟时以小吉故（"小吉"，小劫、劫难的意思），不欲增加你的困难。你不要来寻我，即或写信来，我亦是不看的了。"随信还附加了30万元钱，那是爱玲新写的电视剧本《不了情》和《太太万岁》的稿费，胡兰成心安理得地接受了。自始至终，胡兰成没有表现出歉意，只是给证婚人炎樱写了一封辞藻花哨的信，目的只是敷衍一下，不让自己看起来太过分而已。

胡兰成的慢怠和不忠，对聪明、自傲的张爱玲的打击是不言而喻的。她曾对胡兰成说："我自将萎谢了。"同样萎谢的还有她的才情。自此之后，她变成了一个孤独而缄默的女人。新中国成立后，张爱玲先去香港继续学业，后移居美国。1956年，张爱玲在美国与第二任丈夫赖雅相识，对方是个左派作家，两个人同年结婚，共同生活到1967年赖雅逝世。1995年9月8日，张爱玲逝于美国洛杉矶的寓所里，临终前，身边没有亲人，没有熟人，甚至没有一个生人，直到几天后，公寓管理员觉得不对劲才发现了她的离世。

再说胡兰成，在新中国成立后去了日本，与旧上海滩黑帮老大吴四宝的遗孀佘爱珍同居。晚年，胡兰成移居台湾，在台湾中国文化学院教书，创作了自传体小说《今生今世》。书中将与他有关的十数位女人一一列于纸上，打头的是他的糟糠之妻，中梁砥柱则是大名鼎鼎的张爱玲。这倒不是因为胡兰成对张爱玲的爱更深一些，而是因为这些女人中，张爱玲的名气最响。

张爱玲在胡兰成的情感天空中算是一颗流星，倏忽而过。胡兰成却像商人般，把这段感情当做了炫耀的资本。在国内时，张爱玲的电影上映后，他比谁都喧哗，又不敢明说，怕暴露了汉奸的身份，于是吞吞吐吐，想让人们从他的表情看出破绽，圆了他的虚荣心。日后到了日本、台湾地区，随着张爱玲的再次声名鹊起，那段往事又成了他炫耀的资本。

张爱玲离开大陆移居香港后，胡兰成曾托人去访她，但未遇着，那人便留下了胡兰成在日本的地址。半年后，胡兰成收到张爱玲跟他借书的明信片，胡兰成大喜，以为这是张爱玲旧情复炽，便马上回了信，并附上新书与照片。等到《今生今世》的上卷出版之时，他又寄书过去，并附上满篇缠绵之语的长信。张爱玲一概不回，末了才寄来一张短笺：

兰成：

你的信和书都收到了，非常感谢。我不想写信，请你原谅。我因为实在无法找到你的旧作参考，所以冒失向你借，如果使你误会，我是真的觉得抱歉。《今生今世》下卷出版的时候，你若不感到不快，请寄一本给我。在这里预先道谢，不另写信了。

爱玲

至此，这段感情才算真正终结了。胡兰成似乎并不自责，因为他晚年依然在《今生今世》中大言不惭。

有人认为，张爱玲向来冷眼看风月，却在阴沟时翻船，栽到胡兰成这样一个自恋、虚荣、爱卖弄风月的男人手里，令人不解，乃至愤怒。其实，这正是张爱玲的性格。她追求与众不同的东西。如果不是胡兰成，而是另一个男人，她也可能会爱的。只要这个人不乏味，敢于进犯，有她所陌生的东西。想来，多年以后，想到这段感情，她只会轻轻一笑罢。

感情的世界里有一种缘分叫孽缘，局外人怎么看怎么不对，局内人却奉若圭臬，乐此不疲。张爱玲对于胡兰成的感情或许就是这一种。所以，不要感叹，以张爱玲这种仙人似的人物怎么会嫁给胡兰成这样的人？！那只是局外人的困惑，对张爱玲则是顺其自然。那个时候，她需要爱，就像花需要开，而胡兰成恰好来到眼前，缘分开始了。她的爱情溶点太高了，难得为爱投入一次。所以，即使她发现胡兰成并非情逢对手时，就用自己的想象将这个人包装成她希望的样子。

等开花过了，爱情也结束了。伤害固然是有的，但是她也得到了回报。

有时候，快乐比"正确"更重要。

公主和青蛙的爱情：张兆和与沈从文

沈从文有一段经典文字："我这一辈子走过许多地方的路，行过许多地方的桥，看过许多次数的云，喝过许多种类的酒，却只爱过一个正当最好年龄的人。"这个"正当最好年龄的人"就是他的妻子张兆和。

沈从文，1902年出生于湖南凤凰县，近现代著名的作家、历史文物研究家、京派小说代表人物。1928年，26岁的沈从文在诗人徐志摩的推荐下，来到上海中国公学大学部当了老师，当时胡适是校长。沈从文行武出身，只有一张小学文凭，没有学历，殊无背景，唯一能凭借的就只有才华，而胡适敢将他聘为大学部的讲师，不能不钦佩胡适的开明。这在今天是想也不敢想的。

沈大才子虽然文采斐然，妙笔生花，据说后来还差点拿了诺贝尔奖，但授课技巧却差得出奇，他的第一堂课就洋相百出。

传闻沈从文第一天上课，面对一教室的学生，脑子一片空白，就这样呆呆地站着，台下的学生也怔怔地看着他。终于生性腼腆的他突然想起自己还会写字，于是拿起粉笔，在黑板上写了几个字，写完后反倒弄得学生们手足无措了，他写的是："第一次上课，见你们人多，怕了。"

沈从文授课的技术似乎一直没有长进。以后上课的时候他会说："我的课讲得不精彩，你们要睡觉，我不反对，但请不要打呼噜，以免影响别人。"他的学生汪曾祺日后评论说，沈先生的课，"毫无系统"，"湘西口音很重，声音又低，有些学生听了一堂课，往往觉得不知道听了一些什么。"听他的课，要会"举一隅而三隅反"才行。

在台下目睹他出洋相的女学生中，就有18岁的张兆和。

张兆和是合肥张家四姐妹中的老三，比沈从文小8岁。张家是近代史上有名的名门贵族，张家姐妹均是一流的人物，上海作家秦瘦鸥曾说"张氏四兰，名闻兰苑"；文学家叶圣陶也说，"九如巷张家的四个才女，谁娶了她们都会幸福一辈子。"

张兆和不仅人美，功课也佳，还是校体育冠军，如此一个能文能武的俏佳人，身后的追求者络绎不绝。沈从文不知是从何时加入张兆和的追求者大军的，总之，是一发而不可收。

从当时的情况来看，沈从文与张兆和并不般配，一个是来自蛮荒的湘西山间的清贫男子，一个是温柔富贵乡里长大的名门闺秀，他们全然是两个世界的人，沈从文的追求看似没有成功的可能。但沈从文不这么想，他认为"打猎要打狮子，摘要摘天上的星星，追求要追漂亮的女人。"

口才不好就写信。沈从文利用老师之便，隔三差五在张兆和的作业本中夹带情书，言辞极其大胆。他写："（我）却愿意自己做奴隶，献上自己的心，给我所爱的人。我说我很顽固地爱你，这种话到现在还不能用别的话来代替，就因为这是我的奴性。"他还写："三三，莫生我的气，许我在梦里，用嘴吻你的脚，我的自卑处，是觉得如一个奴隶蹲到地下用嘴接近你的脚，也近于十分亵渎了你的。"在信中，沈从文毫无掩饰地把自己摆在一个奴隶的位置，近乎卑微地爱着。心高气傲的张兆和却不领情。她和二姐张允和给追求者们编了号，称作"青蛙一号"、"青蛙二号"、"青蛙三号"，张允和取笑说沈从文大约只能排为"癞蛤蟆第十三号"。

从少女的心思去揣摩，她们更容易因为崇拜而爱上一个人，因为那是个仰慕英雄的年纪。谁会爱上一个在自己面前全无自尊的男子呢？所以，虽然沈从文的每一封情书都是一篇美文，但张兆和反应冷淡，从来没有回过一封。

此事在学校里传得沸沸扬扬，作为大家闺秀，张兆和可不愿意陷入这样的桃色风波里。最后，忍无可忍的张兆和带着一叠"罪证"告到校长胡适面前。惜才的胡适笑着说："他只是顽固地爱你。"张兆和则干脆地回答："我顽固地不爱他。"

胡适很看重沈从文，一面对着告状的张兆和夸沈是有希望的小说家，再考虑考虑，一面写信劝沈从文别太难为自己，伤了心也损了名声。可是，胡适的劝导没什么作用，沈从文依然一封接一封写着信。1930年，沈从文离开上海，赴青岛大学任教，他的情书从上海写到了青岛，感情也从当初的寻死觅活变得平静起来："我希望我能学做一个男子，爱你却不再来麻烦你，我爱你一天总是要认真生活一天，也极力免除你不安的一天。为着这个世界上有我永远倾心的人在，我一定要努力切实做个人的。"

沈从文的情书写了四年，张兆和始终没有回信，但她的"顽固不爱"的态度却有了动摇。她在日记中写："我虽不觉得他可爱，但这一片心肠总是可怜可敬的了。"

1933年暑假，张兆和从中国公学毕业回到苏州，沈从文从青岛来到苏州九如巷张家探访。在文字里，他可以张狂到近乎癫狂，但在现实里，沈从文却是有些自卑的。这并不全因为敏感，而是真实的生活经验。沈从文因为行伍出身，在文坛深受一些"科班出身"的知识分子冷落，虽然他并不以自己的出身自卑，却知道世俗的存在。可以想象，当他拜访门第高华的张家时，怀着怎样一种忐忑的心情。

不巧的是，那天张兆和刚好不在家，他以为是张兆和有意避而不见。二姐允和邀他进门坐坐，他却执意走了，他害怕高贵的张家瞧不起他。

也许是他黯然的神情打动了允和，张兆和回来后，允和便要她去旅馆看望沈从文，允和对兆和说："你去就说，我家兄弟姐妹多，很好玩，请你来玩玩。"于是，张兆和去了，站在旅馆门外，老老实实地将姐姐的话一字不落背出来："沈先生，我家兄弟姐妹多，很好玩，你来玩！"背完以后，再也想不出第二句了，两人便一起回了张家。

沈从文有备而来，带了一大包礼物送兆和，包括英译精装本的俄国小说，还有一对书夹，上面有两只有趣的长嘴鸟。为了买这些礼品，他卖了一本书的版权。张兆和觉得礼物太重，便退了大部分书，只收下《父与子》与《猎人日记》。

沈从文在张家受到了友善的接待，五弟张寰和还用他的零用钱给沈从文买了瓶汽水，沈从文大为感动，当下许诺五弟说："我写些故事给你读。"后来他写了《月下小景》，每篇都附有"给张小五"字样。从那次拜访以后，沈从文和张兆和的关系有了质的变化，"顽固不爱"的张兆和终于答应当沈从文的"三三"。

心潮澎湃的沈从文回到青岛后，立即给二姐允和写信，托她询问张父对婚事的态度。他在信里说："如果爸爸同意，就早点让我知道，让我这乡下人喝杯甜酒吧。"张父是个极开明的人，他向来主张儿女婚姻自主，欣然认可了沈从文。于是，两姐妹带着喜悦一同去邮局给沈从文发电报。允和的电文很简单，只有一个"允"字，既是她的名字，又表达了"同意"的意思，被后人称作"半个字的电报"。兆和的电文则是"乡下人喝杯甜酒吧"，据说这是中国第一份白话文的电报，也是一份含蓄而意蕴悠远的情书，但邮局没有收。

1933年9月9日，沈从文与张兆和在北京中央公园成婚。浪漫的爱情长跑终于到了终点。此后，沈从文一直称张兆和为三三，张兆和则叫沈从文二哥。

婚后，张兆和随沈从文去了青岛，在那段新婚的甜蜜时光里，沈从文迸发了极强的创作力，著名的《边城》就写于那段时间，小说里"黑而俏丽"的翠翠，便是以张兆和为原型写的——张兆和生得眉清目秀，皮肤微黑，在中国公学就被叫做"黑凤"。

不久因为母亲生病，沈从文回了一趟湘西。在路上，他又为张兆和写了许多情书，张兆和也愉快地回了，往来书信集后来汇集出版，就是《湘行书简》。这些书信完全可当做优美的散文集来读，两人的信都写得那样好，清丽的语言道出绵绵的思念和款款的深情。

一切都像是童话，历尽艰难的王子终于娶到了美丽的公主，"从此幸福地生活在一起"。可惜，生活从来不是童话，何况是那个动荡的年代。

1938年，抗日战争爆发，神仙眷侣终于要过回普通人的生活了。当年，沈从文离开北京南下去西南联大任教，因为年幼的孩子需要照顾，张兆和留在了北京。分离的日子，两人之间往来书信不断，这时的书信后来汇编成了《飘零书简》。然而，《飘零书简》已不复当年的《湘行书简》。

张兆和不在身边，沈从文总是感到一种精神上的异态，精神上飘飘荡荡，不知所归。他多次写信让张兆和南下会合，张兆和都以经济原因拒绝了。

由于沈从文与张兆和都不善理财，两人结婚后一直没有什么积蓄。乱世让他们的经济雪上加霜，留在北京的张兆和带着两个孩子，生活很困难。面对窘迫的生活，她忍不住出言抱怨丈夫。她开始说沈从文过去不知节俭，"打肿了脸装胖子"，"不是绅士而冒充绅士"。

困窘的生活和纷飞的战火让童话褪了色，"三三"走下了神坛，其实她本也无意做个"女神"。张兆和的一生，大概都是在追求朴素、自然。她留下的照片中没有一张浓妆艳抹的，都很家常，很天然，要么梳着辫子，要么是短发，迎着风站着。较之于陆小曼林徽因们，她有另一种味道，就像田埂上的一株野百合，清丽而倔强。在婚后，张兆和也没有养尊处优，而是心安理得地当起了操持家务、顾全大局的主妇，她不怕洗衣服弄糙了手，也不挑剔难吃的食物。沈从文曾试图让她穿高跟鞋做头发，但被拒绝了。在干练的张兆和那里，这些完全是多余。

沈从文是一个爱情至上的浪漫主义者，张兆和则仿佛是理想的现实主义者。所以，当张兆和的信里充满了柴米油盐的琐事时，沈从文无法理解。他想到的不是"粮食和蔬菜"，而是对感情的疑虑与猜疑。他怀疑张兆和不爱他了，所以不愿意南下与他生活在一起。他甚至认为，张兆和的家常抱怨是因为移情别恋。他造出一个假想敌，然后莫名地妒忌与生气。接着他又连忙解释，反复申辩，表明如果张兆和遇到"这种事"，不必考虑他，可以去追求自己的自由和幸福。沈从文这封信写得楚楚可怜，可是张兆和根本不接招。她回道："来信说那种废话，什么自由不自由的，我不爱听，以后不许你讲。……此后再写那样的话我不回你信了。"

沈从文无法，只好苦苦地思念与等待。1938年夏天，沈从文终于等到了张兆和决定南下的消息，可临行前张兆和又突然取消了计划。这种反复几乎让沈从文抓狂，他又开始了猜测，对于爱情，他再度悲观了。张兆和这次连忙安慰，是带点娇憨的安慰："可是我们还安然不动，要在下月底动身，为时尚有一月，我知道你得到这消息一定很生气，责怪我不要紧，希望你自己莫生气，我要你不生气。"好一个"我要你不生气"！张兆和就像是沈从文爱情神龛里的一个小小女神，能让他忽而欢喜地手舞足蹈，也能让他忽而悲情地暗自神伤。这样的操控，在外人看来仿佛不可理喻，然而，这就是爱情。1938年初秋，张兆和终于动身与沈从文汇合，青蛙王子和公主终于又生活在一起了。

世上没有百分的圆满。沈从文虽然一生把他的三三奉为女神，但也有过片刻的恍惚。

在张兆和的信中，有这样的句子："长沙的风是不是也会这么不怜悯地吼，把我二哥的身子吹成一片冰？为了这风，我很发愁。"细品这段话，字里行间有一种隐晦的痛。

沈从文婚外恋的对象是诗人高韵秀，笔名高青子。二人初次相见的具体时间不详，应该是在1933年8月以后，最迟不会晚于1935年8月，从时间上看，是与张兆和成婚前后。高青子是沈从文的亲戚，民国第一任总理熊希龄的家庭教师。沈从文是在熊希龄在西山的别墅里遇到高青子的，这次见面，双方都留下了极好的印象。他们第二次见面时，沈从文发现，高青子的装束是格外模仿他小说中的人物。看破这点秘密后，双方都略微有些尴尬和不安，随即则有所会心。第二天，"为凑成那故事"，高青子又按照小说中的叙述，改穿另一件衣服来访。面对这样一个有心人，沈从文被感动了。在和张兆和的关系里，沈从文始终放得比较低，所以遇到一个崇拜自己的人，他难免会动心。

沈从文与高青子的关系在家庭中掀起了波澜。张兆和知道此事时刚生了长子龙朱，正在医院里休养，这一消息让她深受打击。亲友们曾居中劝解，而且有人给高青子介绍对象，希望他们的关系就此了结。沈从文与高青子的感情纠葛一直持续到1942年，以高青子退出沈从文的生活告终。毕竟，张兆和才是沈从文深入骨髓的爱人。

这次"灵魂的出轨"没有导致家庭破裂，但给沈从文这一时期的创作打上了深深的烙印，并促使他思考婚姻本身对创作的影响。他爱妻子，但这爱不能容纳他全部的精神。他不由得去思考这样的问题："人生的理想，是感情的节制恰到好处，还是情感的放肆无边无涯？"沈从文通过小说，对给妻子造成的伤害表示了

73

极大的歉意。他的态度十分诚恳："和自己的弱点而战，我战争了十年。"

对于沈从文来说，张兆和是他的爱之女神，也是他的生命支柱。

建国前期，沈从文曾因担心被清算而一度精神失常，自杀未遂。1949 年 9 月 8 日，他给丁玲写的信中提及张兆和："惟一能帮助我站得住，不至于忽然塌坍的，即工作回来还能看到三姐（即张兆和）……只要她在北平做事，我工作回来可见到她，什么苦都不在意，受挫折的痛苦也忘掉了……""我明白我自己神经所能忍受的限度。……欲致我疯狂到毁灭，方法简单，鼓励她离开我……"书生沈从文在天地玄黄的情境中对夫人的依恋，溢于言表。

文革时期，世态炎凉再一次在他们面前展开。沈从文被批斗，住房也只有破屋一间，张兆和不离不弃。沈从文生活自理能力差，不会用煤球炉子，于是张兆和每天中午从很远的地方赶回家，只是为了帮沈从文煴炉子热饭。而沈从文，每天都会早早在院门口走来走去地等待张兆和。有一天沈从文几乎是哭着去见林徽因，因为张兆和生他的气要回苏州的娘家。对于沈从文来说，此时的爱情有一种庇护所的意味了。

1988 年，沈从文病重。二姐允和回忆她去看望沈从文的情境：

"沈二哥说：'莫走，二姐，你看！'他从鼓鼓囊囊的口袋里掏出一封皱头皱脑的信，又像哭又像笑对我说，'这是三姐（他也尊称我三妹为'三姐'）给我的第一封信。'他把信举起来，面色十分羞涩而温柔。我说'我能看看吗？'沈二哥把信放下来。又像给我又像不给我，把信放在胸前温一下，并没有给我，又把信塞在口袋里，这手抓紧了信再也不出来了。我想，我真傻，怎么看人家的情书呢，我正望着他好笑。忽然沈二哥说：'三姐的第一封信——第一封。'说着就吸溜吸溜哭起来，快七十岁的老头儿像一个小孩子哭得又伤心又快乐。"

沈从文去世后，张允和为他写挽联，形容他是"星斗其文，赤子其人"。沈从文确实就像一个天真的孩子，就那样单纯地将自己毫无保留地献给了张兆和。他说："这一辈子走过许多地方的路，行过许多地方的桥，看过许多次数的云，喝过许多种类的酒，却只爱过一个正当最好年龄的人。"他至死都深爱着他的三三。而张兆和是沈从文的一道庇护，她对沈从文的影响，无论怎么评价都不为过。正是因为她的存在，让沈从文觉得自己的生活有了目标，工作有了动力，心灵有了依靠。

但是在沈从文活着时，张兆和并不全然了解他。很多证据表明，沈从文与张兆和之间的感情裂痕一直存在，虽然隐藏很深。张兆和出身名门世家，性格干净爽利，她或许从来没体会过沈从文的自卑。直到晚年，张兆和在整理沈从文的文稿和日记时，才忽然发现自己当年是多么地不理解沈从文，同时她也感觉到沈从文的可贵。她写道——

"从文同我相处，这一生，究竟是幸福还是不幸？得不到回答。我不理解他，不完全理解他。后来逐渐有了些理解，但是，真正懂得他的为人，懂得他一生承受的重压，是在整理编选他遗稿的现在。过去不知道的，现在知道了；过去不明白的，现在明白了。他不是完人，却是个稀有的善良的人。"

"……太晚了！为什么在他有生之年，不能发掘他，理解他，从各方面去帮助他，反而有那么多的矛盾得不到解决！悔之晚矣。"

她懂了，可他已经走了。命运往往就是这样阴差阳错，不是来得太早，就是来得太迟。有人据此认为，张沈都是不幸的。谁知道呢？能够找到一个人，倾尽热烈地去爱；能够有一个人，倾尽热烈地爱自己，这应该算是幸运吧。毕竟，那种恰逢其时的爱情并不多见。

张爱玲说过：见过白头到老的，却没见过恩爱如初的。沈从文与张兆和却是个特例。两人的爱情像一段传奇，开头不见得完美，结尾也算不得幸福，却让人微笑敬慕。至少在今天看来，是一个奇迹了。

有人会指责沈从文的精神出轨。可是，漫漫人生路，谁没有过一两点破绽？毕竟沈从文最爱的人是张兆和，其他的不过是从这爱中生出的一些烦恼罢了。毕竟，在漫长的婚姻中，仅有爱情未免太单薄了。

冷鸥空留逐波影：庐隐的悲伤爱情

在与李唯建认识前，庐隐在爱情的道路上已经跌跌撞撞许多年，甚至连满身的伤痕都已经结疤了。其实何止是爱情，庐隐自出生之日起，就显得不合时宜。

庐隐原名黄淑仪，又名黄英，1898年出生于福建闽侯一个落魄的官僚家庭，父亲是个举人。庐隐出生的那天，恰逢外祖母去世，母亲视其为不祥的小生物，不愿亲自哺喂，雇了一个奶妈喂养。又因为小庐隐长得不好看，身上长满疮疥，两岁多时还不会走路，不会说话，却脾气倔强而且好哭好闹，家人均厌恶她。后来又得了极重的热病，母亲对她完全绝望了，幸亏奶妈看她太可怜，将她带回乡下自己抚养，这才捡回一条小命。庐隐三岁多的时候，父亲鸿运高照，当了湖南长沙知县，庐隐才被接回家中。父亲乘船赴任途中，庐隐一门心思地想奶妈，终日望着海水哭闹，惹得父亲火起，抱起她便往水里扔，幸亏被一个听差拦住，才免一死。六岁时，她的父亲突然病故，庐隐随母亲到北京投奔外祖父和舅舅。

由于父亲的缺失，庐隐虽然有一个乱七八糟的童年，却也拥有比同时代的人更大的自由，这导致她的感情生活比别人更加恣肆汪洋、跌宕起伏。以至于，虽然她的文学才名与冰心、林徽因等齐名，但是在近半个世纪的岁月中，人们更关注她的惊世骇俗的婚恋，而忽略了她在文学方面的成就。

庐隐的初恋发生在17岁那年，对象是舅父家认识的一个表亲林鸿俊。林鸿俊聪明英俊，本来在留学日本，后因父亲病逝，经济困难，只好到北京投亲谋生。庐隐对林鸿俊的遭遇很同情，时间长了，两个人渐渐地亲密起来。

这里要说一下庐隐的长相。俗话说女大十八变，可是，庐隐的长相却一直没有什么起色，扁平脸，塌鼻子，又矮又瘦，她自嘲是"短小精悍"。但是林鸿俊很欣赏庐隐的聪明、干练和善良，他试着托人向庐隐的妈妈黄夫人提亲。黄夫人觉得他没有受过良好的教育，家又穷，因此拒绝了。

庐隐当时不见得多爱这位远亲，甚至还莫名其妙地憎恶和恐惧婚姻，想过一生独身。但是她性格叛逆，加上到底是情窦初开的年龄，母亲的反对激起了她的一腔义愤，偏要把爱情进行到底。母亲无法，只好让步，但提出，林鸿俊必须大学毕业，学有所成后方可成婚。林鸿俊欣然接受，并且考进了北京工业专科学校，学费是庐隐家里帮着筹的。

1916 年，庐隐高中毕业，因当时还没有女子大学，别的大学也不招女学生，暂时不能继续升学。母亲希望她工作帮助家庭，于是，她开始游走于北京、安徽、河南之间，在中小学教书。1919 年秋，北京女高师招生，庐隐攒足学费前去报考，却错过考期，只好在国文部旁听。一学期后，她便凭借优异的成绩转为正式生。

庐隐才思敏捷，文章也写得俏拔，每次老师发下作文题目，别人还在冥思苦想，她已经写成。庐隐此时开始在报刊上发表文章，纵论社会，阔谈人生。她的灵魂里充满了叛逆精神，而蓬勃的五四运动给了她展示的土壤，很快她也成了"新人物"。她曾和几个好朋友自称"战国四公子"，她被封为孟尝君，后来又和十几个志趣相投的人组织了一个秘密团体——社会改良派。她还悄悄地将自己与林鸿俊的恋爱过程写成《隐娘小传》，以表达她不计门第、地位以及金钱的恋爱观。

但现实是多变的。林鸿俊是个勤奋好学的青年，但思想保守，要求庐隐做一个相夫教子的贤惠女性。这是庐隐无法接受的。另外，庐隐对林鸿俊沉溺于物质享受也相当厌恶，尤其不能容忍他作为工科生，却为了地位去报考高等文官，甘当军阀政府的政客。于是，她断然解除了与林的婚约。

初恋就这样匆匆地来，又匆匆地去了。这时候的庐隐蔑视流俗，快意恩仇，好不痛快。

庐隐的第二个爱情故事，是与北京大学生郭梦良之间发生的。

早在 1919 年初冬，庐隐在北京学界福建同乡会成立大会上就认识了郭梦良。当时她与林鸿俊的婚约尚未解除。在大会上，郭的睿智、简短的发言引起庐隐的极大兴趣。那时还处在男女授受不亲的时代，男女生分校，开会时还男女分坐，中间隔着一条大白布。所以如果没有意外，他们不可能深入接触。但是老天给了他们机会。这次同乡会上，为弘扬五四精神，大家决定创办《闽潮》杂志，郭梦良任编辑部主任，庐隐是编辑，他们由此相识、相知、相爱起来。

这场恋爱大抵符合当时的校园爱情模式：北大找女师大，才子佳人。

庐隐和林鸿俊的牵手，多半是因为少不经事的少女同情心大发的结果，而她与郭梦良的相爱更像是初恋。青春、校园、理想，还有共同的爱好，天时地利人和，庐郭之恋具备了一切有利条件。可是，偏偏好事多磨，因为使君有妇，罗敷有夫——郭梦良在老家有一个包办的妻子，庐隐与林鸿俊的婚约在身。在那个年代，妻子被休可能就意味着再没有活路，庐隐不忍伤害一个无辜的女人，况且郭梦良也不愿意伤害家里的妻子。好友们也都劝庐隐要慎重考虑。庐隐也感到人言可畏，想离开郭梦良，可又实在割舍不下。

庐隐就是庐隐,任何阻碍都不可能长久地困扰她。经过思考后,她对郭梦良坚定地表示:"只要我们有爱情,你有妻子也不要紧。"1923年夏,二人在上海以"同室"的名义结婚。当时庐隐已正式进入文坛且小有名气,她的这一举动震动了文坛乃至社会。

此时最悲哀的是庐隐的母亲。当初庐隐执意与林鸿俊订婚,她做了让步,并且为成全女儿,用自己的私蓄资助林鸿俊上大学。后来,庐隐闹退婚,她也认了。现在女儿竟下嫁一个有妇之夫"做小",招来亲友、街邻的冷嘲热讽。黄夫人无法面对这些,只得由北京迁回老家,终日郁郁寡欢,不到两个月便告别人世。

庐隐享受了短暂的幸福之后,很快就体味到了理想与现实的巨大差距。婚后不久,庐隐与郭梦良回郭梦良在福建的老家探亲,与郭的发妻同住在一间屋檐下,冷遇、歧视让自尊心极强的庐隐体会到"做小"的尴尬和卑微,我行我素惯了的庐隐忍受不了"胯下之辱",1924年,她在致好友程俊英的信中辛酸地哀叹:"……过去我们所理想的那种至高无上的爱,只应天上有,不在人间……回乡探视,备受奚落之苦,而郭处之泰然。俊英,此岂理想主义者之过乎?"愤懑郁结在胸。

省亲之后,庐隐与郭梦良又回到上海,郭梦良忙于自己的事业,庐隐怀孕在家休养。两人收入甚微,长女出世后,生活更加困顿。庐隐整日溺于柴米油盐的俗事中,她开始感觉到了人生的艰辛和无奈。

厄运接踵而来,郭梦良本就有肺病,由于积劳成疾,一病不起,于1925年10月6日撒手人寰,把10个月大的女儿留给了庐隐。面对灭顶之灾,庐隐硬撑着把郭的灵柩护送回福建,与郭的父母及发妻在一起过了度日如年的8个月。郭的妻子并不坏,但她的婆婆却有点刻薄,她晚上点煤油灯也会遭到恶骂。庐隐的精神濒临崩溃的边缘,她常常揽镜自怜:"我常自笑人类痴愚,喜作茧自缚,而我之愚更甚于一切人类。"

为了生活,庐隐于1926年夏天回到北京师大附中教书,与好友石评梅成为同事。这个时期是她的悲哀期,生活倾向于颓废,常常喝酒喝得大醉。幸好有遭遇相似的石评梅相陪,为她消弭了诸多忧愁。然而,毁灭性的打击接二连三。1928年9月30日,石评梅患急性脑膜炎猝亡,她觉得自己成了一个没有伴侣的长途旅人。紧接着,她的一个哥哥也去世了。一连串的打击让庐隐深切地感到生命的脆弱,她的悲哀被推到了最高点。

庐隐新寡时已年届30岁,本就其貌不扬,加之心灵上伤痕累累,此时的落拓可想而知。即使如此,她的声名还是为她引来一些形形色色的追求者。对这些人,她一个也不放在眼里，高兴的时候，对于这些人稍稍假以辞色，与其宴游。如果有人开口求婚，庐隐就会将他们大大排渲一顿，然后轰出去。这时候的庐隐由于心理过于郁结，似乎有点玩弄男性的倾向。

干涸的心田毕竟还是希望得到爱的雨露，追求者中有一个叫瞿冰森的青年让她有些动心。瞿是郭梦良北大好友的弟弟，当时正就读于政法大学。面对瞿的表白，庐隐有点自卑，于是理智地拒绝了他。可瞿冰森并不理解庐隐的良苦用心，反用刻薄的语言讥讽她。更卑鄙的是，瞿竟带着一位靓丽的少女到庐隐面前炫耀。

庐隐被击垮了，她真想一死了之，幸亏李唯建出现了。

李唯建（1907~1981年），成都人，清华大学西洋文学系学生，人长得帅，文章也好，与徐志摩、沈从文、邵洵美等名流都有交往。1928年，还是大学生的李唯建经梁漱溟介绍去北大哲学系拜访林宰平教授，看到庐隐与人合编的《华严月刊》，便萌生拜访"浪漫女作家"之念。初次见面，李唯建因意外没能守时，庐隐有一丝不悦。但深入交谈后，两人在情感的深处产生了火花。他们自相识之后，便频繁地通信、往来。在信中，李唯建自称"异云"，庐隐署名"冷鸥"。一只孤独的"冷鸥"在一片漂泊的"异云"中翱翔穿行起来。

李唯建早年丧母，他的潜意识中渴望有"一个好的有力量的乳母"，而庐隐长他9岁，个性独立，又是成功人士，正是他冥冥中寻觅的对象。李唯建对庐隐由同情、崇拜而发展成爱，他自言"同情心太大太深，便变为伟大纯洁的爱了"。在给庐隐的信中，他大胆地表白："我愿你把你心灵的一切都交给我，我虽是弱者，但担负你的一切我敢自夸是有余的！"甚而膜拜道："你是我的宗教，我信任你，崇拜你，你是我的寄托。"

庐隐毕竟是见过世面的，她觉察到了李唯建的骑士风格、浪漫情怀和随意的个性。所以，她的反应比较冷静，先是婉拒，同时也表现了自己的疑虑，她直言："我爱你太深，便疑你也深。"然而，感情终究战胜了理性，李唯建的热情烤化了庐隐心中的冰峰，她再也无法招架，投入李唯建的怀抱，她说："请你用伟大的同情来抚慰我吧！"

爱情又一次照亮了庐隐，她眼前的世界变了颜色，宇宙从此也不再暗淡。1930年秋，庐隐不顾一切地与李唯建结婚。他们将恋爱期间的68封"没有一句，甚至没有一个字是造作出来的"情书，发表在陆晶清、谢冰莹合编的《华北民国日报·副刊》上，后结集为《云鸥情书集》在上海出版。

庐李之恋，再次轰动京师。庐隐是20世纪20年代北京文坛上的当红作家，当年她与林鸿俊解约，公然下嫁郭梦良"做小"，已然引起轩然大波，如今又带着前夫的孩子与一个小她9岁的大学生恋爱，这是一桩货真价实的爆炸性桃色新闻。来自社会舆论、亲朋故旧的指责、嘲笑、谩骂，铺天盖地而来，处于风暴中心的庐隐泰然处于，她说："生命是我自己的，我凭我的高兴去处置它，谁管得着。"倒是她的老同学苏雪林为其辩护："不应当拿平凡的尺，衡量一个不平凡的文学家。"

1930年8月，庐隐辞去北师大附中的教职，与她的"小爱人"（谢冰莹语）到日本度蜜月，后回到祖国，在杭州西湖畔住了半年。在这里，庐隐被压抑的灵感似乎得到了解放，她写出了十万字的长篇小说《象牙戒指》。这是为好朋友石评梅留下的永久纪念。1931年8月，庐隐夫妇由杭州到上海，庐隐实现了她的"三窟"：教书（工部局一女中）、写作和做家庭主妇。此后四年是庐隐最幸福快乐的时光。这一时期，她的作品乐观、开朗，她自认为跳出了苦海。

长期奔波寻找爱之真谛、生之自由的庐隐，终于在第二次婚姻中走上了人生的承平时期。然而，平凡幸福的生活，到底需要极大的努力来支撑。婚姻生活中，蜜月期是短暂的，随之而来的是漫长的淡到发腻、发苦的平庸生活。李唯建生性疏懒，不好好工作，长期在家混日子。庐隐整日为生活奔波，在女作家、女教员、家庭主妇的角色间不停奔波。养家糊口的重担让她累得"像负重的骆驼"。李唯建是爱庐隐的，但是他的性格让他担不起丈夫的责任。

疲惫的庐隐只能借喝酒、打麻将消愁。李唯建毕竟年轻，他没有想办法帮助庐隐，反倒乘她外出的当儿溜出家门玩。有朋友在灯红酒绿的街头遇到李唯建，哀叹"这位女作家太不幸了"。朋友们担心李唯建出事，出面为他在中华书局编译所找了份工作。

生活至少正常起来了。可惜，天妒英才。1934年5月13日，庐隐分娩时难产。为了省钱，他们没上医院，只请了一个助产士来家中伺候。不想，助产士手术欠佳，将庐隐的子宫划破，血流不止，终于不救而亡，年仅36岁，身后留下两个女儿。庐隐在转往大华医院的救护车上留下了遗嘱："开追悼会要用基督教仪式，口中不断地念上帝，主。"一个毕生追求人生的自由，爱情之独立的奇女子，终究还是殒没于女人独有的痛楚。

庐隐离世后，27岁的李唯建悲痛欲绝，不能作为。庐隐的后事由其他朋友操办，葬于上海公墓。庐隐一生清贫，没有任何财产，只有几部比生命还宝贵的作品。李唯建将她的全部作品放入棺内，以慰其在天之灵。

庐隐去世后，留下大女儿郭薇萱（郭梦良之女）和李瀛仙（李唯建之女），贫穷、年轻的李唯建无力抚养两个孩子，最后由舒新城出面，约集庐隐生前好友和她的哥哥黄勤商议，最后大家一致赞同由黄勤抚养郭薇萱，庐隐的著作版权归属薇萱所有。不久，李唯建带着瀛仙回到四川，1981 年 11 月，逝世于成都。

冷鸥衔走了异云。庐隐这朵五四文坛上的奇葩凋谢了，诗人李唯建也在文坛上消失了，昔日的才子一生再无大的建树。李唯建 70 岁时，曾作自传体长诗《吟怀篇》回忆与庐隐恋爱、生活的往事，其中"冷鸥空留逐波影，异云徒伤变幻性。"煞是委婉动人。

庐隐说过："我就是喜欢玩火，我愿让火把我烧成灰烬。"她的三段感情虽然都短暂而悲情，却火光迸射，而且她是绝对的主角。

生活的绝大多数情况下本就是乐少苦多的，庐隐的婚姻虽然悲楚，但能心甘情愿，苦中作乐，大概也算幸福罢。

"太阳照着三个和尚"：丁玲与胡也频、冯雪峰、陈明

在国内受中学教育的人，多数都对丁玲不陌生。她是一位大作家，长篇小说《太阳照在桑干河上》收录在中学课本中。

根据中学老师的介绍，我们知道，她是早期的共产党员，曾在陕北住过窑洞。同时，她还是一位著作颇丰的作家，长篇小说《太阳照在桑干河上》曾获斯大林文学奖，被译成多种文字。新中国成立后曾任全国文协（即作协）副主席、《人民文学》《文艺报》主编、中央文学研究所所长等职。1955 年到 1976 年一直被迫害、关押。1979 年平反后重返文坛、出任中国作家协会副主席等职。她去世后，党给她的最高荣誉是：我国杰出的无产阶级革命文艺战士。

假如我们根据上面的简历，就认为丁玲是一个满脑门子阶级斗争的革命大妈，那就大错特错了。丁玲的一生，不但革命经历丰富多彩，感情生活尤其丰富。

丁玲是湖南常德澧县人，出生于 1904 年，原名蒋伟，字冰之。丁玲家世很优越，母亲是知府的女儿，父亲的官职更高。丁家家族庞大，光是丁玲一家就有 200 多间房子。

俗话说：湘女多情。丁玲算不上美女，但绝对是千万多情湘女中一朵不世出的奇葩。有人评价："丁玲是一座大山，一条大河，一道悲壮的风景，足以妆点照耀一部中国现代文学史。"这是指她在文学界的影响。在她的感情生活方面，同样是爱恨情仇俱全，鲜有人能望尘能及。

先来说个关于《太阳照在桑干河上》的笑话。

某次语文考试中有一道题目是：丁玲的代表作是什么？有位仁兄答不出来，就偷问旁边的同学。同学悄声说：太阳照在桑干河上。这位仁兄赶忙写下答案。考卷交上去后，批卷老师被他的答案逗笑了，原来这位仁兄写的是：太阳照着三个和尚。

讲这个故事是有原因的，盖因为，丁玲最澎湃的感情生活恰好与三个男人有关，这三个人都是历史上赫赫有名的人物：胡也频、冯雪峰和陈明。在这三人之外，还有一些著名的人物也与丁玲有着千丝万缕的感情纠葛，比如瞿秋白。

第一个拨动丁玲少女情怀的是瞿秋白。

1922 年，18 岁的丁玲为解除与表兄的包办婚姻，和女友王剑虹来到上海，入

读由陈独秀、李达等共产党人创办的平民女子学校，名字也改为丁玲。一年后，她们二人来到南京，在这里见到了瞿秋白。

瞿秋白生于 1899 年，江苏常州人，著名的散文家、文学评论家，也是中国共产党早期主要领导人之一，曾两度担任中共最高领导人。1935 年 6 月被国民党杀害，时年 36 岁。

丁玲这样描述和瞿秋白的第一次见面："这个新朋友瘦长个儿，戴一副散光眼镜，说一口南方官话，见面时话不多，但很机警，当可以说两句俏皮话时，就不动声色地渲染几句，惹人高兴。我和剑虹认为他是一个出色的共产党员……"

经瞿秋白介绍，丁玲和王剑虹入读上海大学中文系，在众多教员中，瞿秋白是最好的。经过一段时间的接触后，情窦初开的丁玲对瞿秋白由仰慕而生情愫。她的感情之花还没来得及绽放，就从瞿秋白口中得知了一个"噩耗"：他要和王剑虹结婚了。至此，天真的丁玲才知道自己的亲密女伴和自己仰慕的对象一直在谈恋爱。年少的丁玲在毫无准备的情况下迎来了人生中第一次打击，一个人凄凄惨惨戚戚地回到家乡疗伤止痛去了。不知为什么，丁玲走的那天，瞿秋白和王剑虹都没有送她，连房间都没踏出一步。或许是因为不知所措。

1924 年 7 月，新婚刚刚七个月的王剑虹因身染重病，不治而亡。她在去世前半个月曾给丁玲写信，说自己病了，瞿秋白也在信尾附笔，其中提到"我好像预感到什么不幸。我祝愿你一切成功，一切幸福。"但自认遭到抛弃的丁玲正沉浸在自怜之中，没加理会。瞿秋白写信告知丁玲这个死讯，他在信中说"自己的心也随剑虹而去"。但他没有参加妻子的葬礼，而是挥泪南下广州，只剩下丁玲扶棺大恸。四个月后，瞿秋白与沈剑龙的妻子杨之华喜结良缘。丁玲感到不解，自此对他产生愤恨。王剑虹和瞿秋白的爱情悲剧让丁玲心潮澎湃，久久无法平复，于是她动笔写了小说《韦护》。

韦护是小说中男主角的名字，也是封建社会里韦陀菩萨的名字。韦陀菩萨疾恶如仇，见人间罪恶之事，就要拔剑相助。丁玲此举的目的或许有反讽的意思，瞿秋白看了《韦护》后，没发表任何意见，也许他说过些什么，我们不知道。但是他给丁玲写信时，信尾署名"韦护"。后来，丁玲与胡也频的孩子小名也叫韦护。

误解虽在，但丁玲和瞿秋白在彼此的心中都占有重要的位置。当初丁玲悲伤地离开王剑虹和瞿秋白后，瞿曾在王剑虹给丁玲的信后附言："你走了，我们都非常难过。我竟哭了，这是多年没有过的事。……"

瞿秋白被捕后，又尽可能地对丁玲加以保护。1935 年，瞿秋白牺牲前两周，接受《福建日报》记者李克长的采访。李克长问"鲁迅，郭沫若，丁玲等与共产党员之关系若何？"瞿秋白当然知道丁玲已经入党，但他一再强调丁玲是自由主义者，只说丁玲"忽要求入党"。瞿秋白此举的目的是保护丁玲。他知道，记者来采访，必定写文披露报端，稍一不谨慎，可能殃及同志。他这样说，即使国民党有关部门被告知丁玲是共产党员，在瞿秋白这儿也取不到旁证。

瞿秋白牺牲前拟的《未成稿目录》中，数度提到丁玲，可见丁玲对他是很重要的。其实丁玲在心中，也时常想起他。1942 年 4 月 25 日身在延安的丁玲，提笔写《风雨中忆萧红》时，写道："昨天我又苦苦地想起秋白……他那种二重的生活使他在临死时还不能免于有所申诉。我常常责怪他申诉的'多余'，然而当我去体味他内心的战斗历史时，却也不能不感动，哪怕那在整体中，是很渺小的。"

时间再次回到 1924 年。当年暑假，丁玲怀着失去闺中挚友的痛苦来到北京，在北京大学旁听文学课程。课余跟随一位画家胡乱涂抹，学业毫无着落，生活百无聊赖。在此人生的低谷期，她偶然结识了《京报》副刊"民众文艺"编辑、青年作家胡也频，并由此结识了沈从文。

胡也频是福建福州人，1903 年出生，比丁玲大一岁。他对丁玲一见倾心。当他得知丁玲正为弟弟的夭折而无法释怀时，就用纸盒装满黄色玫瑰，附上字条："你一个新的弟弟所献"。怎奈当时丁玲正处于人生的迷茫期，对他的表示毫无感觉。她经常和老乡沈从文用家乡话热烈地交谈，把胡也频晾在一边。

后来，丁玲写信给鲁迅，希望他能为自己指出一条前行的光明道路。但是鲁迅与现代评论派论战犹酣，误认为这是崭露头角的沈从文在用化名捣鬼，就没有复信。适逢王剑虹的父亲邀请丁玲一同回湖南老家，在北京看不到希望的丁玲于是返回湖南老家。胡也频闻讯后，借钱追到湖南。精诚所至，丁玲却不为所动。然而，当两人一起回到北京后，朋友圈里却绯闻满天，叛逆的丁玲非常愤怒，一赌气，与胡也频在香山同居了。这一年是 1925 年秋。

传说丁玲父亲本是李自成的后代，后为了避难隐居福安改姓蒋。这段历史真实性不得而知，但丁玲的反叛性格，倒的确有点像闯王李自成。

在胡也频的影响下，丁玲也开始写作。两个性情中人过得很艰难，除了一点微薄的稿费之外，再无经济来源，然而，却也因一份不食人间烟火的爱情而充满了温暖。

就在这个时候，另一个男人——冯雪峰闯进了他们的生活。

冯雪峰是丁玲、胡也频和沈从文的日语老师，当时在北京大学旁听日语。冯雪峰与胡也频同岁，浙江义乌人，生于1903年，现代著名诗人、文艺理论家。

丁玲本以为北大才子应该是英俊潇洒，气度不凡，可是一见之下大为失望，因为冯雪峰看上去像一个乡下人。但在随后的交往中，才华横溢、阅历丰富的冯雪峰很快迷倒了当时幼小单纯、充满向往的丁玲。与胡也频相比，冯雪峰显得成熟稳重。

1927年，冯雪峰离开北京到上海，1928年夏，丁玲和胡也频也先后到了上海。奇葩终于绽放出了惊艳的花。面对两个性格迥异、自己都爱的男人，丁玲提出和两个男人共同生活。于是三人直奔杭州，冯雪峰在西湖边租了一套两居室，在风景如画的西湖边共同生活了一段日子。

丁玲不是个寻常女子，对于她来说，不疯魔不成活。但对于胡也频来讲，这种状况却是折磨。即使自己深爱的女人再三重申与别的男人只是柏拉图，他也无法忍受。胡也频一气之下跑回上海，找到沈从文倾诉，沈从文劝他不要轻易放弃心中所爱。胡也频受到鼓舞，隔日重返杭州，他的坚定终于挽回了丁玲飘摇的心。最终，冯雪峰理智地选择了离开。丁玲心如刀绞地看着冯雪峰离去，然后收拾一地的破碎心情，静下心来和胡也频过日子。这段惊世骇俗的三人行爱情告一段落。

后来，丁玲曾写给冯雪峰两封信，但一直没有寄出去，信中写道：

"我不否定，我是爱他（指胡也频）的，不过我们开始那时，我们真的太小，我们像一切孩子般好像用爱情作游戏……我们日里牵着手一块玩，夜里抱着一块睡……大半年过去了，我们才慢慢落到实际上来，我才看出我们是一个男人和一个女人，是被一般人认为夫妻关系的。我们好笑这些，不过我们是更相爱了，一直到后来才见到了你。使我不能离开他的，也是因为我们过去纯洁无瑕的天真……我常常想你，我常常感到不够，在和也频的许多接吻中，我常常想着要有一个是你的就好了。我常常想能再睡在你怀里一次，你的手放在我心上。唉，怎么得再来个会晤呢？我要见你，只要一分钟就够了。"

此后冯雪峰成为丁玲一生中刻骨铭心的一个结。

1928年底，胡也频与丁玲同赴上海，他们与沈从文一起创办了红黑出版社，编辑出版文艺期刊《红黑》，但出版社不久就倒闭了。为了还债，胡也频离开上海赴山东济南省立高中教书。在胡也频走的当晚，丁玲就开始给胡也频写信，一个多月后，忍受不了相思煎熬的丁玲也来到了济南。

当时济南相对而言还是相当闭塞淳朴的，丁玲的时尚装扮，以及她与胡也频的浪漫式爱情让省立高中泛起了涟漪。据当时在山东省立高中就读的季羡林回忆：
"丁玲的衣着非常讲究，大概代表了上海最新式的服装。……丁玲的出现，宛如飞
来的一只金凤凰，在我们那些没有见过世面的青年学生眼中，她浑身闪光，辉耀
四方。济南的马路坑坑洼洼，胡先生个子比丁玲稍矮，而穿了非常高的高跟鞋的
丁玲'步履维艰'，有时要扶着胡先生才能迈步，学生们看了觉得有趣，就窃窃私
语说'胡先生成了丁玲的手杖'。"

1930 年 5 月，胡也频和丁玲双双加入左联，不久后胡也频当选为左联执行委
员，并担任工农兵通信运动委员会主席。"左联"全称"中国左翼作家联盟"，是
中国共产党于 1930 年在上海领导创建的一个文学组织，目的是与国民党争夺宣传
阵地。年轻气盛的胡也频经常发表激烈言论和行动，引起国民党当局的严重不满，
于是下令通缉胡也频等人。同年 7 月，胡也频和丁玲被迫离开济南回到上海。胡
也频因为工作繁忙，很少在家，丁玲则因为有身孕很少外出。

1930 年 11 月 8 日，丁玲生下一个男孩，取名胡小频（蒋祖林）。出院后他们
已身无分文，但他们精神上却比以往任何时候更充实，也更乐观。丁玲在回忆录
中写道："我看见他在许多年的黑暗里挣扎、摸索，找不到一条人生的路，现在找
着了，他是那样有信心，光明已经在我们脚下。"

孩子的出生，精神上的出路，给他们两人带来了无尽的热情。然而，危机正
在向他们逼近。1931 年 1 月 17 日早晨，胡也频兴高采烈地去开左联执委会，但是
直到深夜也没有回来。第二天，得到了胡也频被捕的消息，同时被捕的还有林育
南、柔石、殷夫和冯铿等人。

丁玲想尽办法四处求援，几经辗转，沈从文找到了陈立夫，陈立夫说，如果
胡也频不是共产党，愿意住在南京，可以想想办法。这句话的意思就是说胡也频
只有投降才能保住命。胡也频没有答应。1931 年 2 月 7 日，胡也频、柔石、李伟森、
殷夫（白莽）、冯铿被枪决于上海的龙华司令部，后人称他们为"左联五烈士"。
胡也频当时仅有 28 岁。

凄厉的枪声震惊了中国，也无情地击碎了丁玲的家庭梦。她把三个月大的孩
子送回湖南老家，投身革命工作中，大有要继承爱人遗志之决心。

胡也频遇害后，丁玲对冯雪峰雪藏的感情终于爆发了。她写了无数滚烫的情
书，但是冯雪峰拒绝了。他不是不爱丁玲，而是不能爱，因为他当时已婚。1933
年秋，丁玲被国民党政府秘密拘捕，外界传说她可能已经遇害。为了纪念丁玲，
冯雪峰将丁玲写给他的信以《不算情书》为题，发表在《文学》杂志上。这些公

开的书信，记录了他们在特殊岁月中的情谊，也表达了冯雪峰对丁玲的挚爱。

还有这样一则轶闻，也说明了冯雪峰对丁玲刻骨铭心的爱。1941 年"皖南事变"后，冯雪峰被国民党关押至上饶集中营，受尽折磨，几度濒临死亡的边缘。在狱中，他告诉难友、画家赖少其，他梦见一双美丽的大眼睛在支撑他，帮他渡过难关。赖少其根据他的描述，画出了这双眼睛。1949 年，赖少其见到丁玲时，马上醒悟到，这不就是冯雪峰说的那双眼睛么？

对丁玲来说，冯雪峰同样在她心中占据特殊的位置。丁玲在 1937 年与斯诺夫人的谈话中坦率地说，冯雪峰是她整个一生中，"第一次爱过的男人"。延安时期有人问她最怀念什么人，她说最纪念胡也频，最怀念冯雪峰。纪念死者，怀念生者，这是一个敢爱敢恨的女人。

1986 年 2 月 7 日是农历大年初一，距丁玲逝世只剩下二十多天。清晨，听着街上一阵紧似一阵的鞭炮声，病榻上的丁玲感叹地说了一句："雪峰就是这个时候死的。"

时间再回到 1931 年时的丁玲。当年美国著名记者史沫特莱采访丁玲，随身带着一个翻译，这个人就是 26 岁的冯达。冯达穿着讲究，为人温文尔雅。他对丁玲跌宕起伏的经历满怀敬意。胡也频遇害后，冯达经常去看望丁玲，默默地给予她关怀。丁玲被这种润物细无声的关怀所打动，1931 年 11 月，他们开始同居。

丁玲与冯达同居，却对他没有感觉。丁玲曾经对沈从文说：她要讨个太太，像男子一样，"要一个肯同我过穷日子，不嫌恶我，知道爱我能敬重我的人"。她当然没有真的去找个女性共同生活，但是，她与冯达同居却多多少少有这方面的原因。在丁玲眼中，冯达的确带有女性的温顺和体贴。丁玲后来这样回忆冯达："这是一个陌生人，我一点也不了解他，他用一种平稳的生活态度来帮助我。他没有热，也没有光，也不能吸引我，但他不吓唬我，不惊动我……""他不爱多说话，也不恭维人。……他没有傲气，也不自卑。""他常常来看我，讲一点他知道的国际国内新闻给我听。因为我平日很少注意这些事，听到时觉得新鲜。有时，他陪我去看水灾后逃离灾区的难民。他为通讯社采访消息，我也得到一点素材，就写进小说里去。我没有感到一个陌生人在我屋里，他不妨碍我，看见我在写文章，他就走了。我肚子饿了，他就买一些菜、面包来，帮我做一顿简单的饭。慢慢生活下来，我能容忍有这样一个人。"

这种感情看起来奇怪，却是现实生活中最常见的：没有炽热的爱，只是因为他（她）对我好。

1932 年，丁玲在上海加入中国共产党，并且开始负责左翼机关刊物《北斗》的工作，冯达调至中共江苏省委并负责《真话报》工作。1933 年 5 月 14 日早晨，冯达出门前告诉丁玲："12 点钟要是我不回来你就赶紧离开。"11 点半时，中国左翼文化总同盟书记、《真话报》总编辑潘梓年来找丁玲。没多久，三个陌生人破门而入，过了一会儿，冯达回来了。当天，丁玲、潘梓年和冯达一同被秘密逮捕，并押往南京软禁。丁玲后来回忆道："他（冯达）看见我和潘梓年，猛地一惊，然后就低下头。我心里想，难道是他出卖了我们？"无独有偶，沈从文也有相似的疑惑。丁玲被捕后，外界一直不知内情，沈从文积于悲愤，写下了《记丁玲》一书。沈从文曾与冯达见过一面，对他心存疑惑，他在《记丁玲》中写道："脸那么白，如何能革命？是的，我真这样疑心那个人。照我的经验看来，这种人是不宜于革命的。"沈从文写这些话时，丁玲已经秘密被捕，他也并不知道冯达自首的事，他只是写出了自己的感觉。在狱中，冯达含着眼泪向丁玲赌咒发誓，说他没有出卖丁玲。这事成了未解之谜。

在监狱中，性格刚烈的丁玲准备以死来抗争，她把头颈伸进绳套，一脚踢翻了凳子，被冯达救了下来。软禁期间，丁玲一直同冯达同床共枕，并于 1934 年 9 月生下了一个女婴蒋祖慧，这个女孩后来成为中央戏剧学院著名舞蹈家，《天鹅湖》、《巴黎圣母院》的导演。此后，她与冯达绝交，再没见面。根据 1984 年中组部颁发《关于为丁玲同志恢复名誉的通知》来看，丁玲离开冯达是因为，她从姚蓬子处得知，当时是冯达供出了丁玲的房子。姚蓬子是国民党秘密派来监视丁玲的人，他们是老相识。姚蓬子是四人帮姚文元之父，这层关系让丁玲在"文革"时备受迫害。

据说冯达后来到戴笠手下做事，后去了台湾地区。也有说法称，冯达后来在重庆娶了一个广东女人为妻，生了两个女儿，解放后，曾和女儿在美国生活过一段时期。晚年冯达在台湾地区从事翻译，为人沉默寡言，笔名"一心"——"一"是"丁"字的第一个笔画，"心"是"慧"字的末尾。可见，他对丁玲从未忘怀。

积于丁玲当时的社会声望及舆论，所以她在被押期间并未遭到为难，最后的一年半，国民党中统还每月给她资助让她租房。据说，丁玲在狱中时受冯达怂恿，写下一张大意为"因误会被捕，生活蒙受优待，未经什么审讯。如能出去，不参加社会活动，回家读书、养母。"之类的纸条，这成为她一生的伤疤，稍有风吹草动，就鲜血直流。

1936年冬，经过各路知名人士的多方施压，国民党政府释放了丁玲。后在冯雪峰的安排下，她辗转到达陕北。

丁玲是红军长征到达陕北之后第一个从大城市来的文人，也是日后最典型的延安文人，所以她的是到来红军苏区的一件大事。毛泽东专门刮了胡子去迎接她，隆重的让周恩来都感到吃惊，中央外交部在最大的一孔窑洞中宴请丁玲，毛泽东、周恩来、张闻天、博古等都作陪。场面够奢侈。

据说，毛泽东给个人发送军用电报的情况只有两次，一次是给彭德怀的诗《彭大将军》，另一次就是给丁玲的《临江仙·给丁玲》，"纤笔一枝谁与似？三千毛瑟精兵""昨日文小姐，今日武将军"就是其中的名句。不久，没有当过一天兵的"文小姐"丁玲，被毛泽东破格任命为中央警卫团政治部副主任，1937年国共两党二次合作，红军接受南京政府改编为八路军，丁玲又被任命为八路军总司令部延安留守处主任。

多年后，曾任丁玲秘书的张凤珠听到她不无得意地对人说："我一出台就是挂头牌。"你可以说她狂妄，但不能不承认是事实。

世界上有这样一种人，他们没有倾城的貌，也不惹是生非，但是，他们无论走到任何地方都是最耀眼的，都是众人眼中的焦点，都是异性爱慕的对象。这种人在相学叫命带桃花。丁玲就是这样的人。

在陕北，丁玲的感情生活中再一次发生重大事件——她遇到了生命中最重要的第三个男人陈明。

1937年6月18日，延安文艺界为纪念高尔基逝世一周年，举办了一场大型的文艺晚会。其中一个节目是根据高尔基的小说《母亲》改编的一个话剧，扮演巴威尔的演员赢得了观众热烈的掌声，也引起了坐在观众席中丁玲的注意，她从这个年轻人身上看到了胡也频的影子。这个年轻的帅哥就是陈明，时年20岁，刚刚放弃了上海商学院的学业，满怀抗日救亡的热情奔赴延安。

当时的丁玲是33岁的资深熟女。陈明对丁玲的第一印象并不深刻，"她矮胖矮胖的，穿着军装，打着裹腿，系一根皮带，和大家一样，我没有产生什么特别的印象。"1937年8月，中共中央军委委托中宣部组建"西北战地服务团"（简称西战团），任命丁玲为西战团主任，陈明被任命为西战团的宣传股长。一段恋情就此在宣传革命的氛围中拉开了沉重的序幕。

1937年9月，丁玲率西北战地服务团东渡黄河，开赴山西前线，深入前线进行演出。整个行程前后辗转数千里，历时几个月，颇具组织才能和表演天赋的陈明支持丁玲的工作，而丁玲也悉心照料陈明的生活。流水般的日子中，两人逐渐产生了爱情。据陈明老年时回忆，他们的爱情是这样开始的："那是在一个小饭馆里，我们坐在炕上，我说：主任，你也应该有个终身伴侣了。丁玲反问我：我们两个行不行呢？我听了吓了一跳。事后，我在日记中写道：让这种关系从此结束吧！她看到后，说：我们才刚刚开始，干吗要结束呢？"

1938年夏，西站团圆满完成任务回到延安。他们之间的微妙关系，很快引来流言蜚语，年龄、地位、资历、经历，每一条似乎都是横在丁玲和陈明之间无法逾越的鸿沟。面对重重障碍，年轻的陈明烦躁不堪，1940年秋，他与搞音乐的席萍闪电般地结了婚。

陈明结婚的消息让丁玲痛苦不堪，她向挚友罗兰倾诉了烦恼。罗兰跑去痛斥陈明。陈明回答说："我的考虑不是因为她是名人，地位比我高，也不是因为她的年龄比我大……只是觉得她的经历太丰富了，过去的生活道路不一样，将来能不能搞到一起，我没有把握。"然而，婚后的陈明很快就意识到了自己的错误。他依然深深思念着丁玲，这种思念随着时间的推移而越发深重。当他从别人口中听到丁玲生活不好的消息时，陈明心如刀割。经过慎重考虑后，陈明向席萍提出离婚，他找的理由是：席萍依赖性太强。而这个时候，席萍正在医院待产。

陈明的这种做法看起来无比残酷无情，而他在以后的漫长岁月中，也一直为自己把这样一个牵强的理由强加给无辜的席萍而内疚。但是，对于自己的选择他却是始终无悔的。

席萍平静地接受了离婚的现实，自己带着孩子生活，选择了伟大的缄默，以后的岁月中，从未说过一句陈明与丁玲的坏话。席萍后来再嫁，生活很美满。2006年初夏，席萍脑溢血住院，陈明听说后，字斟句酌，发了一份数百字的电报给他与席萍的儿子陈东海，要陈东海在席萍醒来后念给她听。那份电报里面充满虔诚的忏悔与内疚。陈东海没有念，他担心年老的母亲听后再受刺激。

1942年2月，在延安蓝家坪，38岁的丁玲与25岁的陈明在人们的嘲讽和挖苦声中正式结婚。有情人终成眷属，但没有一个人看好他们的婚姻。面对铺天盖地的闲言碎语，丁玲毫不在乎，她对陈明说："随他们说去，让他们说上几年，还能说几十年？"

婚后不久，丁玲就发表了屡遭批判的杂文《三八节有感》，之后一直命途坎坷，这种时候，陈明默默地站在她的身后，不离不弃，扮演着守护者的角色。

1951年到1955年，陈明和丁玲在北京度过了一段相对风平浪静的岁月。这是陈明与丁玲风雨同舟的44年中，仅有的几年相对平稳舒心的日子。1955年，丁玲作为"丁陈反党集团"的主谋遭到批判，1958年被流放到黑龙江佳木斯劳动改造。"文革"期间，两人被关进牛棚，相互约定：一不能死，二不能疯。1970年春天，丁玲和陈明又被秘密关进了拘押政治犯的北京秦城监狱——陈明锒铛入狱的唯一理由就是因为他是丁玲的丈夫。1975年5月，丁玲获释，陈明也随之获释，紧跟着两人又先后被遣送到山西长治市嶂头公社嶂头大队当农民。1979年1月13日，75岁的丁玲终于得以平反回到北京。在风雨飘摇的25年中，陈明一直陪伴在她的左右，他们的爱情经受了最严酷的考验。

1982年秋，丁玲和陈明去看望舒群，老朋友在一起回忆往事。丁玲笑着向舒群说："你还记得吗？当年在延安我和陈明结婚时，你曾说别的都好，就只担心将来能不能偕老，现在你不用担心了，我们不是白头偕老了吗？而且是恩爱到老，幸福到老！"

1986年3月4日，丁玲因内脏功能特别是肾衰竭，抢救无效逝世，享年82岁。其时，陈明刚满69周岁。文学、爱情和政治是丁玲一生的三个主题，在她生命的最后时刻，牵挂的唯有爱情，她对陈明说："你再亲亲我，我是爱你的。"接着，丁玲又说了一句："你太苦了，我最不放心的就是你！"这句话足足让陈明搁在心里20年，到最后都是那么清晰。

有才华，有思想，又有点不太安分，这样的性格让丁玲不论是在纸醉金迷的大上海，还是在贫瘠荒凉的陕北高原，都是最耀眼的。作为一个女人，丁玲的一生何其丰富：有激情，有痛苦，有欢乐，有眼泪。或许她的行为不合世俗的规矩，但是她忠于自己的身体，忠于自己的欲望，对得起自己，也没有伤害别人。她的每段感情都是真性情的，所以，她的一生是丰富多彩的。生为这样的女人，何其幸，能够遇到这样的女人，何其幸。与这样的女人相伴，一定不会觉得闷吧。

法国评论家居依·勒克莱克说：如果中国来一场妇女解放运动，那么丁玲是开拓者！

寸寸青丝愁华年：陆小曼与徐志摩

如果用一个词来形容民国时期文人的感情生活，那就是"错综复杂"。"新月派"主将徐志摩就是一个"复杂"。与他有纠缠的女性有三个：原配张幼仪、梦中情人林徽因、妻子陆小曼。

诗人徐志摩对国人来说并不陌生，他的新诗作品《翡冷翠的一夜》《再别康桥》等都是中国现代文学史上的经典之作。1897 年，徐志摩出生在浙江海宁，一个灵秀的江南之地，父亲徐申如是浙江有名的富商。1915 年，在家人的安排下，他与国民党政要张君劢的妹妹张幼仪结婚，在此之前，二人素昧平生。成婚当年，徐志摩 20 岁，刚刚考入上海沪江大学，对于婚姻、爱情考虑不多，所以像常人一样接受了父母的安排。

结婚次年，徐志摩转学至北京大学，1918 年去美国，两年后又到英国剑桥大学研究政治经济。徐志摩在国外求学，他父亲担心有变，就提议张幼仪到伦敦与徐志摩团聚。1920 年秋，张幼仪来到英国的沙士顿，二人相安无事地生活着。不料，这年的冬天，徐志摩在伦敦邂逅了 16 岁的林徽因，立时为林徽因的婉约才情和高雅气质所征服。这才是他理想的妻子啊！相比之下，他顿时感到以前的四年婚姻是多么的平庸和乏味，他觉得自己正陷于婚姻的悲剧之中。

恰在此时，张幼仪怀孕了。这本来是件高兴的事，可是徐志摩却十分反感，他让张幼仪打掉孩子。张幼仪说："听说有人打胎死掉的。"徐志摩说："坐火车还有死掉的呢，难道就不坐火车了吗？"接着，徐志摩向张幼仪提出离婚，张幼仪没有答应，徐志摩就离开了沙士顿。无奈中的张幼仪只得写信求助二哥张君劢，在二哥的帮助下，张幼仪来到德国柏林，生下孩子。此后直到她同意与徐志摩离婚，徐志摩才为了办理离婚手续到柏林见她，两人联名在报纸上发表了《徐志摩，张幼仪离婚通告》。这一年是 1922 年 3 月，二人的婚姻离整七年还差七个月，恰好应了所谓的"七年之痒"。

徐志摩非要跟张幼仪离婚，固然与他当时迷恋林徽因有关，但恐怕还有一个远因，那就是徐志摩嫌张幼仪土。徐志摩是唯美的西洋绅士，他更中意清丽雅致的美女，而张幼仪的装扮端庄、诚恳、老实，虽然说不上土，但在洋气的徐志摩眼中显然是落伍的，而且颇为不能接受。徐志摩曾邀请一位"明小姐"去他和张幼仪在剑桥的家中吃饭。这位明小姐头发剪得短短的，涂着暗红色的口红，穿着一套毛料海军裙装，却偏偏有一双挤在两只中国绣花鞋里的小脚。这让张幼仪很震惊。事后徐志摩问张幼仪对明小姐有什么意见，张答道：小脚与西服不搭调。徐志摩随即尖叫：我就知道，所以我才想离婚！

无论这一场景，是徐志摩有意或无意为之，在徐的眼里，张幼仪永远是落伍的，虽然她是大脚。小脚西服事件发生后，徐志摩便不辞而别，直到半年后出现在德国，徐张二人离婚。

所幸的是，张幼仪不是小脚，读过书，而且家境不错，更难得的是不软弱。婚变之后，她自强不息，进入裴斯塔洛齐学院专攻幼儿教育。回国后，主政上海女子储蓄银行，开办云裳公司，均大获成功。她开服装公司的最大目的当然是为了赚钱，但其内心深处，恐怕还有一股可爱倔劲儿：你徐志摩说我土，我偏要引领时尚潮流。更为难能可贵的是，张幼仪没有记恨徐志摩，回国后仍精心照顾徐志摩的双亲，精心抚育她和徐志摩的儿子，就连徐志摩死后出版的《徐志摩全集》也是出于她的策划和出资。

张幼仪晚年，有人问她爱不爱徐志摩，她答道："你晓得，我没办法回答这个问题。我对这个问题很迷惑，因为每个人总告诉我，我为徐志摩做了这么多事，我一定是爱他的。可是，我没办法说什么叫爱，我这辈子从没跟什么人说过'我爱你'。如果照顾徐志摩和他家人叫爱的话，那我大概是爱他的吧。在他一生当中遇到的几个女人里面，说不定我最爱他。"

徐志摩最终没能赢得林徽因的芳心，他当了一段时间"鸡飞蛋打"的单身汉，直到遇到陆小曼。

陆小曼是 20 世纪 20 年代初北京社交界中的一位风云人物，1903 年出生在上海的一个富贵之家，父亲陆定是北洋政府财政部赋税司的司长。6 岁时，陆小曼随父母来到北京，接受的是中西文化双重教育。陆小曼精通英、法语言，在学校的时候就被外交部雇佣做外交接待工作。18 岁时，她被外交部选中作为接待外国使节时的翻译，从此步入北平社交界。

20 年代初的北京，文人、政客还有淑女构成了当时上流社会的社交圈，圈子里流传着这样一句话："陆小曼是北京城一道不可不看的风景"。说这句话的人，正是大名鼎鼎的北京大学教授胡适。

陆小曼的才气不是盖的。西式才情自不必说，古文化底蕴也不容小觑。她师从画家贺天健、刘海粟，画得一手好丹青，她的书法和绘画在北京社交界里颇有名声，当时的中国女子书画会员名录里就有陆小曼的名字。陆小曼还酷爱京剧，经常客串义演，是不折不扣的才貌双全的女子。

陆小曼对于社交有一种与生俱来的天赋。她擅长交际，喜爱跳舞场。外交部经常举办交际舞会，只要陆小曼出现在舞池中，就会阖座为之欢快，中外男宾固然为之倾倒。就是中外女宾也会为她目眩神迷。在当时的社交圈有"南唐北陆"之说，南唐是指上海的交际名花唐瑛。

徐志摩与陆小曼的相识是在 1924 年，当年印度著名诗人泰戈尔访问中国，在北京期间，时任北大教授的徐志摩等人为泰戈尔举行了一场生日会，会上徐陆初次相见。这时候的陆小曼已经与王庚结婚，王庚与徐志摩同为梁启超的学生。

王庚也是很有名气的人物，先后在清华大学、密歇根大学、哥伦比亚大学还有普林斯顿大学学习，后来又到西点军校攻军事。1919 年巴黎和会的时候，他任上校武官兼翻译，就在那个时候，他被介绍给了陆小曼。陆小曼的父母一眼就相中了这个女婿，于是，19 岁的陆小曼在父母的安排下，下嫁给了她并不认识的王庚。

他们的婚姻是上流社会典型的绅士配淑女的婚姻，但是陆小曼并不称心。王庚受的是军人式训练，有点刻板，他还是个工作狂，天天埋首于工作，决不游玩。这与喜好交际、性格活泼的陆小曼格格不入。

孤寂的陆小曼曾在日记中写道：其实我不羡富贵，也不慕荣华，我只要一个安乐的家，如心的伴侣，谁知连这一点要求都不能得到，只落得终日里孤单的，有话没有人能讲，每天只是强自欢笑地在人群里混。（《爱眉小札》）

没有爱情的婚姻使得陆小曼更热衷于交际，看戏、打牌、跳舞，成了她打发时间的手段。就在这时候，诗人徐志摩的出现，让陆小曼体会了爱情。

说起来，徐志摩还是王庚亲自推到陆小曼身边的。

1924 年，丈夫王庚出任哈尔滨警察厅长，陆小曼留在北京娘家。由于志趣相投，陆徐二人经常一同游玩、喝茶、跳舞，时不时唱一段昆曲，最终发展出了爱情。陆小曼感觉终于找到了精神对等的对象，她在日记中写道："摩！第一个人从一切的假言假笑中看透我的真心、认识我的痛苦……我自从认识了你，我就有改变生活的决心。"

无论从旧道德还是从新道德的角度来看，两人的这种行为都是不道德的。当然，如果从情感的层面看，就是另一回事了。郁达夫对徐、陆恋情最为理解也最为佩服，他说："忠厚柔艳如小曼，热烈诚挚如志摩，遇合在一道，自然要发放火花，烧成一片了，哪里还顾得到纲常伦教？更哪里还顾到宗法家风？当这事在北京的交际社会里成话柄的时候，我就佩服志摩的纯真与小曼的勇敢到了无以复加。"

绯闻往往传播得很快，名人的绯闻尤甚。有关徐志摩和陆小曼恋爱的传言在北京社交界里传开了，很快小曼的母亲知道了，很快王庚也知道了。有一种说法称，王庚扬言要杀徐志摩，所以徐志摩避往欧洲。这恐怕是世俗的想象，但是，徐、王之间的尴尬足以让徐志摩出国避一避了。他决定应泰戈尔之邀去欧洲。启程前一晚（1924 年 3 月 10 日），新月社朋友为他饯行，小曼纵酒大醉，口中接连叫着："我不是醉，我只是难受，只是心里苦。"徐志摩站在旁边，心如锥刺，却不能明白地表示心中的痛惜。酒筵散后，志摩给小曼写信一直写到次日凌晨三点，第二天便登上了前往欧洲的旅途。他把这次出国，叫做"自愿的充军"。

他抵达柏林后，当即去看望三年未见的张幼仪，不幸的是，他的次子德生已于一周前患脑膜炎夭折。他没说自己来欧洲的真正目的，只是说他母亲很担心幼仪的状况，让他来看看。在欧洲的几个月里，他随时和国内保持着联系，每天都在焦虑地等着胡适从中国传来的消息。一天早上，徐志摩看完胡适的一封信后，抬起头看着张幼仪说："太好了，我们现在可以离开了。"胡适在信中说，他可以安全回家了，陆小曼的丈夫已经改变主意，同意跟陆小曼离婚。

由于还没有见到泰戈尔，徐志摩当时还不能回国。他在佛罗伦萨租屋住了下来，在那里写下了著名的《翡冷翠的一夜》。"翡冷翠"是徐志摩对佛罗伦萨的音译，算得上是对这个城市最美的音译。

7 月中旬，徐志摩收到小曼的信，说她病了，要他赶紧回来。徐志摩也不等泰戈尔了，拍了份电报说明原委后，匆匆回国。7 月底，徐志摩回到北京。小曼的病不怎么严重，她只是实在太想念她的志摩了。整个局势也渐渐往好的方面转化，小曼的父母不再反感志摩，王庚虽然没有说马上就和小曼离婚，但毕竟松了口。

为了达到这个结果，徐志摩动用了重量级的说客。先是北大当教授的胡适去做说客，结果无功而返。紧接着，任上海美术专科学校校长的刘海粟找上门去。刘海粟教过陆小曼画画，又与陆夫人是常州同乡，还攀点亲戚，所以说服力更强一些。一次刘海粟对陆夫人提起此事，陆夫人坦率地说："海粟，你我都是常州有名望的世家，女儿结过婚又离婚，离掉再结婚，说起来有失体面家声，成什么话呢？"刘海粟自己就是封建包办婚姻的亲历者，他对陆小曼的父母晓之以理，讲了许多因为婚姻不自愿而造成的悲剧，接着又动之以情，说再拖下去小曼会病倒，志摩人才难得，配得上小曼，等等。陆夫人说他们对志摩并没有反感，只是人言可畏。谈来谈去，陆氏夫妇也觉得女儿与徐志摩的情感非常深，确实无法阻挡了，所以终于松了口。但是提出两个条件：一、要请梁启超证婚，因为梁启超在全国负有名望，又是徐志摩的老师；二、要在北京北海公园图书馆的礼堂里举行婚礼。这两件都不太好办，但胡适最终都办妥了。接下来就是与陆小曼的丈夫王庚协商，同时公开此事。

当时王庚在上海担任孙传芳的五省联军总司令部参谋长之职。徐志摩回国后，马上去找刘海粟。经过商议，决定让陆小曼母女和刘海粟一道去上海，找王庚解决此事。于是就有了上海功德林之宴。在功德林宴会前几天，即1925年9月间，良友公司出版了徐志摩的日记《爱眉小札》的影印本，这里的“眉”就是指陆小曼，《爱眉小札》里收录的是两人恋爱时的日记、书信和情诗。

宴会在上海功德林素菜馆举行，主人是刘海粟，客人有陆小曼的母亲、陆小曼、徐志摩、王庚、杨杏佛、唐瑛和李祖法等人。有趣的是，除了陆母之外的几个人恰好是两组三角恋爱的主角。同时被请的还有张幼仪的哥哥张君劢、唐瑛的哥哥唐腴庐。整个场面极富戏剧性，人物之间关系微妙，纠葛复杂。更为有趣的是，宴会的主题是由刘海粟出面劝说王庚同意与陆小曼离婚，但作为主角的王庚事先却一无所知。

酒过三巡，刘海粟道出了酒宴的主题：没有爱的婚姻是不幸的。他虽然没有明指是谁，但座中人都知道什么意思，众人不由地将目光齐刷刷地转移到了王庚身上。

功德林之宴是徐、陆、王三人之间的第一次公开交涉。王庚是极聪明的人，他也觉察到了刘海粟的醉翁之意不在酒，于是，举杯向刘海粟、徐志摩，也向在场的其他人说，愿我们都为自己创造幸福，也为别人的幸福干杯。酒宴散席后，王庚推脱公务在身先走一步，让陆小曼随母亲回去，这场功德林的“鸿门宴”至此曲终人散。宴会后，徐志摩给王庚写了一封英文长信，把他认为永难解决的僵局打开了。王庚虽然爱着陆小曼，但仍然愿意放手。他对陆小曼说：我祝福你和志摩以后能得到幸福，手续我会在几天后办好。两个月后，王庚与陆小曼正式离婚。此后，王庚未再娶，1943年11月病逝于开罗。

在与王庚协商离婚的时候，陆小曼尴尬地发现，自己怀了王庚的孩子。她决定堕胎。那个年代，堕胎还是很少见的事，陆母苦劝不听，只好退而求其次，让陆小曼生下来，她帮助着带，陆小曼不同意，还是执意堕胎了。陆小曼后来一直未孕，恐怕跟这次堕胎有关。

历时一年多解决了陆小曼这边的问题，陆徐二人终于向婚姻的殿堂迈进了一大步，然而，还有更大的一步要迈，因为，徐志摩的父母还没开金口。这一关可不是好过的。

1925 年 11 月，徐志摩到北大任教，在北京租下一处院子，小曼搬来同住。接下来最紧迫的事，就是说服徐家父母，顺顺当当地结婚。徐志摩知道父亲最信服胡适，正好胡适要去南方治疗痔疾，于是徐志摩央求胡适趁此机会劝劝父亲。这时他已到北大上课，待遇比上年低些，也托胡给校方说说。他给胡适写了封长信，极尽煽情，信尾到达顶峰，"总之老阿哥，烦你也烦到底了，放着你自己屁股吃苦我们不能安慰你，反而央你管我们的事，但我们相信你决不会推辞。总算是你自己弟弟妹妹的大事，做哥哥的不能不帮忙到底，对不对？且等着你回来，我们甜甜的报酬你就是。"这封信的空白处，小曼还添了几句话凑足气氛："先生，他这封信写了三天——你问他怎样写的？""先生！并非是我老脸皮求人，求你在他爹娘面前讲情，因为我爱摩，亦须爱他父母，同时我亦希望他二老亦爱我，我受人的冷眼亦不少了，我冤的地方亦只你知道。此次若不得⋯⋯"最后几个字看不清楚，但意思不难猜出。

胡适的劝说似乎并不奏效，徐志摩只好亲自南下。徐父徐申如老先生是浙江海宁县硖石镇一个富绅，是个固执的人，他认为张幼仪才是儿媳，儿子离婚再娶一个有夫之妇有辱门风，再则他也不喜欢陆小曼，认为这样的女人肯定品行不端，对徐志摩不会有好处。他说，徐志摩再婚必须征得张幼仪的同意。1926 年，张幼仪取道西伯利亚回国，去拜望原来的公公徐申如，徐志摩也在座。落座后，徐申如提出此事，张幼仪是个聪明人，她不愿意拖志摩的后腿，爽快地认可了此事。儿媳都同意了，徐申如除了叹口气也无话可说了。这时的徐志摩高兴得像个孩子，站起来向着他的前妻道谢，然后跑到窗口，伸出手臂，好像要拥抱整个世界似的，没想到他手上的戒指一下从开着的窗口飞了出去。那是陆小曼送给他的订婚戒指，徐志摩马上下楼去找，却始终找不到。这个时候把戒指给丢了，似乎预示着志摩和小曼之间将来会发生些什么。

过了儿媳这一关，徐申如还是不肯痛快地答应。后来，经胡适、刘海粟等人出面，徐申如最后勉强答应，但他也有三个条件：一、结婚费用自理，家庭概不负担；二、婚礼必须由胡适做介绍人，梁启超证婚，否则不予承认；三、结婚后必须南归，安分守己过日子。这三条徐志摩都予以答应。

1926 年农历七月初七，传说中牛郎织女相会的那天，陆小曼和徐志摩在北京北海公园举办了婚礼，徐志摩把自己的诗集《翡冷翠的一夜》作为结婚礼物送给陆小曼。梁启超有些看不惯陆小曼，所以徐陆新婚典礼上就又出了一个亮点——证婚人梁启超的祝证。他说，徐志摩你这个人性情浮躁，所以在学问上没有成就。你这个人用情不专，所以结婚又离婚。以后要痛自悔改。又说，徐志摩、陆小曼，你们都是过来人，都是离婚又结婚。希望你们不要再次成为过来人。这篇证婚词让在场众人惊愕不已，让徐志摩尴尬难耐，堪称千古绝唱。

有情人终成眷属，但徐陆的情感大戏才刚刚开始。与陆小曼成婚后，徐志摩终于尝到了娶名女人回家的滋味：苦乐参半，痛并快乐着。

1926 年 11 月，两人一起回到徐志摩的老家浙江海宁硖石镇，与徐志摩的父母住在一起。没过多久，婆媳之间便出现了隔阂。陆小曼坚持要再坐一次大红轿，本来轿子两个人抬就可以了，但陆小曼坚持要六人抬的。按徐家乡的规矩，只有头婚的女人才能坐红轿，这事让公婆很看不惯，觉得这个儿媳太过分了。更让公婆受不了的是，陆小曼还当着他们的面"欺负"徐志摩。她吃饭的时候，经常吃一半，剩下的让徐志摩吃下去，徐志摩的父母看在眼里，痛在心头，还什么都不能说，那个郁闷就不必说了。让他们最受不了的是，有一天吃完饭后，陆小曼撒娇，叫徐志摩抱她上楼。本来，新婚夫妻间的这点小小的打情骂俏算不得什么，但在本就对陆小曼有成见的徐志摩父母看来，就是不顺眼。徐申如当即大怒，两天后，老两口就去上海了。12 月，为躲避战乱，陆小曼与徐志摩也迁居上海，但没跟老两口一起住。

在上海，陆小曼如鱼得水，重新开始了她喜爱并擅长的社交生活。"南唐北陆"此时同时出现在上海社交界，成为上海各界津津乐道的谈资。

徐志摩与陆小曼定居上海后，一边在大学教书，一边继续诗歌创作。他本想过安静的生活，也希望陆小曼能静下心来创作，成为画家或作家。但是陆小曼却喜欢社交，常去戏院里捧角，登台作秀，甚至还起过过把电影明星瘾的念头。在那个年代，职业演员是贱业，但作为票友客串几出戏，有时还挂上赈灾的名义，却是很风雅的事情。徐志摩对此并不赞成。正如陆小曼的侄孙邱权所说：尽管陆、徐都爱好文艺，并且一生追求艺术，但是在具体追求哪一门艺术上面却存在分歧。即便如此，徐志摩对陆小曼看戏唱戏捧角干涉得并不多，有时甚至还会为了博得妻子的欢心，去跑一下龙套。

1927 年 12 月 6 日，上海静安寺路上的夏令配克影戏院里上演《三堂会审》，戏中饰演主角苏三的是陆小曼，跑龙套的是徐志摩，饰演男主角王金龙的是一个叫翁瑞午的男人。这个男人对徐志摩与陆小曼的命运产生了极大的影响。

翁瑞午是上海有名的票友，父亲翁绶祺是光绪皇帝的老师翁同龢的门生，官至广西梧州（今桂林）知府，背景不凡。此人医术和绘画才能有相当的水准，而且为人活络，徐志摩跟陆小曼到了上海之后就迅速与他成为朋友。

陆小曼一直有个怪病，全身的神经疼，却又找不到具体的痛点，这个病困扰了她一生。翁瑞午吸食鸦片，他推荐陆小曼抽鸦片。一试之下，还真管用，自此陆小曼就吸上了。对于陆小曼来说，抽鸦片并不是寻求精神上的虚无，而是治病。她也知道这是个坏习惯，可一旦上瘾，就无法控制了。翁瑞午自小跟扬州名家学习推拿，手艺相当了得。每当陆小曼唱戏累了，便会叫翁瑞午帮自己推拿。时间久了，陆小曼对翁瑞午产生了依赖。两人常常一起在客厅的烟榻上隔灯并枕，吞云吐雾。

结婚以来，徐志摩一直想改变妻子出入社交场的生活状态，没想到，陆小曼非但没有戒掉社交活动，又染上了吸食鸦片的恶习。徐志摩曾多次劝陆小曼戒掉鸦片，开始正常人的生活，但都没有结果。此事最终成了导致他们悲剧的祸因。

陆小曼经常与翁瑞午同榻抽烟，关系亲密，外界传闻很多。徐志摩对此并没有太多的怨言，他只是认为鸦片会害了陆小曼。他说男女之间的情爱是有区别的，丈夫绝不能禁止妻子交朋友。鸦片烟榻看似接近，只能谈情不能说爱。所以他认为男女之间，最规矩、最清白的是鸦片烟榻，而最嘈杂和最暧昧的是打牌。

但是，外界的传言却越来越不堪了。1927 年 12 月 17 日，也就是演完《三堂会审》后的第 11 天，上海一份名叫《福尔摩斯》的小报刊登了一篇名为《伍大姐按摩得腻友》的文章，非常露骨地影射三人的绯闻，徐志摩为此把报社告上了法庭。此事最终以报社公开赔礼道歉结束，但是关于陆小曼与翁瑞午的绯闻让徐志摩很是难堪。

此外，经济上的压力也让徐志摩不堪重负。陆小曼是个娇小姐，从不知赚钱辛苦，生活上极尽排场。对于陆小曼的挥霍，徐志摩和她相识之初就知道，但直到有切身体会后才知道影响有多大。徐父出于对陆小曼的不满，断绝了与他们夫妇的经济关系。婚后，徐志摩为了维持家用，同时在上海、南京、北京等地多家大学兼课，月收入接近千元。课余还赶写诗文赚稿费。这个收入相当高了，同时代的鲁迅在厦门大学的月收入算是高待遇了，也不过 400 元。尽管如此，徐志摩的收入仍然不够陆小曼开销。

1930 年底，徐志摩辞去上海和南京的职务，北上去北京大学任教，兼北京女子师范大学教授。陆小曼不愿意北上，为此徐志摩不得不在北京、上海两地来回奔波，关于陆小曼不愿北上的原因，人们一般认为是她不愿意离开上海这个十里洋场。其实，还有一个更重要的原因是，林徽因在北京。对于陆小曼这样的女人来说，最不屑为之的，或许就是步他人的后尘。她不想成为张幼仪，所以她要千方百计把他留在上海。

1931 年夏天，徐母去世，陆小曼急急赶到海宁，却被徐父挡在门外，而张幼仪却以干女儿的身份参加了葬礼。此事对陆小曼打击很大。徐志摩当即给陆小曼写信，表达自己的愤怒和无奈："我家欺你，即是欺我。这是事实，我不能保护我的爱妻，且不能保护自己。……我那晚顶撞了（父亲）几句，他便到灵前去放声大哭。"即使如此，这件事还是给他们本已紧张的关系蒙上了一层阴影。

1931 年 11 月 17 日这一天，徐志摩回到上海，再一次劝陆小曼放弃鸦片。陆小曼爆发了，她顺手拿起放在桌上的烟枪，用力朝徐志摩扔去。这一击，对徐志摩来说是致命的，它不仅击碎了两人之间的情感，也击碎了徐志摩对爱情一直坚持的理想浪漫情结。徐志摩曾经对陆小曼说："眉，我的诗魂的滋养全得靠你，你得抱着我的诗魂像母亲抱孩子似的，他冷了你得给他穿，他饿了你得喂他食粮——有你的爱他就有命！"（《爱眉小札》）但结婚后的陆小曼，唱戏跳舞、与翁瑞午一起抽鸦片成了生活的主题，徐志摩再也寻觅不到能激发他浪漫诗情的爱。失望之下的徐志摩负气出走，去了南京朋友家，打算从那坐飞机回北京。他这一走，就再也没有回来。

徐志摩本来打算乘坐张学良的专机回北京，后因事改期。为了赶上林徽因在北京的讲演，徐志摩决定搭乘邮政机回北京。1931 年 19 日上午 8 点，徐志摩在南京明故宫机场候机时，给陆小曼写了一封短信："徐州有大雾，头痛不想走了，准备返沪。"这是他生命中最后的几行文字，也是他写给陆小曼的最后一封信。但最终他还是坐上了飞往北京的邮政班机"济南号"。飞机上除了两名驾驶员，乘客仅徐志摩一人。10 点 20 分，飞机在济南上空遭遇大雾，不慎撞上了济南开山，机上三人全部遇难。这一年徐志摩 36 岁，陆小曼不到 30 岁。在飞机的残骸中只有一幅由陆小曼亲手所绘的山水长卷没有烧毁，它被徐志摩放在一个铁盒子中。这幅山水长卷现存放在浙江博物馆。

据说徐志摩坠机的那天中午，悬挂在陆小曼家中客堂的一只镶有徐志摩照片的镜框突然掉了下来，相架跌坏，玻璃碎片散落在徐志摩的照片上。当天深夜，南京航空公司主任保君健敲响了上海徐公馆的大门。他带来了徐志摩坠机身亡的消息，但陆小曼却把他挡在了大门外，她不相信这是真的。待她终于知道这是现实后，一下昏厥了。醒过来后，她号啕大哭，直到眼泪哭干。陆小曼当时究竟悲伤到什么程度，连大文豪郁达夫都觉得难以描写。郁达夫的妻子王映霞在自传里描述当时的情形："下午，我换上素色的旗袍，与郁达夫一起去看望陆小曼，陆小曼穿一身黑色的丧服，头上包了一方黑纱，十分疲劳，万分悲伤地半躺在沙发上。见到我们，挥挥右手，就算是招呼了，我们也没有什么话好说，在这场合，说什么安慰的话都是徒劳的。沉默，一阵长时间的沉默。陆小曼蓬头散发，大概连脸都没有洗，似乎一下老了好几个年头。"

徐志摩失事后，他的一些朋友不愿与陆小曼来往，认为是她不肯北上才导致了悲剧。1932 年，徐志摩的追悼会在海宁举办，作为未亡人的陆小曼又一次被公公徐申如拒之门外。她只能为亡夫送了一幅挽联：

多少前尘成噩梦，五载哀欢，匆匆永诀，天道复奚论，欲死未能因母老；

万千别恨向谁言，一身愁病，渺渺离魂，人间应不久，遗文编就答君心。

在挽联中，陆小曼明确表示，她活下去的原因是"因母老"，而活下去的目的则是"遗文编就答君心"。自此以后，陆小曼闭门谢客，一心编辑徐志摩文集，先后出版了《志摩日记》、《徐志摩诗选》和《志摩全集》。她在徐志摩生前不大写东西，但在徐志摩逝世一个月后，写了一篇《哭摩》，文风直逼志摩，浓丽哀婉，读之泪下：

"我深信世界上怕没有可以描写得出我现在心中如何悲痛的一枝笔。不要说我自己这枝轻易也不能动的一枝。可是除此我更无可以泄我满怀伤怨的心的机会了，我希望摩的灵魂也来帮我一帮，苍天给我这一霹雳直打得我满身麻木得连哭都哭不出来，混（浑）身只是一阵阵的麻木。几日的昏沉直到今天才醒过来，知道你是真的与我永别了。摩！慢说是你，就怕是苍天也不能知道我现在心中是如何的疼痛，如何的悲伤！从前听人说起"心痛"我老笑他们虚伪，我想人的心怎么觉得痛，这不过说说好玩而已，谁知道我今天才真的尝着这一阵阵心中绞痛似的味儿了。你知道么？曾记得当初我只要稍有不适即有你声声的在旁慰问，咳，如今我即使是痛死也再没有你来低声下气的慰问了。摩，你是不是真的忍心永远的抛弃我了么？你从前不是说你我最后的呼吸也须要连在一起才不负你我相爱之情么？你为什么不早些告诉我是要飞去呢？直到如今我还是不信你真的是飞了，我还是

101

在这儿天天盼着你回来陪我呢，你快点将未了的事情办一下，来同我一同去到云外优游去吧，你不要一个人在外逍遥，忘记了闺中还有我等着呢！"

1933 年，陆小曼独自一人到海宁硖石为徐志摩上坟，这是她最后一次去那里。回来后，她作诗一首：

肠断人琴感未消，此心久已寄云峤；

年来更识荒寒味，写到湖山总寂寥。

徐志摩走了，她的心也荒芜了。徐去世时，陆小曼不足 30 岁，名声在外，追求她的男人不少，但她一概拒绝。她的卧室里一直悬挂着徐志摩的遗像，从没有摘下过。后来的三十多年里，只有翁瑞午与她一起生活。陆小曼在 1956 年进文史馆之前，一直没出门做过事。翁瑞午对陆小曼痴情半生，一直供养她，不惜血本，直到他 1961 年去世。

陆小曼和翁瑞午的关系是另一段感人至深的佳话，在对待感情上，他们都是高尚的人，却一直被误解。

陆小曼说，自己对翁瑞午"只有感情，没有爱情"。陆小曼明确向翁瑞午约法三章，不许翁抛弃发妻，她也不愿和翁瑞午名正言顺结婚，宁愿永远保持这种不明不白的关系，因为一则她始终不能忘情徐志摩，二则翁之发妻是旧式女子，离异后必无出路。这是陆小曼的忠厚之处。但她对待感情是认真而坚强的。徐志摩去世后，许多朋友劝她与翁瑞午断交。胡适甚至提出，只要她与翁瑞午断交，以后一切由他负全责。陆小曼委婉地拒绝了他的要求，她说："瑞午虽贫困已极，但始终照顾得无微不至，廿多年了，吾何能把他逐走呢？"结果，包括胡适在内的一些朋友因此与她绝交。

翁瑞午虽然与陆小曼没有婚约，对她却一往情深，至死不渝。为了供养小曼，他变卖了自己的所有收藏。1960 年前后三年，物质奇缺，为了为陆小曼买到一包烟、一块肉，他不顾严寒酷暑，排长队也要设法弄到。他有一香港亲戚，有时会寄些副食品回来，翁瑞午往往只取十分之一，其余的都送给小曼。陆小曼发病，他端汤奉药，不离左右。而那个时候，翁瑞午自己就患有严重的肺病，医药费昂贵，还有妻儿要养育。1961 年，翁瑞午临死前两天，还抱拳拱手地拜托朋友关照小曼。陆小曼的干女儿何灵琰说："细想若无他（翁瑞午），干娘一个人根本无法活下去。"

1961 年，翁瑞午在上海去世，4 年后，陆小曼逝世，终年 62 岁。由于政治以及徐家后人的反对，她的骨灰最终没能与徐志摩合葬。一段刻骨铭心的爱情故事就这样草草地画上了句号。

> 　　徐志摩写"轻轻的我走了，正如我轻轻的来，我挥一挥衣袖，不带走一片云彩"，陆小曼写"苍天给我这一霹雳直打得我满身麻木得连哭都哭不出来"，"摩，慢说是你，就怕是苍天也不能知道我现在心中是如何的疼痛，如何的悲伤！"徐志摩在36岁的华年挥手告别人世，留下陆小曼像无根的白云，半生凄凉。徐、陆都是性情中人，他们的爱情就像是飞蛾扑火，燃烧生命，只赢得短暂的绚烂。人们总喜欢把他们的爱情悲剧怪罪在陆小曼身上，可是，陆小曼真有那么大的罪过吗？没有，她反而是遭受了更多的不公。如果说错，或许更应该指责世俗，还有她的坏运气。
>
> 　　在这场爱情中，包括常被贬低的配角翁瑞午，他们都是高尚的人。反倒是那些义正词严的朋友们以及道德家们境界低了些。

理性的浪漫：林徽因与梁思成

梁思成的女儿梁再冰在《回忆我的父亲》一书中，这样描述梁思成与林徽因的初次见面：

"父亲大约十七岁时，有一天，祖父（梁启超）要父亲到他的老朋友林长民家里去见见他的女儿林徽因（当时名林徽音）。父亲明白祖父的用意，虽然他还很年轻，并不急于谈恋爱，但他仍从南长街的梁家来到景山附近的林家。在'林叔'的书房里，父亲暗自猜想，按照当时的时尚，这位林小姐的打扮大概是：绸缎衫裤，梳一条油光光的大辫子。不知怎的，他感到有些不自在。

门开了，年仅十四岁的林徽因走进房来。父亲看到的是一个亭亭玉立却仍带稚气的小姑娘，梳两条小辫，双眸清亮有神采，五官精致有雕琢之美，左颊有笑靥；浅色半袖短衫罩在长仅及膝下的黑色绸裙上；她翩然转身告辞时，飘逸如一个小仙子，给父亲留下了极深刻的印象。"

按照梁思成本人的说法，林姑娘那美丽的容颜，活泼的气质，令他深深迷醉。特别是她那中西双重文化教养的背景，古典气质与现代精神完美的结合，更让他赞叹不已。当时他的内心在呼喊：这就是我一生的幸福！

根据以上资料，梁、林第一次见面就是相亲，安排者就是他们的父亲。这两位的父亲都不是等闲之辈。梁启超是清朝光绪时期"维新变法"的领袖，虽然变法失败了，但名声在外。后来又与蔡锷策划武力讨袁，并出任北洋政府要职。同时，他还是一位学贯中西的著名学者。其社会地位、人际关系显赫。梁思成是他的大儿子。林长民，福建闽侯人，中国近代著名外交家，曾任北洋军阀段祺瑞政府的司法部长，哥哥林觉民是黄花岗七十二烈士之一。林徽因是他的独生女儿。

梁启超和林长民是老朋友，两家又门当户对，所以梁启超早有与林家联姻的想法，林长民也乐意有此通家之好。不过，两位都是开明人士，对子女的婚姻相当民主，所以，他们只介绍林徽因和梁思成认识，并没有做进一步的干预。

1921年，林长民携爱女林徽因从英国归来，还是清华大学学生的梁思成前去拜访。两人再次相见，都为对方的才学所倾倒，此后常常一起去逛山水、看风景，但去得最多的还是图书馆。林徽因还跟随梁思成去清华学堂，看他参加的音乐演出；和他一起逛太庙。有一次，刚进庙门梁思成就没了踪影，林徽因正感到诧异，只见梁思成爬在一棵大树上喊她的名字。

两个风华正茂的年轻人，整日沐浴在灿烂的阳光下，眼看着爱情之花慢慢绽放开来，他们的两个父亲也是喜上眉梢。1923 年，一场意外的车祸加速了他们的恋爱进程。5 月 7 日是国耻日（1919 年 5 月 7 日，日本政府向袁世凯提出卖国二十一条）。梁思成骑摩托和弟弟梁思永前去参加示威游行，途中遭遇车祸。梁思成经过手术虽然保住了生命，却留下跛足并一辈子需要装设背部支架。对于建筑师来说，这种残疾实在是难以忍受的。但是这场车祸却使得他和林徽因的感情有了突破。那段时间，林徽因每天都到医院里看望梁思成，并且在相识 4 年后终于确定了恋人关系。车祸还玉成了一件美事，那就是梁思成原本计划 1923 年赴美留学，也因病推迟一年，刚好等到林徽因中学毕业，届时两人可以比翼齐飞，漂洋过海。

一切看起来都很顺利。但是正如梁思成自己所说，"这世间越是美好的事物，越要付出巨大的努力和代价，才可能获得。"林徽因太优秀了，所以，他的爱情之路上，遍布威胁。第一个，也是最大的威胁就是大诗人徐志摩，大到梁启超也不得不假公济私，以老师的身份批评徐志摩，为儿子争取机会。

徐志摩和林长民在国内就相识，情趣相投，是忘年交。1920 年秋天，林长民应邀去英国讲学，16 岁的林徽因随同游历，正在英国留学的徐志摩登门拜访。在交往中，徐志摩被林徽因吸引，她那颀长秀挺的身材、俊逸潇洒的气质，以及纯真谦和的微笑，给徐志摩一种天仙下凡的感觉。他强烈地感觉到，这才是自己喜欢的女子。林徽因爱好文学，对才华横溢、博学多识、相貌俊秀的徐志摩也是非常仰慕。两人彼此都有相见恨晚的感觉。于是，几乎是每隔一两天，一到饮下午茶的时间，徐志摩就不请自到。在林家碍于林长民的面，徐志摩总觉得有些话没法跟徽因讲，于是回来后，他就给林徽因写信。他热烈、火辣的信，让豆蔻年华的林徽因激动不已，也让她惊慌失措，她自己不敢给徐志摩回信，由林长民给徐志摩回了封信。林长民给徐志摩回信说："阁下用情之烈，令人感悚，徽亦惶惑不知何以为答，并无丝毫嘲笑之意，想足下误解了。"对这一段朦朦胧胧的感情，林徽因长大以后，也是很怀念的，甚至多少有点觉得对不起徐志摩。但是在当时，16 岁的林徽因还没有做好与男子谈恋爱的准备。再说，徐志摩固然条件极好，但却有个致命弱点，就是已经有老婆孩子了。虽说是父母包办的封建婚姻，志摩又一早就扬言："要成为中国第一个离婚的人"，但林徽因却很难接受，因为怕背起第三者的罪名。所以，她冷静地克制自己，有一次见面时，她劝徐志摩不要想入非非："徐兄，我不是您的另一半灵魂。我们是太一致了，就不能相互补充。我们只能平行，不可能相交。我们只能有友谊，不能有爱情。"说完就哭着跑开了。

当时徐志摩的妻子张幼仪就在英国，两人虽然感情不好，当时还没有到离婚的地步。此时的张幼仪已经看出了问题，于是她决定到德国去。徐志摩没有询问她去德国的理由，就在三个星期后将她送去德国。临行前，张幼仪还让徐志摩陪同她与林徽因辞行。徐志摩从德国回来之后，就去找林徽因。不料，林氏父女已经回国了，只留下一封林徽因给他的信，信中写道："我走了，带着记忆如锦金，里面藏着我们的情，我们的谊，已经说出和还没有说出的所有的话走了。"又说："上次您和幼仪去德国，我、爸爸、西滢兄在送别你们时，火车启动的那一瞬间，您和幼仪把头伸出窗外，在您的面孔旁边，她张着一双哀怨、绝望、祈求和嫉意的眼睛定定地望着我。我颤抖了。那目光直进我心灵的底蕴，那里藏着我的无人知晓的秘密。她全看见了。其实，在您陪着她来向我们辞行时，听说她要单身离你去德国，我就明白你们两人的关系起了变故。起因是什么我不明白，但不会和我无关。"

第一回合，梁思成艰难地胜出。

1922年，徐志摩与张幼仪离婚，不久回到北京，任北大教授。他是林长民的朋友，又是梁启超的学生，所以很快就和梁思成、林徽因等人打成一片。他的介入，让梁思成感到了危险。

徐志摩当时留洋归来，北大教授，而且是新月派诗歌的代表人物，已经是文学界的大腕了，而梁思成当时还是个默默无闻的学生。林徽因对文学有偏爱，时不时地向徐志摩请教，徐志摩也不掩饰对林徽因的追求，天天跟在她后面。梁思成虽然很欣赏徐志摩，但是，看着他们俩热烈地讨论诗歌，看到林徽因用认真、欣赏的目光望着徐志摩滔滔不绝，心里怎能不焦急、忧虑？

在这期间，还发生了一件让梁思成更郁闷的事情。1924年，印度诗人泰戈尔访华，来到北京后，徐志摩充当英语翻译，林徽因自告奋勇照顾老人。在他们三个谈论的时候，梁思成常常被晾在一边插不上话。徐、林二人如金童玉女般陪伴在老诗人左右，一时成为京城美谈。当时有文章评论说："林小姐人艳如花，和老诗人挟臂而行，加上长袍白面、郊寒岛瘦的徐志摩，犹如苍松竹梅的一幅三友图。"许多人都觉得徐、林二人很般配，甚至有媒体发表文章说，二人已私订终身，只等来日嫁娶。舆论使徐志摩那颗死了的心复活了，他向泰戈尔表达了自己的想法。同是诗人，泰戈尔当然会偏向志摩一些，他答应做月下老人，为二人穿针引线。情况对梁思成很不利，但林徽因本人委婉拒绝了老诗人的美意，她表示，她的心早已非梁思成莫属。梁思成知道了这件事，感到很欣慰。

徐志摩虽然再一次被林徽因拒绝，但他对林的爱一直没有熄灭。而林徽因对徐志摩的感情也是很深的。有一件事可以验证。1931 年 11 月 19 日，徐志摩因为飞机失事去世后，梁思成从北平赶去处理丧事，给林徽因带回了一块飞机残骸上烧焦的木片作为纪念品。林徽因将这块木片当做志摩生命的象征，一直悬挂在卧室正中央，整整悬挂了 24 年，直到 1955 年去世。她觉着，她是爱徐志摩的，徐志摩又是为了赶回来听她的演讲而死的，她就要用这种方式纪念他，而梁思成并没有异议。这种光明磊落和大度，对现在的我们来说几乎是不可想象的。不得不说，在对感情的纯洁与执著上，在对崇高感情的理解上，他们是超凡脱俗的。

泰戈尔事件让梁思成深切地感受到：要想和林徽因的爱情之树常青，仅仅对她好还远远不够，必须赢得她的敬佩。

1924 年，林、梁二人双双乘船，漂洋过海去美国求学。梁思成本来打算学习绘画，这是他的强项，可是林徽因想学"前途无量的建筑"。为了爱情，梁思成决定陪徽因一起学习建筑。事实证明，这个决定是英明的。在后来漫长的婚姻生活中，事业上的共鸣让他们从未感到生活平淡乏味，而爱情也因为融入了对事业的不懈追求中而历久弥新。

林徽因美丽、活泼、聪明，说得一口流利的英语，而且天生善于交际。而梁思成生性温和，喜欢安静，他对林徽因过多的社交很不满意。为此，美国求学的头一年，他们之间常常发生争执，有时甚至发展为激烈的争吵。那段日子极度痛苦，最后，梁思成作了让步。他意识到，任何人都不能限制林徽因的自由，如果不想失去这份感情，唯一的选择就是信任。所以，他选择在不牺牲自己个性的前提下，学会容忍。

他们性格上的差异在工作作风上也表现出来。林徽的因满脑子创意，而梁思成则能够以准确和漂亮的绘图功夫把那乱七八糟的草图变成一张清楚整齐的成品。他们的这种合作，在后来的生涯中一直坚持着。

感情在不断磨合中日益弥笃。1925 年林长民身亡，失怙的孤女依赖梁家已成必然。1928 年 3 月 21 日，经历了太多磨难的二人结婚了。

毕业回国后，梁思成先后在东北大学和清华大学任教。喜欢热闹的林徽因经常在家里举办沙龙，结交了很多文艺界的朋友。这次，梁思成吸取教训，不再限制她的交往，而是主动融入到她的朋友圈中去。他们家里的客厅特别大，每到周末，常常高朋满座，充满了高雅和欢快的谈论。林徽因无疑充当着主角，她无论到什么地方，都是焦点，只要她在场，室内总是响起清脆的笑声。

就因为这个沙龙还引发了一桩趣事。当时身在北京的女作家冰心女士写了一篇颇有深意的小说《太太的客厅》，被人认为有暗讽林徽因之意。文中描述"我们太太"，只有一个女朋友，且黑且矮胖，以便陪衬出"我们太太"的白皙、苗条。林徽因听闻此事不恼也不怒，只是不动声色地送去一坛刚从山西带回的老陈醋。多年以后，有人问起冰心当年这篇文章是不是讽刺林徽因时，冰心说这是写陆小曼的，其实小曼当年只是打牌唱戏，哪有兴致谈诗？

就在这个时候，林徽因将自己的名字改了，这里面有一段趣闻。林徽因本名叫林徽音，有一天，她发现有个男作家叫林微音，她对其作品水平很不以为然，于是将名字中的"音"改为"因"。她说："我不怕人家把我的作品误为林微音的，只怕日后把他的作品错当成我的。"改名一事，可以看出林姑娘的强烈自信心和自主意识。梁思成虽然内心里还是觉得徽音这个名字更美，并且在后来的回忆文章中也一直用"音"，但行动上全力支持她，他知道反对也肯定无效。

林徽因有绝代才女之称，人固然长得美丽，更难得的是才华横溢，热情开朗，对她明追暗恋的男人自然不少。这些人中，为后人津津乐道的，除了徐志摩，另一位就是金岳霖。

金岳霖是中国现代哲学和逻辑学的开山祖师，他的才学，向来为林徽因敬佩。大约1932年夏天，也就是徐志摩逝世后没多久，有一天，梁思成从外地考察古建筑回来，林徽因哭丧着脸说：思成，我痛苦极了，我现在同时爱上了两个人，我拿不定主意，不知道该怎样办才好。梁思成一听就明白了——林徽因爱上了金岳霖，想跟他分手又舍不得。

当时梁家住在北平东总布胡同，金岳霖就住在梁家后院，另有旁门出入。金岳霖受过西方教育，生活很讲究，他家的厨师做面包很好，每天早上都给林徽因送过去，没事了就过到梁家在一起喝茶聊天。起初也许只是好朋友好邻居，交往久了就爱上了。梁思成知道金岳霖喜欢林徽因，却不知道林徽因也喜欢金岳霖，并且到了这个地步。听了妻子的话，梁思成痛苦得半天都说不出话来，同时又觉得挺欣慰。欣慰的是妻子很坦诚，没有把他当成个傻子。当天晚上梁成思彻夜未眠，第二天一早跟林徽因说了自己的想法，他说："真正的爱，唯愿所爱的人得到幸福。你是自由的，如果你挑选金岳霖，我将祝你们永远幸福！"当时两个人都哭了。林徽因将这话向金岳霖原原本本复述了一遍，金岳霖说，思成能说这个话，可见他是真正爱着你，不愿你受一点点委屈，我不能伤害一个真正爱你的人，我退出吧。

此后，金岳霖终生未娶，"逐林而居"，无论林徽因到哪儿，他总是住在林家后院或是隔壁。甚至在抗战以后，金岳霖在昆明西南联大教书，假期就去四川李庄，住在林徽因和梁思成的家里。金岳霖去世后是林徽因的孩子给他送的终。写到这里，不能不感叹，新文化运动时期的那批人物是文明到骨子里的，他们的境界太完美太高尚了。

几年后的一天，林徽因无意中对梁思成说，她最欣赏他的地方就是他的温和与宽容。梁思成淡淡地一笑，悄悄转过头，不让她看到自己眼里的泪光。

回顾他们的经历，正是这种互补的性格让他们的感情更加坚固。朋友们对林徽因的评价是朝气蓬勃，光芒四射；对梁思成的评价则是斯文、富于幽默感和愉快。朋友们公认：他俩形成一种气质和技巧的平衡，一种近乎完美的组合。梁思成自己的描述更为有趣，他说："我的血型是 A 型，徽音则是 O 型。多年之后当我得知，就在我出生那年，奥地利的兰德博士发现了血型，而在我和徽音结婚的头几个月，日本的古川教授提出了血型学说——A 型与 O 型是天生的最佳拍档时，不得不感叹造化的神奇。"林徽因说话一向非常率直，有一次看到一个学生的素描，脱口而出："这简直不是人画的！"气得那个学生马上转了系。不过她是刀子嘴豆腐心。当她被病魔折磨得烦躁不堪的时候，也会冲梁思成发火。朋友们送梁思成一个雅号：烟囱（出气筒的意思）。不过梁思成不介意，他觉得，自己的优点能和林徽因达成互补，正是他自豪和欣慰的地方。

1949 年，新中国成立后，百废待兴，建筑师的价值终于体现出来了。梁思成被聘为清华大学建筑系主任，成为中国建筑界的权威。人民英雄纪念碑由梁思成负责设计，那上面的花纹是林徽因设计的，林徽因还设计了国徽。这可以说是他们事业的顶峰。

也许是上天不容许世上有完美无缺的人，它给了林徽因美丽和才华，只好夺走了她的健康。林徽因很早就患有肺病，常常需要卧床静养。病情严重时整夜都不停地咳嗽。1955 年 4 月 1 日清晨，林徽因因病去世，时年 51 岁。

民国时期文人中流行着一句俏皮话："文章是自己的好，老婆是人家的好。"梁思成将其改成"文章是老婆的好，老婆是自己的好"。梁林二人结伴一生，虽然也起过波折，甚至落到极度艰苦的境地，但二人始终相扶相携，相濡以沫，彼此始终是对方的最珍重的爱人。林徽因自嘲她与梁思成是一对"难夫难妇"。最后，"难夫"把"难妇"送到了她的人生终点，为世人留下一段佳话。

1963 年，梁思成的生命里走进了另一个女人，林洙。十年动乱中，她与梁思成共同度过了苦难的岁月，给梁思成以极大的精神安慰。1972 年 1 月 9 日，梁思成逝世，终年 70 岁。

在感情生活方面，林徽因和梁思成算是最功德圆满的一对。林徽因最令人佩服的，当属她与生俱来的明星气质，走到哪里都是焦点，显示了一代才女的超强优越性。有人崇拜她，把她当做女神、偶像；也有人拿徐志摩和金岳霖说事儿，指责她人品有问题。其实，正如梁思成所说的，优秀的女人不可避免地有很多人追求。

有人怀疑梁思成是否真正爱着林徽因，进而臆测，两人看起来郎才女貌十分般配，但是，他们的婚姻本质上极为不幸。这种说法有点无事生非。诚然，林徽因曾经爱过徐志摩，徐死了，她光明磊落地怀念他；她也曾对她的丈夫有过二心，但是她光明磊落地应对。但归根结底，梁思成才是她合适的伴侣，现实的选择。

梁思成、林徽因的婚姻与悲剧无缘，即使在日常生活中，他们也充满了情趣。夫妇俩一起外出寻访古建筑，忙中不忘娱乐，互相考测，哪座雕塑原座何处石窟、哪行诗句出自谁的诗集，那种情投意合，志趣相投的感觉，怕只有当年的李清照、赵明诚可比了。

"风子"和他的爱：鲁迅与许广平

高第街是广州著名的商业街，1898年2月12日，高第街一许姓大家族里诞生了一个女婴，就是许广平。许广平出生没几天，父母便替她定了娃娃亲。许广平长大后，不喜欢这桩婚姻，要解除婚约。对方不答应，最后许家赔了一大笔钱才解决问题。

1922年，许广平考入国立北京女子高等师范学校（简称女高师）。当时许多北大教授到女高师兼课，鲁迅就是其中之一。许广平大二的时候，鲁迅开始给她所在的班级授课。那个时候，鲁迅的名气很大，许广平和她的同学们都热切地盼望着他的第一堂课，想看看这个著名的作家到底是个什么人。上课那天，许广平坐在了教室的第一排。

鲁迅一亮相，就"镇"住了全场。他个子不高，后面的头发很长，前面却是平顶，头发根根直立。更亮眼的是他满身熠熠生辉的补丁，长衫上、裤子上，连皮鞋上面都是一块块补丁。堂下的同学议论开了：怎么这个人好像是一个乞丐一样？

然而，当他以浓重的浙江绍兴口音的"蓝青官话"开始讲课时，全教室肃静无声了。鲁迅知识渊博，讲课生动，第一堂课在不知不觉中结束了。等到学生们回过神来，早已不见了鲁迅的踪影。多少年后，许广平都无法忘记那第一堂课，她在《鲁迅与青年们》一文里描述道："许久许久，同学们醒了过来，那是初春的和风，新从冰冷的世间吹拂着人们，阴森森中感到了一丝暖气，不约而同的大家吐一口气回转过来了。"

当时也是女师大学生、后来成了女作家的陆晶清回忆说，她们对鲁迅的认识有一个过程：未受教前很仰慕；初受教时，十分敬重，但有畏惧。接触久了，逐渐察觉他并不"怪僻可怕"，最后，不仅敢于和他亲近，还敢于对他"淘气"，乃至"放肆"。许广平就是敢于淘气和放肆的一个。她坐在第一排，好提问题，有时竟打断先生的话。但鲁迅认为她聪明，肯动脑子，有才气，颇怀好感。

在求学期间，许广平与北大的一个学生谈了一场短暂的恋爱，因为对方患病去世而结束。这是许广平的初恋，她在多年后提到这段爱情依然觉得心痛。然而，在那个新思潮不断冲击的大环境下，许广平很快就将注意力投入到风起云涌的学生运动中去了。

　　与鲁迅一同在女师大授课的还有胡适、李大钊、陈独秀、林语堂等人，他们把新思想传给了那些渴望个性解放的女学生，并对她们产生了很大的影响。新思想与学校旧有的教育体制产生了冲突。当时学校对学生有很刻板的规定，杨荫榆任校长后，校规更为严格。孙中山去世后，学生们准备进行祭奠，遭到杨校长的压制，这成了驱杨运动的导火索。1925 年 3 月，女师大学生们开始酝酿"驱逐校长杨荫榆"的运动，许广平是重要的组织者之一，她有一些问题和苦闷，很想写信向鲁迅求教。她把这事跟同学林卓凤说了，林为她壮胆。于是就有了两人之间的第一封信，这一天是 3 月 11 日。两天后，鲁迅回了信，对她的问题一一作了回答。

　　起初，鲁许两人在信中谈的大多是老师和学生之间的寻常话。四月份，许广平给鲁迅的信中，首先在称谓上做出了突破，原来"那个学生、小学生、你的学生"许广平，变成了俏皮可爱的"小鬼许广平"，这一下把两人的距离拉近了不少。紧接着，她第一次去鲁迅家中拜访，在 16 号的信中，她开头便是一句："尊府居然探检过了！"可以看出，许广平正在努力用一种近乎顽皮的书写，逐渐引导鲁迅放下教授的身份，走进平等的情感世界里去。

　　1925 年 6 月，"驱逐校长杨荫榆"行动付诸实施，但初步结果却是许广平等六人被校方开除，在开除令里许广平被斥为"害群之马"，从此她就得了一个"害马"的绰号。学校把这几个人"表现不好"的内容寄给她们的家长。这样很容易引起不明真相的家长误解，于是鲁迅和林语堂、周作人等七名教授在《京报》上发表了一篇联合宣言，公开支持女师大的学生运动。

　　在这个月中，鲁迅与许广平依然有通信。在通信当中，两人的称呼、署名都很有意思。开始的时候，许广平称鲁迅"老师"，后来称"迅师"，最后变成"my dear teacher"；署名由"小学生"变成"学生"，最后是"你的害马"。鲁迅先是称许广平"广平兄"，后来变成"害马"。由此可见他们两人关系已经很密切了。

　　端午节这一天，鲁迅请许广平等六个女学生到他的家中吃饭。同去的女生俞芳对许广平的印象是：个子很高，人很大方，眼睛很大很有神，眉目之间很粗，很有点聪明的样子。席间，鲁迅有点醉了，拍了一下许广平的头。端午节的聚会没过多久，杨荫榆带着警察冲进校园，以维修为名义强行关闭了学生宿舍，鲁迅让没有住处的许广平暂时住到了自己的家中。

　　鲁迅的家在北京一个小四合院里，同住的还有他的母亲和夫人朱安。许广平来到鲁迅家中后，开始为鲁迅抄书稿。许广平抄写的速度很快，有一天，她连续抄了一万多字，鲁迅走进来说你抄得太辛苦了，然后摸了摸许广平的手，这使她感觉到鲁迅对她的关心已经不像老师对学生。

不久，在鲁迅的家里，许广平第一次向鲁迅表达了自己的爱，但鲁迅没有答应。对于鲁迅来说，爱始终是艰涩的。所以，他对于恋爱心怀忧虑。正如他自己所说："异性，我是爱的，但我一向不敢，因为我自己明白各种缺点，深怕辱没了对手！"

鲁迅所说的各种缺点，是指自己年纪大、身体差，更大的阻碍是他已经有了一个名义上的妻子朱安。早在鲁迅留日期间，他的母亲擅自做主为他娶回朱安。鲁迅是个孝子，他无法忤逆母亲的意思，朱安是个旧式女人，她也不愿意与鲁迅离婚，所以鲁迅只好默认了这桩婚事，但他从未与朱安同过房，实际过着单身生活。

面对许广平的表白，他觉得自己已有了不幸的婚姻，不配再被人爱。更重要的是，他怕辱没了许广平。师生恋在当时属于乱伦，况且鲁迅又已有妻室，而且也不可能休妻，那么，假如他与许广平相爱，许广平不但要承受来自舆论的非议，还不得不面对名分问题。权衡之下，他决定牺牲自己。

对于鲁迅的拒绝，许广平用勃朗宁的诗句"神未必这样想"作回答。这句诗出自英国诗人勃朗宁的爱情故事《出了象牙之塔》，鲁迅曾在课堂上讲授过。故事中，一个年长的老师与一位年轻的女学生相爱了，但是年长的老师认为他们不相称，不能相爱。到了晚年的时候，两个人发现早年的判断是错误的，其实，"神未必这样想"，他们还是可以相爱的。

鲁迅回应："你中毒太深了，因为我课堂上讲的这个故事，你太理解了。"他的回答不是拒绝许广平，而是希望她再慎重考虑。很明显，他原本打算牺牲自己的念头开始动摇了。在经过"神未必这样想"的谈话后没多久，许广平再一次走进鲁迅的小屋，希望得到一个最后的答复。一番凝视与思量后，鲁迅说："我可以爱，你胜利了。"

鲁迅与许广平的交往毫无悬念地遭到了非议，外界自不必说，就连家人也莫不如此。鲁迅的弟弟周作人在 1961 年给朋友的一封信中写道："内人因同情于前夫人（朱安）之故，对于某女士（指许广平）常有不敬之词，出自旧家庭之故其如此看法亦属难怪。"

在讥笑和压力面前许广平表现得超凡脱俗而且坚韧不屈。1925 年 10 月，她在鲁迅主编的《国民新报》副刊发表了《同行者》一文，公开表达了自己对鲁迅的爱，她说，她不畏惧"人间的冷漠，压迫"，"一心一意的向着爱的方向奔驰。"她还在《风子是我的爱》的文章中，针对旧礼教的威吓，写下爱的宣言："它——风子——承认我战胜了！甘于做我的俘虏了！即使风子有它自己的伟大，有它自己的地位，藐小的我既然蒙它殷殷握手，不自量也罢！不相当也罢！同类也罢！异类也罢！合法也罢！不合法也罢！这都于我们不相干，于你们无关系，总之，风子是我的爱！"

在现实中，鲁迅是导师，在爱情的国度里，许广平无疑是先驱。在流言四起的环境里，如果没有她的坚毅和笃定，鲁迅或许喊不出那句让人听了心醉又心碎的"我可以爱"。

1926 年 6 月，许广平从女师大毕业。为了能够在一起，二人于当年 8 月同车离开北京，从上海分手，鲁迅去了厦门，许广平去了广州，并相约奋斗两年打下基础后再聚首。两人甫一分手就开始相思，还没到目的地就开始给对方写信。许广平乘的船路过厦门时，还格外望一望厦门在哪里，顺便打听从广州到厦门的路怎么走。在此后四个多月，他们之间的往返书信多达 80 多封，差不多一天半就写一封信。

在两人"厦门——广州"的通信中，鲁迅时不时向广州方面汇报一下自己的状况，琐碎到鸡毛蒜皮，比如不喝酒了、饭吃了一大碗、不吃青椒改吃胡椒、吃牛肉罐头不吃火腿、吃了从未吃过的南方水果杨桃、见了却不敢吃的桂花蝉和龙虱，等等，事无巨细，全然没有新文化领袖的果断。在信中，鲁迅还两次提到"女生"，他写道："来听我讲义的学生，一共有二十三人（内女生二人）。"这个括号深有含义，一是为了避嫌，二是为了引发许广平的小小的醋意。很快，他又做出解释："听课的学生倒多起来了，大概有许多是别科的。女生共五人。我决定目不斜视，直到离开了厦门。"这样的解释，多少有点表衷心的意思，淳朴得可爱。

他还时常关心许广平的经济情况，多次问"你够用么……够用么？我希望你通知我。"在爱情中，女性总是更渴望得到关怀。就算女方在经济上可以独当一面，可如果男方主动提出，就有一种温柔的情意在里面。女作家苏青不是说过，"我环顾四周，家里的一颗钉都是我挣来的，有什么意思呢？"鲁迅想给许广平保护，让人很感动。

许广平则充当起了生活顾问乃至女主人的角色，她教鲁迅生活常识，比如用湿石膏粉在食物周围划圆圈来抵御蚂蚁，解释杨桃、桂花蝉、龙虱是什么。她还

"干涉"他的生活习惯：比如不要多喝酒。这样的交流，已经有了夫妻的神气。

鲁迅所在的厦门大学里种有相思树，他常常坐在树下思念许广平。有一天，他相思正浓时，忽然有一头猪跑来吃代表爱情的相思树叶，鲁迅当即和猪展开搏斗。当时有位教员恰好路过，看到此景非常不解，鲁迅神秘地说，他和猪搏斗的理由是不能告人的。又有一天，他想念许广平，就靠在一个有个许字的墓碑上合影，寄给她。一个铮铮的汉子露出儿女柔情，显得分外浪漫和可爱。

爱情之花已经酿如甜蜜，但鲁迅还是心存顾虑，所以他迟迟不愿意去广州与许广平团聚。许广平没有催他，而是始终以商量的口吻，给他足够的时间作决定。终于，鲁迅受不了相思之苦，于1927年初辞去了厦门大学的工作来到广州，任中山大学文学系主任兼教务长，许广平是他的助教。没过多久，鲁迅便因人事雇用问题而辞职。当年10月，鲁迅和许广平来到上海，正式开始同居生活。那一年，鲁迅46岁，许广平28岁。

关于同居这一点，许广平和鲁迅从不避讳。他们的"为了爱而同居"，有着特定的时代原因，鲁迅的不离婚，恰恰显示了他的责任心和良心。在今天，夫妻没有感情大可以离婚，可那个时代不同，离婚双方都要承受很大的压力，对于旧式妇女来说，结果将更加不堪。所以，鲁迅尽管与朱安从未有夫妻之实，但朱安不愿意离婚，鲁迅就不强行离婚。

鲁、许同居后，既像是夫妇，又有师生之谊。许广平常常天真地向鲁迅提问："我为什么总觉得你还是我的先生，你有没有这种感觉？"鲁迅听了，总是惬意地笑笑，答非所问地说："你这傻孩子。"

许广平是鲁迅工作上的好助手，同时也是一个出色的主妇，完全成了鲁迅的左右手，为此，鲁迅曾向人感慨道："现在换衣服也不晓得到什么地方拿了。"

在许广平的回忆文章中，提到了许多发生在两人之间的趣事，其中可见这个大丈夫的小性子：有时候许广平无意中不知什么时候说了话，让鲁迅觉得不以为然，或者恰巧他自己有什么不痛快，在白天，人事纷繁，和朋友来往时也看不出什么。但到夜里，两人相对的时候，鲁迅就沉默，沉默到要死。鲁迅不高兴时，会半夜里喝许多酒，当然不会让许广平看到。他还会跑到空地去躺下。就这样，沉默对沉默。不过，这种情况坚持不过一天半天，阳光重又出来了。鲁迅会解释似地说："我这个人脾气真不好。"许广平答："因为你是先生，我多少让你些，如果是年龄相仿的对手，我不会这样的。"鲁迅马上会说："这我知道。"于是，拨云见日，太阳重又出现了。

有时，晚饭过后，又没有客人。他们并不立即工作，而是灭掉灯，借着窗外桔黄色的路灯射进来的光亮，谈天说地。有时，鲁迅俯案写作，许广平坐在旁边看报或做手工，当两人都感到疲倦时，便放下工作，一边饮茶，一边谈天，或者再吃些零食。尽管闲聊的时间很短，但他们都感到很高兴，觉得这是一天的黄金时光。有时，他们也到外面散步，或者一起看画展，但真正能称得起娱乐的还是看电影，这种活动多是由鲁迅提议，这一方面是为了休息，另一方面也是为了表达对妻子的感谢。座位也总是买最好的，是为了照顾妻子稍微近视的眼睛。

1929年9月27日清晨，鲁迅和许广平的爱情结出了果实，他们的儿子海婴诞生了。年近五十的鲁迅就要当爸爸了，心情十分兴奋。许广平是难产，医生曾征求过他的意见："留小孩还是留大人？"他毫不犹豫地说："留大人。"后来，经过二十七八个小时的阵痛，孩子终于叽叽坠地。鲁迅欣慰而又诙谐地说："是男的，怪不得这样可恶。"第二天，鲁迅满面欢悦地来到医院，手里拿着一棵小巧玲珑的松树，轻轻地放在许广平床边的小桌上。这棵小松树翠绿、苍劲、孤傲、沉郁，既象征着他的性格，又象征着那个刚刚降生的小生命，象征着家庭生活的全新开始。

1933年5月，两人将此前的书信编辑成《两地书》出版，作为他们爱情的见证。1936年10月19日上午5时25分，鲁迅在上海病逝。在生命的最后一刻，他紧紧握着许广平的手，同她诀别："忘记我，管自己的生活！"这是鲁迅留给自己夫人的遗言，但许广平怎能忘记她的师友和亲爱的丈夫呢？10月22日，她写下了给鲁迅的献词：

鲁迅夫子：

悲哀的雾团笼罩了一切。

我们对你的死，有什么话说！

你曾对我说：

"我好象一只牛，

吃的是草，

挤出的是牛奶，血。"

你"不晓得什么是休息，

什么是娱乐。"

死的前一日还在执笔。

如今……

希望我们大众锲而不舍。

跟着你的足迹！

鲁迅去世后，许广平常应邀写各种回忆文字，她说，"我所认识的鲁迅先生，只不过占其全生涯的五分之一强，比较起许多他的老朋友，还是知道得不算多，写起来未必能周到。不过承好些朋友的督促，以为研究这时代的中国思想者，就是一饮一食，也可资参考的。为了义不容辞的责任，就拿起笔来了。"每每回忆起与鲁迅的点滴，"时常眼睛被水蒸气蒙住了，以致搁起笔来"。

1968年3月3日，许广平在北京逝世。又一段民国奇缘画上了完美的句号。

在这个故事中，唯一的受害人是朱安。她每天坐在深宅大院中等着丈夫归来，一等就是近二十年。等到50岁，头发花白了，等来的却是鲁迅与许广平在上海的结婚照。朱安彻底绝望了，她说，"我好比一只蜗牛，从墙底一点点往上爬，爬得虽慢，总有一天会爬到墙顶的。可是现在我没办法了，我没力气爬了，我待他再好也没用。"她是没有错的，只是长得不漂亮，又小脚，没文化，于是，尽管她贤良孝顺，也是没有资格做他的女人的。

鲁迅的保全朱安，许广平的胸怀宽广，令人敬佩，他们甚至是开创了一种新的两性相处模式：既坚守爱情，也尊重婚姻。他们以一种前驱的姿态，矗立在二十世纪的婚恋舞台上，这种探索，对于当代两性的相处，都可谓颇具启发意义。

当然，这里所说的启发并不是鼓励这种三人婚恋的模式。毕竟，现代女性已经没有朱安式的顾虑了。鲁迅和许广平、朱安三人所带来的启发是，当我们在追求爱情的时候，不应该忘记责任。

突崛的奇葩：江冬秀与胡适

胡家和江家都是大户人家，相隔不远，胡家在安徽的绩溪，江家在邻县旌德。胡适三岁零八个月时父亲病故，年仅 23 岁的母亲冯顺弟将全家的希望寄托在胡适的身上，她希望儿子能以他爹为榜样，走仕途之路。胡适 13 岁时，随同父异母的哥哥到上海读书，临行前，他的母亲为他订了婚，未婚妻就是江家的小脚千金江冬秀。订婚时胡适还是一个孩子，又深受封建传统文化的影响，虽然对这桩婚事有些不大愿意，但也没有提出异议。江冬秀比胡适大一岁，是一位典型的"无才有德"的小脚女人，既不识字也未读过书。订婚后，懂事的江冬秀常常到胡家，帮助胡母操持家务，深得胡母喜欢。

胡适 17 岁那年，江胡两家催促胡适从上海回家完婚。这个时候的胡适已经接受了新思想的影响，对包办婚姻有了想法，再说他还想先干一番事业，于是，他以学业未就、难以成家立业为由把婚事拖了下来。1901 年 9 月，胡适考取了庚子赔款留学生，进入美国康奈尔大学学习农科，婚事就继续拖了下去。

在美国学习的七年里，胡适受到西方文化的熏陶，不禁生出丢开家乡那位小脚女人，找一位才貌双全、志同道合的知识女士比翼双飞的打算。这个愿望最终实现了，他有了一位红颜知己——康奈尔大学教授亨利·韦莲司的女儿韦莲司小姐。胡适在国外谈情说爱的消息传到国内，胡母立即托人写信，反复叮嘱他"男女交际尤须留心"。目的很明显，就是给他打预防针，防止他悔婚。胡适不敢违母命，但也做了点补救的努力。他提出要江冬秀放开小脚，读书识字。江家也担心发生变故，遂请塾师教江冬秀读书识字。后来江冬秀能亲自给胡适写信了，尽管错别字连篇，但毕竟不用他人代劳了。

1917 年秋天，26 岁的胡适学成归国，被北大校长蔡元培聘为北大国文教授。他竭力提倡白话文、自由诗，鼓吹文学革命，热情赞扬自由恋爱，是领袖级的人物。但他自己却信守早年的婚约，于当年 12 月与江冬秀结婚。算起来，从订婚到结婚，江冬秀等了 13 年。比起老式婚礼，他的婚礼多了主婚人、证婚人和伴娘、伴郎等新内容。

婚礼办得很热闹，胡适表现得心满意足，但他私下里却说，结婚是为了迁就母亲。他在给友人的一封信中说："吾之就此婚事，全为吾母起见，故从不曾挑剔为难。（若不为此，吾决不就此婚，此意但可为足下道，不足为外人言也）今既婚矣，吾力求迁就，以博吾母欢心。吾之所以极力表示闺房之爱者，亦正欲令吾母欢喜耳。"看来，胡适撰写文章抨击封建的包办婚姻，呼吁女性解放，带点以他人的酒杯浇自己的块垒的味道。

要说胡适个人在婚姻上的牺牲，全是因为不忍顶撞多年守寡养育自己的慈母，也不尽然。因为，就在他与江冬秀结婚的第二年，胡母便谢世了，这时他完全可以解除与江冬秀的婚姻关系。然而这桩婚姻并没有随胡母的去世而解体，反而伴随胡适一生。这就不是孝道可以解释的了。

这其中大概有三个原因：一是胡适性格随和，甚至有些柔弱，虽然他提倡自由恋爱，男女平等，反对封建礼教，但是他只是企图以教育、宣传、启蒙来改造社会，自己却没有坚决的行动。二是因为江冬秀从订婚的那一天起一直默默为胡适守婚约，等待了十几年，婚后，江冬秀对胡适和孩子也是一心一意，这让胡适不忍退婚。第三个原因，也是最重要的原因，那就是，江冬秀虽然大字不识几个，但处理夫妻关系却很有一套，让胡适不敢离婚。

胡适才貌双全，声名卓著，所以女人缘不断，明恋暗恋不少。对于这样一个胡适，江冬秀并没有过激的行为，平时都采取放羊的策略。但是她有底线，那就是，心可以出去放风，但身一定要回家——这是对她正牌夫人地位的确保。否则，她就要发威了。

1923 年，这样的人物终于出现了。

这一年 4 月，胡适到上海参加会议，休会期间到杭州游玩，顺便看望在杭州读书的小表妹曹诚英。曹诚英是胡适三嫂的妹妹，比胡适小 11 岁。胡适很喜欢这个小表妹，他与江冬秀成亲时，曹诚英是伴娘之一。这次见面时，曹诚英年方 21 岁，刚刚离婚，正是女人最有韵味的年纪。

这次胡适在杭州玩了五天，曹诚英始终陪伴左右，几天下来，他们的感情发生了质的变化。临别时，胡适写了首《西湖》，在诗的最后一节写道：

前天，伊却未免太绚烂了！

我们只好在船篷阴处偷觑着，

不敢正眼看伊了。

会议结束后，胡适回到北京。然后，很快又利用北大教授五年一次的休假，再度来到杭州，借住在友人金复三居士在南山烟霞洞清修寺的房子里。这期间，曹诚英频频造访。放暑假后，曹诚英索性以陪伴胡适养病为名，搬来住在胡适隔壁。山风明月，二人相携着听风、读画、吟诗。在这场恋爱里，胡适享受到的，是在与江冬秀婚姻中找寻不到的文艺气质。三个月后，胡适回北京教课。

这个时候，胡适或许没想过要离婚。三个月的恋爱，对他来说，好比是婚姻生活中的味精，调味而已，随后或许就如水过沙地，了无痕迹。不料，徐志摩向江冬秀泄露了"烟霞门"事件。于是，胡适顺势提出离婚。如果离婚，江冬秀将失去一切，她不能不孤注一掷了。她一手拿着菜刀，一手扯过儿子，声泪俱下，声称你胡适如果离婚，我就先杀了两个儿子再自杀。

一哭二闹三上吊，江冬秀使出旧式女人常用的反抗手段，把习惯说理的胡适震懵了。一把菜刀闹革命，江冬秀凭借一把刀，彻底宣判了曹诚英的出局。曹诚英做出与当年的韦莲司小姐同样的决定，从此再未嫁人。后来的数十年间，胡适虽然从没间断与曹诚英的关系，但是，他不敢再提离婚之事。

婚恋的战场，从来都是你死我活，不成功便成仁。"菜刀门"一役无疑是确定胡、江地位的决定性一役。如果说之前，江冬秀还因为学识不足而有些自卑的话，从这个时候起，她彻底扭转了乾坤，成了婚姻生活中的王者。以后，胡适对她，只能以柔克刚，凡事只有嘀咕几句的份儿。

胡适有一次戏言，古时候的女子要三从四德，现在的男人也有"三从四得"：太太出门要跟从，太太命令要服从，太太说错了要盲从，太太化妆要等得，太太生日要记得，太太打骂要忍得，太太花钱要舍得。这或许是菜刀门以后，他家里的新规则。

有意思的是，胡适很快适应了这场包办婚姻，两人共同生活了45年，相安无事，并且越过越和睦。江冬秀对胡适埋头做学问，不懂也不以为然，她的爱好是搓麻将。胡适为了成全爱妻，退避三舍，自觉跑到图书馆找清净。在台北，他甚至为江冬秀专设麻将室，帮她成就一个终身癖好。

江冬秀以臃肿的体态，跟着胡适走遍大洋两岸，跟海内外名流共持酒杯，说着互相听不懂的话，场面不可谓不奇崛。而她一路把麻将从北京搓到上海，从上海带到纽约，之后再转战台北，也算是奇景一道。

回过头来分析，江冬秀能够在婚姻上功德圆满，凭借的当然不是耍蛮，而是一种天生天养的气质。

胡适和江冬秀因为学识差距甚大，所以他在婚姻之初没有对精神交流抱太多期待。没有期待，才有意外。婚后，江冬秀给了胡适超出预期的惊喜。这种惊喜首先建立在扎实的物质生活基础上。江冬秀是个出色的家庭妇女，她照顾胡适的身体，保护胡适的物品。日久生情，胡适难免对她生出一丝切实的好感。另外，在此类好感之外，她还会让胡适感到一些意外的感动和惊喜。

江冬秀识字不多，给胡适写信时，错字连篇，但遣词造句生朴可爱，直抵人心。胡适生病时，她关怀地写道："你前两星期给我的信，你说十三四大概可以动生（身），你叶（叫）我不必写信把你，故我就没有写信把你，但是你到今天也没有回京，也没有写信把我，叶（叫）我这四天心里着急得不得了。还是你又发病了，还是有另（外）的缘故？我日晚挂念和着急。你这一次离京，我没有一天心里不发愁，加只（之）你叶（叫）我盼望和着急，这是怎样说发（法）呢？高先生说你到上海再不能住了，说你这一尚（向）又没有一（以）前的身体好了。我今天听他说你今天不狠（很）好，我心里好比刀割一样。无论如何，我求你见我的信就赶快回京为要。我病了三天了……"

胡适要去当官，她劝解道："你现在好比他们叫你进虎口，就要说假话，他们就爱这一套。你在大会上说老实话，你就是坏人了。我劝你早日下台罢，免受他们这一班没有信用的加你的罪，何苦呢？……你看了我这封信，又要怪我瞎听来的，望你不要见怪我吧。我对与（于）你，至少没有骗过你呀。"

文字虽然生疏，却表达了她对丈夫的赤诚之心。对于见惯了文人式酸腐的胡适来说，江冬秀是另一个精彩的世界。就好比吃惯了大餐的人，忽然偶尔吃一顿青菜豆腐，虽然俗点，但也别有一番味道。再说，以胡适的地位、名望，不乏精神上的蓝颜、红颜知己，相比较而言，江冬秀这样的枕边人倒是难得。外面彩旗飘飘，家里红旗不倒，中庸的胡适倒是过上了现代粗俗男人梦寐以求的生活。

在那个新旧交替的时代，有多少裹着小脚的旧式女人被丈夫抛弃，成了悲剧，最好的也不过是像鲁迅对朱安，不抛弃却放弃。可江冬秀偏偏是个异数。她能够从悲剧中突围出来，起初多少有些运气的成分。假如她遇到的不是温和的胡适而是个性鲜明的鲁迅，结果肯定不是后来的样子。但是这不是关键。江冬秀后来的飞升里，有太多个人的努力。她以婚姻为自己的事业，全身心经营，怎能不成功？

于胡适来说，他与江冬秀的婚姻当然算不上幸福，但也谈不上痛苦。对于见惯了知识女性的胡适来说，江冬秀有一种区别于知识女性的味道，就算有些粗俗，却是另一种难得的风景。

胡、江的婚姻实际是大多数人过的生活：平庸，但也过得去。起初或许有些不满，但过着过着也就习惯了。何况，他们从中各取所需了呢？

风雨茅庐几多情：王映霞与郁达夫

郁达夫与王映霞的爱情纠葛曾经轰动一时，被认为是现代文学史上最著名的情事之一。

郁达夫原名郁文，字达夫，乳名阿凤，1896 年 12 月 7 日出生在浙江富阳一个知识分子家庭。他 3 岁丧父，体弱多病，性格忧郁而落寞。郁达夫是个神童，9 岁就能赋诗，25 岁时与郭沫若、成仿吾等人创立创造社，并以小说《沉沦》惊闻于世。

郁达夫与徐志摩是中学同学，两人在经历和性格上也颇多相似之处。17 岁时，郁达夫赴日求学。当时日本盛行西风，两性观念比较开放，郁达夫很欣赏日本女性，留日期间曾追逐过好几位日本少女，并且以真诚和才华博得了她们"一往情深"的回报，但倒霉的是，所有的恋情都以失败而告终。不懈的追求和连番的失败深深刺痛了郁达夫年轻、脆弱的心，他经常喝得大醉，跑到青楼去寻求刺激和发泄，并自我解嘲说："索性沉到底罢！不入地狱，哪见佛性，人生原是一个复杂的迷宫。"

1922 年左右，郁达夫回到国内，在家人安排下与同乡孙荃举行了婚礼。孙荃出生于书香世家，知书达理，能诗善文，又出落得美丽动人，在当地名气很大。郁达夫对女性美的标准有三条：一是外貌，二是品德，三是才华。孙荃三者皆备，所以虽然是包办婚姻，但郁达夫并不讨厌，而且还很欣赏孙荃。郁达夫对孙荃超群不凡的学识和风流谈吐赞叹不已，他在日记中称赞道："薄暮陈某来，交予密信一封，孙氏手笔也。文字清闲，已知压倒前清老秀才多矣。"可惜这样的女子，他并不珍惜。婚后，郁达夫不断曝出婚外恋。其中最轰动的有三次：一是与安庆妓女海棠的荒唐恋情，二是在北京与银娣的交往，三是抛妻离子，苦追杭州名花王映霞。

一般来说，有名的文人多多少少都有点怪异之处，郁达夫也不例外，甚至有些怪僻。与安庆妓女海棠的荒唐恋情就是最好的例子。

海棠是郁达夫婚后，携孙荃到安庆法政专门学校任教时认识的。海棠的长相极其丑陋，按郁达夫的描述，海棠年方二十二三岁，身材矮小，额角广而低作青灰色，头发稀少，眼睛鲁钝下挂，嘴狭长，相貌好似猿猴。话说，别人狎妓都找有些姿色的，若做红颜知己还需要才艺俱佳，而郁达夫为什么偏偏欣赏这样一位人物呢？郁达夫自己解释说，他爱海棠并不仅仅是为了性欲，而是有意填平人世间的不平——人家不愿意要的，他偏要；人家不喜欢的，他故意奉如至宝。以如此匪夷所思的方式与世俗为敌，郁达夫真不是一般的怪。

1921 年，郁达夫为参加东京大学的毕业考试离开安庆。此后，他与孙荃时分时合，在家和妓院之间徘徊，放荡不羁，荒唐沉沦。直到邂逅王映霞之后，他动了真情，并将她视为自己灵与肉"全都救度"的女神。

1927 年 1 月 14 日，新年伊始，31 岁的郁达夫穿着孙荃从北京寄来的新皮袍，前去拜访住在上海马当路尚贤坊 40 号的老朋友孙百刚，在这里，他见到年方 20 岁的小学教师王映霞。

王映霞本来姓金，12 岁时，父亲去世。由于她的母亲是家中的独养女儿，所以王映霞的外祖父王二南将王映霞带在身边，改姓王，名旭，字映霞。王二南是杭州名士，王映霞自小受他的熏陶，古典诗词样样拿手，加之又生得貌美如花，位列"杭州三美"之一。

孙百刚在回忆文章中描写了王映霞那天的穿着："一件大花纹的鲜艳旗袍，身材丰满均匀，像一朵濯出晨光中的莲花，娇艳中具有清新之气。"郁达夫对王映霞一见倾心，他在当天的日记中写道："遇见了杭州的王映霞女士，我的心又被她搅乱了……南风大，天气却温和，月明风暖，我真想煞了霞君。"

郁达夫当下坠入情网不可自拔，对王映霞展开狂热、真挚而执著的追求。对于郁达夫的疯狂追求，王映霞的表现很冷静。她不能不顾忌郁达夫有妇之夫的身份，更何况，她自己也有婚约在身。于是，王映霞断然拒绝了他。

郁达夫认定了王映霞，而且很有信心说服她。他开始展开密集的情书轰炸，前后总计写了两百多封信。这个时候，他的文字功底显出了无穷的威力。他在信中说："我也不愿意打散这件喜事。可是王女士，人生只有一次婚姻，结婚与情爱，有微妙的关系，但你须想想当你结婚年余之后，就不得不日日作家庭的主妇，或拖了小孩……你情愿做家庭的奴隶吗？还是情愿做一个自由的女王？你的生活尽可以独立，你的自由，绝不应该就这样的轻轻放弃……"

郁达夫的这封信显然有多处破绽，比如，他说人生只有一次婚姻，而他想和王映霞在一起，不就意味着有第二次婚姻？如果结婚就是做家庭的奴隶，那么，王映霞嫁给他不也一样会沦为奴隶？但王映霞相信了这些善意的假话。而后他离婚，她投入他的怀抱，并且很快发展到结婚。1928 年 4 月，郁、王在上海举行了婚礼，才子佳人的结合在文坛上一时传成佳话，诗人柳亚子称他们为"富春江上的神仙侣"。王映霞对婚后的生活是满意的，她甚至还在自传里写："每月开支为银洋 200 元，折合白米二十多石，可说是中等以上家庭了。……我家比鲁迅家吃得好。"

然而，这场轰轰烈烈的爱情并没有经得起时间的打磨。由于年龄、性格等诸多方面的原因，他们之间还是渐生罅隙，最终迎来了情变。

王映霞在后来的自传中回忆说，她自己性格爽直豪放，但是跟郁达夫生活在一起的时候很少笑过，精神很压抑。郁达夫喜欢喝酒，常常喝醉，有时就醉在朋友家，醉在马路上。看他喝酒太厉害，王映霞劝他少喝一点。郁达夫一言不发地负气出去，当晚醉卧在十六铺码头上，钱、手表都被偷了，只剩下一张到宁波的船票。他只好住在宁波青年会里，打电报让王映霞汇一百块钱去。家里没有钱，王映霞将她母亲给的首饰卖了，然后亲自把钱送到宁波。郁达夫很高兴，带着王映霞一起游普陀。许多朋友不知原委，只知道郁达夫偕王映霞同游普陀，都称赞他们是美满幸福的一对。

尽管性格上有差异，但总体来说，他们的生活是幸福的。郁达夫很照顾王映霞，王映霞对郁达夫在生活上很照顾，有一次郁达夫在上海生病，王映霞变着法儿做好吃的。后来郁达夫在《毁家诗纪》中的一首中提到这段经历："频烧绛蜡迟宵柝，细煮龙涎浣宿熏。佳话颇传王逸少，豪情不减李香君。"只不过，此诗后面还有两句："而今劳燕临岐路，肠断江东日暮云。"当年美好的事情变作后来攻击王映霞的材料，这也是王映霞最不能原谅郁达夫的地方，最终导致婚变。

1933 年 4 月 25 日，郁达夫带着王映霞和三个子女，举家从上海迁回杭州。在这里他们花费近一年的时间建造了"风雨茅庐"，房子造好后，界石立的是王映霞的名字：王旭界。这座房子几乎用尽了他们的全部积蓄，名字是郁达夫起的，他希望这里是避难的"世外桃源"。然而，生性开朗且身为"杭州三美"之一的王映霞，凭借自己的美貌和优雅谈吐，很快成为杭州上流社交圈里的明星，所以，郁达夫意想中的"世外桃源"变成了社会名流与政界要员交际往来的热闹场所，包括戴笠以及浙江省教育厅长许绍棣在内的人都是座上宾。

郁达夫是个作家，对于他来说，安静写作是基本固守，推杯换盏的交际让他烦躁不安、无所适从。此外，据王映霞说，他们婚后过得很愉快，但郁达夫不喜欢王映霞读书，不让她出门，最好别人也不要朝王映霞看，王映霞也不要看人家。现如今，家里变成一个热闹的社交场所，而王映霞成为众人的焦点，这是郁达夫所不能忍受的。何况，他也不愿意与戴笠这样的人物交往。于是，他起了南下的念头。这个时刻在日后被他认定为王映霞"毁家"的起始。

1936年2月，郁达夫应福建省主席陈仪之邀，撇下王映霞和她的母亲以及三个孩子，独自南下任省政府参议去了。郁达夫的突然离开或许有他的理由，但王映霞一无所知，觉得莫名其妙。1937年，七七事变爆发，战火连绵，丈夫远在异乡，王映霞带着老母弱子四处逃难，最后与郁达夫在武汉团圆。

王映霞在与郁达夫分离期间，与浙江省教育厅长许绍棣来往比较多，引来一些议论。而另据郁达夫的好友、著名诗人汪静之说，郁、王离婚的主要原因是王映霞与戴笠关系暧昧。总之，不论真实情况如何，可以肯定的是，这件事产生了极为恶劣的后果。

1938年7月，在数次大吵之后，王映霞离家出走。郁达夫找不到王映霞，便回到家里喝闷酒，无意之中发现许绍棣写来的三封信，误以为是情书，也不做仔细分析，立即气急败坏地在王映霞的一件旗袍上写下"下堂妾王映霞改嫁之遗物"几个大字。这还不算，他又轻率地在《大公报》上登了一篇极具侮辱性的"寻人启事"。启事中写道："王映霞女士鉴：乱世男女离合，本属寻常，汝与某君之关系，及搬去细软衣饰、现银款项、契据等，都不成问题，惟汝母及小孩等想念甚殷，乞告一地址。郁达夫启。"

王映霞并没有走远，只是暂住在朋友家。本来这件事冷处理几天就过去了，没想到郁达夫来这么一招，让王映霞无法下台。事后，两人虽经朋友努力撮合勉强复合，郁达夫在《大公报》上公开致歉，但彼此心中，特别是王映霞心中留下了无法弥补的裂痕。关于这次事件，王映霞后来在《半生自述》中分析说："这是我十年来第一次突然行动，他着慌，失去了理智。"

不久，郁达夫和王映霞下南洋去了新加坡，两人感情上的裂痕越来越深，终至反目。导火索是郁达夫在香港《大风》旬刊上发表的《毁家诗纪》。郁达夫在这组诗中自曝家丑，包括指责王映霞红杏出墙。《毁家诗纪》引起轩然大波，也的确起到了毁家的作用。王映霞知道此事后，立即以《一封长信的开始》和《请看事实》相回应，对郁达夫进行了批判，同样寄给《大风》主编。两人针锋相对，互不相让。在报纸的推波助澜下，他们的婚姻终于走向破裂。1940年8月，王映霞离开新加坡只身回国。随后，郁达夫和王映霞分别在新加坡、香港和重庆三地刊出离婚启事。这对当年的"神仙侣"终于分道扬镳了。至此，他们一起走过了12年悲欢交集的日子。

王映霞毕竟是郁达夫在最好的年龄深爱的人，她走后，郁达夫非常懊悔，他在诗中写道：

纵无七子为哀死，犹有三春各恋辉。

愁听灯前谈笑语，阿娘真个几时归？

文字还是非常动人，只是这次阿娘是铁了心永远不归了！王映霞知道郁达夫对自己的好，可是却受不了好的方式。正如郭沫若在《论郁达夫》中说："达夫始终是挚爱着映霞的，但他不知怎的，一举动起来便不免不顾前后，弄得王映霞十分难堪……达夫把他们的纠纷做了一些诗词（指《毁家诗纪》）发表在香港的某杂志上，……那一些诗词可以称为绝唱，但我们设身处地替王映霞女士作想，那实在是令人难堪的事。自我暴露在达夫仿佛成了一种病态了。别人是'家丑不可外扬'，而他偏偏要外扬，说不定还要发挥他的文学的想象力，构造出一些莫须有的《家丑》。公平地说，他实在是超越了限度。暴露自己是可以的，为什么要暴露自己的夫人？这夫人假使是旧式的无知的女性，或许可无问题。然而不是，故所以他的问题弄得不可收拾了。"

王映霞离婚时已经34岁，她不愿以"郁达夫弃妇"的形象示众，所以努力打扮自己，还是很美。恢复自由身后，她在交际场上左右逢源，出尽风头。因为与戴笠关系极好，没人敢招惹她。离婚后的王映霞像是回到一个自由王国，完全做了自己的主人。1942年，由国民政府外交元老王正廷做媒，撮合自己的得意门生钟贤道和王映霞成婚。新郎钟贤道是江苏常州人，当时任职于重庆华中航业局，拥有不错的地位与权力。两人的婚礼非常盛大，贺客如云，震动了整个山城。婚后，钟贤道对王映霞非常体贴，这让经历了太多感情波折的王映霞感到了前所未有的安全感。

对于生命中的两个男人，王映霞晚年在自传中作了一个比较中肯的评价："如果没有前一个他（郁达夫），也许没有人知道我的名字，没有人会对我的生活感兴趣；如果没有后一个他（钟贤道），我的后半生也许仍漂泊不定。历史长河的流逝，淌平了我心头的爱和恨，留下的只是深深的怀念。"1999年2月6日，王映霞在上海去世。终年92岁。

回头再说郁达夫。离婚后，他在文学创作的同时，一直积极参加各种抗日组织。1938年底，他和王映霞去新加坡就是应邀前去办报并从事宣传抗日救国。1942年，日军进逼新加坡，郁达夫化名赵廉，和胡愈之等人撤退至印尼的苏门答腊，因精通日语被迫做过日军翻译。做翻译期间，他利用职务之便暗中救助、保护了大量文化界难友、爱国侨领和当地居民。1945年8月，日本宣布无条件投降后，他在苏门答腊失踪，年仅49岁。胡愈之推测他是被日本宪兵杀害，后来有日本学者提出他是被日本宪兵掐死在森林里的观点。因为没有确凿的证据，他的死因至今仍是个谜。

郁达夫在印尼时，娶了一位华侨少女为妻。对于他来说，王映霞耗去他大半的情感，离婚时他已过中年，很难再有超过当年的激情。

郁达夫自始至终都爱王映霞，王映霞晚年还能清晰地背出郁达夫为自己写的诗。他们一直互相爱着对方，但王映霞说，她爱不了他爱的方式。

在两人的情感纠葛中，郁达夫无疑是情节的引导者。性格决定命运，这或许是对郁达夫的情感悲剧最好的解释。郁达夫显得不擅长为人处世，性格也颇有歇斯底里的倾向。这一点，在他处理与王映霞的婚姻关系时表露无遗。他的儿子郁飞如此认识父亲：拥有明显优缺点，爱国，对朋友热心，但做人处世过于冲动，把家庭生活搞得不愉快，不是什么圣人，只是一名文人。

陪你写爱：孟小冬与杜月笙

杜月笙，人称杜老板，是20世纪上半叶上海滩的传奇人物，有上海皇帝之称。杜月笙的身上有多种品质共存。他是上海滩最大的黑帮——青帮老大，心狠手辣，杀人如麻，处事却又文质彬彬；他为虎作伥，却又有着鲜明的爱国心；他狡猾、奸诈，却又很讲义气；他出身于贫民窟，没上过学，却是涉足娱乐、文化、教育、金融、新闻各业的财富大亨。独特的气质让他轻松地出入于红黑两道，游刃于商界、政界，堪称乱世枭雄。

英雄爱美女，杜月笙也不例外。中国历史上第一场选美大赛的主办者就是杜月笙。这场选美轰动一时，所获的4亿法币全部捐助给遭受灾难的苏北平原。当然，杜月笙对自己也不亏待，他明媒正娶的太太有五位，个个才貌双全。其中，五太太就是孟小冬。

孟小冬，祖籍山东济南，1907年生于上海，祖父孟七（本名孟福保，又名孟长七），父亲孟鸿荣（人称小孟七）都是京剧名家。孟小冬本人也是公认的20世纪最杰出的余派老生传人，有"梨园冬皇"的美誉。她同时还是杜月笙的四太太姚玉兰的师姐。

孟小冬的第一任丈夫是梅兰芳。梅兰芳是当时最红的旦角，以男儿之身扮女装；而孟小冬是生角，以女儿之身扮男人。有好事者促成他们合作演出了《四郎探母》、《游龙戏凤》，两人由戏生情，因情入戏，并且最终谈婚论嫁。孟小冬的师父仇月祥极力反对这桩婚事，他认为孟小冬资质甚高，20岁就放弃舞台太可惜了。可是，多年的师徒情分，终究抵不过男女之情。1927年，梅、孟成婚。

当时梅兰芳已有两房太太，发妻王明华，是名武生王毓楼的妹妹、名老生王少楼的姑母，精明能干，与梅兰芳感情甚笃；二夫人福芝芳也是唱戏的出身。王明华婚后生了一对儿女，为了不影响梅兰芳的事业，她做了绝育手术，不想儿女双双夭折，为了梅家传宗接代，娶进了福芝芳。福氏入门前，梅兰芳承诺两房齐大，地位不相上下。王明华知道福芝芳对梅家的意义，因此三人相处得很好。

梅兰芳对孟小冬也是承诺两房同大，有福芝芳做榜样，孟小冬相信了。可是，梅兰芳娶孟小冬时，并没有明媒正娶，不但没有花轿，没有迎亲，就连新房也是设在朋友的宅中。实际上，他俩从恋爱到结婚，一直是避人耳目、神神秘秘的。

既然是秘密结婚，孟小冬就不能公开以梅夫人的身份露面，也不能公开登台唱戏。梅兰芳的伯母去世时，孟小冬连回去戴孝的资格都没有。

孟小冬不得不悲哀地承认，自己是不被梅家承认的"小"，心中的落寞可想而知。加上 1927 年时，一位孟小冬的仰慕者持枪冲进梅家开枪伤人，此事虽与孟小冬无关，但不可避免地给梅孟关系蒙上了阴影。1931 年 7 月，同居四年之后，孟小冬离开了梅兰芳。

有资料说，两人分手时，孟小冬欲与梅兰芳对簿公堂，讨个说法。后来经师姐姚玉兰劝阻才打消了念头。姚玉兰当时已是杜月笙的四姨太，她认为打官司不但费时费力，而且对孟、梅均不利。她提议让杜月笙出面调停，私下了结。调停的结果是，梅兰芳付给孟小冬四万块钱作为赡养费。还有一种说法是，梅兰芳是主动给孟小冬钱的。不管怎么说，给钱是事实。两个人的一段真情，最后以四万块钱做了了结，不免有些可悲。

这应该是孟小冬与杜月笙第一次近距离接触。

孟小冬收了钱，却似乎并不领情。1933 年 9 月 5、6、7 日，孟小冬在天津《大公报》头版连登三天"孟小冬紧要启事"。启事称，近年来有人对自己"蜚语流传，诽谤横生"，为使社会"明了真相"，她在启事中简略陈述了自己的身世。其中不可避免地提到了与梅兰芳的经历，并且指责梅兰芳出尔反尔，没有给她名分。孟小冬认为梅兰芳"负"了她，在启事中的言语就有些不逊。

其实，这事也怪不得梅兰芳。民国的法律虽然不禁止男人纳妾，但禁止另外娶妻，否则就构成重婚。所以，从法律上说，她只能是妾，而不可能是妻。

梅兰芳当时名气、地位都如日中天，他是一位爱惜羽毛的人，也一直努力做一个有情有义的人，如今却被曾经深爱的人公开骂作"毫无情义可言"，让他尴尬万分。不过，他什么也没有说。但是，这个"启事"彻底斩断了梅孟之情。此后，二人虽然曾多次出现在同样的场合，但总是有意无意中失之交臂，直至终老。

有人说，梅兰芳开启了孟小冬的悲剧人生；也有人说，孟小冬使梅兰芳的清白人生留下了一块阴影。反倒是当事人绝少提起自己的感受，只是多年后，孟小冬常将一句话挂在嘴边："只是一切都过去了"，透露出无尽的唏嘘。

孟小冬与梅兰芳的感情结束后，重新开始登台演出。1937 年 5 月，孟小冬南下上海，应邀参加黄金大戏院搬迁后的开幕典礼。此次上海之行，是孟小冬人生的一次重大转折——她成了杜月笙的女人。促成此事的，依然是姚玉兰。

当时姚玉兰的处境非常尴尬。杜月笙的前几房太太都是苏州人，齐心协力地抵制姚玉兰。姚玉兰长期孤立无援，心情很郁闷。她知道杜月笙对孟小冬一直有好感，于是决定把这个好姐妹拉进自己的阵营，共同对抗那几个女人。在姚玉兰的牵线搭桥下，孟小冬与杜月笙同居了。

许多人对孟小冬的选择表示了巨大的不解和遗憾。她当初毅然决然地和梅兰芳分手是因为不能容忍"妾"的身份，如今却跟有四房姨太太的杜月笙牵扯在一起，而且连个妾都不是。她图的是什么呢？或许出于感激和孤独。

杜月笙与孟小冬的渊源由来已久。杜是个京剧票友，早在孟小冬刚出道时，就对她一往情深。孟小冬嫁给梅兰芳后，他只好放弃奢望。孟小冬与梅兰芳婚变后，是杜月笙出面调解才免于对簿公堂。当年，孟小冬登报指责梅兰芳，杜月笙闻讯后，对来上海演出的梅兰芳处处为难，先是给上海各报馆打招呼，不准报道梅兰芳演出的消息，接着又在梅兰芳演出时派人去起哄捣乱，弄得梅兰芳演出受挫，甚至连返回北平的路费都凑不齐，只得典当行头才得以离开。这些事是孟小冬后来听说的，杜的手段虽然不光明正大，却让孟小冬感动。

作为一个女人，孟小冬需要一个依靠，而杜月笙对自己不错，于是，她就成了杜月笙的情人。至于名分，或许已经不那么渴求了。这个时候的孟小冬已不是昔日那个性格刚烈、眼里容不得沙子的小女人。多年的风霜让她少了戾气，多了隐忍和对世故的认识。

孟小冬进门后，杜月笙对她呵护有加，钟爱无比。孟小冬过了几年柔情蜜意的幸福生活，以至于一度引起好姐妹姚玉兰的妒忌。1949 年，上海形势吃紧，杜月笙携家眷来到香港。次年又决定移居法国。这一天，杜月笙当着家人的面，掐指计算需要多少张护照。当他计算到孟小冬时，她淡淡地说了句："我跟了去，算什么呀？"一句话提醒了杜月笙，当天晚上，63 岁的杜月笙就与 42 岁的孟小冬举行了婚礼。"梨园冬皇"孟小冬终于有了"名分"，正式做了大亨杜月笙的第五房夫人。

杜月笙晚年身体一直不好，孟小冬在旁精心侍候。离开了昔日轰轰烈烈的生活，他们的生活中充满了祥和温馨。

移居法国后的第二年，杜月笙病逝，孟小冬带着分得的两万美元遗产回到香港，授业以度余生。1967 年，她移居台湾，1977 年病逝，遗骨埋葬于她生前自己挑选的山佳佛教公墓。孟小冬一生未育，杜月笙的儿子大律师杜维藩以"继妣"为她发布讣闻，"妣"是指死去的母亲。孟小冬的墓碑上书：杜母孟太夫人墓——张大千敬题。

一代色艺双绝的坤伶，一个倔强而又聪颖的女子，最终逃不过薄命的定数，两度为妾，委屈半生，在寂寥中度过最后的黄昏。

孟小冬的隐忍，杜月笙的有情，堪称佳话。假如起初有感激、胁迫的成分，那么，而后他们能够相伴终老，就不仅仅只是感激了。爱情这个东西，只有当事人清楚，是不可以用世俗的标准来评判的。

爱恨情仇：胡蝶、潘有声和戴笠

胡蝶是 20 世纪 30 年代，上海滩红极一时的电影明星，横跨默片和有声电影时代，与阮玲玉并称电影界"双姝"。她是中国电影史上第一位票选出来的"电影皇后"，后来几度登上"电影皇后"的宝座。她还是广告界的宠儿，老上海的肥皂、香烟等广告牌上常常有她的倩影，她脸上那对招牌式的酒窝，是美女的重要标志，她的穿着打扮也是大众模仿的对象。

胡蝶的祖籍是广东鹤山，1908 年 2 月 21 日生于上海，也成名于上海。胡蝶本名叫宝娟，胡蝶是她从影后改的艺名。胡蝶生长的年代正值中国电影蓬勃发展的时期，上海又是中国电影业的中心，像所有怀揣明星梦的孩子一样，胡蝶也被电影业深深吸引。作为家中独女，胡蝶的父母盼望她能求学深造，但她却一心投入了电影行业。16 岁时，她参演了张石川导演的《孤儿救助记》，随后又投考了由顾肯夫等人创办的中国第一家电影学校——上海中华电影学校，成为首届训练班学员。次年，她又参演了电影《战功》，随即开始了近半个世纪的电影生涯。凭借出众的外形、聪明灵巧的天赋以及后天的勤奋努力，胡蝶很快在国内影坛走红。1933 年上海《明星日报》发起选举电影皇后活动，胡蝶高票当选，远超同时参选的当红明星阮玲玉和陈玉梅。

胡蝶的初恋是电影演员林雪怀，两人因电影而生情，并于 1927 年 3 月举行了隆重的订婚仪式。但是，这段甜蜜的初恋很快变质。林雪怀因为影坛受挫和经商失败的打击，沉迷于醉生梦死的放荡生活中，失望的胡蝶一纸诉状递到上海地方法院，解除了两人的婚约。这段婚姻还不到一年。从这件事就可以看出，胡蝶是一个非常有主见的女孩子，她知道自己想要什么，不想要什么。

在"胡蝶解约案"进行时期，商人出身的潘有声闯入胡蝶的生活。潘有声的宽容、体贴、沉稳与林雪怀的神经质形成鲜明的对比，让胡蝶得到渴望的温暖与安全。两人相恋四年后，于 1935 年底在上海成婚。幸福的生活让胡蝶萌生息影的念头，此后的一年中，她只拍了两部电影。

1937 年，抗日战争爆发。当年 11 月，上海失守，胡蝶所属的明星公司总厂被日军占领，明星公司不复存在。此时，潘有声已在香港发展生意，胡蝶随即携家人前往。香港当时是英国殖民地，还没有卷入战火，胡蝶一家的日子过得有滋有味。

命运的改变是从胡蝶的 30 箱珠宝丢失开始的。

1941 年 12 月 8 日，太平洋战争爆发，美英对日本宣战，香港不再是避风港。12 月 25 日，日军占领香港，一方面对百姓行凶，另一方面又对在港的文化界知名人士施以怀柔政策，对他们进行拉拢利诱，企图为宣扬"中日亲善"造势。一天，一个日本人找上门来，邀胡蝶赴东京拍一部名为《胡蝶游东京》的影片。胡蝶不愿与日本人合作，为避灾祸，她与潘有声策划绕道回内地逃难。为了不引起日本人的注意，她事先将所有积蓄整理成 30 个箱子托人运往内地。

次年，胡蝶和潘有声在当时抗日游击队的帮助下逃离香港。当他们几经辗转到达桂林，全心全意等待着几十只箱子时，却得到它们被劫的消息。胡蝶为此大病一场，潘有声尽力安慰她，还把自己生意上的规划讲给胡蝶听，这让胡蝶很觉得安慰，但是她不甘心。因为这些财物不但是她前半生的所有积蓄，有些东西还是国际知名人士的赠品，是无价之宝。她托了好几个朋友打听那些细软的下落，其中有一个叫杨虎的人将她介绍给特务头子戴笠。胡蝶虽然不想与戴笠打交道，但为了珠宝，只好硬着头皮与其交往。戴笠以好色闻名，对胡蝶垂涎已久，听到这个消息喜出望外，当即表示此事包在他身上，并且立刻为胡蝶夫妇安排好了来重庆的机票。

一周后，胡蝶夫妇到了重庆，杨虎夫妇在家里举办了盛大的宴会为他们接风洗尘。戴笠在宴会上对胡蝶极尽巴结，便胡蝶只关心箱子，对他不感兴趣，这让戴笠很是怅惘。

为博美人开心，戴笠加紧破案，并且亲力亲为。案子很快告破，但是有一部分贵重物品已被卖出，无法追回，戴笠便派人按照胡蝶之前提供的清单，将遗失之物一一补齐。看戴笠为自己的事如此卖力，胡蝶对戴笠不由得产生了好感。

胡蝶夫妇到重庆后起初住在杨虎家，由于不愿居人篱下，加之不必要的应酬过多，胡蝶便想安置个属于自己的家。几经周折，潘有声和几个朋友在重庆开了一家公司，从事茶叶和木材生意。然而没过几天，有人在潘有声的公司藏了支枪，害得他被警察抓走了。六神无主的胡蝶不得不求助于戴笠。当着胡蝶的面，戴笠马上叫人放了潘有声。由此看来，这事应该是戴笠所为，只是胡蝶当时根本没想到这些。藏枪事件后，戴笠通过手段使胡蝶一家住进了他的曾家岩公馆。此后戴笠几乎每天都去问候，胡蝶喜欢吃水果，而战时重庆没有什么好吃的，他就不惜代价派人从新疆空运来哈密瓜。胡蝶身体不好，他就请来名医。晚上他还举止得体地陪她出去散心。他的这些举动让胡蝶和潘有声都很感动，夫妇二人对戴笠的戒备之心慢慢地放松了。

做足了表面功夫后，戴笠开始着手除掉潘有声了。作为军统头子，戴笠想除个人易如反掌，不过，为了赢得美人心，他可不想使蛮。想来想去，他觉得最好的办法是调虎离山。于是，他给潘有声发了商人梦寐以求的专员委任状和滇缅公路通行证，打发潘有声到昆明做生意去了。潘有声一走，戴笠便强行占有了胡蝶。面对戴笠强大的势力，胡蝶无以反抗，虽痛苦难耐，也只好违心顺从。潘有声做生意回来，戴笠再次将他拘押，让他知趣离开胡蝶。考虑到年迈的父母和年幼的孩子，潘有声和胡蝶无奈，只好妥协。潘有声含泪离开重庆，胡蝶则开始了三年幽禁的日子。

戴笠虽然杀人不眨眼，对胡蝶却是细心备至。为了不让胡蝶对潘有声有负疚感，也为了不让胡蝶与外界接触，他让胡蝶住进歌乐山杨家山公馆。为了讨胡蝶的欢心，戴笠不惜工本。胡蝶嫌公馆的窗户狭小，楼前景物不好看，戴笠马上派人在公馆前重建别墅；胡蝶想吃南国的水果，他立即派飞机从印度空运过来；胡蝶嫌拖鞋不合脚，他马上弄来一大堆鞋子让胡蝶挑选。他还花费上万银元修了一个很考究的花园，天天陪胡蝶散步。这还不算，戴笠又为胡蝶修建了好几处住所，他还计划建一个豪华别墅作为与胡蝶的秘密居所。

胡蝶自然是不爱戴笠的，生活在这样优越的环境里，她感受到的却是绝望，没有家人，没有事业，她觉得自己正一步步地被毁灭。但是，她没有选择自毁，而是一滴泪也不掉地等待时间来化解这场屈辱。

时间终于到了。

1946年，胡蝶随戴笠回到了她阔别八年之久的上海。戴笠似乎对胡蝶动了真情，他提到要正式娶她为妻。为了能够和胡蝶正式结婚，戴笠动用潜伏的特务拘押潘有声，让人诱劝他与胡蝶解除夫妻关系。无奈之下，潘有声和胡蝶答应离婚。就在戴笠一心准备在1946年3月下旬迎娶胡蝶时，他却因飞机失事被烧死在南京西郊的戴山上。

关于胡蝶与戴笠这段经历，有人认为是讹传。胡蝶本人从没详细说过，只是在晚年写成的回忆录《在重庆的日子》里说："……关于这一段生活，也有很多传言，而且以讹传讹，说胡蝶也未吃亏，她的丈夫潘有声因此在当时唯一对外通道的滇缅公路来回走单帮，有戴笠主管的货运稽查处免检放行，确也捞了一笔横财，成了确凿之据的事实。现在我已年近80，心如止水，以我的年龄也算高寿了，但仍感到人的一生其实是很短暂的。对于个人生活琐事，虽有讹传，也不必过于计较，紧要的是在民族大义的问题上不要含糊就可以了。"

这段言辞耐人寻味，像是否认，却又似乎是某种程度的认可。胡蝶受了那么多磨难，却能如此平静地对待，实属不易，从中也可以看出她处世的圆润。一个人如果努力记住痛苦，就必然总是生活在痛苦之中，胡蝶选择了淡忘痛苦。

不论真相如何，胡蝶重又回到丈夫和孩子的身边，确实是在戴笠死后。经过慎重考虑，他们决定移居香港。六年后，潘有声病逝了。胡蝶一生只有两个最爱，一个是潘有声，一个是电影。丈夫先她而去，她只能借由电影摆脱孤独和悲哀。1959 年，已届半百的胡蝶加盟邵氏影片公司，先后主演多部影片，并且凭借《后门》一片获第七届亚洲电影节最佳女主角奖。1975 年，67 岁的胡蝶移居加拿大的温哥华，并改名为潘宝娟。"宝娟"是她的乳名，以潘为姓则表达了她对亡夫的怀念之情。1989 年，胡蝶去世，辞别尘世前，她的最后一句话是："蝴蝶要飞走啦！"

> 戴笠是爱胡蝶的，但是他的爱建立在别人的痛苦之上，是一种很猥琐的爱。扭曲的爱情往往不会好结果，他的爱以惨剧收场。胡蝶不爱戴笠，但她没有选择自毁。她是一个懂得善待自己的女人，不会为别人而活，更不会因为别人而伤害自己。潘有声和胡蝶是彼此挚爱，当他无力保护她时，她没有抱怨。当她被强占后，他也没有嫌弃。
>
> 一段缘，三个人，不同的结局，构成了一段乱世孽缘。

致命陷阱：阮玲玉与张达民、唐季珊

阮玲玉是与胡蝶同时期的电影明星，极富演艺才华，胡蝶的演技与之相比，仍稍欠深度。阮玲玉在银幕上饰演的都是悲剧女性，她的一生也引人唏嘘。红颜薄命，恰好是她的人生写照。而这与两个男人息息相关。

阮玲玉的祖籍是广东，1910年出生于上海，因父亲早逝，便随母亲在上海一个姓张的大户人家帮佣。她的母亲省吃俭用送阮玲玉读书，并且不让她告诉别人自己是女佣的女儿，她认为这是对女儿不利的事。此事日后成为阮玲玉的一个弱点。

阮玲玉在这个深宅大院度过了孤独的少年时光，并且在这里认识了她生命中的第一个男人——张达民。张达民是张家四少爷，长得白白净净，在一个不入流的大学里混了一张文凭后，就在家里面游手好闲，过起了少爷的日子。当时五四运动新思潮风潮涌动，张达民虽然是个标准的纨绔子弟，却也是经受过新思潮影响的一个青年人，当时18岁，年轻，叛逆，也有热情，所以他对保姆的女儿并没有歧视。

两个人相识时，阮玲玉虽然只有15岁，身上已经有一种女人的味道了。张达民被阮玲玉的气质所吸引，并且开始发动进攻。起初他对阮玲玉可能只是好感，慢慢地，他觉得自己越来越喜欢阮玲玉了。有一天，他当着阮妈妈的面对阮玲玉说：我们结婚好吗？阮玲玉当场惊得措手不及，阮妈妈却是惊喜异常，举双手同意。

张达民的妈妈自然不同意自己的儿子娶一个下人的女儿进门。张达民亲自去和父母谈判，张母死活不答应。张达民没法，于是对阮玲玉说：要不我们同居吧？在20世纪30年代的上海，同居是一种非常摩登的风气，所以同居并不会受到太多的道德谴责和刺激。再说，从小生活在孤独和歧视之中的阮玲玉对这个男人是真心相爱，所以她答应了。同居的那一年，阮玲玉只有16岁。

两人同居后，都没有工作，只靠着家里那点月份钱过日子。两人每天的生活就是吃吃喝喝搓麻将，然后跳舞。看着两个孩子这样混日子，张达民的哥哥张慧冲看不下去了。张慧冲在中国电影史上是一个非常重要的人物，算得上是中国电影史上早期的创始人之一。他想为这对小情人找个安身立命的职业，于是，他对阮玲玉说：你想不想当演员？对于一个女孩子来说，做一个电影明星太有诱惑力了，于是就这样，16岁的阮玲玉报考了明星电影公司，并且一试即中，开始成为一名电影演员。

阮玲玉的第一部电影是默片《挂名夫妻》，她在其中担任女主角。阮玲玉的情绪非常饱满，演出效果十分理想，影片公映后受到广泛好评。就这样，她正式开始了自己的演艺生涯。

演艺事业成功起航的同时，阮玲玉的感情生活却开始触礁。张达民既没有固定工作，又不求上进，不仅拿不出钱来养活阮玲玉母女，反倒是阮玲玉赚钱供他的吃住。后来，张达民因挥霍无度被张母赶出了家门，没有了经济来源的张达民从此就全靠阮玲玉养活了。

张达民花钱如流水，这让阮玲玉不堪重负。她曾不止一次替他找好了既轻松又体面的工作，但每次的结果都是张达民逃跑，让她去处理残局。更严重的是，张达民参与赌马。这就像一个无底洞，任有多少家产也填不满。如此五次三番，阮玲玉对这个男人绝望了，她决定跟张达民分手。张达民当然不想分手，他哄骗阮玲玉说自己要开养马场，干大事业，她信了。结果，大事业没干成，反倒赔得一塌糊涂。这还不算，经济遭受了重创的张达民恶习不改，在阮玲玉外出拍摄《故都春梦》外景期间，他在上海尽情豪赌，把从家中分得的遗产全部输尽。

1931年，"九·一八"事变爆发，日军占领了东三省，战火一触即发，上海的达官显贵和社会名流纷纷逃离上海，前往香港避难。阮玲玉和张达民以及养女也在其中。四个月后，阮玲玉决定返回上海。张达民在香港尽情享受着纸醉金迷，过得好不自在，他不愿回去，玲玉只得给他在香港轮船上谋了一个买办的职务，自己只身一人回上海去了。不想张达民又生事端，竟然动用公款作赌资，事情败露后被辞退，只好灰头土脸地回到上海。

如果说张、阮之间曾经有过爱情的话，那么这种本就脆弱的感情已经在年复一年的金钱关系中消耗殆尽，此时，阮玲玉在张达民眼中显然只是他的钱袋和银行。两人的关系不断恶化。开始时，阮玲玉好言相劝，张达民也假装着能听进去，后来，发展成争吵。在一次争吵中张达民重重地给了阮玲玉一个嘴巴，这个嘴巴打碎了阮玲玉对张达民仅存的希望。沉默了半晌，阮玲玉再次提出分手。这时，张达民的无赖本性暴露无遗，他倒打一耙地说阮家母女合谋诱骗他这个世家子弟，并扬言若阮玲玉跟他分手，他就把母女俩告上公堂。

阮玲玉的心被伤害得支离破碎，她的第一次情感经历彻底失败了。悲痛欲绝的阮玲玉，选择了服药自尽，幸亏她在服药昏迷之后被人发现，这才避免了一场悲剧。

破镜再难重圆，阮玲玉对张达民不再抱有任何幻想，她只想尽快摆脱这个男人，获得新生。但是面对张达民的百般纠缠，生性软弱的阮玲玉始终无可奈何。这件事就这样一直拖着，像根钉子死死地扎在她的心里。

阮玲玉和张达民的关系从来没有向外界公开过，因为阮玲玉是佣人的女儿，与张达民同居就等于背上了主仆私通的罪名，这让她没法做人。所以，阮玲玉从来没有向别人谈过自己的私生活，每次拍完戏，她总是快速离开，从不接受任何邀请。在当时的电影界，阮玲玉的自尊、自爱、自重是出了名的。然而有谁知道，她洁身自好的背后藏着多少无奈和心酸。张达民就是抓住了阮玲玉处处息事宁人的弱点，才一而再、再而三地欺人太甚。

就在这个时候，她生命中的第二个男人唐季珊出现了。如果说张达民为她的死埋下了伏笔，唐季珊的出现，则终于把阮玲玉推向了死亡的边缘。

唐季珊是一个大茶商。当时电影公司竞争激烈，所在每家公司都会拉一些富商入股。唐季珊当时就是阮玲玉所在的"联华公司"的一个大股东。1932年，在香港避难期间，两人在其次应酬场合相识。过后阮玲玉并没有把这件事情放在心上，但是唐季珊却把阮玲玉放在了心上。

和很多见过阮玲玉的人一样，唐季珊被阮玲玉的美貌所吸引，并开始有意识地接近她。阮玲玉喜欢跳舞，唐季珊就不断地邀请她去高级场合跳舞。阮玲玉拍戏时，唐季珊经常捧着鲜花到片场探望，还对全剧组的人殷勤备至。比起年轻、荒唐的张达民，唐季珊显然更加具有吸引力：人到中年，事业有成，温文尔雅，而且非常懂得女人。一来二去，阮玲玉渐渐地对唐季珊有了感情。

两人经常在公共场合出双入对，媒体推波助澜，编造各种花边新闻。这正中唐季珊的下怀，他干脆就要求阮玲玉跟自己同居，还信誓旦旦地对阮玲玉说："张达民在你身上榨取钱，我要在你身上用钱。"阮玲玉听后甚为感动，在她与张达民感情破裂以来，这是第一个安慰关怀她的男人。她身边的朋友也纷纷为唐季珊说好话。就这样，唐季珊很快赢得了单纯善良的阮玲玉的芳心，最终，她答应了唐季珊的请求。

阮玲玉以为找到了终生的爱，事实上，唐季珊虽然懂女人，却不爱女人。对于女人来说，这个男人绝对是毒药，阮玲玉不幸正好遇上了他。

唐季珊为了防止夜长梦多，为她在新闸路上的沁园村里购置了一栋三层别墅。

他的这个举动让阮玲玉感觉实现了一直梦想的幸福生活——一个疼爱自己的丈夫和一个温暖的家。她为这份迟来的幸福欣喜若狂，深深地沉浸在这种"被爱"的幸福之中不能自拔，她把唐季珊看成了她生命中最坚实的依靠。她没有想到，自己最终会在这栋小洋楼里自杀。

当阮玲玉沉浸在与唐季珊的热恋之中时，有一天，阮玲玉接到了一个叫张织云的女子的来信。她在信中说唐季珊不是一个好男人，你看到我，你就可以看到你的明天。

张织云是比阮玲玉稍早一些的电影女星，默片时期红极一时，虽无皇后之名却有明星皇后之实。当年正当红时被唐季珊金屋藏娇，阮玲玉出现后，遭到唐的抛弃。关于唐季珊的这段感情阮玲玉是知道的，只是她是从唐季珊的嘴中听到的，故事中始乱终弃者是张织云。那个时候，阮玲玉更相信唐季珊，她认为张织云是在嫉妒她，是想把她和唐季珊拆开。所以她没有相信张织云的话，还是和唐季珊住到了一起。

然而，残酷的事实很快证明了她的想法是错误的。唐季珊在外面又有了新的相好，这个相好叫梁赛珍，是上海滩著名的舞女，也拍电影，算阮玲玉的后辈。当阮玲玉发现唐季珊与自己的朋友有染时，她的内心是非常痛苦的，但是她要面子，她不说。

屋漏偏逢连阴雨，张达民出现了。

那个时候张达民已经潦倒了。当他看到自己同居了八年的女人居然和另外一个男人在一起，并且这个男人比他更有实力，他心中充满了又恨又嫉妒的复杂情绪。他认为是自己让阮玲玉摆脱了卑贱的出身，也是因为倚仗他家与电影界的关系，阮玲玉才走上了演艺道路。阮玲玉和他分手在他看来就是恩将仇报。他开始采用无赖的方式来纠缠阮玲玉——敲诈，而且是高额敲诈。他找来律师，状告唐季珊侵吞自己的财物，霸占自己的妻子，要求他把阮玲玉还给自己，并且赔偿高额的精神损失费。阮玲玉是个好面子的人，起初她想息事宁人，给钱了事。唐季珊却在边上冷言冷语地说：你要给他钱是可以的，我是不给的，但是我觉得你这样给下去的话，是没完的，他是一个无赖。于是阮玲玉心一横，决定一分钱都不给张达民。张达民没有想到一向软弱的阮玲玉居然那么坚决，于是怒意更盛。他开始在报纸上对阮玲玉大肆诽谤，把两人曾经的是是非非添油加醋地向媒体报道，准备利用社会舆论击垮她。唐季珊也不是省油的灯，也请了律师向法院控告张达民捏造事实、颠倒黑白、妨害名誉。张达民看唐季珊态度强硬、仗势欺人，怒火更盛，于是一不做二不休，反控唐季珊骗拐妻女、妨害家庭。那个时候，张达民对阮玲玉已经没有爱了，他的无理取闹很大一部分目的在于钱。而唐季珊更看重他作为社会达人的"面子"，丝毫没有顾虑阮玲玉的感受。

为了证明自己的清白，唐季珊要阮玲玉出面在报纸上登一篇宣言，声明他们二人在经济上是独立的，阮玲玉并没有把张家的东西给自己。阮玲玉是多么要面子的人，最终却被两个无赖的男人出卖了，可想而知，她所承受的压力。但是阮玲玉当时还是想和唐季珊在一起的，所以她真的在报纸上发了一个公告，以证明唐季珊的清白。这让张达民更加恼怒。

两个男人之间的官司你来我往，缠讼数月之久。上海滩那些专门炒作绯闻的小报纷纷跟进，夸大渲染。一时间，世家子与富有的茶叶商争夺艳星阮玲玉的绯闻，经上海数十家大小报刊的披露，轰动整个上海滩，成为当时最热门的桃色官司。当时阮玲玉的新戏《新女性》刚刚公映，剧中的女主角是一位被恶意造谣的记者逼迫致死的女性。她的经历与阮玲玉何其相似，阮玲玉感同身受，表演相当出色。特别是最后一个镜头，当女主角临终前喊出的"救救我，我要活"时，在场所有的人都潸然泪下。

《新女性》刚好戳中了那些黄色小报记者的痛处，他们开始向阮玲玉大泼污水。什么"阮玲玉白麻子秘闻、阮玲玉入幕之宝有多少？阮玲玉红杏几度出墙？……"更过分的是，有些报纸居然以社论或专栏做武断评论，指责阮玲玉水性杨花、忘恩负义、朝秦暮楚、爱慕虚荣。总之，用尽了所有谩骂女性的坏字句及词语，无非形容她是个妖艳浪荡、素行不检而又法不可赦的罪魁祸水。这些绯闻在市井间广泛流传，茶楼酒肆、市井街坊、澡堂餐馆等公共场所无不以此作为谈资。一时间，流言蜚语几乎将阮玲玉淹没，阮玲玉案件成为轰动整个上海滩的头号丑闻。

阮玲玉虽然已经料到会有人不怀好意地来炒这个新闻，但没有料到竟会炒到如此程度。在毫无准备的情况下，一盆盆脏水突然迎头泼来，而她却根本无处藏身。所谓的"新闻"和"舆论"给予阮玲玉的伤害远远超过了张达民的忘恩负义和恩将仇报，张达民所表现出来的只是一种无赖手段，虽然也很伤人，却不至于致命，而报纸对阮玲玉的伤害却是致命的，它煽动起了整个社会对阮玲玉的敌视、奚落和嘲笑。

阮玲玉不过是一个只有 25 岁，中学程度的纯情女子，而且具有寡母遗留给她的中国传统妇女的保守观念。更何况，一向心地善良到懦弱的她，是那样地爱惜羽毛，又是那样地争强好胜。如今，她却在千万人的面前成了莫须有的罪人，她再也抬不起头来了！

1935年3月初，阮玲玉和唐季珊接到了必须在3月8日出庭的传票。两个互控的男人在上海都是颇有地位财势的人，和她都有亲密的关系。她如何出庭作证？再加上上海的大小报刊又同声骂她淫荡。此时的她四面楚歌、孤独无援。绝境中的阮玲玉已没有多少选择的余地，只有两条路：要么出庭，受屈辱；要么从这个充满阴谋和罪恶的世界上消失。

她最后选择了后者。

3月5日，她一如既往地走进摄影棚，抓紧拍摄由罗明佑和朱石麟共同导演的《国风》的最后几个镜头。3月7日，《国风》的内外景戏已基本拍完。这一天是戏中与她搭档的小生金焰的生日，晚上阮玲玉应邀与王人美、黎铿等同往餐厅祝生。平常她不多喝酒，这次她豪饮数杯，席间有人赞她酡红上脸，益添娇艳；她听后微抹红烫的脸，遍吻席间的每一位女星，且纵声谈笑不拘，大家看她举止有些失常，只当是借酒消愁，抒发所受的闷气而已。席终人散时，她抱住王人美，不胜感叹地说："我要走了，天下没有不散的宴席，好姐妹，再见吧！"然后又分别与大家紧紧地握手道别，表现得分外亲热和依依不舍。

阮玲玉到家时夜已经深了，她和唐季珊谈到第二天的讼事，她表示必可胜诉，不过认为自己面对和她同居过的张达民及众多的观众及新闻记者，会很难为情。但唐季珊不以为然，坚持让阮玲玉出庭，并因此发生口角打了阮玲玉一个耳光。这一巴掌让阮玲玉寒彻心扉，她感觉到整个世界都在与她作对，她的苦向谁诉？向谁言？

深夜时她托言肚子饿，叫女佣给她煮一碗面，并要唐季珊先睡觉，她谎说要记好最近所花用的零碎账目。唐季珊不疑有他，即独自呼呼大睡。阮玲玉即披衣在灯下写遗书：

达民：

我已被你迫死的，哪个人肯相信呢？人们一定以为我畏罪？其实我何罪可畏，我不过很悔悟不应该做你们两人的争夺品，但是太迟了！不必哭啊！我不会活了！也不用悔改，因为事情已到了这种地步。

季珊：

没有你那晚打我，今晚又打我，我大约不会这样做吧！我死之后，将来一定会有人说你是玩弄女性的恶魔，更加要说我是没有灵魂的女性。但，那时，我不在人世了，你自己去受吧！

阮玲玉　绝笔

廿四年三月七日晚午夜

写完遗书，阮玲玉将它折好，装入信封，并在信封上写上"请代付各报登之，阮托"，将它放入桌子的抽屉里。她拿出三瓶安眠药，悉数倒入女佣为她煮好的面条里吃了下去。阮玲玉走了，她将自己的尸身摆在社会面前，向社会要求正义。那年她仅仅 25 岁。

电影皇后阮玲玉自杀的消息传出后，整个上海乃至全国都为之震惊，以至于大家对日本军阀侵占热河后向长城各口进逼的严重时局，也都暂淡忘了。遗体出殡那天，上海各界二十多万人走上街头，抬着她的巨幅照片为她送行，这是当时上海滩最盛大的群众聚会场面。中央电影指导委员会也致电慰问阮玲玉的家属，在当时一个电影演员死后，能得到党政机关致电痛悼的，阮玲玉是第一人。

鲁迅得知阮玲玉自杀的消息后，怀着悲愤的心情写下了《论人言可畏》一文抨击当时的小报记者："'人言可畏'是电影明星阮玲玉自杀之后，发见于她的遗书中的话。这轰动一时的事件，经过了一通空论，已经渐渐冷落了，只要《玲玉香消记》一停演，就如去年的艾霞自杀事件一样，完全烟消火灭。她们的死，不过像在无边的人海里添了几粒盐，虽然使扯淡的嘴巴们觉得有些味道，但不久也还是淡，淡，淡。现在的报章……对强者它是弱者，但对更弱者它却还是强者，所以有时虽然吞声忍气，有时仍可以耀武扬威。于是阮玲玉之流，就成了发扬余威的好材料了，因为她颇有名，却无力。小市民总爱听人们的丑闻，尤其是有些熟识的人的丑闻。"

那些小报记者见风使舵，阮玲玉活着时，他们骂阮玲玉是罪人、是祸水、是人尽可夫的狐狸精。而当阮玲玉自杀身死后，这些人又把她写成烈妇，称赞她是以死来向旧社会做尸谏的新女性，掉过笔尖来责骂张达民和唐季珊两人是杀死阮玲玉的间接刽子手，因为他们两人不尊重阮玲玉的人格，玩弄她的感情，逼使她走上自杀的绝径。

相比于其他人，阮玲玉之死对张达民和唐季珊的震撼应该是最大的。

张达民在阮玲玉死后，因身无长物，又无一技之长，生活穷困潦倒，于 1938 年 10 月 15 日，因患疟疾不治而死于香港。他参演了第一部有关阮玲玉的传记电影。在电影中，他自己演自己。这或许是他对阮玲玉所做的忏悔。

唐季珊在阮玲玉死后娶了毕业于英国剑桥大学的王右家为妻，仍与风月女子有染。后来，夫妻离婚，唐移居台湾，王右家出走香港。唐季珊后来被人诈骗，商业失利，经营的茶业公司宣告破产，沦落到捧着茶叶到处兜售的地步，最终惨死在街头，具体死亡时间不详。

唐季珊生前一直供养阮玲玉的母亲，即使是在台湾最落魄的时候，唐季珊依然每月经由香港辗转寄钱给阮母。阮玲玉的养女小玉（学名唐珍丽），也由唐季珊抚养到中学毕业。唐珍丽后来赴越南西贡定居，嫁给于比利时国立大学经济系毕业的西贡银行的总经理俞鄂斌。

由此看来，唐季珊还算人性未泯之人，也许是阮玲玉的死唤醒了他的良知。当初他的冷酷让一个美丽的生命毁灭，也许是上苍的惩罚，让他用下半生的凄凉去为当初的冷漠和自私赎罪。

当阮玲玉被两个她曾经深爱过的男人逼得走投无路时，有第三个男人闯入了她的生活，并且成为阮玲玉最后一刻唯一可抓的稻草。这个男人就是《新女性》的导演蔡楚生。她去求助过蔡楚生，详情如何不得而知，但是我们知道的是，他没有承担这一段感情。这个男人不但生前没有承担她的求救，在她身后也没有为她守密——阮玲玉是保姆之女的事，直到阮玲玉死都没有人知道。张达民后来出了一本书，叫《我和阮玲玉》，封面上说，句句是实话，但是书中只字未提阮玲玉的身世。或许是良心发现，他最终还在保护阮玲玉。蔡楚生是另一个知道阮玲玉这个秘密的人，正是他在1957年悼念阮玲玉逝世22周年的时候，披露了这个消息。

阮玲玉死后，留下一句"人言可畏"，让人们把谴责的矛头对准无良的小报记者。事实上，她的悲剧的根源在于遇人不淑——两个无情的男人，或者还应该加上一个。而悲剧的最终引爆火源则是她的性格。假如她有胡蝶的圆润，或许又是另一种样子。如果那样，她的爱情就只是一段绯闻，而不会成为悲剧。

下

古代篇

湘女多情：舜与娥皇、女英

姚重华就是三皇五帝中的最后一帝——舜帝，也是"尧舜禅让"故事的主角之一。舜的童年有点悲惨，自幼丧母，瞎爸爸（瞽叟）娶回一个恶毒的后妈，还带来一个同样恶毒的儿子——象。后妈一门心思想害死舜，让自己的儿子独占家产，瞎爸爸和后弟弟则是全力配合。尽管如此，舜依然孝心不改，每次大家想害他时，他就躲出去，等家里需要他时，他又神奇地出现了。

日子就在迫害和反迫害中流淌，时间一长，舜的孝名就传播开来，最后传到部落首领尧的耳中。当时尧正在寻找接班人，他手下的大臣们一致推荐舜。由此可见，"百善孝为先"的观念在中国很早就出现了。尧打算考察一下舜的才能，考察项目之一是治家能力，于是将自己的两个女儿嫁给了舜，同时还陪送了很多嫁妆。这姐妹俩就是娥皇和女英。

那个时候还没有"公主"这个称呼，不过，娥皇女英姐妹从身份上讲，是不折不扣的公主。而舜的家庭虽不算赤贫，但不过是一介平民。不但如此，这个凤凰男的家庭还先天不足，生母早亡，老爹不亲，后母凶悍，还有一个不省油的小叔子。要搁现在，不闹个鸡飞狗跳，最后以离婚收场才怪。然而，从仅有的史料中看，这夫妻三人不但没有吵闹，而且过得其乐融融。

原因之一在于舜这个人本身素质不错。

传说，舜帝是个长相奇异的汉子：每个眼睛都有两个瞳仁（所以叫"重华"），龙颜大口，皮肤黑色，身长六尺一寸。虽然外表算不上英俊，但是舜身体强壮，会种庄稼会捕鱼打猎，还会制作陶器，更有高雅的业余爱好——弹琴。三人闲暇之余，丈夫弹琴，妻子唱和，一幅温馨和美的画面。

另一方面，两位公主的大度和智慧也起了不小的作用。

两位公主姐妹嫁入姚家时带来了很多嫁妆，这让瞎爸爸和后妈非常眼红，象则是对两位身份不凡的漂亮嫂嫂垂涎欲滴。于是，他们更加坚定了铲除长子的决心。瞽叟和后妈、象三人对舜屡屡加害，却又屡屡被他逃脱。在这场兄弟阋墙、父子离心的事件中，娥皇女英没有大吹枕头风，挑拨离间，而是随时关注动态，帮助丈夫躲避危险，试图以宽容感化舜的家人。

比如，有一次瞽叟让舜去修补房顶，等舜上去后，瞽叟和象就撤去梯子，点着了房子。那个时候的房子都是茅草屋，火一起只有烧死的份儿。幸亏那两位姐妹早有准备，让舜带了两个大斗笠上房。这边火一起，那边舜就举着两个斗笠像鸟一样飞了下来。

一计不成再生一计。瞽叟和象假意让舜去挖井，打算活埋了舜。看着舜没心没肺地进井后，那爷俩一阵窃喜，赶忙将井填死了。他们想这次舜死定了，于是开始瓜分他的财产。象说：财产归你们两位老的，两个嫂子和琴归我。说完，象就去舜的屋里准备接收财产了。他们没想到，舜事先在井里挖了一个直通地面的斜井，此时已回到地面。正当象忘我地弹琴时，却见舜从外面走了进来，顿时吓得手足无措，赶忙推开琴说："我还以为你死了，正为你担心呢。"舜像个没事儿人似的说："烦劳弟弟挂心了，我这不好好的吗？"象受惊吓不轻，也深受感动。此后两兄弟和睦相处，一家人其乐融融。

根据《史记》的说法，尧又派自己的儿子和舜一起工作，考察他的管理能力。三年后，舜通过了所有考核，尧放心地把国家大权交到他的手中。这就是著名的"尧舜禅让"。然而，根据奇书《竹书纪年》的记载，虽然尧帝尊重大臣们的意见重用舜，但是从私心考虑，他把皇位传给了最宠爱的儿子丹朱，这让丹朱的那些同父异母的兄弟姐妹们非常不满，于是一场政变不可避免地发生了。舜夫妻三人也加入了战团，舜最终胜出。在这场权力斗争中，娥皇女英起到了不可忽视的作用。

姚重华成为"舜帝"后，娥皇、女英过起了平平常常相夫教子的生活。丈夫在外面打拼事业，妻子在家中管理家政，一家人过得其乐融融。那个年代已经是一夫多妻制，尧就有数位妻子，而舜帝自始至终只有娥皇女英两位做伴，可见，夫妻三人的感情极其融洽。

身处权力中心的人，幸福总是短暂。几十年后，旧戏重演，禹帝姒文命造反，夺了皇位，还把年迈的舜帝流放到荒蛮的苍梧，众多史书中美其名曰"出巡"。三年后，舜死于苍梧，埋在了湖南九嶷山。

惊闻丈夫去世的娥皇女英姐妹万般悲痛，她们赶到湘江边上，痛哭失声，而后做出了一个深情而刚烈的举动——纵身投入湘江。在她们纵身一跃的刹那，泪水挥洒在翠竹之上，于是，八百里洞庭湖就有了这丛丛斑竹，是为"湘妃竹"。

同情这对姐妹的人们，将她们视作专司腊月的花神水仙。还说，天帝因为怜惜姐妹的痴情，将舜帝封为湘水之神，号曰"湘君"，娥皇女英则被封为湘水女神，号曰"湘夫人"。她们为湘女们留下了"湘女多情"的美名。一千多年后，屈

147

原作名篇《九歌》，祭祀湘君和湘夫人，而立于湘水边上的湘妃竹则千百年默默地述说着这一段荡气回肠的佳话。

凤凰男和孔雀女是当下非常时髦和敏感的话题。所谓"凤凰男"源于"鸡窝里飞出个金凤凰"，是指那些家境不太好，长大后依靠自己的努力与拼搏，终于有所成就的男士们；所谓"孔雀女"是指那些出生于大城市，家境不错且被家长宠坏了的娇娇女们。人们普遍认为，如果孔雀女遭遇凤凰男，将会是一场空前的灾难，不闹个鸡飞狗跳不算完。盖因为，他们门不当户不对，具有完全不同的生活背景和人生观。

还有人认为，凤凰男娶孔雀女的目的是贪图利益。

舜和娥皇、女英是一桩典型的孔雀女配凤凰男的婚姻，同时也明显是利益婚姻。只不过，他们结合后没有灾难，而是相互扶持、相濡以沫，最终取得成功。可见，门当户对在婚姻中固然重要，但是男女双方如何处理生活中的矛盾才是关键。

更何况，现实生活中，凤凰男固然不是王子，孔雀女也算不得公主，差距何至于大到两个世界的程度？所以，如果喜欢一个人，就不要觉得对方低自己一等，否则那也是对自己眼光的否定。

相濡以沫不如相忘于江湖：西施与范蠡

这个故事要从吴越战争说起。

春秋末年，我国长江下游和钱塘江一带有两个势不两立的政权，北边的叫吴，南边的叫越。吴越两国间不断发生战争，互有输赢。公元前494年，两国再次发生战争，这一次越军大败，越王勾践和他的五千残部被困在会稽山上。要么投降，要么战死，勾践选择了投降，他带着妻子和大夫范蠡到吴国当了人质。勾践的专职是养马，吴王夫差外出时，他还要手持马鞭，吆喝开道。勾践兢兢业业地扮演着奴婢的角色，低到了尘埃里。有一次，夫差病重，勾践亲自煎药，并亲口品尝夫差的粪便，然后高兴地对夫差说："大王，您的粪便是甜的，身体应该没有什么大碍！"夫差见勾践比自己的亲信还要尽职，于是两年后让勾践回国了。

勾践一回到越国，就咬牙切齿地发誓要血洗前耻。为了激励自己，他整天睡在硌人的木柴上，每次吃饭前都先舔一下苦胆，然后大声自问："勾践，你忘了会稽之耻了吗？"在自强的同时，他还采纳了范蠡和文种的建议，向吴王夫差实施了三十六计中最温馨而又最恶毒的一计：美人计。

范蠡在全国范围内遍寻美女，最后在苎萝山下若耶溪畔找到了旷世美女西施。西施本姓施，叫夷光，因为住在西村，所以，人称西施。西施美到什么程度呢？据说，她到山上去砍柴，天上的大雁看到她忘了拍动翅膀，掉了下来；她到溪边去浣纱，水中的游鱼羞得潜入水底。成语"沉鱼落雁"就来自西施。西施一动一静皆是美，就连那不轻不重的心痛病发作的时候，捧着心，皱着眉的模样也是风情万种。东村有个姓施的丑女想学她的模样，眉毛刚一皱起就吓得街坊们关门闭户。这又造就了中国语汇中一个颇具讽刺意义的成语：东施效颦。颦，就是皱眉头。

与西施一同准备送给吴王的还有一个叫郑旦的美女，范蠡亲自担任教习她们的任务。培训共进行了三年，在这不算短的时间内，范蠡和西施之间产生了感情。

终于，西施要踏上去吴国的行程了，范蠡担任护花使者。自己的爱人被卖了，自己还在旁边数钱的滋味不好受，对于范蠡这种聪明人来说就更是一种煎熬。一路上，范蠡唉声叹气，西施也是病快快的。范蠡甚至一度谋划带着西施逃跑算了，但是又放不下国家大计。就在两人缠缠绵绵、无语凝噎之际，遇到一位白发老者，他谆谆教导两位说："国家事大，自己事小，复国重任寄托在你们身上。"说完还把手中的一篮又大又红的李子送给他俩。二人听了老者的话，顿时精神振奋。向老人行礼说："老伯的话，千金难买，我们铭记不忘。"后人将这个地方称为携李。

吴王夫差一见西施，果然神魂颠倒、宠爱异常。为求美人一笑不惜大兴土木，把江山扔在了一边。此时，越国却在厉兵秣马，伺机复仇。十年后，勾践认为时机成熟，下令北伐。吴国被打得落花流水，夫差请和，勾践不肯，夫差只好自杀。

勾践灭吴后令西施与他一起回越宫。还未起程，越王夫人赶来了，她怕勾践立西施为后，就说西施是亡国的狐狸精，密令大将秦泽给西施拴块大石头沉江。巧的是，秦泽的父亲正是当初给西施和范蠡送李子的老汉。他假装执行命令，暗中托老父把西施这位越国功臣藏了起来。

再说勾践，自灭吴后，他渐渐开始猜忌功臣。范蠡见勾践只能同患难，不能共富贵，决定归隐。临行前去看望秦老汉，得知西施未死，喜出望外，于是携同西施云游四海，浪迹天涯，最后定居在齐鲁一带。范蠡经商是一把好手，很快成为巨富，人称陶朱公。从此，他与西施过起了神仙眷侣般的生活。

关于西施的结局，历史上有许多种说法。除了上面这个颇为浪漫的之外，还有一种说法被认为最可信，那就是，吴越战争之后，西施被装在"鸱夷"，也就是牛皮袋中，扔进江中而亡。西施既是绝色美女，又是越国灭吴的功臣，勾践为何要处死西施？有些小说中说得很生动，说是勾践对西施的美色早就垂涎，吴国被灭后，他让西施跟自己一起回国。勾践夫人知道丈夫的打算，于是借口说西施是个红颜祸水，留着早晚是祸害，命人将西施扔进江里。勾践知道此事后也无可奈何。当然，勾践杀西施还可能有很多原因，也许他觉得为达到复仇目的而使用美人计，过于下作，要杀人灭口；也许是因为本国的绝代佳人被夫差占有，而自己却不能享受，心怀嫉妒；也许是西施知道吴越之间的秘密太多，不杀恐留后患；也许是范蠡与西施确有旧情，灭吴后，西施将重新回到范蠡的怀抱，勾践觉得作为一国之君，自己得不到的，他人也别想得到。

总之，无论是何原因，西施已经失去了利用价值，再留着她，说不定会再惹祸端。范蠡出逃后，改名为"鸱夷子皮"，他取如此古怪的名字，很可能与西施有关，他或许是要以此名表示对西施的怀念，或许是要以此名来牢记勾践的卑鄙与残忍，牢记勾践杀其所爱的仇恨。

范蠡和西施都是功臣，但终究没有逃脱"兔死狗烹"的结局，西施在整个事件中也不过是一个天生丽质、在吴越政治斗争充当了工具的农家女子。

如果越王勾践没有被吴王打败，并且受尽侮辱，范蠡和西施可能永远也不会见面。一个是国君身边的近臣，一个终老在若耶溪水边，是历史的车轮将他们推到了一起。

　　西施和范蠡彼此相爱，却连"曾经拥有"都做不到。在错的时间遇到对的人，只会空余叹息。有缘无分，不如不见。

娶个美女的烦恼：息夫人与三个国君

息夫人生活于春秋时期，本是陈国二公主，后嫁给息国国君息侯为妻。息侯姓姬，是周天子的亲戚。只不过，当时周王室已经没落，周天子不过是个摆设，各诸侯国根本不把他放在眼里。所以，息侯虽然是皇亲国戚，息国却是个小得不能再小的国家。

息夫人长得倾国倾城，面若桃花，息侯越看越喜欢，为了取悦夫人就纵情玩乐。不想这位夫人很有思想，不是一般的小女人，她不仅不陪老公玩乐，还经常用强国的道理教训老公。息侯听从息夫人的话，注重治国，息国慢慢强大起来。

就在这个时候，一件偶然的事情打破了夫妻原本平静和谐的生活。

嫁到息国一年后，息夫人回娘家省亲，回来的途中临时决定去看看嫁到蔡国的姐姐。这个决定让息国与蔡国提前灭亡了很多年——虽然他们作为乱世的小国，早晚会被强大的邻居楚国所灭。

蔡国国君蔡哀侯听说小姨子来了，百忙之中设宴招待。他没想到小姨子长得那么漂亮，自己家那位简直没法比。借着酒劲，也可能是"酒不醉人人自醉"，蔡哀侯竟公然挑逗起息夫人来。

息夫人何等人物，大怒之下愤然离开。回到息国后，把这件事告诉自己的丈夫。作为堂堂一国之君，眼看着心爱的夫人受辱，息侯无论如何也咽不下这口气。如果此事发生在民间老百姓之间，大不了受侮一方闹上门去，大吵一架，最严重也就大打一架。可是，这场绯闻里的主角都是一国之君或国君夫人，所以事情的性质就不是乡村野民的平常纠纷那么简单了，而是上升到了国家矛盾的层面。由此，息夫人所受到的侮辱被加倍地放大，所产生的复仇愿望也就被无限地夸大了。

息侯恨不得立刻起兵伐蔡，怎奈自己国小力薄，单靠自己的力量不能把蔡国怎么样，这或许也是蔡哀侯敢于调戏息夫人的心理依据。但是，蔡哀侯低估了一个男人的自尊心所产生的巨大爆发力，何况对方还是一国国君。息侯再三考虑，终于想到了借刀杀人之计。他自作聪明地给楚国国君楚文王写了封信，请楚国讨伐蔡国。他还在信中呈上了周密的计划：你就说要来讨伐息国，我向蔡国求救，他一定会来帮我，到时候你就可以灭掉他了。

楚文王当时正想图谋向东，将势力伸入中原。息侯的信无异于瞌睡时送上了一个枕头，于是，楚王当即兴兵攻伐息国。息侯向蔡哀侯求救，蔡哀侯果然亲率大军来救。由此可见，蔡哀侯虽然是个流氓，但也是个实在人。

正如息侯所想要的结果，楚、息两国联军在新野大败蔡哀侯，蔡哀侯被楚王抓获。楚文王本来想把蔡哀侯杀了祭祖。一个大臣劝阻说："大王您的理想是收复中原，如果把蔡哀侯煮了，诸侯都很恐惧，必然联合抵抗，还怎么敢归附您呢？"楚文王一听有理，于是决定放了蔡哀侯，临别前还设宴款待。酒席宴上，楚文王得意地指着一个歌女问蔡哀侯："你看我宫里的美人如何？"蔡哀侯已然明白是息侯设计害他，恨得咬牙切齿，立誓要报这个仇。如今见楚文王有此一说，觉得机会来了。他眼珠一转，道："这个美女虽然漂亮，但是比起息夫人来差远了。"说完，添油加醋地大赞息夫人的美貌。楚文王是个好色之徒，蔡哀侯的大肆渲染唤醒了他心中那头慕色的野兽。

此后不久，楚文王假借出游之名去了息国。大国之王驾临，息侯诚惶诚恐，热情款待。席间，楚王装醉要息夫人出来敬酒。息侯知道不是好事，但也只好答应。一会儿，只听瑶佩轻响，幽香阵阵，佳人徐徐而来，虽然罗袖半掩，却掩不住人间绝色，楚王一时看呆了。息夫人素来知礼，给楚王敬酒时没有直接捧给楚王，而是将酒杯转给宫女，让宫女送给楚王。即使如此也晚了，楚王一见，哪有放过之理。在见到息夫人的那一刻，他理解了蔡哀侯的情不自禁，原谅了蔡哀侯作为一个男人所犯下的不可理解的错误，并且，他决定要犯同样的错误，只不过，他做得更加彻底——灭掉息国，占有息夫人。

第二天，楚王在馆舍设宴款待息侯，名为答礼，其实暗伏兵甲。息侯前去赴宴，被伏兵擒住拘禁。然后，楚王派人守住宫门，准备将息夫人纳入自己宫中。

就在这个时刻，历史开始分岔，息夫人的命运有了两个截然不同的版本。西汉的刘向在《列女传》中，将息夫人归入"贞顺传"，其中记载，息侯被抓后，息夫人被困在宫中。有一天，楚王外出，息夫人趁机出来和息侯见面，说："人固有一死，何必活着受苦呢？我无时无刻不在牵挂着你，不愿以一身侍二夫。你我生离于世上，不如死后在地下团聚。"说完，又口占了一首诗，大意也是说活着只能异室，死了就可以同穴。说完就自杀了。息侯劝阻不及，也自杀了。楚王回来后，良心发现，被息夫人的义举感动，以诸侯之礼将二人合葬。

按刘向的说法，息夫人一了百了，算是从一而终，清清白白。不过，这种说法向来被后世否认，认为是后世这些儒学大师们，不甘心息夫人不死，罔顾事实，想当然地胡编乱造的贞节故事。

在成书于春秋末期的史书《左传》里，息夫人不仅没有死，还延续了很多具有悲剧色彩的故事。话说就在她要自杀时，楚文王派来的人将她劝住："即使夫人不替自己着想，也要替息侯着想，你这一死，息侯必死无疑。"为了息侯，息夫人决定忍辱负重，随着来人去见楚王。楚文王对她好言抚慰，许诺不杀息侯，然后将她带回楚国，立为夫人，宠幸无比。

楚文王虽然承诺不杀息侯，但还是灭了息国，将息侯软禁起来，结果不得而知，终不过是郁郁而终。再说息夫人到了楚宫后，虽然深得楚文王宠爱，并且为他生了两个儿子，却一直郁郁寡欢，"三年不言"。"不言"可能是指不多说话，也可能是指一句话都不说。

人非草木，孰能无情？息夫人当然感受得到楚文王对她的爱，但是，一想到息侯，她就觉得无颜以对。她爱的男人为她倾家灭国，楚文王正是罪魁祸首，就算楚文王视她如掌中之宝，她却没有办法去爱他。对于这一切，她无法以死反抗，只能用那份可怜的"不言"维持着最后的尊严。

楚文王最后忍不住了，问："自从你入宫来，我对你百般宠爱，你却总一副冷冰冰的样子，究竟怎么回事？"息夫人答："我一个女人，却侍奉了两个丈夫。不能守节以死，忍辱偷生，还有什么面目对人说话呢？"说罢流泪不止。

息夫人的美貌轻而易举地毁灭了息国，她的缄默，再一次间接地毁灭了蔡国。面对她坚决的沉默，楚文王无计可施，他只好把这一切都归咎于蔡哀侯。为了讨好息夫人，也为了减轻自己的挫败感，他发兵攻伐蔡国，彻底灭了蔡国。蔡哀侯再次被擒，在楚国被监禁九年后，死在楚国。

灭蔡四年后（公元前 676 年），楚文王去世。息夫人的儿子凭借她的势力当了楚王，她还用计杀了热烈追求自己的权臣子元，然后，平静地在楚国后宫里终老。历史上真实的息夫人选择了活着，从而延续了生命里的无限可能。

比起上面的结局，民间传说最是浪漫，说的是，息夫人听从了下人的劝解，当下并未自杀，被楚王收入后宫。此后她夜夜哭泣，后来想法偷偷见到被囚禁的息侯，两人双双自杀殉情，当月正是桃花盛开的三月。楚人感念息夫人忠贞义烈，尊她为桃花花主，立桃花夫人庙来祭奠。

虽然我们不赞成"红颜祸水"这种霸道的说法，但是，不可否认，在许多情况下，尤其是在弱肉强食的时代，美丽的女人，对于无论是她爱的或者是爱她的男人，的确是一杯毒药，饮之未必有益。息夫人和三个男人的故事恰好说明了这点。

　　三个男人为了一个女人，发动了三场战争，致使两个国家灭亡，战死沙场者不计其数，看起来就是一出阴谋和愚蠢混杂的闹剧。说起来，闹剧中的三个男性都应该受到指责，唯有息夫人是彻头彻尾的受害者。然而，就是这样一个无辜多难、貌美命薄的女子，两千多年来，却承受了过多的非议。几乎所有的人都在诘问：息夫人为什么没有勇气和决心去死？比如清代诗人邓汉仪在《题息夫人庙》诗中就有名句"千古艰难惟一死，伤心岂独息夫人"——不去追究息夫人为什么不愿去死，而是人云亦云地叹息"美丽的息夫人啊，你为何如此怕死，空让千年之后活着的我辈伤心？"

　　息夫人错了吗？没有，如果要怪，只怪她生得太美。息侯保护自己的爱人也没错，只可惜他智力不济，用错了手段。然而，覆巢之下无完卵。在那个弱肉强食的年代，息夫人和息侯无论怎么做都不会有完美的结局。我们会为息侯夫妇之间的相互眷顾所感动，尤其是息夫人，为了所爱的人甘愿受辱。她活着，就有了一切的可能。

不伦之恋：文姜和她的哥哥

文姜小时候就是美人胚子，长大后不负重望地成为完全美女。那时齐国正趋于强盛，追求文姜成为各路诸侯的时尚行动。文姜的父亲齐僖公从众多追求者中选中了郑昭公姬忽。原因是姬忽少年英武脾气温和，还曾帮助齐国打退过北戎。

郑国上下听说这门亲事后一片欢腾。有人专门做诗《有女同车》预想迎亲时的美丽画面：

有女同行，颜如舜英。将翱将翔，佩玉将将。彼美孟姜，德音不忘。

此诗记载于《诗经》。

在诗中，文姜（就是诗中的孟姜，孟是排行），像一枝美丽的木槿花美艳动人，她佩带的玉饰随着车子的走动发出清脆的音乐。清风吹动她身穿的华服，就像展翅欲飞的仙女。郑国的百姓们在诗的最后欢呼：国母文姜啊，您不仅带来了美貌，更带来了美德。

可是，未婚夫却忽然悔婚，理由是"齐大非偶"，意思是"齐国门第太高，我高攀不起。"这个词后来演化成成语，成了辞婚的通用借口，也是提倡门当户对者喜欢用的词儿。

姬忽之所以有这个反应，据说是他听到一些传闻，说文姜这个姑娘不太检点，更骇人的是，她与同父异母的哥哥（后来的齐襄公）有私情。

这桩婚事泡汤后，齐僖公在文姜的追求者中挑选了态度积极而消息闭塞的半老鲁桓公做女婿。文姜的哥哥自告奋勇去送亲，目的不言自明。

文姜与哥哥的不伦之情在齐国已不是什么秘密，百姓们认为文姜此番嫁到鲁国是为两国埋下祸根，于是又开始传唱一首歌——《诗经·南山》：

南山崔崔，雄狐绥绥。鲁道有荡，齐子由归。既曰归止，曷又怀止？

葛屦五两，冠緌双止。鲁道有荡，齐子庸止。既曰庸止，曷又从止？

蓺麻如之何？衡从其亩。取妻如之何？必告父母。既曰告止，曷又鞠止？

析薪如之何？匪斧不克。取妻如之何？匪媒不得。既曰得止，曷又极止？

此诗中的齐子指文姜，诗中指责说：文姜此去是嫁郎，可是，为何还要与他（隐晦地指她的哥哥）上床？

文姜的老爹也知道女儿不太检点，为免生事，婚后不许她回娘家。自此，文姜一去就是18年，给鲁桓公生了两个儿子：姬同和姬季友。

齐僖公去世后，文姜那位相好的哥哥即位，即齐襄公。襄公是个念旧的人，他上任后第一件重要外事活动就是邀请鲁桓公来齐国访问，还特别强调：一定要带夫人同往。

已经18年没有回娘家的文姜对此次归国十分急迫，天还没亮就催着夫君出发。《诗经·载驱》中道：

> 载驱薄薄，簟茀朱鞹。鲁道有荡，齐子发夕。
> 四骊济济，垂辔弥弥。鲁道有荡，齐子岂弟。
> 汶水汤汤，行人彭彭。鲁道有荡，齐子翱翔。
> 汶水滔滔，行人儦儦。鲁道有荡，齐子遨游。

诗中"齐子发夕""齐子岂弟""齐子翱翔""齐子游遨"，把齐姜归国的急迫和喜悦心情描述得一览无余。

文姜出嫁时只有十几岁，此时已成长为少妇，正值生命的巅峰期，比起当年不谙世事的小姑娘更是诱人。齐襄公本就是声色之徒，此番见妹妹比当年越发有味道，色心又起。文姜倒也不见得多爱哥哥，当年或许只是年幼无知所为，但她与年老迂腐的鲁桓公度过了索然无味的18年后，当年那段私情便成为唯一美好的回忆。此番见了既是亲人又是昔日情人的哥哥，便又不可遏制地和他爆发了不伦的恋情。

对于文姜不检点的传言，鲁桓公以前多多少少也听到过一些。如今见文姜总是夜宿在哥哥的宫殿，鲁桓公再愚钝也看出点端倪了。于是，他见到文姜后当即质问于她，文姜当然矢口否认，但是鲁桓公的疑心已起，他越想越觉得自己的大儿子长得不像自己，于是大声喝道："姬同不是我的儿子，是齐襄公的儿子！"鲁桓公觉得家国都被眼前这个不要脸的女人毁了，就狠狠地教训了文姜一顿，并决定马上动身回国。

文姜掩面跑到齐襄公那里诉苦，说自己过的不是人过的日子，再也不能忍受了。齐襄公见心爱的妹妹受气，怀恨在心，又害怕鲁桓公回国后实施报复，于是起了杀人的念头。

这一天，齐襄公假意举办送别宴会，宴请鲁桓公。鲁桓公心情不佳，喝酒就多了点，宴会结束时，他已经醉醺醺的了。齐襄公以保护为名，派大力士彭生送他回宾馆，两人坐在同一辆车上。等下车时，鲁国随从们发现，他们的君主死在车里，肋骨被生生拉出来折断了。

这个事明摆着是齐襄公干的，齐姜也脱不了干系。鲁国人很气愤，可是他们国力文弱，用武力打不过齐国，只能强烈要求齐国严惩凶手。齐襄公立刻应允了这事，命令将彭生处死。彭生力大无穷，又有一身武艺，折腾了半天才死，死前针对齐襄公骂了不少难听的话。鲁国人就坡下驴，此事就结束了，立齐姜的大儿子姬同为王，是为鲁庄公。

丈夫遇害，齐姜的处境变得非常尴尬，她在两个国家都没法待下去。她随着鲁桓公的灵柩回国，走到边境时，忽然不走了，说："这里非齐非鲁，我住下正好！"她新当政的儿子和哥哥也都认为，她住在两不管的地方对谁都有好处，于是，齐姜就亦喜亦忧地待在这个两不着边的地方了。齐襄公倒是很高兴，因为他见妹妹更方便了。

这种情况一直持续着，直到齐襄公有一次外出打猎。他发现一只野猪趴在地上，想偷偷靠近射杀它。谁想，野猪突然像人一样站了起来，发出愤怒的怪叫声。齐襄公忽然觉得那野猪跟大力士彭生挺像，顿时吓得汗毛倒竖，撒腿就跑。野猪随后追赶，似乎还隐隐号叫："我是彭生——还我命来——"齐襄公哪里敢停，跑得更快了，路上连鞋子都跑掉了一只。

回到宿营地后，齐襄公越想越窝囊，又没处撒气，就把负责鞋子的官狠狠揍了一顿，责怪他没有把鞋子弄好。鞋官无端受了一顿打，又委屈又怨恨，出来刚好遇到公子无知等人正准备谋反，于是鞋官给他们带路去杀齐襄公。一行人杀进齐襄公的卧室，执刀往床上一阵乱捅，却发现床上没人，只是把被子捅成了蜂窝。原来齐襄公听到门外一阵杂沓的脚步声，感觉不妙，提前一步就躲在门后了。

公子无知等人扑了个空，就骂骂咧咧地准备撤退，忽然看到门下露出一只鞋，于是挥刀乱砍，齐襄公还是被捅死了。这双鞋子一先一后发力，终于把主人弄死了。

齐襄公死后，齐国大乱，先是公子无知自立为王，没过多久也被人杀死。当时齐襄公的两个弟弟公子纠和公子小白正在国外避难，闻讯立即往回赶。当时的情况是，谁先跑回国，国君的位子就是谁的。结果公子小白跑赢了，就是后来的春秋霸主之一——齐桓公。

再说文姜，无可避免地成为迟暮美人。只要她出门，就可以听到街上的行人、田里的农夫和做活的工匠们诙谐地唱歌，歌曲的主人公就是她，她的外号又叫"祸水"……

闪电过后，夜晚会更加黑暗。同理，畸形的爱情，固然刺激、浓烈，过后却是更加的寂寞，甚至尸横遍野。所以，文姜的结局不足为奇。

选错了媳妇：蔡姬与齐桓公

齐桓公虽然贵为春秋五霸之一，但是他的智商似乎并不高，其成功全靠管仲、鲍叔牙这些贤臣。他的最大优点是能够听取意见，从另一个角度看，这也说明他没有主见。所以，有贤臣在的时候，他的事业蒸蒸日上，一旦这些贤臣都去世后，他就开始轻信易牙、竖刁这些小人，最后被活活饿死。更惨的是，他死后，老婆儿子们忙着争权夺利，尸体腐烂发臭也没人管。

这里我们讲讲齐桓公与他的第二个女人蔡姬的事儿。

蔡姬是蔡哀侯的女儿。在息夫人一节中讲过楚王为了息夫人将蔡哀侯擒获的事情，后来，蔡哀侯死在楚国，他的儿子肸（音"西"）复国，也就是蔡穆侯。父亲亡国的阴影让他心有余悸。正值此时，齐桓公称霸，于是蔡穆侯赶紧挑了个好看的妹妹嫁给齐桓公，想以此得到齐桓公的庇护。这个妹妹就是蔡姬。

齐国是个沿海开放城市，甚至还有红灯区（女闾，也就是妓院），所以齐桓公虽然年纪不小，但并不古板。蔡姬年轻活泼，美丽可爱，齐桓公对她宠爱有加，常常带她出去游玩，结果在游玩过程中就出事了。

公元前 657 年的一天，齐桓公和蔡姬在王家园林的湖中泛舟，蔡姬很顽皮，不但故意向桓公泼水，还故意把船荡来荡去，吓唬齐桓公。泼水这事齐桓公笑笑就过去了，可是摇船这事就太吓人了。怎么着桓公也是年近半百的老人了，哪经得住这种折腾。齐桓公吓得脸色苍白，连声大叫"好了，别闹了！"

蔡姬是一个很任性的人，见齐桓公惊惧的样子更加高兴，把船摇得更剧烈了。桓公恐怕吓得不轻，等终于折腾完上岸后，他一脸阴沉地说："明天就把你退回蔡国去。"这话可不是说着玩儿的，第二天果然派一辆马车将蔡姬送回了蔡国。齐桓公这种做法其实只是因为一时之气，并没有说和蔡姬断绝夫妻关系。《左传》中说"未之绝也"，《史记》中说"弗绝"。这说明齐桓公和蔡姬还是有感情的，很可能过两天消了气就把她接回去了。

本来这个事情到了这一步也没什么大不了的，就像小两口吵架，闹几天别扭就好了，但是后面发生了一件不可思议的事情：蔡姬在没有和齐桓公解除婚约的情况下，又嫁给了南边的楚成王。《史记·齐世家》中说，这是因为蔡穆侯对齐桓公把妹妹赶回娘家这件事情很生气的结果。但是细究起来，这个说法并不靠谱。

当初蔡国和齐国联姻，就是为了"背靠大树好乘凉"，虽说楚国也很强大，但是蔡国犯不着放弃一棵已经靠着的大树，去巴结另一棵大树，何况齐国是当时比楚国还大的一棵树。最大的可能是，蔡姬回去后夸大其辞，假说齐桓公休了自己。长沙马王堆出土的帛书《春秋事语》就记载说："（蔡穆侯）今听女辞而嫁之。"

妻子在没有和丈夫解除婚约的情况下又嫁了人，这个事情在开放的春秋时期也是非常严重的，何况是发生在大国之君的身上。齐桓公在面子上、身份上和政治上都丢不起这个人。于是，他率领八国联军(齐、宋、陈、卫、郑、许、曹、鲁)讨伐蔡国。蔡国大败，蔡穆侯被擒，后经多位诸侯出面说情，齐桓公才放了他。

齐桓公想来是打兴奋了，挥师南下，继续讨伐楚国。一来灭灭楚国的威风，二来也排解一下被夺妻的郁闷心情。

当时楚国还不能与齐国抗衡，楚成王很郁闷，派使者去质问齐桓公："你在北海，我在南海，风马牛不相及，你为什么来讨伐我？"成语"风马牛不相及"就出自这里。楚成王这话很有理，齐桓公当然不能说是故意找茬，更不能说是为了报夺妻之恨。这时候管仲出马了。为了凑齐和楚国交战的理由，他把几百年前的姜太公都搬了出来，而且还说出了许多八竿子打不着的理由，比如"楚国为什么不给周王室上贡？"（其实那时候周王就是个木偶，诸侯国都不怎么上贡了）"周昭王南巡到楚国时，为什么死在楚国了？"（这确实是楚人使坏，将周王的船凿漏，让他淹死。但楚国人也不是吃素的，他们的回答也有意思："周昭王已经死了，问我们做什么？你们有本事去问河水啊！"）说白了，讨伐你楚国不是无缘无故的，而是有充分依据的。

管仲嘴厉害，楚国也有能人，屈完就是这么一位。他领兵摆开阵势，好像要和齐国大战一场，但是他还是先用了外交手段。他在阵前对齐桓公说，假如君王用德行征服天下，谁敢不服？如果您非要用武力，那楚国有方城山作为城墙，汉水作为护城河，真打起来，楚国坚守不出，齐国也未必占得了什么便宜。这番话说得有理有据，深深地打动了齐桓公，于是八国联军就坡下驴，与屈完签订了盟约，然后退兵。一场由小舟引发的莫名其妙的战争结束了。至于蔡姬，就留在楚国当夫人了。

　　因为一个女人的任性和"坏脾气"，造成了国家之间兵戎相见，无聊之极，也可看出这个女人的素质有些低下。蔡穆侯摊上这样一个妹妹，齐桓公和楚成王摊上这样一个妻子，真是不幸。联想到现实生活中，如果摊上这样一位伴侣，别说共谱久久恋歌，能平平安安就不错了。讲这个故事，只为有个警示作用。

一见小白误终生：晏蛾儿与齐桓公

晏蛾儿的夫君是称霸一时的齐桓公。《东周列国志》中称她为"贱妾"，事实上，她的地位也确实低下，在庞大的、美女如云的齐国后宫里，她连最低品级都算不上，只是一个与主子有过一夜情的"贱妾"。然而，她却是唯一一个陪伴主人到最后的人。

齐桓公虽然曾经英名盖世，贵为称霸一时的东方霸主，后期却是剑老无芒、人老无刚。多年的霸主身份让他志得意满，加之沉迷于酒色，晚年重用竖貂、易牙、开方这些小人，让他难免变得昏愦了。

要了齐桓公命的是立嗣问题。古时候，王位继承是很敏感的事情，处理不好就可能导致动乱。齐桓公一生有三位正夫人，都没有儿子。于是又置六位如夫人，这六位很争气，各育有一子。齐桓公喜欢公子昭，所以起初欲立他为太子。其他五位公子当然不甘心拱手让位，他们的母亲都大吹枕边风，请求立自己的儿子为太子。桓公耳根子比较软，都含糊答应。如此一来，各位王子都觉得有机会，于是，他们各自拉帮结伙，内斗不止。齐桓公的优柔寡断为日后齐国的危机埋下了祸根。

正所谓人无远虑，必有近忧。齐桓公晚年忽然得病，连名医扁鹊也认为不可救药了。易牙和竖貂一看机会来了，于是假传圣旨，在宫门口挂了一张牌子，说齐桓公听不得人声，任何人不得入宫。他们自己亲自把守宫门，不让任何人进入，单留下他们拥护的公子无亏住在长卫姬宫中，其他公子来问安，一律被挡了回去。围了三天后，齐桓公还没死，易牙、竖貂将宫内的侍卫、宫女全部赶出去，把宫门堵了起来。又在齐桓公修养的寝室周围筑起三丈高的墙，只留一个狗洞大小的洞口，早晚让小内侍钻进去看看桓公归天了没有。

再说齐桓公，躺在床上，动弹不得，呼唤左右，无一人答应，只好大睁着两眼呆呆地看着天花板。正在戚戚惶惶之际，听见"扑通"一声，似乎有人从上面跳了下来，并推窗而入。

晏蛾儿出场了。

齐桓公睁眼一看，进来的女子有些面生。他知道此时不能得罪这个女子，于是不及责难，直截了当地说："我腹中饥饿，想喝粥，快为寡人取来！"

晏蛾儿静静地说："没有粥喝。"

齐桓公又说："有热水解解渴也行。"

晏蛾儿答："热水也不可得。"

桓公想不明白了，自己是一国之君，且是当时最强盛的国家的君主，难道连吃口粥、喝口水都不行吗？他问："为什么？"

晏蛾儿知道他还糊涂着，不晓得发生的一切。她轻轻叹了口气，道："易牙与竖刁作乱，守着宫门，筑起三丈高墙，隔绝内外，不许任何人出入，哪里还有什么粥、水？"

桓公这时候终于明白了自己的处境，他勉强侧头看了看这个女人，问道："那你是怎么进来的呢？"

晏蛾儿略带得意地微笑着说："妾曾受主公一幸之恩，所以不顾性命，跳墙进来，想看看你。"

齐桓公此时并不在意她是谁，他心里记挂的是江山，问："太子昭在哪里？"

"他被那些人挡在外面，不得入宫。"晏蛾儿此时心里一定非常失望，她知道桓公不记得她了。但桓公并没有注意到，他想起了管仲临终前说过的话，也想起了鲍叔牙不让他重用小人的劝解，现在一切都晚了，他怅然叹道："仲父圣人啊，你的见解真是太对了。我不听你的话，才沦落到今天这个地步。"接着大声呼叫："天啊天啊，我小白就要这样死了吗？！"

气息奄奄间，桓公终于记起还有一个女子站在这里，于是感慨道："我有宠妾六人，儿子十余人，现在却没有一个人在眼前。单只你一人送终，深愧平生未曾厚待你。"

晏蛾儿终于微笑了，他即使不认得自己，这句话已足够让她满足了，她真挚而热忱地说："主公请保重，万一不幸，妾情愿以死陪送主公！"

可惜桓公根本没听见她的情誓，他在思考死后的事情："我现在死了，没有灵魂还好。如果真有灵魂的话，有何面目去见地下的管仲！"说完，用衣襟盖住自己的脸，连叹数声而绝。

这个男人连死都不跟她打声招呼。面对一具冷冰冰的尸体，晏蛾儿痛哭失声。她想呼唤，奈何墙高无人听见；她想越墙而走，奈何墙内没有垫脚之物。她想体面地安置这个只给了她一夜的男人，却也无能为力。她能做的只是把自己的衣服解下来盖住他的尸体，又摘下两扇窗板盖住，权当作了掩埋。而后，她在床下叩头说："君魂且勿远去，待妾相随。"说完，撞柱而死。

虽然她知道他从来没把她放在心上，甚至这辈子没跟他说过几句话，但是她还是以死相随，只为一夜之恩，一句之谢。

晏蛾儿死后，《东周列国志》中还有一段传奇的后续故事。话说，当夜，公子昭为不得进宫见父亲而闷闷不悦，似梦非梦之间，见一妇人走了进来，对他说："大祸将至，太子还不速走。我晏蛾儿，奉先公之命，特来相报。"说完推了昭一把。昭很惊奇，与亲信一合计，估计凶多吉少。于是昭趁夜逃亡，躲过一劫。

齐桓公死后，几个儿子忙着争夺王位，桓公的尸体在床上放了 67 天，一直无人理会，以至尸虫都从窗口爬了出去。直到无亏即位后，才将老爹的尸体收殓。曾经不可一世的霸主落得这个下场，实在可怜可叹。

晏蛾儿爱齐桓公吗？也许爱，也许不爱。毕竟，仅仅一夕欢情，谈爱是奢侈的。但是，她还是甘愿以死相报——尽管那个主子未必值得她这样做。

想说她是愚忠，却说不出口。如果她是全身心地爱着他，以死相报又何妨？假如齐桓公没死，他或许会投入她的怀抱吧。

高山流水遇知音：田倩与管仲

现如今，妓女、妓院是个人人喊打的物什，但在历史上，这两个事物存在已久，而且曾经一度合法化。人们普遍认为春秋时期，齐国的相国管仲是妓院的创始人。

管仲任齐桓公的相国时，齐国的国力还比较薄弱，生产也不发达。管仲一上任就采取了一系列措施来富国富民，开设妓院以增加税收就是措施之一。妓院开办后，王公贵族们趋之若鹜，税款源源不断。加之管仲治国有道，齐国在他做相国五年之后就大治。

管仲虽然一手创办了妓院，自己却从未有空踏足。一日，他稍有闲暇，偶然兴起，决定带几个侍从去妓院看看。

相国到来，受到的自然是最高规格的接待。领班传下话去："传田倩进见相爷！"片刻之后，便见一位十七八岁的女子在几支火把的照耀下，袅袅婷婷地走了出来。火把照耀处，只见她秀发披肩，容颜俏丽，举止文静娴雅，说话燕语莺声。管仲不由心喜，立即用手扶她起来，并叫她陪酒随侍。

这田倩不但生得貌美，见识也不一般。说起来也是出于书香之家，祖父和父亲都是乡间读书人，后因家贫进入妓院，艳帜高张，许多王公贵族以见她一面为荣。管仲与她一见之下，甚是投机，自此一有闲暇必到妓院，每到妓院，只召田倩。

一日，管仲再次来见田倩。谈兴正酣时，只见田倩敛容起身，深深向管仲一揖，管仲吓了一跳，赶忙起身相扶，问："美人你这是干什么？"只听田倩说："我跟相爷交往了这么长时间，认为您是一位值得托付终身的伟男子，我愿意今后跟随在您身边，为您扫地洗衣。"管仲问："我有什么好的，起初只不过是长公子纠的遗臣，后来幸亏得到当今国君的重用，每天起早贪黑，辛苦地处理国事，整天提心吊胆。而你就不同，世家大族、王公贵族都倾慕于你，如果跟了这些人，你可以安享百年，不用理会朝廷中的钩心斗角之事。如今你却说要跟随于我，这不是舍弃椿楠而取菌草吗？"

田倩闻听此言，微微一笑，道："你所说的是俗女子的想法。华屋美衣，是每个人都喜欢的，甚至有人不惜牺牲生命去追求。王公贵族们当下的确很富有，可是，因为他们承袭祖上的基业，以为富贵是他们理所应当拥有的，所以不懂得珍惜，却没有想到，天道无常，现在的风光并不可靠，说不定什么时候灾难就来了。再说，百年后，齐国是不是存在都很难说，更不要说居高位的人了。"

管仲没想到一个风尘女子能有如此见识，当下纳之为如夫人，也就是小妾。

想来管仲起初也只是觉得田倩有别于一般庸脂俗粉，仅限于此，但是一件事让他对这个小女子彻底刮目相看。

当时有个叫宁戚的人非常有才，他想要见齐桓公，却苦于没有门路，最后只好住在齐国都城临淄，边打工边等待机会。不久，机会终于来了。有一天，齐桓公到城郊视察，在东门外休息。宁戚恰好牵着牛路过那里（更可能是特意在那儿等着），于是故意一边敲着牛角一边高声唱："浩浩乎白水！浩浩乎白水！"这歌唱得有点悲，引起了齐桓公的注意，他让管仲前去看看怎么回事。宁戚什么也不说，只是反复吟唱那一句话。

管仲虽然很聪明，却也不是无事不晓，他想不明白宁戚这句话是什么意思。管仲是个很认真的人，为了想明白这件事，一连五天不上朝。田倩看到丈夫整天不出门，一脸忧愁，有点心疼，就问："夫君你五日不上朝，而且整天忧心忡忡的，敢问是因为国事让你伤神吗？能跟我说说吗？"管仲答："我是有些事情没搞清楚，跟你说也没用。"他的意思很明显："别烦我，忙着呢。"不料田倩微微一笑，接着道："小女子在家的时候，听家父说过，不要因为一个人年纪大就认为他老迈无用，不要因为一个人出身微贱就认为他无能，不要因为一个人年纪轻就认为他不懂事，也不要以为一个人看起来柔弱就以为他没有才干。十步之内，必有芳草，十里之内，必有知音。小女子认为，家父说的这番话颇有几分道理，不知相爷以为然否？"

管仲没想到眼前这个小女子能说出这样一番话，有点惊讶，也有些摸不着头脑，就问："此话怎讲？"

田倩解释道："当年太公望70岁时还在商的首都朝歌街头以杀牛和做小贩糊口，80岁才被周文王发现并拜为国师，后来在90岁高龄时帮助周武王灭掉了商纣，建立了周王朝。再比如，商朝的开国贤相伊尹，最初也不过是个奴仆，后来却帮助商汤灭了暴君夏桀，建立商朝。还有三皇五帝时代的大禹从小就被贤人皋陶称赞，还有一个叫驩兜的人，生下来七天就比他母亲身形还大。从世俗的角度看，他们属于老弱病残，可是他们不都做了一番事业吗？"

田倩为什么要说这么一大段话呢？原来，她早就听说了宁戚的事情，知道管仲因为什么发愁，也知道宁戚是个不可多得的人才。她怕丈夫嫌宁戚地位低下而轻视他，那样齐国将会失去一位难得的人才。所以先搬出姜尚、伊尹等以前的大人物压场，意思是告诉管仲英雄莫问出处。

管仲见田倩小小年纪，竟然有如此不同凡响的见解，对她的喜爱愈甚，不由得将事情的来龙去脉详细说了一遍，然后问她："那你认为宁戚这句'浩浩乎白水'究竟是什么意思呢？"

田倩听后嫣然一笑，说道："相爷难道没读过《诗经》吗？《诗经》中有'浩浩白水，儵儵之鱼，君来如我，我将安居？国家未定，从我焉如？'据说食儵鱼可以令人忘忧，宁戚将他自己比成一条还在水中的儵鱼，他是想为国效力啊！"

田倩一语道破天机，管仲不由肃然生敬。停了一下，田倩又接着说："常言道：'单丝不成线，独木不成林'。相爷您自上任以来，为了使齐国强大，呕心沥血，但孤掌难鸣。宁戚是个人才，如果招入朝中，可以成为您的得力助手。那个时候，岂非龙乘云，虎生风，您治理国家更为得心应手？"

这句话正说到管仲的心坎上。管仲这时心花怒放，料不到竟然在风尘之中觅得一位能为他排难解忧之人，他对田倩又敬又爱。第二天管仲回报桓公，盛赞宁戚的才干，齐桓公又多了一位治世的能臣。

以上情节出自西汉刘向的《列女传》，故事发展到宁戚为官后就停止了，想来，两人应该过着平静而幸福的生活。

在一些文学作品中，他们的故事要复杂得多，但结局大体相似，都是说，田倩与宁戚产生了感情，可惜罗敷有夫，两人只能相看泪眼。

文学作品，真真假假，聊作参考。

恩爱的伴侣首先要相互倾慕。所谓倾慕，先要倾心，次要钦佩，而后才会爱慕。倾慕与气质有关。气质这东西由智慧、能力、魅力以及与之相关的各种元素组成，其中当然包括容貌、地位，但对有眼光的人来说，容貌和地位是最不重要的。

但凡大智慧的人，都比较喜欢成熟贤德的女人（宠爱美女是另一回事）。刘墉在一篇文章里说"女人呐，最能干的有'帮夫运'，最幸福的有'旺夫运'。"田倩无疑就是一个帮夫又旺夫的女人，相似的例子还有诸葛亮的丑妻黄月英。只是，有几人有管仲、诸葛亮这样的智慧？

田倩和管仲的故事说明了一个道理：一个人选择配偶的眼光与其智商成正比。管仲与田倩无疑都是高智商的人。而上面提到的齐桓公可以作为反例。

驯夫记：怀嬴与重耳

怀嬴是秦穆公的女儿。嬴是秦国王室的姓（比如秦始皇就叫嬴政），因为她嫁给晋怀公，所以叫怀嬴。后来，她又嫁给了晋怀公的二叔晋文公，即重耳，所以又叫文嬴。

怀嬴与重耳的渊源要从重耳的父亲晋献公说起。

想当年，晋献公宠爱骊姬。这个女人权力欲极强，为了让自己的儿子继承王位，在献公面前诬陷其他太子。

重耳是二王子，只要哥哥不出意外，王位跟他没什么关系，所以他也不特别上进。史书上说他谦而好学，善结交贤能智士。其实，春秋时期的公子们都有收纳门客的喜好，所以他的这个举动不见得有什么特别之处。他就这样无病无灾地混到了42岁。古人到了这个年龄也算高龄了。按理说，他的下半生也就这么不好不坏地过下去了。谁知，树欲静而风不止，骊姬可不想放过他，她在献公面前诬陷说太子申生和重耳、夷吾三兄弟合谋要害死晋献公。昏庸的晋献公竟然相信了，并且要处罚这哥仨。太子申生不愿意出逃，自杀明志，重耳和夷吾见势不妙赶紧出逃，各自逃到他们母亲娘家的所在国避难。

骊姬的阴谋没有得逞，献公一死，她和儿子就被大臣们杀了。当时有能力为君者只有重耳和夷吾。重耳和手下人一合计，认为凶多吉少，所以拒绝回国。夷吾当时在梁国，他决定回国继位，于是向秦国借兵，条件是割地给秦国。

夷吾本来是个贤德的好小伙子，但是权力欲会让人变质。夷吾当了国君后马上变脸，不但霸占了自己的嫂子，禁止其他公子归国，还耍赖不给秦国土地。这一下不但得罪了秦国，也得罪了晋国内部的人。这件事让秦穆公很恼怒，但他也没采取什么报复的行为。但是，晋惠公不知收敛，再次冒犯秦国。公元前647年，晋国大旱，晋惠公向秦国借粮。秦国许多人不赞成借粮，劝秦穆公趁机讨伐晋国，穆公没同意，决定借粮。他说了一句话："其君是恶，其民何罪！"秦穆公是秦国历史上标杆性的人物，春秋霸主之一，这一句话足见他确实堪配拥有天下。

说来也巧，秦国借粮的第二年，秦国也发生了灾荒。这是个千载难逢的改善秦晋关系的机会，可是晋惠公采纳手下大臣的昏招，非但不借粮，反而以德报怨，出兵攻打秦国。

是可忍，孰不可忍？秦国的国力本来就是打出来的，说打就打。公元前645年，两国爆发了著名的韩原（山西河津县、万泉县之间）之战。战况非常惨烈，最后晋军大败，晋惠公被俘。本来秦穆公要杀了晋惠公祭天，最后幸得秦穆公的夫人穆姬出面，以自己和孩子的命相求，才算救了晋惠公的命。（穆姬是晋惠公的姐姐，也有人认为是晋献公的姐姐）。

晋惠公这一次学乖了，不但割地给秦国，还主动附送一个大礼包，就是将太子圉送到秦国当人质。说是人质，但是太子圉所受的待遇不错，还娶了秦穆公的女儿为妻，就是怀嬴。

公元638年，晋惠公病重，太子圉或许是怕秦国不放他回国，耽误他继位。也可能是在国外待久了，怕国人把他忘了，从而失去了王位继承权。于是，他化妆成羊皮贩子，偷偷回国。临走前，他与怀嬴有一段话别。《史记》《烈女传》里说得比较啰唆，《左传》里则很简洁。

公子圉说："跟我走，好吗？"

怀嬴答："您是晋国的储君而屈辱地住在秦国，回去是应该的。父王让我来伺候你，就是让你别离开秦国。跟你回去，就是违抗父王的命令，所以我既不敢跟你走，也不会告发你。"

这段对话中深切地表达了这个有着怪异个性的男人对自己妻子的爱恋，以及妻子对丈夫的那份真情。

太子圉独自走了。他赶上了葬礼，毫无争议地当上了晋国国君，就是晋怀公。怀嬴的第一段婚姻就以被丈夫甩了而结束。

其实太子圉完全没有必要这样做贼似地不告而别，秦穆公既然将女儿嫁给他，肯定是打算拥立他回国即位的。他这一走，反倒坏了大事。

秦穆公没想到晋国这对父子都是一路货色，知恩不报，过河拆桥，于是决定把这个昔日的女婿拉下王位，给他点颜色看看。秦穆公四处打听，听说晋怀公的二叔重耳正在四处流亡，就托人找到他，说："你到我们秦国来，有好事！"

重耳这个时候已经在国外流亡了十几年，能去的国家几乎都去过了。在流亡的路上，他饱尝人情冷暖，受尽侮辱。比如他流亡到曹国时，曹共公听说他的肋骨连成一片，于是在重耳洗澡时偷看他的裸体，让重耳倍感耻辱，并怀恨在心。还有一次，他向一个农夫讨饭，结果被农夫嘲讽，请他吃土。又有一次，他饿急了，还吃过忠心随从的大腿肉（当然是在不知情的情况下）。当然，他也受过宅心仁厚的君主的施舍，比如齐国、宋国、楚国。

秦穆公召唤重耳时，他正在楚国骑虎难下。事情的起因是，有一天，楚成王在酒席宴上问他，假如他以后当了晋国国君，如何报答自己。重耳说："万一晋国和楚国之间发生战争，我愿意命令军队撤退三舍（即九十里）。"这就是成语"退避三舍"的出处。在场的楚国大臣都很不高兴，大夫子玉当即建议楚成王杀了重耳，以免留下后患。楚成王没有采纳子玉的意见，但明显不太高兴。就在这个时候，秦穆公的召唤来了，算给重耳解了围。

重耳来到秦国后，秦穆公一下子把同宗的五个女儿都嫁给了重耳，这五位女子中有一位是太子圉的妻子怀嬴。这种嫁女儿的方法是史无前例的，一方面是秦穆公下血本笼络重耳，另一方面应该也是为了讲排场，尤其怀嬴是再嫁，不能弄得跟打折货似的。

重耳对这个曾经的侄媳妇有些鄙夷，于是他推托说："我都六十出头了，你家闺女还年纪轻轻，娶她不太好吧？再说，她还是我的侄媳妇。"

穆公说："别提你那个侄子了，反正你就放心接受我的安排吧。"

重耳不敢说什么，但心里还是觉得别扭。他的随从司空季子劝导说："我们将来都要去讨伐你侄子的国家，娶他的妻子有什么大不了的。我们是来求秦国帮忙的，应该不拘小节才是啊。"于是，重耳只好强作欢颜接受了怀嬴。

怀嬴是个很识大体的女人，婚后很谦恭地服侍重耳，但重耳却想着法刁难这个二婚的女人。重耳让怀嬴伺候他洗脸，这本来是媵妾应该做的，可是怀嬴忍了，天天这么伺候重耳。可是重耳还是嫌弃她。有一次，重耳洗完手后，故意不擦手，而是甩来甩去把手上的水甩掉，水珠甩到了怀嬴的脸上。

此情此景，再懦弱的女人也忍不了了，何况怀嬴也不是好欺负的。郁积多日的恼怒让她火往上撞，她把盆子"呼"的一声摔到地上，怒道："秦晋两国不相上下，你凭什么看不起我？"说完，就往外走。

重耳十几年被人欺负，这次好不容易觉得可以欺负一下别人，没想到怀嬴看似柔弱，骨子里却也是如此的强横，一下子害怕起来。重耳带来的晋国随从在外面也听见了里面的吵闹，吓得不敢吱声。见怀嬴怒气冲冲地出来，害怕事情闹到秦穆公那里去，就赶紧拉住她，再七手八脚地脱了重耳的衣服，用绳子将其反绑，跪在怀嬴面前请罪。

从后来的事态发展来看，怀嬴没有把这件事情告诉秦穆公。

"洗脸盆风波"让重耳清清楚楚地认识到怀嬴是自己复国的关键人物，从此怀嬴从身价暴跌的弃妇变成了不得不小心对待的贵人。一个公主敢于像市井泼妇一样发飙，并一战永胜，叫人佩服。这就叫"女人不狠，地位不稳"吧。

夫妻和好之后，怀嬴没有摆出一副趾高气扬的表情，而是适时换上小女人之态。她委屈地替自己表功道："我爹还不是看中你将来能够成就大业，才不惜工本资助你。你要是知好歹，我一定全力帮扶你。"

这是一个十分重要的信息！重耳当然知道秦穆公为什么召他来秦国，并且如此厚待于他，但秦穆公什么也没说，所以一切只是猜测。怀嬴的话证实了他们的猜测，重耳赶紧和他的随从讨论眼下的局势。大家都认为，重耳登基的机会来了，不能再等了。

不久后，他们在一次吃饭的时候向秦穆公捅破了这层窗户纸，秦穆公很快借兵给重耳。公元前 636 年，重耳在秦国军队的护送下渡过黄河，回到祖国，被众强族拥立为君，是为晋文公。至此，重耳已阔别祖国长达 19 年。晋怀公，也就是怀嬴的前夫不久后被杀。

重耳在早年的流亡途中，一边跑一边娶，可谓妻妾成群。怀嬴是最后一个被娶，却是最早一个被迎的夫人，而且是重耳亲自到黄河边"逆夫人嬴氏以归"，"逆"就是迎娶的意思。重耳亲自去"逆"，可见规格之高。

怀嬴的陪嫁规格也超乎寻常，除了豪华的嫁妆，还带了 70 位美子做陪嫁，让晋国人看傻了眼。怀嬴第二次出嫁，算是挣足了面子。此后，她在史书中的名字改为文嬴。重耳对怀嬴很冷淡，但他不敢不尊重怀嬴。这固然是因为他不敢惹怀嬴的娘家，但也与怀嬴得体的强硬有关。他对重耳的侮辱没有逆来顺受，说明她是一个懂得维护自己尊严的女人，是一个值得尊重的女人。

二婚的身份还是给怀嬴带来了伤害。重耳死后，他与另一个妻子所生的儿子晋襄公继位。晋襄公死后，贾季想立怀嬴的儿子为国君，但是被赵孟反驳了回去，理由是怀嬴地位低下是个贱妾，他的儿子没有威望，而她曾经伺候过两代君王（晋怀公和晋文公），可见她是个淫荡的人。其实，明眼人都知道，怀嬴绝对不是个淫荡之人，她只是一个命运坎坷，却不甘于命运的女人。

怀嬴嫁入晋国后，在历史上留下的最后一抹重彩是在崤之战后。当时秦晋再次爆发战争，秦国大败，三个统帅被俘。怀嬴动之以情，晓之以理，说动晋襄公释放了三个统帅，算是和当年穆姬抗议杀晋惠公的事情打了个平手。

爱情不是请客吃饭，但是对于有野心的人来说，爱情关乎着吃什么样的饭，这就是政治婚姻。政治婚姻的双方难免会因为利益的前提而显出尴尬，也往往会因为双方的地位而分出高下。所以，人们普遍认为政治婚姻没有感情可言。怀嬴恐怕是不爱重耳的，而重耳铁定不爱怀嬴。作为妻子，怀嬴算是不幸的，但作为秦国的外交人员，她很好地完成了自己的使命。

女人的心思你别猜：宋襄夫人与公子鲍

宫廷中的爱恨情仇往往沾有血腥，有女人参与的宫廷争斗往往扑朔迷离。女人的恨有多大的杀伤力？女人的爱又会对男人有多大的帮助？下面这段历史或许能回答这个问题。

宋襄夫人，顾名思义是宋襄公的夫人。

宋国是春秋战国时期一个比较特别的国家。从外部讲，国土属四战之地，四面开阔，易攻难守；从内部讲，内乱不断。宋国的历史可以说是由鲜血染成的。

宋襄公是宋国的第十六任君主，他的王位是在一连串的宫廷杀戮后得到的。但是有趣的是，他并没有争位，而是其他公子让来让去，让到他头上的。更有趣的是，他后来还位列春秋五霸。

其实，宋襄公这个霸主当得名不符实，齐、楚这些大国根本不买他的账。在那个靠武力排座次的年代，宋襄公非但没有可炫耀的战绩，相反，唯一一次主动出击也是铩羽而归，并且最终丢了性命。毛泽东甚至就此评价他是"蠢猪式的仁义道德"。

这个事件非常有趣，简单回顾一下。

话说有一年宋襄公与楚军在泓水作战。宋军已摆好了阵势，楚军还没有全部渡过泓水。担任司马的子鱼建议趁楚军还没有全部渡过泓水，杀他个措手不及。没想到宋襄公说："不行。"楚国的军队全部渡过泓水还没有摆好阵势时，子鱼又建议宋襄公下令进攻，宋襄公还是回答说："不行。"宋军就这样看着楚军渡河并摆好了阵势以后，宋襄公才下令进攻，结果宋军大败，宋襄公大腿受伤，他的护卫官也被杀死了。

宋国人听到自己的国君如此窝囊，纷纷指责他。宋襄公却振振有词地说："我们是仁义之师。有道德的人在战斗中，不会去杀已经负伤的敌人，也不俘虏头发斑白的敌人。古时候指挥战斗，不会凭借险要的地势取胜。我虽然是已经亡了国的商朝的后代，却不会去进攻没有摆好阵势的敌人。"

宋襄公在泓水之战的次年就死了，他的儿子宋成公即位。17年后，成公死，他的弟弟御杀了太子自立为君。宋国人对御的这种行为非常不满，又杀死了御，立成公的小儿子杵臼为王，这就是宋昭公。此时的宋国已经乱成了一锅粥。这个时候，宋襄夫人出场了。

宋襄夫人是周襄王的姐姐。虽然当时周王室已经没有什么实力了，但是，瘦死的骆驼比马大，周王室作为天子，在诸侯中还是有一些品牌效应的。所以，宋襄夫人的来头挺大。

虽然宋襄公很"废物"，但是宋襄夫人却是一个非常厉害的角色，她一直在暗中培植自己的势力。宋成公在世时，对她就非常忌惮。宋昭公继位后，对公子御的事件记忆犹新，他认为旧贵族势力对国家的安定团结威胁很大，于是决定下手削减他们的势力。

这件事情从长远考虑是正确的，但是昭公操之过急，连自己人都不赞成。但宋昭公一意孤行，对叔叔辈的诸公子动了杀心。那些贵族王孙们不愿乖乖束手待毙，纷纷起来造反，攻占了宋昭公的宫殿。昭公动作快，跑了，但是朝廷里的大小官员却杀了一大批。后来经过宋国六卿出面调停，宋昭公算是保住了王位。

事情看上去摆平了，其实不然，有一个人对他咬牙切齿，此人就是宋昭公的奶奶宋襄夫人。说是奶奶，其实不是嫡系的。

宋昭公一直认为宋襄夫人是旧贵族势力的核心人物，想要铲除旧势力，必须先要干掉宋襄夫人一党。这个想法也不能说错，但是宋昭公在实施计划上出了问题。他把对宋襄夫人的厌恶明白地挂在脸上，对她不太礼貌。这让宋襄夫人很不高兴，谁都能猜到宋襄夫人恨上了宋昭公。不过，宋襄夫人比昭公成熟多了，她没有直接找昭公算账，而是小火慢炖，一点点地折磨宋昭公。

公元前619年，也就是宋昭公元年，宋襄夫人设法杀死了宋昭公的亲信公子昂、孔叔和公孙钟离三人，致使宋昭公的力量大大削弱。这明显是一场报复行为。最后有人出来说和，将事件定义为误会。宋昭公吓得不轻，哪敢追究，事情不了了之。宋襄夫人算是出了一口恶气。

宋襄公去世时，宋襄夫人还很年轻，不久就跟公子御有了地下情。公子御死后，宋襄夫人也不过四十出头，不甘寂寞的她又瞄上了另一个人。此人是宋昭公的弟弟公子鲍，论辈分是宋襄夫人的孙子。

比起整天想着铲除王公贵族的宋昭公来，公子鲍简直就是天使。《左传》里说"公子鲍美而艳"，是《左传》里排名第二的美男子。不但长相招人喜欢，公子鲍还是个"慈善大使"。他到处访贫问苦，礼贤下士；在宋国饥荒的时候，他主动拿出自家的粮食来赈济灾民；按时给70岁以上的老人送东西；对于那些没落的贵族们，他慷慨周济。公子鲍还很善于与当朝权贵搞好关系，每天都要去六卿家里拜访，沟通感情。

公子鲍的善良、大度当然不是出于一片赤子之心，他亲近旧贵族，体恤百姓的目的就是取得他们的支持，有朝一日除掉宋昭公，自己即位。

公子鲍是人见人爱的香饽饽，宋襄夫人对他尤其痴迷，于是主动出击。作为一个道德高尚的、完美的人，公子鲍是不会接受这种乱伦之爱的，他断然拒绝了宋襄夫人的追求。一次不成，两次不成，数次不成后，宋襄夫人放弃了，不过，她并不生气，反而更加喜欢这个男人。她决定要帮助公子鲍，夺走宋昭公的宝座。

同样是孙子辈，同样不待见自己，宋襄夫人的态度却截然相反，对一个孙子恨之入骨，对另一个孙子爱入骨髓。没有理由可讲，只能说昭公倒霉了。

公子鲍没有想到他能得到宋襄夫人的支持，于是乐得躲在幕后，利用她的威信为自己办事。宋襄夫人全力帮助公子鲍，连自己压箱底的嫁妆都拿出来资助他，逢人就说公子鲍好，结果宋国人都说公子鲍好。

时间过得很快，转眼到了昭公九年，宋襄夫人从四十多岁到五十多岁，她与公子鲍的关系变得更加纯粹。如果说以前想干掉宋昭公是为了报仇，现在则纯粹是因为喜欢公子鲍。

公元前 611 年冬，宋襄夫人觉得时机已经成熟，打算在宋昭公打猎时，趁机杀了他。宋昭公提前知道了这个杀人计划，基本上所有宋国人都知道这个计划。司城荡意诸给昭公出主意："要不要跑到别的诸侯国去躲躲？"宋昭公无奈地说："老百姓不喜欢我，大夫们不喜欢我，连奶奶都不喜欢我，哪家诸侯会接受我呢？更何况我本来是一国之君，现在却跑到别人那里做臣子，这是丢人现眼，还不如死呢！"说完宋昭公把携带的宝物全都赐给了手下的亲信，让他们各奔前程。

从这件事能够看出，宋昭公是个很够意思的人，也是个明白人。他知道他的政治目的很难实现了，死亡只是个早晚的事，所以愿意选择有尊严地死去。

宋襄夫人意识到宋昭公周围还有像荡意诸这样的忠臣保护着他，这样下手会很不方便，于是就想策反他，让他离开宋昭公。可是荡意诸是个忠义之人，他断然拒绝了宋襄夫人的威逼利诱。打猎的那天终于到了，宋昭公按照原计划出去打猎。还没有到地点，就被宋襄公夫人派来的人杀了，荡意诸也以身殉主。

昭公死后，公子鲍在宋襄夫人的支持下即位，是为宋文公。宋文公是个传统意义上的好君王，他乐善好施，关注民生，亲昵亲族，尊重长辈。但是，宋文公对于旧贵族的宽容和优待政策，使得贵族间的争斗日趋激烈，大大消耗了宋国的国力。这使宋国一直处于病态之中，再也没有缓过来。

宋昭公在历史上评价不太好，一个重要原因就是削减贵族势力。可是，假如宋昭公的策略成功的话，宋国一定会在后世摆脱贵族专权的影响而逐渐强盛起来。可惜，宋国终究失去了一个摆脱旧贵族势力的机会，走进了死胡同。这一切，只因为一个女人的爱恨情仇。呜呼哀哉！

女人的感情有时很极端，对于不喜欢的人会讨厌到底，对于喜欢的人则会爱入骨髓，即使他伤害过自己。女人的恨可以把你送到地狱，女人的爱也可以把你送到天堂。

想起了一句歌词："女孩的心思你别猜，猜来猜去也猜不明白。"这可能就是女人的智慧，一种世界上最难搞懂的智慧。而那些轰轰烈烈的爱情故事之所以轰轰烈烈，很多时候也正是因为女人的这种难以捉摸的情感走向。

血色浪漫：项羽与虞姬

秦朝末年，项羽在下相（今江苏省宿迁市）杀了县长起兵，打到吴县时遇到了虞姬。虞姬不但貌美如仙，而且书画歌舞，无一不精。在那个时代，美女易得，才女难求。项羽被虞姬的美貌和才华所倾倒，当即将她纳入帐中。项羽当年二十出头，意气风发，挥斥方遒，虞姬被楚霸王的英雄气概所折服，对他也是一见倾心。英雄美人，天造地设。此后，项羽转战南北，总把虞姬带在身边。她分享了项羽的威风，也分享了项羽的荣耀。

虞姬的具体姓名不可考。有人说，虞是她的姓，也有人说虞是她的名。正如她的名字一样，虞姬在史书中少有踪迹。在四面楚歌之前，史书中根本找不到她的影子。可见，她是一位善良纯洁的女孩，从没有干涉过政治，从没有在西楚王朝扮演过使人注目或使人迁怒的角色。

直到西楚政府覆亡之际，她横空出世，而且留下一抹如彗星般璀璨的光芒。

公元前202年初春，经过四年的楚汉交锋，项羽从绝对的强势转为下风，最后，他在刘邦大军的追击下率军撤至垓下。当时楚军的处境非常困难，十万大军被刘邦的西汉大军层层包围，进退无路，士兵越打越少，粮食也快吃完了。更糟的是，虽然项羽是军事天才，但他的对手是天才中的天才——韩信。

楚霸王四年十二月，韩信率三十万大军向困守垓下的十万楚军发起最后的进攻，楚汉展开决战。经过一天的激战，项羽的楚军虽然作战勇猛，但既没有退路，又没有援兵，最后只有不到两万伤兵退回阵中。

晚上，为了瓦解楚军的斗志，刘邦命士兵高唱楚国的歌谣。项羽正在帐中辗转反侧，忽听汉军四面大营皆有楚歌声，大惊道："难道我们的疆土全部陷落了？为何楚人这么多呢？"满怀愁绪之下，项羽起身在营帐中饮酒，虞姬在旁陪伴，他的爱马乌骓也在帐外长嘶。此情此景让项羽百感交集，世界之大，已无他容身之地。酒过三巡，项羽慷慨悲歌，歌曰：

力拔山兮气盖世，时不利兮骓不逝。骓不逝兮可奈何，虞兮虞兮奈若何！

歌词大意是：我的力量能拔起大山啊，我的气概能压倒当世，可惜时势不利啊，乌骓也不再飞驰！乌骓不再飞驰，我该拿它怎么办？虞姬啊虞姬，我该拿你怎么办？！项羽反复吟唱，歌中满含对虞姬的不舍。虞姬心碎了，她含泪起身为项羽舞蹈，一面舞，一面以歌唱和："汉兵已略地，四面楚歌声；大王意趣尽，贱妾何聊生？"（歌词大意是：汉兵已经到了楚地，四面都是楚歌，大王的意气已经尽了，我还为什么要活在世上呢？）

为了激励项羽的斗志，断绝项羽的后顾私情，虞姬趁其不备，举剑自刎。死时不过二十余岁。抱着爱人的尸体，项羽流下热泪，他在尸体倒处掘土成墓，把虞姬安葬。历史上，虞姬只在这一晚露面，就像一颗流星，刹那间呈现，又刹那间消失。只为后世留下了一段可歌可泣的事迹和一个唯美的"虞美人"调。

埋葬了虞姬后，项羽选了八百战士，趁夜突围。退至乌江时，自觉无颜见江东父老，自刎于乌江。其时尚不足 30 岁。

"英雄美人，情关难留。是什么时代什么样的人，才能完成这个梦。我本有心，我本有情，奈何没有了天，爱恨在泪中间，聚散转眼成烟。秋风落叶愁满楼，儿女情长谁捉弄，这次孤行没人相送，看来只有挥挥衣袖。飘啊飘啊飘的风，吹的是谁的痛，欠山欠水欠你最多，但愿来世有始有终。"

——这是一部电视剧的主题曲，片名叫《末代儿女情》，恰契合了霸王和虞姬的这段荡气回肠、悲情入骨的爱情。人生得一知己足矣，何况还是相濡以沫的红粉知己。从爱情的角度看，虞姬遇到了知己，为爱而亡，光芒万丈；霸王得一痴情不渝的红颜知己，死而无憾。

当爱已成往事：卓文君与司马相如

卓文君是西汉汉武帝时期的才女，家住四川临邛人，也就是今天的四川邛崃。按今天的说法，卓文君是含着金汤匙出生的，父亲卓王孙是当地首屈一指的大富豪。她本人的资质也相当的出众，美丽聪明，才华出众，不但善写诗文辞赋，琴也弹得很好。可惜的是，这样一个拔尖的女子却被父亲安排了一桩政治婚姻，17岁时嫁了一个病人，半年后便成了寡妇。

就在她在娘家守寡期间，遇到了生命中最重要的男人——司马相如。

司马相如是蜀郡人（今四川成都），是汉武帝时期的大文豪，与史学家司马迁并称，有"文章西汉两司马"之说。不过，这两人的遭遇却不能够同日而语，司马迁一生忍辱负重，司马相如却是名利双收，而且还留下一段千古佳话，佳话的另一个主人公就是卓文君。

司马相如这个名字是他自己取的，小时候他的父母怕他有灾，给他取的小名叫"犬子"。他识字后读了蔺相如的故事，颇为钦佩，便更名为司马相如。司马相如的小时候家境不错，在汉武帝的爹汉景帝当皇帝时，他靠家族的财富当上了汉景帝的武骑常侍（骑兵侍卫）。司马相如的强项是辞赋，可惜汉景帝不喜爱赋。所以，在景帝时期，司马相如的才华得不到施展，干得很郁闷。后来，汉景帝的弟弟梁孝王来京，随同他一块来的有邹阳、枚乘、庄忌等人，他们都是辞赋高手，司马相如和这几位甚是相投。于是，他投到梁孝王门下，去了梁国，写出了让他声名鹊起的《子虚赋》。

然而好景不长，不久梁孝王病死，门客各奔东西，司马相如也回到家乡成都。当时相如家道中落，他又没有什么谋生的手段，过得穷困潦倒。这个时候，他的好朋友临邛县令王吉邀请他去临邛做客，司马相如欣然前往。

一场"琴挑"的浪漫剧由此拉开帷幕。

司马相如到了临邛后，王吉将他安顿在驿馆之中，好吃好喝，还每天都恭敬地去看望。司马相如对这位密友的态度却很不友好，起初还见见他，后来，县令来访，一律谢绝。司马相如越是谢绝，王吉越是恭敬。由于司马相如和王吉的举动有些蹊跷，有人认为，这是司马相如和王吉两人故意布的一个局，图谋对象是才貌双全又有个富爹的卓文君。

不管此猜测是否属实，王吉和司马相如这一闹，果然引起了首富卓王孙的注意。他很想见识一下这位让王县令如此尊敬的人物，于是在家中备下盛宴，要好好款待一下这位贵客。

到了宴请这一天，王吉县令和上百位宾客都已经入席，但是，司马相如推说有病，拒绝赴宴。陪客都到了，而主宾却不赏脸，这让卓王孙很难堪。最后还是王吉亲自登门去请，司马相如才勉强来了。

酒至半酣时，王吉把一张琴恭恭敬敬地送到司马相如面前，请他弹一曲助兴。王吉此举也颇有深意。据《史记》记载，司马相如有一个生理缺陷，就是结巴，但是，他的文章写得好，还弹得一手好琴，据说他所用之琴"绿绮"是传说中最优秀的琴之一。可见，王吉之所以让司马相如赋琴而不是让他发表演讲，是有意让他扬长避短。

司马相如一再推辞，最后盛情难却，就弹唱了一曲。《史记》中没有说弹了什么曲目，根据陈朝徐陵所编的《玉台新咏》记载，司马相如当时弹了一曲《凤求凰》：

> 凤兮凤兮归故乡，遨游四海求其凰。
>
> 时未遇兮无所将，何悟今兮升斯堂！
>
> 有艳淑女在闺房，室迩人遐毒我肠。
>
> 何缘交颈为鸳鸯，胡颉颃兮共翱翔！
>
> 凰兮凰兮从我栖，得托孳尾永为妃。
>
> 交情通意心和谐，中夜相从知者谁？
>
> 双翼俱起翻高飞，无感我思使余悲。

因为此辞的记载出现甚晚，所以后人怀疑这首辞是汉代的琴工假托司马相如所作。由于没有证据证明，所以只好存疑。

一曲弹罢，全场宾客叫好，更打动了在门外偷听的卓文君。卓文君也是琴瑟高手，司马相如的琴声和歌声让她如痴如醉，再挑帘偷偷一看，但见司马相如相貌堂堂，内心更是十二万分仰慕。

司马相如早就听说过卓文君的艳名，只是苦于无缘相见。他知道卓文君深谙音律，所以这首琴曲是有意唱给卓文君听的，而且果然一击而中。

酒宴结束之后，司马相如派人用重金买通卓文君的侍女，婉转向卓文君表达了爱慕之意。此后两人互通书信，一来二去，感情日渐深厚。一天夜里，勇敢的卓文君终于不顾世俗和礼教的约束，与司马相如私奔回成都。卓王孙一听女儿私奔，大怒道："这个不孝之女如此不争气，我不会杀了她，但绝对不会给她一分钱财。"亲戚朋友相劝也无济于事。

再说卓文君到了成都才发现，司马相如太穷了，除了四面墙，什么都没有。两个年轻人立即感受到生活的艰辛与窘迫。卓文君自幼长于豪门，富日子过惯了，时间一长就受不了了。她建议司马相如和自己回临邛，在那里，哪怕是向她的兄弟们借点钱，也足以维持生活。

司马相如同意了爱妻的意见。两人回到临邛后，卖了所有家当，凑钱开了个酒店。卓文君亲自站在前台卖酒，司马相如则系着大围裙，和伙计们一块儿洗碗打杂，当起了店小二。首富的女儿、女婿当街卖酒，这可是件大事，当地人都去看热闹。卓王孙听说此事后觉得实在丢人现眼，都不好意思出门了。

卓文君这个做法恐怕是有意让卓王孙丢脸，逼着他退一步接受自己和司马相如。果然，卓文君的长辈和兄弟们看不下去了，纷纷去找卓王孙说情："文君已经跟了司马相如，生米已然成了熟饭，不承认也不行了。司马相如虽然穷了点，但也算个人才，还是王县令的座上宾。更何况，卓文君毕竟是你的女儿，你家中又不缺钱，又何必如此不依不饶呢？"

卓王孙万般无奈，只好花钱消灾，给了卓文君他们一大笔钱和几百个仆人，让他们赶紧关门走人。司马相如和卓文君一拿到钱，立即关闭酒店，打道回成都，买田买地，富甲一方。

司马相如"琴挑"卓文君的传奇佳话，算是有个相对圆满的结局。

有了钱，司马相如和卓文君着实过了一段太平岁月，两人感情愈来愈好。不过，司马相如不事生产，又别无长技，两人坐吃山空，终于生活又走到了绝境。卓文君倒不灰心，她知道司马相如是有才华的。当时汉景帝已死，汉武帝继位。有一天，汉武帝失宠的皇后陈娇派人找上门来，给了司马相如一大笔钱，让他代笔写一篇感人的文章，以挽回失败的婚姻。写赋是司马相如的强项，他以陈娇的口吻写了一篇《长门赋》。此赋轰动京城，也深深打动了汉武帝。此赋没有替皇后挽回皇帝的宠爱，却让司马相如得到了汉武帝的赏识，自此声名大噪，官运亨通。

生活好了，司马相如和卓文君的感情却开始有了变化。两人成婚多年，感情也渐趋平淡，司马相如当官后，渐渐沉迷于享乐，经常周旋于脂粉堆里。再加上卓文君一直没有生下子嗣，司马相如年纪渐长，对这件事情愈来愈介意，最后决定纳妾延续香火。纳妾在当时是常见而且合法的，但是对于卓文君来说，当年她为了爱几乎与家人决裂，在她的生命里，这份爱深刻并且纯粹，她不可能与另一个女人分享丈夫。如果她对于此事无动于衷，也就不是那个敢于反抗封建礼教的奇女子。

然而，卓文君并没有与丈夫大吵，而是选择了走避他乡。临走前，他给丈夫留下了感人的《白头吟》：

> 皑如山上雪，皎若云间月。
> 闻君有两意，故来相决绝。
> 今日斗酒会，明旦沟水头。
> 躞蹀御沟止，沟水东西流。
> 凄凄复凄凄，嫁娶不须啼。
> 愿得一心人，白头不相离。
> 竹竿何袅袅，鱼尾何徒徒。
> 男儿重义气，何用钱刀为。

诗后又附信，其中写道："朱弦断，明镜缺，朝露晞，芳时歇，白头吟，伤离别，努力加餐勿念妾，锦水汤汤，与君长诀！"

卓文君在诗文中回顾了两人当年曾经不顾一切地相爱，并且一起经历无数高低起伏、喜怒哀乐的情形。同时也表示了自己对丈夫喜新厌旧、违背当年盟誓的反对。她态度鲜明地表示，如果你另娶新欢，我就和你分手。司马相如看完一诗一书后，回想与卓文君当年的恩爱，忽然意识到，他与卓文君是用了全部的生命去爱彼此，这样的爱不可能让另一个人共享。而他与卓文君的共同经历，是别的女人无法复制的，于是，他终于打消了纳妾的念头，把卓文君接了回来，两人和好如初，更加恩爱，"从此过上了幸福快乐的生活"。

有人根据法律得出一个有趣的结论：法律规定 18 岁可以参军，婚姻法规定，男子 21 岁才能结婚。由此推论，打仗比结婚容易。又因为"打江山容易守江山难"，所以守护爱情就更难了。这虽然是趣谈，倒也说出了实情。

有科学家研究发现，两个人产生爱情是因为体内产生了一种相互吸引的物质，这种物质一般最多只能存在一年半。也就是说，爱人之间，只有一年半是纯粹因为爱情而相互吸引的，剩下的时间则是由其他的因素维系的，例如亲情、责任心。

如何维护爱情？卓文君提供了很好的借鉴。当遭遇爱情危机时，不必一哭二闹三上吊，也不要放弃追求，而是要用智慧化解困境。如果每一个女人都能学到卓文君的智慧和坚持，负心汉就会少多了。这样的女人也一定能得到她所要的爱与人生。

娶妻当娶阴丽华：阴丽华与刘秀

纵观历史，说起处理两性关系的高手，阴丽华绝对算得上一号，对于她，不能不叹服：太高明了，也太可怕了。这里的可怕不是贬义，纯粹是感叹。

阴丽华是东汉开国皇帝刘秀的第一个妻子，也是刘秀最爱的女人，但不是第一个皇后，原因是她的背景不够显赫。

刘秀虽然是汉高祖刘邦的九世孙，但是在遇到阴丽华时，只不过是一个小地主。因父亲去世得早，自幼是在南阳（今湖北枣阳）的叔叔家里长大的。刘秀和同住南阳的姐夫邓晨非常谈得来，有一次，他去拜访邓晨，在那里遇到了与邓家有亲戚关系的阴丽华。阴丽华号称新野第一美女，比刘秀小九岁多，当时也就十几岁。此女不但貌美，品位也不俗，虽然家境殷实，却很喜欢"简单生活"的调调。阴丽华的美貌对刘秀的冲击很大，以至于立下心愿："当官当做执金吾（官名），娶妻当娶阴丽华"。刘秀长得一表人才，而且性格持重、温和，阴丽华对这个没落贵族也颇有好感。

两人见面后不久，刘秀参加了反抗王莽的义军，并且屡立战功，威望日隆。在这一段不算短的时间里，刘秀一直未娶，阴丽华一直未嫁。

刘秀是和哥哥刘縯一起参加义军的，由于他们兄弟俩屡立战功，声望日起，遭到义军首领更始帝刘玄的猜忌。刘玄找了个借口杀了刘縯，刘秀的处境十分危险。这个时候，刘秀显示了他"多权略"的政治家面目。他不但没有造反为哥哥报仇，反而主动承认错误，并且不办丧，不吊孝，并且决定立即与阴丽华结婚。更始帝目光短浅，再说刘秀平时为人低调、恭顺，加之四方战事未平，所以刘秀不但没有被害，反而升官当了武信侯。

公元 23 年 6 月，刘秀怀着复杂的心情在宛城迎娶了多年来朝思暮想的佳人阴丽华。这一年，刘秀 29 岁，阴丽华 19 岁。哥哥刚死，弟弟却敲锣打鼓地娶亲，这是有悖于伦理的，甚至会受到责骂，刘秀所承受的压力可想而知。但最有压力的还是阴丽华。

阴丽华在当时嫁给刘秀是要冒极大的政治风险的。当时刘秀处于乱世危局，阴丽华很可能会受刘秀的牵连而丧命。但阴丽华毅然嫁了过来，并且在刘秀最低潮的时候，陪在旁边排解，让刘秀在惊涛骇浪中得到一丝安宁。

刘秀是重感情的人，他对这段乱世感情念念不忘。11年后，阴丽华的母亲与弟弟被流寇所杀，刘秀在诏书中引用古语道："将恐将惧，惟予与汝。将安将乐，汝转弃予"，就是说："惶恐危难的时候，只有我和你在一起，现在安乐富贵了，你却将我抛弃了。"这是刘秀借用阴丽华的口气来表达自己的自责，对阴丽华只能列为"媵妾"的身份表达一种深深的内疚。可见，刘秀对当年阴丽华在宛城中陪伴自己度过那段人生中最为惶恐煎熬的时光一直念念不忘。

时间再回到两人新婚之时。

两人结婚三个月后，刘秀受更始帝所遣去了洛阳，刘秀开始考虑摆脱刘玄的控制。为了让刘秀没有后顾之忧，放手另图大业，阴丽华独自回到新野娘家。新婚燕尔就要承受自身难保的恐惧与战兢抚慰自己的丈夫，还能放他走出去成就大业，年纪轻轻的阴丽华显示了超过一般女人的心胸和心机。

送走阴丽华后，刘秀想办法骗得刘玄的信任，带着自己的几百人马渡过黄河，一路招抚流亡之徒，数月内就在河北一带打出了名堂。在真定（定县）这个地方，刘秀遇到了一个劲敌——拥有十万大军的真定王刘扬。常言道，杀敌一万，自损八千。如果硬拼，刘秀就算赢了，损伤也势必惨重。好在刘扬对刘秀的才干非常钦佩，愿意主动归附，但是有个条件：跟刘秀联姻。为了避免流血，刘秀娶了刘扬的外甥女郭圣通。就这样，刘秀在与阴丽华婚后仅数月，为了大业，就又隆重地迎取了他的第二位夫人。

作为刘扬的外甥女，郭圣通给刘秀带来的是刘扬兄弟三人的十万大军，这个贡献是巨大的。郭圣通本人也足够完美——出身高贵，气质高雅，年轻漂亮，美丽温柔，才艺兼通。郭圣通的外公是汉景帝的七世孙，说起来她与刘秀都是汉室宗亲，同为汉景帝之后，从血统的正嫡性上看，她比刘秀还要高贵。

在刘扬大军的支持下，刘秀很快平定河北，整个黄河以北的广大地区尽归刘秀。公元25年，刘秀公开与刘玄决裂，在河北镐城称帝，史称东汉。郭圣通也恰逢此时为刘秀生下长子刘疆。刘秀对郭氏非常宠爱，封她为贵人。贵人在汉是仅次于皇后一级的嫔妃。对郭圣通来说，似乎春风得意。可是她遇上了阴丽华，而刘秀偏偏对阴丽华感情深厚，所以她们之间早晚会发生冲突。

刘秀称帝后不久就夺取了洛阳。刘秀发迹于东方，所以决定以洛阳为都城。定都之后，他开始考虑立皇后的事。从出身和贡献来讲，很显然，郭圣通为后是理所当然的，但是，刘秀想把皇后之位封给阴丽华，于是星夜让人去接阴丽华。两个陌生的女人在洛阳见面了。

阴丽华娇美异常，显然，她不是郭圣通想见到的人。阴丽华何尝不是。两年前，丈夫在新婚三个月后就离她而去。如今好不容易再聚，却是物是人非。昔日的夫君不但登基称帝，身边还多了一个她不曾相识的女子和一个儿子。阴丽华此时的心情可想而知。在这种心境下，如果是一般女人听到丈夫愿意立自己为正妻，一定会欢天喜地接受，何况是当一国之母。可是阴丽华却坚持不肯受封，她说："困厄之情不可忘，而况郭贵人已经生子。"刘秀当时也确实困窘，郭圣通不但已为自己生下了长子刘疆，背后还有舅舅的十万大军，这股力量不容小觑。没办法，封后之事暂缓，郭、阴两人同封为贵人。

　　这时候，上天给了阴丽华被封后的理由——郭圣通的舅舅刘扬谋反，刘秀派人诱杀了刘扬三兄弟，并收编了十万大军。这事之后，刘秀虽然没有深究郭家的责任，但找到了立阴丽华为皇后的充分理由。不想，阴丽华再次拒绝了，她说自己没有孩子，而长子刘疆神似刘秀，理应做太子，为了不伤害孩子，刘疆的母亲做皇后更合适。

　　在阴丽华的再三推让下，建武二年（公元 26 年），郭圣通坐上了皇后的位置，作为女人，她终于走上了人生的巅峰。但是，作为妻子，她在刘秀的心目中完全输给了阴丽华。为了弥补对阴丽华的亏欠，刘秀决定大封阴丽华的兄弟，阴丽华再次拒绝了，这让刘秀对阴丽华更感到歉疚。

　　当封后拜天的仪式结束后，刘秀和盛装的郭圣通返回内宫，阴丽华按照妾室的礼仪向郭圣通行三叩九拜之礼，刘秀在旁边难堪无比，如坐针毡。郭圣通是个聪明人，他看看身边的丈夫，突然发觉了丈夫眼里的不安。那是一种内疚到痛苦的表情。这让她感到心中一紧。

　　后宫女人的名分总算定了下来，但天下未定，她们的夫君还要四处征战。刘秀称帝后又过了六年多东征西讨的日子，他担心阴丽华在宫中受委屈，每次出征都带着阴丽华。亲密无间的接触让两人的感情日益深厚，这期间，阴丽华也有了自己的儿子。

　　阴丽华本来就是刘秀的最爱，郭圣通与刘秀间则带有大量的政治因素。随着天下平定，刘秀没有太多顾忌了，郭圣通也从最初的"有宠"开始"宠衰"。丈夫的表现让深居宫中的郭圣通担忧。本来她很有自信，无论是相貌还是对刘秀的帮助，她都自觉超过阴丽华。她曾经以为自己拥有了尊位就会得到刘秀更完整的爱，谁知道恰恰相反，阴丽华的这次让位，让她获得了名分却输掉了爱情。现在的局面让她惶惶不安，阴丽华不但时时陪伴在丈夫身边，还有了儿子。她认为阴丽华必定会趁机谋求皇后之位，还会立自己的儿子为太子。

就在这个时候，又发生了一件意外的事。

公元 33 年，一群盗贼半夜闯进了阴丽华乡下的娘家，将阴丽华的老母亲和弟弟都杀害了。为了安慰爱妻，刘秀下诏追封阴家爵位，并将阴家被害之人按侯爵的礼仪安葬。这种做法虽然有些过火，但也无可厚非，问题是刘秀在诏书里把当初阴丽华让后之事给捅了出来。诏书一出，全天下人都知道郭圣通的皇后之位是阴丽华让出来的，这让郭圣通觉得很难堪。再加上刘秀平时总说阴丽华的儿子刘庄"类己"（像他自己），对郭圣通的儿子刘疆免不了训斥几句。这些都让郭圣通觉得刘秀与阴丽华另有企图。

疑神疑鬼让郭圣通最后终于爆发，她开始歇斯底里地反抗。一个变成怨妇的女人是可怕的。她无法冲着阴丽华发泄怨气，就把矛头对准了其他嫔妃和宫女。阴丽华当然明白是怎么回事，于是主动移居洛阳外的宫室。这一举措在郭圣通看来，是阴丽华博取刘秀同情的把戏，于是更加疯狂，整个后宫被她闹得鸡飞狗跳。

一个名门淑女最终变成了怨妇和悍妇。

刘秀当然明白她的怨恨，所以来个眼不见为净，任由她胡闹。可是，郭圣通恶待不是自己亲生的儿女，则犯了刘秀的大忌。前朝吕后的故事太可怕了，刘秀无论如何不能让自己心爱的阴丽华变成第二个戚夫人。作为开国皇帝，刘秀也决不允许一个女人挑战自己的威严。终于，郭圣通在闹了三年后被废，阴丽华成为皇后。这一年是光武十七年，郭圣通当了 15 年的皇后。刘秀在废后诏书中称："皇后经常心怀怨恨，违背妇德，不能抚养其他人的儿子，不能教诲他们成长。后宫里面的婢女们见了她，好像鸽子见了鹰。她既没有后妃之德，却有吕后、霍后的风格。怎么可以托孤呢？"诏书中又说"阴贵人是乡里好人家的女儿，嫁给我的时候，我还是平民。现在告诉祖宗，把她封为天下之母。换皇后并非好事，也不是国家的福气，大臣们不要上书庆祝了。"

事已至此，一切已成定局，郭圣通只能交出皇后的玺绶，黯然离开她住了 16 年的洛阳南宫宫殿移居北宫。好在刘秀为人仁厚，阴丽华也没有赶尽杀绝。所以，郭圣通的结局并不太惨，她没有被打入冷宫，而是被封为沛太后，她的兄弟也都封爵。也许这个时候，郭圣通才明白，自己的对手绝不是一个地主的女儿，而是个聪明得可怕的王者。尤其是她善待了失败者，那是多么可怕的自信。比之前朝的开国皇后吕后对待失败的戚姬，那又是怎么样的自信。

郭圣通彻底失败了，甚至连累了她的儿子——郭圣通被废后，刘疆让出太子之位，由阴丽华的儿子刘庄接替。11 年以后，郭圣通抑郁而亡。17 年后（公元 57 年），刘秀病逝于洛阳，24 年后（公元 64 年）年正月阴丽华也去世了，与刘秀合葬于原陵（今河南孟津）。一场牵涉三个人的感情纠葛完全落幕了。

其实，郭圣通原本不错，无论美貌还是才华都不输于阴丽华，她本来可以成为历史上著名的贤后。可惜她遇到了情商超级高的阴丽华，所以注定永无出头之日。如果遇到这样的女人做情敌，退出吧。

阴丽华并不坏，甚至堪称道德典范，可是不能不承认她有心机。阴丽华的经历说明，有些爱，可以很巧妙。遇到情感困扰时，不妨学学阴丽华吧。

奈何明月照沟渠：刘备和他的夫人们

刘备是三国时期三巨头之一，蜀国的开国皇帝。按祖谱来算，刘备的祖先是中山靖王刘胜，是皇室宗亲，可惜到了他这一代，家业败落到只能与母亲一齐贩履织席来维持生活。刘备这个人从小胸怀大志，喜好结交豪侠人物。东汉末期，战乱不已，各个地方的地主豪强纷纷招兵买马用于自卫，有的投机者则企图趁着兵荒马乱捞取政治资本。刘备就是这样一个人物，他倚靠"中山靖王刘胜之后"这个头衔，不仅招兵买马，还娶妻纳妾。

看过《三国演义》的人都知道，刘备有一句经典名言："兄弟如手足，妻子如衣服。"在他的一生中也基本上履行了这句名言。作为丈夫，他丢过很多妻子。其实，纵观刘备的一生，其最大的特点之一就是丢东西：作为枭雄，丢徐州、丢荆州；作为兄长，丢关羽、丢张飞。作为丈夫和父亲，丢妻子和儿子。总之，关键时刻，为了保命什么都可以丢。

据说刘备命中克妻，他在老家曾"数丧嫡室"，至于"数"是多少，不得而知，总之，他的老婆数量不少。史书有名的要从甘夫人算起。

甘夫人是刘备屯兵徐州沛郡时所纳的妾。因为刘备的嫡妻先后丧生，甘夫人便以嫡妻的身份摄掌内事。甘氏是当地著名的美女，肌肤如玉，刘备曾把一尊三尺高的白玉人放在床头，比喻甘夫人皮肤白皙。甘夫人劝刘备不可玩物丧志，于是刘备撤去玉人，群僚们称赞甘夫人为"神智妇人"。

刘备屯兵小沛是因为他曾经帮助徐州太守陶谦击败过曹操的进攻，后来陶谦几次要将徐州让给刘备，刘备坚决不要，只是在徐州下辖的小沛安营扎寨。公元194年，陶谦身死，刘备接管徐州。这时候，他又娶了当地富商糜竺的妹妹为妻，即糜夫人。糜竺是陶谦手下的重要幕僚，他嫁妹妹是因为觉得刘备可成大事。他不但将妹妹送给了刘备，而且将家产倾囊而出充作军资。这使得穷困潦倒的刘备重振了军威。或许就是因为这个原因，糜夫人虽然在甘夫人之后进门，但她的身份是妻，而甘夫人是妾。

虽然这两个女人一个贡献重大，另一个惹人爱怜，但刘备丢起来却都毫不心软。

196年，刘备接管徐州不到两年，就被吕布夺了去。刘备只好投靠曹操，在曹操的说和下继续屯兵小沛。一年后，吕布再次攻打刘备，刘备大败，单身逃走，甘夫人被俘。后吕布被曹操所败，甘夫人才又回到刘备身边。

建安五年（公元 200 年），曹操与袁绍之间的官渡之战爆发，当时刘备站在曹操的对立面。结果，刘备被曹操打败，刘备再一次只身逃走，甘、糜二位夫人再一次被抢走，同时还丢了两个结拜兄弟——关羽和张飞。所幸关羽护着两位嫂嫂，并且不惜为了保护她们暂时投向了曹操，这才使得两位夫人没有受辱。后来关羽听说刘备流落到了袁绍那里，遂带着二位夫人离开曹操回到刘备的身边。

安稳的日子没过几年，208 年，长坂坡之战再次打破了甘、糜二位夫人的清静。这个时候，甘夫人已经生下儿子阿斗，就是后来的蜀后主刘禅。

这一年，曹操亲自率军南下进攻荆州。当时荆州牧刘表病逝，其次子刘琮即位后不战，驻扎在樊城的刘备闻讯后急向江陵撤退，民众十余万随行。曹操精骑追击，在长坂坡追上刘备军队。刘备军一触即溃，刘备弃民先走，令张飞率二十骑断后。甘、糜二位夫人以及幼子阿斗都陷于乱军中，幸亏赵云七进七出，救出甘夫人和刘禅，糜夫人身负重伤，不愿拖累赵云，跳进枯井身亡。当赵云九死一生将甘夫人和刘禅送到刘备面前时，刘备惺惺作态，要摔死阿斗，原因是差点伤了他兄弟的性命。甘夫人因为这次事情，受惊成疾，一年后离开人世，年仅22岁。

作为一代枭雄，刘备之心黑脸皮厚、能屈能伸，确实有可取之处。但是作为丈夫，作为一个男人，其之不负责任太过了。

甘夫人、糜夫人在兵荒马乱中死去后，刘备又与东吴缔结了一桩政治婚姻。

早年曹操欲扫平江南的时候，孙权出于无奈与刘备合作。当时刘备没有立足之地，向东吴借荆州暂时栖身，约定以后归还。赤壁之战后孙权想讨回荆州，刘备以各种理由再三推托。荆州在今天的湖北境内，所辖之地不但物产丰饶，还是军事重地。那个年代，一城一池都是用血换来的，所以孙权根本无法接受刘备借荆州而不还的事。但是，刘备有一个无往不胜的利器：哭。孙权一提归还荆州的事，刘备就放声大哭。当时刘备已经在诸葛亮的辅佐下有了相当强的实力。讲道理不行，打也不行，弄得孙权一筹莫展。最后，东吴的大都督周瑜提议，趁刘备丧妻之机，将孙权的妹妹孙尚香许配给刘备作继室，但声称吴国太夫人舍不得这个最小的女儿远嫁，请刘备来东吴完婚。事实上，成婚是假，趁刘备过江之后加以拘禁，逼诸葛亮拿荆州来换是真。

这就是三十六计中最温柔狠毒的"美人计"。

当时三国之中，刘备的实力最弱，曹操最强。鉴于此，诸葛亮提出"联吴抗曹"的战略方针。当孙权传达了欲结秦晋之好并共同抗曹的意见后，刘备一方自然是求之不得。诸葛亮也看出孙权的联姻暗藏杀机，他想将计就计，刘备却有些疑虑，但拗不过诸葛亮的一劝再劝，只好在大将赵子龙的保护下来到吴国。

孙权和周瑜的计划眼看可成，没想到却因为吴国太搅局而功亏一篑。原来，刘备留了个心眼，没有直接去吴国首都，而是先在京口停了下来。他先去拜访东吴重臣鲁肃，再贿赂乔国老，更讨好吴国太，在甘露寺内与吴国太见了一面。当时刘备虽然年过半百，然而身体魁梧，相貌堂堂，有龙凤之姿。吴国太是丈母娘看女婿，越看越喜欢，就真的将他招为女婿，使圈套、陷阱遍布的相亲事件演变成一桩圆满的政治婚姻。

成婚那天，一百多个侍婢簇拥着孙尚香与刘备参拜天地，如此大的场面让刘备又惊又喜。送走了前来贺喜的宾客后，刘备喜滋滋地进入洞房来见美娇娘，不想一踏入新房就倒抽了一口冷气，但见洞房里摆满刀枪剑戟，侍婢们都佩剑侍立在一旁，只见腾腾杀气哪有半点喜气。刘备吓得腿脚发软，哆哆嗦嗦地问："这是做什么？"侍婢说："我家郡主从小喜欢练武，一向是兵器随身。"刘备说："今夜是洞房花烛的好日子，还是将这些暂时拿开得好。"坐在床边的孙尚香撇撇嘴，道："你打打杀杀了大半生，难道还怕兵器吗？"刘备确实有点怕，但毕竟是久经沙场的枭雄，于是故作镇定、昂首挺胸地走进内室。

孙尚香当时只有 20 来岁，正值青春妙龄，人也长得端正，让她嫁给一个年过半百的老头子，而且是有求于自己哥哥的老头，想来心里不太乐意，至少心存鄙夷之情，所以洞房中杀气腾腾的氛围或许是她故意营造的。此时一见刘备，见对方不但丝毫不显老态，还隐隐有王者之气，不觉变了心情。虽然这段婚姻掺杂了浓厚的政治成分，然而在温馨的洞房花烛之夜，一切政治因素在男欢女爱的冲击下，都暂时抛到九霄云外去了。

周瑜和孙权没想到竟然弄假成真，好不郁闷，于是决定将计就计，再出一计。他们决定将刘备软禁于东吴，用金钱美色消磨刘备的斗志，用距离分化刘备与关、张的兄弟之情，让诸葛亮有计也传不过来，而后待时机成熟之时再分兵击之。于是，孙权为刘备夫妻大修府第，派了众多女乐服侍，还时不时赠送金玉等好玩之物。吴国太和孙尚香以为孙权是好意，高兴得不得了。刘备戎马半生，每天过着提心吊胆的生活，如今饭来张口，衣来伸手，花天酒地，其乐融融，于是"乐不思蜀"，全然不想回荆州的事儿了。

再说跟随他来东吴的赵云见刘备沉迷于温柔乡中，甚是着急，于是根据诸葛亮临行前的计策，谎称曹操正准备杀奔荆州。刘备这才惊醒，去找孙权辞行。当时周瑜不在身边，孙权不好不放，况且刘备早将吴国太哄得团团转，另外他也想让刘备驻守荆州作为曹魏和东吴之间的缓冲，于是让刘备带孙尚香回了荆州，随行的还有一大批士卒。等周瑜从外地回来后，已经来不及阻止了。此事件演化出了一句俗话：赔了夫人又折兵。客观地说，孙刘联姻对于孙权来说还是功大于过的，据说曹操听说此事后，吓得将笔掉在地上，此后数十年对孙刘都不敢轻举妄动。

由于她的特殊地位，孙尚香随刘备回到荆州后，始终保持着进退自如的处境。她虽然也有温存的一面，但日常倚仗兄长的势力不把刘备放在眼里，不仅刘备身边的大将都怕她三分，刘备也不敢违忤，必须时刻防备这位夫人手中的刀剑。她从东吴带来的吏卒，在蜀地纵横不法，也没人能够约束。

联姻这件事虽然告一段落，但荆州之事一直悬而未决。孙权对归还荆州之事一直紧追不放，刘备则能拖就拖，根本不想归还荆州。于是孙权便趁刘备西征入川的时候，悄悄给妹妹写信谎称吴国太病重，让孙尚香带着阿斗回东吴，想用阿斗换回荆州。孙尚香不辨真伪，匆匆携阿斗登船要回吴国，张飞、赵子龙闻讯追赶拦截，把刘阿斗留下了，放孙尚香一人回东吴。孙尚香到了东吴后才知道吴国太根本没有病。从此以后，孙尚香留在了东吴，被迫还是自愿不得而知。

刘备听说孙尚香回东吴后，也有些不舍，毕竟一日夫妻百日恩，但想起平日里提心吊胆的感觉，所以也没派使者去东吴迎接孙尚香。此后二人再也没有见面，这桩政治婚姻大约维持了三年。

孙夫人一去，吴蜀关系恶化，围绕着荆州上演了一幕幕的悲剧。

话说刘备当时在蜀中站稳了脚跟，孙权觉得要武力收回荆州希望渺茫，因此又故伎重施，决定再玩一次政治联姻。这一次，他希望与镇守荆州的关羽结为儿女亲家，讨关云长的女儿做儿媳妇，不想被关羽以"虎女焉配犬子"的理由拒绝。孙权气得不轻，在经过周密的准备后，吴国年轻的将领吕蒙趁关羽出兵伐曹的机会，使了一个"白衣渡江"之计，轻取关羽。关羽败走麦城，身首异处。之后，张飞也被部将所杀。随后刘备不听诸葛亮的劝阻，倾全国之兵讨伐东吴，为关云长、张飞报仇，却被东吴大将陆逊火烧连营。刘备逃回白帝城后愧悔交加，悒郁而死。

孙尚香在东吴听到刘备的死讯，百感交集。她亲至长江边上祭奠，而后投江殉情而死。孙尚香本来是带着使命完成了一桩政治婚姻，最终却落入"嫁鸡随鸡，嫁狗随狗"的世俗轮回之中。可惜的是，她虽最终决定以死来表示对刘备的一心一意，但刘备对她依然抱持"妻子如衣服"的理念，她也不过是刘备众多女人中的一个。

在孙尚香之后，刘备还有一位夫人姓吴名苋，是蜀汉大将吴懿的妹妹。刘备称帝后立吴氏为皇后，吴后去世后葬入刘备的惠陵，谥号穆皇后。当年早亡的甘夫人因为是阿斗的母亲，被后主刘禅追谥为昭烈皇后，与刘备合葬在一起。如此看来，在刘备的众多"衣服"中，孙尚香是最不受待见的一件。

中国历史是一部以男人为主体的历史，女人们鲜有露面，而三国时期更是男人的天下，女人只不过一个符号。即使是貂蝉这样流芳千古的女子，也不过因了是政治博弈中一个重要的棋子而声闻后世。假如遇到刘备这种把事业放在头等地位的男人，他们的女人们就只能落得"衣服"的下场。专注于权力的人，往往胸纳天下，没处容得儿女情长。好在，今天的女人们有随时改变命运的能力和环境，不必在一棵树上吊死了。

道是无情却有情：蔡文姬与曹操

蔡文姬，名琰，东汉末年女诗人，著名琴家，《胡笳十八拍》就是她的传世作品。蔡文姬和曹操相识，是因为蔡文姬的父亲蔡邕。蔡邕是东汉末年极负盛名的学者，俨然是当时的文坛领袖，当地名人经常出入蔡府，曹操就是其中一位。曹操比蔡邕小 22 岁，二人却惺惺相惜，成为忘年交，"有管鲍之好"。曹操在洛阳为官时，是蔡家座上客，当然注意到了蔡家漂亮的小女儿蔡文姬。文姬从小见识的都是名士，耳濡目染，加上天资聪颖，是实实在在的才女一枚。史书称她"博学而有才辨，又妙于音律"，6 岁时，父亲在隔壁弹琴，无意中弹断了一根琴弦，她居然能听出是第一根弦弹断的声音。父亲惊讶之余，又故意把第四根弦弄断，竟然又被她听了出来。有才就算了，蔡文姬还出落得花容月貌，所以求亲者络绎不绝。

然而，这位才女却与曹操无缘，在她待嫁之时，曹操一直在外征战，生死悬于一线。蔡文姬 16 岁时嫁到河东世族卫家，丈夫卫仲道是出色的大学子。夫妻二人才学相当，恩爱异常。可惜好景不长，结婚一年以后卫仲道便咯血而亡，文姬还没来得及生下一儿半女。卫家认为是文姬克死了丈夫，心高气傲的文姬不顾父亲的反对，毅然回到娘家。

红颜薄命，只不过，这个时候的蔡文姬还只是一般女人的不幸。假如幸运，她可能会再遇到如意郎君，最坏也只是过着平淡的寡居生活。可惜她生于乱世，父亲的高位不但不是福，还让她受到牵连。改变她命运的那个人是司徒王允。

东汉末年，政府腐败，官逼民反，终于酿成黄巾起义。后来朝廷发生内讧，西凉军阀董卓渔翁得利，进军洛阳，把持朝政。为了巩固政权，董卓刻意笼络名满洛阳的蔡邕。蔡邕起初称病不出，董卓以灭族相逼，无奈之下，蔡邕只好走入仕途。董卓对蔡邕十分看重，三周内让他官升三级，最后获封高阳侯。

后来，以司徒王允为首的大臣设计杀了董卓。董卓待蔡邕不薄，董卓死后，蔡邕叹了口气。这本在情理之中，可惜王允心胸不够宽广，他认为蔡邕怀念董卓的私恩，忘了作臣子的大节，是董卓的同党，所以把蔡邕治罪，又因为怕蔡邕在史册上给他胡扯，竟将他害死在狱里。

大厦倾倒，蔡文姬真正的不幸开始了。

骤遭家难后，无依无靠的蔡文姬只身一人回了老家。然而，天下大乱，何以为家？蔡文姬只能随着难民到处流亡。趁着中原内乱，四周的少数民族部落伺机掳掠中原，文姬与许多妇女被掳到南匈奴，这年她才23岁。到达胡地后，经过一番磨难，她被匈奴左贤王纳为王妃，并且生了两个儿子。

　　文姬在胡地一住就是12年。在这期间，曹操东征西讨，横扫北方，当上宰相，挟天子以令诸侯，成为实权人物。天下初定，曹操终于有闲情考虑其他了。他曾经也多方打探忘年交蔡邕的唯一后代蔡文姬的下落，但一直没消息。公元208年初，曹操的大军平定了乌桓。这次北伐的胜利，极大地震摄了周边少数民族政权，南匈奴派代表团来到中原请求修好。就在接待南匈奴代表团的过程中，曹操得知文姬流落南匈奴，立即派使者携带黄金千两、白璧一双，去胡地把她赎了回来。这年她35岁。

　　左贤王不敢违抗曹操的意志，只好答应让蔡文姬回去，但两个儿子一定得留下。一心希望回到故土的文姬一旦真的要结束这种生活，说不清是悲是喜。回乡固然是她向往的，然而离开对自己恩爱有加的左贤王还有两个亲生儿子，又让她柔肠寸断，泪如雨下。"回归故土"与"母子团聚"本是美好的事情，而她却不能两全，蔡文姬的悲苦无以言表。在汉使的催促下，文姬在恍惚中登车而去，在车轮辚辚的转动中，她写了动人心魄的《胡笳十八拍》。

　　有人认为蔡文姬在胡地的生活是幸福的，毕竟她得到了王爷的看重，过着贵族生活。事实上，这不过是局外人一厢情愿的看法。试想，曹操能够用金钱将她赎回来，可见她在左贤王府的地位不过一般。退一步讲，即使左贤王对她恩爱有加，但是作为一个诗文才情极高的女子，在那样一个连语言都不太通的地方，是不可能找到精神上的共鸣的。

　　许多人对蔡文姬的了解是来自郭沫若的历史剧《蔡文姬》，该剧中写蔡文姬在路上遇到匈奴左贤王，左贤王很爱慕这位世家才女，对她颇为照顾，然后两个人成亲，还生下了两个儿子，然后被曹操接回中原。蔡文姬枯木逢春，重睹芳华。故事先悲后喜并以大团圆终结，但是历史并不能这么解读，或者说，从女性角度，是不会这样解读的。《后汉书》中这样记载："文姬为胡骑所获，没于南匈奴左贤王，在胡中十二年，生二子。""没"不等于成婚，文姬自己的《胡笳十八拍》里说"戎羯逼我兮为室家，将我行兮向天涯"。一个"逼"字让人不能不浮想联翩。一个强悍的异族男人能够占有一个汉族才女，但能发生爱上她的浪漫传奇吗？何况文姬回来是曹操用金璧赎回来的。我们可以这样推断，文姬在路上跟许多妇女一样受了很多侮辱与责骂，但是胡人看她气质非凡，于是献给了自己的领导左贤王。还好，左贤王对她不错，于是她为他生了两个儿子（"胡人宠我兮有二子，鞠之育之兮不羞耻"《胡笳十八拍》）。在那个语言不通、社会风俗粗鄙的异乡，即使有左贤王的宠爱，即使再也没有毒打和侮辱，她却已失去了灵魂所熟悉的皈依之处。

以千金之躯，加上一颗饱读诗书、敏感多思的心灵，却被一群蛮子当做战利品拖上了战马，遭受毒打和詈骂，而且还有身为女人遭受的可怕的侮辱。但是这位贵族才女经历如此凌辱后居然活下来了。如果是无觉无识的女人，或许她能凭借生命的本能活下来；如果是千金之躯的大小姐，可能就自绝于世。但是蔡文姬显然是个异数，名士之女、自觉自醒、诗书满腹，却像路上所有那些不识字的农妇一样，活了下来。

"我非贪生而恶死，不能捐身兮心有以。生仍冀得兮归桑梓，死当埋骨兮长已矣。"（《胡笳十八拍》）——她不是贪生怕死，也不是不知廉耻与气节，她只是要回家，要落叶归根，即使死也要埋在家乡，不能轻易这样埋尸异国。这是她无比坚定的信念，也是她活下来的支柱。这种智慧并不是智商，而是对生命的感悟和理解。

曹操在洛阳为官时与蔡邕"有管鲍之好"，比蔡邕小22岁的曹操敬慕蔡邕的才学和信义。蔡邕则推崇曹操的文韬武略，他们之间过从甚密。现在天下三分初定，正是外定武功、内修文学、力图文治的时候，因此曹操想起来把亡友的女儿赎回。

曹操当年一直往来于蔡邕府中，可能亦见过蔡文姬，也许还有过坐而论道的明月之趣，现在想起故人恻然心动，让她回来，算是对老友的一种报答吧。当然还有一个说不出口的原因。他想为自己身后留个好名声，这就要挑个会写史的人。蔡邕生前与友人合撰《后汉记》，这是蔡邕在他的老师胡广的指导下经二十余年殚精竭虑而撰成的一部半成品。后来蔡邕落难，文稿也大多散佚。文姬作为蔡邕的女儿，由她来写自然不会差到哪里去，何况还是自己辛苦把她从匈奴那里赎出来的。当然这种想法曹操是不会宣之于口的，只是一味善待文姬，他相信文姬写史的时候也不会给自己瞎掰。

曹操用重金从匈奴赎回蔡文姬后，在铜雀台设宴，蔡文姬演唱了著名的《胡笳十八拍》。回归故土的蔡文姬，在周近的卫护下回到了故乡陈留郡。然而，经过多年的战乱，故乡早已是断壁残垣，哪里还有栖身之所？为了让蔡文姬有安稳的生活，曹操就给文姬配了门亲事，嫁给官居田校尉的名门才子、风流倜傥的帅哥董祀。

这桩婚姻开始并不和谐。当时文姬 35 岁，容颜已被大漠风沙所磨砺，还生了两个胡儿，又因羁思念孩子，时常神思恍惚；而董祀二十出头，正值青春年华，一表人才，通史书，谙音律，自视甚高，无缘无故被丞相指了个一嫁再嫁的老女人为妻，心中自是郁闷。一郁闷就出事，婚后第二年，董祀就因犯罪被处以死刑。

生别亲生骨肉，家族败落，文姬已没有退路。如今这个丈夫虽然不爱自己，却是她唯一的依靠，她无法接受再一次失去丈夫、流离失所的可怕命运。她要为自己的命运抗争。所以她顾不得面子，亲自到曹操府上叩头求情。

当时曹操正在大宴宾客，公卿大夫、各路驿使坐满一堂，曹操听说蔡文姬求见，对在座的人说："蔡伯喈之女在外，诸君皆风闻她的才名，今为诸君见之！"宾客们皆满心期待。但当蔡文姬进来时，大家都惊呆了，只见站在曹操和宾客面前的蔡文姬披散着头发，赤着双脚，一进来就跪在曹操面前，语意哀酸地替她丈夫请罪。蔡文姬本就满腹经纶，语意自然哀伤动人，在座宾客都诧叹不已。曹操托词道："事情的确值得同情，但是判罪的文书已经发出去了，有什么办法呢？"蔡文姬恳求说："明公马厩里的马成千上万，手下的武士多如树林，只要您派出一个武士，一匹快马，把文书追回，董祀不就有救了？"说罢又是叩头。曹操念及昔日与蔡邕的交情，又想到蔡文姬悲惨的身世，倘若处死董祀，文姬势难自存，于是派人快马加鞭，追回文状，宽恕了董祀的罪行。他见文姬在严冬季节，光着脚散着头发，心中大为不忍，命人取过头巾鞋袜为她换上。让她在董祀未归来之前，留居在自己家中。

在一次闲谈中，曹操问文姬："听说夫人家里有许多藏书，犹能忆识之不？"文姬答："我父亲生前给我四千多卷书，但是几经战乱，已全部遗失。我只能背出四百多篇。"曹操大喜，忙说："我想派十个官吏到夫人家，让他们把你背出来的文章记下来，你看怎样？"文姬婉言谢绝，请曹操给她纸笔，她亲自撰写。曹操大喜，于是让人给她送去纸笔。那时造纸术刚刚普及，纸笔都非寻常之物，所以曹操送纸笔的举动是对文姬非同寻常的信任和赏识。文姬没有让他失望，默写了 400 篇给他。

文姬说"亡父赐书"，蔡邕家学渊源，要遗留给这位女儿的，最有可能是自己一生未完成的、可以续写的东西——史书。何况绝顶聪明如文姬，自然知道曹操接她回来的真正目的，这位大政治家绝没有那闲工夫看她老爹的诗词歌赋，她知道他最想看到什么。所以，她默写的一定是《后汉记》的片段——因为感激，更是一份骨子里的信任，也许只有这个男人才真正欣赏她的绝世才情。

事情发展到这里，似乎没有根据说曹操与文姬之间有私情。可是，不可否认，在文姬的灵魂深处，曹操是以一个懂他的男人的形象站立在那里。

文姬是爱曹操的。

一个饱经沧桑的才女，在灵魂寂寞之时突然遇到赏识她的男人，这个男人把她从蛮荒之地赎了回来，给了她一次重生的机会。如果只是做到了这些，她也许是感激，但是恕她夫君，让她用自己的才华撰文写文，这已经是一份懂得了。灵魂寂寞的才女是最怕"懂得"的，她们不需要荣华富贵，亦不奢望风花雪月，只是想在茫茫人海求一份知心罢了。这世界上有这样一种女人，懂得了她的灵魂，也就征服了她的所有，文姬如是。

曹操呢？

有人猜测，蔡文姬当时已经人老珠黄，好色的曹操，对这样的老女人没什么胃口。那么，一个能写出《观沧海》、《短歌行》这样大气文字的人，真的是品位如此低下之人吗？当然不会。曹操和蔡文姬，一个是男人中的人杰，一个是女人中的翘楚，都是人中极品，这样的两个人之间，心意相通是自然而然的。然而，也正因为这种心意相通，曹操知道蔡文姬需要什么。他知道，历经磨难的文姬已经经不起任何波折，她需要一份安宁；他知道，她嫁给自己只能做一名侍妾，而与董祀结婚，则是正妻；他欣赏她的才情，但是不能给世人以任何口实，毕竟他跟她父亲还是忘年好友。最主要的，他希望她今后的人生能平静安宁，躲避于这个乱世而读书修史，跟着他，是绝对不可能做到的。所以，他让她嫁给了才华横溢的名士董祀，绝世才女配才子，他相信，那个年轻人终究有一天会像他自己一样懂得文姬的好。所以，董祀获罪又免死，或许是曹操故意所为。曹操根本不想杀董祀，只是故意制造文姬求情的机会，要董祀对文姬感激，明白文姬的好，就算不是爱，有怜惜就足够了。

如他所愿，董祀通过这次生死轮回终于明白了妻子的好。夫妻两人不久就避世隐居，相敬相爱，生下一双儿女。若干年后，曹操出征经过他们居住的地方，前去探视，文姬出迎至堂。曹操无意之间看到墙壁上悬挂着一幅碑文图轴，问文姬这是什么。文姬说："这是曹娥碑拓片。"曹操见上面有蔡邕手书的"黄绢幼妇，外孙齑臼"八个字，问："你知道这八个字是什么意思吗？"文姬答不知道。曹操问随行的主簿杨修。杨修是个聪明人，想了一会儿说知道了。曹操自思一会儿也说知道了。原来这八个字是个字谜，谜底是"绝妙好辞"。

文姬不知道吗？她当然知道，就算她猜不出，当年也会请教父亲。只是她把这样一个有趣的谜底留给了曹操。看来闲余之笔，却是两个人之间的一种默契和有趣。

根据史书上的记载，只能看到曹操对蔡文姬的关爱。他们之间，有无男女之情，可以想象，却无据可考。而从惜才爱才的角度来说，曹操是懂得蔡文姬的。在灵魂的皈依处，因为有了一份懂得，于是变得快乐与充实、满足与丰富。于文姬而言，虽然此生无缘，然蓝颜知己如此，也无憾了罢。

乱世童话：曹节和汉献帝

曹节是曹操的二女儿，她虽然没有公主的封号，却足以做公主了，因为她父亲当时已经完全控制汉献帝，是东汉王朝真正的实权者。即使如此，曹操还是觉得不安全，于是同时把自己的三个女儿都嫁给汉献帝，以便对汉天子实行全方位的监控，曹节是其中之一。

汉献帝刘协或许是史上最悲情的皇帝了，九岁被董卓逼着做了皇帝，而后一直被军阀挟持。但他从来没忘记摆脱傀儡的命运，匡复汉室大业的使命。正是这软弱而悲壮的大志，让他身边的女人都由同情而同盟，甚至不惜牺牲生命。

曹操嫁女时，汉献帝早已有后有妃，这些妻子们为了让自己的丈夫摆脱傀儡命运，前仆后继，先后献出生命。第一个献身的是董妃。因为监视严密，皇帝只能咬破手指在衣带上写下诏书，托人带出宫去，让董妃的哥哥董承刺杀曹操，结果事情败露，董承一众大臣及全家老小全部被杀。当时董妃已有身孕，汉献帝和伏皇后百般求情，还是被杀。董妃死后，伏皇后托宦官带书信给自己的父亲伏完，诛杀曹操，结果又被发现，伏后被乱棒打死，伏后所生二子也被毒死。

前车之鉴让曹操不能不心惊胆战，在伏皇后被杀之后，他逼献帝将自己的女儿曹节由贵人升为皇后。曹操让自己的女儿成为后宫最高领导，用意非常明显，曹节也很明白。曹节性格柔顺，所以曹操对她是十分放心的，他也看不出女儿有什么异样，因为，曹节坐上皇后宝座时，从面部表情上丝毫看不出是喜还是忧。曹操不知道，女儿出嫁后，心已经渐渐倾向丈夫汉献帝那边了。

曹节当了皇后后，尽力保护皇帝及其子孙。曹操与汉献帝互相合作，实现了建安初年的安定局面。汉献帝虽然被曹操当做工具，但也能尽其能力，倾其智慧，为国为民做事。两人的合作竟然创造了"人心向天子，万民歌曹侯"的安和景象。这其中，曹节起到了不小的作用。

若干年后，曹操没有来得及完成统一全国的宏愿就病死了，他的儿子曹丕接任魏王。曹丕一上位就威逼汉献帝"禅让"，汉献帝无奈，只得让位。禅让当然只是个好听的幌子，为了让这个幌子更好看一点，曹丕做足了戏。汉献帝下诏禅位后，曹丕假意写奏折"推辞"，如此往复三次，汉献帝三番五次地"求"他，他才"勉强"地答应。接着，他命人在许昌搭了个"禅让台"，准备在全天下人面前演出最后一场戏。只要他和汉献帝在台上交接了象征皇权的玉玺，改朝换代这件事就算完成了。

玉玺是汉献帝最后一道防线，而这玉玺就保管在皇后曹节那里，曹丕很放心。不想，那边大戏已经开始，这边曹节就是不肯交出玉玺。曹丕派了好几拨人来要，都被曹节骂走了。

曹节毕竟是曹丕的亲妹妹，他不好杀人抢物，但是，他肯定派人说了不少威胁的话。曹节也知道大势已去，交不交玉玺都不能改变局势。所以，她最终还是无奈地把玉玺捧了出来。正当使节恭恭敬敬地准备接收时，曹节做了一个惊人的举动，她把玉玺扔下台阶，任它滚落下去。扔了玉玺后，曹节掩面痛哭道："上天不会保佑你们的！"旁边的人都吓得不敢仰视她。

面对哥哥的步步紧逼，这是她为保存丈夫的尊严所做的最后反抗，也许不够刚烈，但对于柔顺的她来说，这已经是最大限度地表达自己的愤怒了。靠了曹节最后的矜持与气节，汉献帝的退位总算没有太丢脸子。

禅让闹剧结束后，汉献帝被赶到偏远的山阳县当山阳公去了，延续了二百年的东汉王朝正式灭亡。曹丕对汉献帝在生活上倒是不薄，给了他及其子孙足够过安逸生活的封赏，并且允许在山阳境内实行汉朝的制度，上书言事不用称臣。本来曹丕不让曹节跟着去山阳，曹节多次拼死相争，才得以来到汉献帝身边，封号也由皇后改为山阳公夫人。

曹节拼死跟随在汉献帝身边对他非常重要，如果没有曹节的特殊身份的保护，汉献帝恐怕早就没命了。被贬山阳14年后，汉献帝病逝，终年54岁，死后按汉家天子的礼仪规格下葬，又过了26年，曹节病逝，也按照汉家皇后的礼仪下葬，与丈夫合葬在一起。

在山阳的数十年间，曹节夫妇为当地人办学行医，深得当地百姓拥戴。他们死后，附近群众主动为他们护陵，代代相传。

> 什么样的婚姻都可能产生爱情，比如政治婚姻，只要遇对了人，只要你真心付出。
>
> 在那个尔虞我诈、血雨腥风的年代，曹节和汉献帝的爱情就像一个童话，让血色中透出一抹浪漫的粉色，让后人看到了人性的温暖。

一个人的爱情：张嫣与汉惠帝

准确地说，汉惠帝刘盈和张嫣只算是有名无实的夫妻。因为张嫣至死都是处女之身。

论起来，张嫣是汉惠帝刘盈的外甥女，她的母亲是汉惠帝的姐姐鲁元公主。这桩在今天看来是乱伦的婚事是吕后一手操办的，目的很明显，亲上加亲，把朝政大权完全握在自家人手里。

张嫣打小就显露出了超群的品貌，在她五六岁时，鲁元公主带着她入皇宫，汉高祖刘邦对喜欢抱弄张嫣的戚夫人说："你虽妍雅，但此女十年之后将使你相形失色。"吕后也对张嫣非常有好感，因此，她的儿子汉惠帝刘盈即位后要立皇后，她第一个就想到了张嫣。当时张嫣只有10岁，惠帝说："这与伦理不合，况且她年纪太小。"吕后说："甥舅不在五伦之列，晋文公不也娶过文嬴吗？至于年纪，难道以后不会增长吗？"说完，不容分说逼着惠帝完婚，令张嫣人前称已有12岁，以蒙外人。惠帝生性懦弱，只好在母亲的摆布下接受了这门婚事。

吕后送到张家的聘礼非常丰厚，用马12匹，黄金两万斤，堆满家堂。当时张嫣的弟弟张偃尚幼，看到这个阵势，急匆匆地跑进张嫣的房间说："姐姐，皇上要把你买走了！"弄得张嫣哭笑不得。

张嫣入宫后，一来因为她年幼，难行房事；二来惠帝自从看到母后吕氏把他爹的妾戚夫人弄成"人彘"后，内心痛苦无比，从此沉溺酒色，对母亲的安排有意排斥；三来舅甥之间的婚姻关系让他别扭，所以，惠帝整日与宫女和男宠私混饮酒，不愿亵渎他的小外甥女儿，因此二人一直分居。

张嫣12岁那年夏天，惠帝因炎热难寐，欲幸东宫一美人，并告诉丫环如果她睡着了，用被子裹来就是了。谁想这几个丫环竟将东宫听成中宫，把张嫣裹了来。刘盈一看是张嫣，笑问："惊了你的梦了吧？"张嫣说："如果皇上要召见，也该提前一天打招呼，今日如此轻薄，令宫女窃笑，嫣日后如何作天下之母呢？"惠帝也不点破，笑着说："我找你来就是为了聊天。"二人掌灯谈心到天明。此事让反对吕后的大臣们感到找到了把柄，他们造谣说张嫣自己跑到皇帝的宫中"乞淫"，并说："张皇后淫荡丝毫不亚于太后（指吕后），年幼即如此放浪，他日必无端庄之德，何以承宗庙！"吕后闻言大怒，决计让张嫣怀孕以承宗庙。

次年，张嫣年已十三，按古时候的年龄，已算成年。当时皇帝的后宫其他佳丽已经为皇上生了四个皇子，吕后不想让妾妃承宠，于是就令人劝说皇帝到中宫皇后张嫣处过夜。惠帝不敢忤逆，依言去张嫣宫中。但张嫣因惠帝多病，劝其静养，两人异床而眠，此事只瞒着太后。

近距离的接触，汉惠帝发现这个昔日的小皇后业已然出落成一个完美的女性。惠帝有个 15 岁的男宠叫闳孺，天生丽质。他听说皇后张嫣貌美，心中不服，欲与之比美。惠帝便让他打扮得和皇后一样，端得不凡，不明真相的人都以为他就是皇后。正闹着，皇后驾到，发髻高耸，长袖翩翩，足踏花履，不见裙动，莲步苒苒，恰似嫦娥返人间。闳孺自惭形秽，后来对惠帝说："有皇后在，皇上哪里还用得着臣及其他后宫美人？"

汉惠帝在母亲吕后的压制下，郁郁寡欢，终日沉溺于酒色之中，终于被耗空了。惠帝七年八月，张嫣去探望皇帝，惠帝看着她叹道："阿嫣今已长成，令人爱不忍舍，然汝凝脂竟体，恐后日为我消瘦矣。有如此人而不能一日为夫妇之乐，亦命也夫。"

没过多久，惠帝死于未央宫，年仅 23 岁，张嫣则只有 14 岁，刚刚发育。他们的爱情之花还没来得及开放就凋谢了。

张嫣与汉惠帝虽然生活的时间不长，且未行夫妻之实，但她对汉惠帝的影响却很大。

张嫣爱读书，惠帝不以为然，张嫣说："妾父说秦朝灭亡，一半是因为焚书所致，你为什么还要沿用它的旧律呢？"于是惠帝废了"挟书律"。

当初，辟阳侯审食其与吕后勾勾搭搭，惠帝知道后大怒，下令将审食其下狱问斩，后又放掉。吕后恼羞成怒，又不好直接发火，于是以皇后无子为名准备遣散所有后宫佳人，一是给惠帝个颜色看看，二是为张嫣生子。张嫣听说此事后，立即到吕后前求请，说都怪自己不能生育，不怪其他佳丽，吕后方才作罢。后来，太后听说后宫有一宫女怀孕，怒而欲杀之，张嫣又劝，吕后心生一计，于是假传皇后怀孕，欲行偷桃换李之计。宫女生产后，是个男婴，吕后抱了过来给张嫣，立其为太子，并杀了那个宫女。张嫣知道此事后痛哭不已。

惠帝死后，太子即位，还是孩子的张嫣当上了有名无实的皇太后。一年以后，她的母亲鲁元公主也死了。再过七年，掌握实权的吕后也死了。接着，宫廷发生政变，诸吕被诛，汉文帝即位，封自己的亲生母亲薄姬为皇太后，张嫣失去了皇太后之位，被迁往幽闭的北宫。

她在北宫中无声无息地生活了整整 17 年，只有玩具与她为伴。公元前 163 年，她默默地死去，年仅 40 岁。宫女们替她净身时惊奇地发现，张皇后竟然至死都是冰清玉洁，是个处女。消息不胫而走，天下的臣民无不为其怜惜，于是纷纷为她立庙，定时享祭，尊她为花神，为她立的庙便叫做花神庙。

　　假如刘盈没有吕后这个强悍的妈，他和张嫣原本会像唐太宗和独孤氏、朱元璋与马皇后一样，作为帝后的典范名垂青史的。然而，张嫣终究只能以空前绝后的处女皇后名留史册。

爱是一场难圆的梦：慧娘和萧统

　　江南是适合发生爱情故事的地方：烟雨蒙蒙，新绿如洗，江面上的画舫小舟，岸边撑着油纸伞的女子，河对岸的翩翩公子……萧统和慧娘的爱情就发生在这样的地方。

　　萧统，字德施，小字维摩，南北朝时期南梁武帝萧衍的长子，常州人，生于襄阳。萧衍算得是一个枭雄级的人物，是汉代名相萧何之后。萧衍笃信佛教，曾经三次出家，因此他给儿子萧统取的小字"维摩"带点佛教的味道。

　　萧统是萧衍的第一个儿子，他出生时，萧衍已经将近 40 岁。巧的是，这一年大将徐元瑜向萧衍投降，接着唯一的对手萧颖胄又突然暴死，这三件事，在当时被人们称为"三庆"。紧接着，萧衍又攻下了南京城，第二年正式称帝登基，随即将年幼的萧统立为太子。

　　萧统的文学天赋很高，史料上说他三岁开始学《孝经》、《论语》，五岁就读背诵《五经》，九岁那年，萧统在寿安殿讲授《孝经》，没出一点儿差错。萧统在政治上并没有特殊的成就，这与他去世比较早有关。但他的文学成就很高，留下了许多作品，最著名的是他亲自主持编写的中国历史上第一部诗文总集《昭明文选》。除了文学造诣，萧统的性格、人品也几近完美。梁武帝是个枭雄，铁血男儿，戎马一生，这位太子却是一粒多情的种子，喜好文史丝竹，贵而不骄，面静而内明。

　　一般文人多与"风流"二字有着千丝万缕的联系，而萧统贵为太子却能洁身自好，几乎不近女色。有一次出游宴乐，有人提议，这么好的风光，咱不如去叫几个女乐来消遣。萧统没有直接回答，只是吟了一首诗："何必丝与竹，山水有清音"，大意是：这里有山有水，风光无限，何必要那些娱乐场所的东西，把别人给羞了个半死。

　　而萧统的孝心也足以惊天地泣鬼神。母亲丁贵妃生病的时候，他搬回皇宫，衣不解带，朝夕伺候母亲。母亲去世后，他就开始绝食，吓得梁武帝赶紧给他写了封信，大意是：身体是革命的本钱，我现在还活着，你要是因为绝食而弄出什么意外，不是对我也不孝吗？萧统看了这封信才开始吃东西，不过每天也就是喝点麦片粥，几天下来，人瘦掉了一半。梁武帝又给他写了封信，还是那个意思，说你要饿坏了，我怎么办呢？萧统这才恢复进食。

萧统就像老天精心制造的一个完美的作品，踏着祥云，带着吉祥来到了人间。家族的荣光，出众的内涵，无瑕的品德，灿烂的未来，萧统的人生花团锦簇，简直就是完美的典范。

萧统是一位典型的浪漫主义文人，浪漫的人通常多情，偏他又生得风流倜傥，才德兼备，家世高贵，这一切为他与慧娘的感情提供了充足的条件。

有一年，为了编集《昭明文选》，萧统来到江南寻找创作灵感，这个地方或许是今天的无锡。那一天，他许是腻了伏案编书，于是一人信马由缰，到郊外寻花问柳，是真的寻花问柳。走到一条清溪边，他觉得口渴起来，正好迎风送来茶香，原来前面有一座小小的茶坊，他便信步走了进去。那当垆卖茶的女子闻声转过身来，但见她云鬟乌黑，面若桃花，身上的布衣也难掩风流。

"相逢却似曾相识，未曾相识已相思。"（出自据说是纪念萧统和慧娘的《红豆曲》）。两人虽是初遇，却似曾相识。这就是前世姻缘吧。此后，二人便天天见面，有时是他来访，有时是他派宫使接她去他的读书台。他伏案时，她在灯下伴读添香，他疲累时，她奉上香茶一盏。有时，她也会为他弹唱解乏，一曲已毕，他不禁叹道："有此清歌做伴，何必丝竹污耳呢？"又一笑，"有慧娘相伴，何用姬妾成群？"

她明白他是借机向自己表明心迹，但她只是笑笑，眼中带着淡淡的哀伤，她知道他们之间的身份地位太过悬殊，由不得她去天真地妄想。但爱情的感觉如此迷人，让她明知道结局不乐观，仍要飞蛾扑火般迎上去。萧统也笑了，他觉得慧娘多虑了，他是太子，他自信可以给慧娘幸福。

日子一天天飞逝，萧统要回京了。他知道宫廷的尔虞我诈，所以，他想等安排好一切后再来接慧娘。慧娘含泪站在临行的马前，相视良久，她取出两粒红豆，轻轻放在萧统手中，说："日后，见此豆如见人……"说罢泪落如雨。

萧统上马飞驰而去，只留慧娘呆呆地站在烟雨之中。她清楚地知道这段爱情是一场难圆的梦，但她依然痴心地等待。可是，她最终输给了时间。

多年后，当萧统带着无处宣泄的思念，快马加鞭日夜兼程再到江南时，慧娘已因相思成疾离开人世。竹楼仍在，却物是人非，萧统没有痛哭流涕，只是在离别的旧地亲手种下两棵红豆树。据说那棵树就在无锡顾山上。

萧统回宫后不久便生了一场大病，卧床一个多月后就去世了，年仅 31 岁。梁武帝得知后悲痛万分，给萧统封了个号叫"昭明"，这也是萧统史称"昭明太子"

的由来。

"红豆生南国，春来发几枝。愿君多采撷，此物最相思。"才子佳人的故事结束了，但孤坟旁的红豆树却长得格外蓬勃。

到了唐宪宗时期，诗人崔郊写下一首诗："公子王孙逐后尘，绿珠垂泪滴罗巾。侯门一入深似海，从此萧郎是路人。"这首诗写的是萧统和慧娘的故事，表达的却是他自己的感情：他的姑母有一婢女，生得姿容秀丽，与崔郊互相爱恋，后来却被卖给显贵人家。崔郊对婢女念念不忘，思慕无已。有一次寒食节，两人不期而遇，崔郊百感交集，写下了这首《赠婢》。

萧统慧娘之事多出自野史传说，真假难辨，但我们宁愿那是真的：没有呼天抢地，只是相顾无言，那由死亡造成的缺憾则化作袅袅余音，长留人间……起于忠贞败于宿命的爱情最凄美动人。

齐宫姜驾鞭：冯小怜与高纬

高纬是南北朝时期北齐的倒数第二位皇帝，也是事实上的亡国之君，因为最后一个小皇帝基本是名存实亡。

北齐王朝可能是中国历史上最离谱的王朝，而高家的男性们恐怕也是历史上最荒唐的一群人。高氏男性整体上智商极高，个个能文能武，且个个生得唇红齿白，俊美无比。但是情商普遍极低，且有精神病史。北齐历任六帝，除了第二任皇帝高演和还没来得及表现的幼帝高恒外，其他皇帝以及皇室男性成员少有正常的，个个荒淫残暴，极度变态。更奇的是，这个家族的男性多短命，常常30岁左右就暴死。北齐皇室自建立起，几乎不断上演夺妻通奸的丑行。本文主人公高纬的叔父高洋连亲婶、堂姐妹等同族妇女都不放过，高纬的爹高湛在新婚之夜强行霸占亲嫂子，高纬的娘在北齐被灭后，竟然说出"为后何如为妓乐"的惊世之语，并且在亡国后带着儿媳妇一起开起了妓院，做起了头牌。

皇帝的德性决定政权的命运，北齐王朝自始至终仅存在了28年，素有禽兽王朝之称。高纬生在这样一个荒唐的家族之中，其荒唐较之前辈不遑多让。他继位时，北齐政权已是风雨飘摇，他却一如既往地荒淫无道，并自称"无愁天子"。

这位"无愁天子"很有"行为艺术家"的喜好和虐杀的精神病倾向。他在宫内华林园造了一个贫穷村舍，自己披头散发，打扮成叫花子四处要饭；又仿造集市，自己一会扮卖主一会扮买主，忙得不亦乐乎；他还仿建一些城池，让卫士穿着黑衣模仿羌兵攻城，他则用真正的弓箭在城上射杀"来犯"的"敌人"。他还给牛马狗鸡大封爵位。

高纬喜欢虐人，有人告发其同父异母的兄弟高绰纵狗吃人。高纬听说后，不但不惩罚高绰，反而向他请教什么事最开心。高绰说："把蝎子和人混在一起观看互相啮咬最开心。"高纬派人连夜搜寻蝎子，把它们放入盆中，将奴婢赤身裸体放进去，被蜇的人号叫翻转，声音碎人肝胆，高纬却觉得赏心悦目，随即拜高绰为大将军，早晚一起游玩淫暴。这事惹起高纬亲信韩长鸾等人的嫉妒，认为高绰抢了他们的风头，就诬告高绰谋反。高纬想杀高绰又不忍心直接下令诛杀，就让人与高绰玩相扑游戏，将其摔倒后掐死，埋在一座佛寺地下。

这样一位神经质的人物，在女色方面比起父辈们倒是简单得多，但是却因为女人大出其名，这个女人叫冯小怜。高纬共经历了三位皇后，最后一位是穆黄花。冯小怜本来是这位穆皇后的一名侍女。因为高纬宠爱弹得一手好琵琶的曹昭仪，穆皇后为了打击曹昭仪把冯小怜送给高纬，想以此分散高纬的注意力。不想，高纬确实冷淡了曹昭仪，却加倍迷醉于冯小怜。穆皇后得不偿失，只能干瞪眼却什么也做不了。

冯小怜有什么迷人之处呢？可分为先天和后天两方面的原因。

冯小怜自幼接受过严格的音乐与舞蹈训练，歌声悦耳，舞姿优美。高纬也有一定的艺术修养，算是有共同语言。冯小怜是个细心善学的女人，她对嫔妃们争宠的伎俩仔细研究后，发明了一套崭新的狐媚理论和手段，让高纬感受到一种新鲜无比的奇趣。冯小怜甚至研究人体的构造及脉络系统，在伺候穆皇后时就无师自通地揣摩出一套按摩之法。后来她将这一套用在高纬身上，效果极佳。

除了后天的努力，冯小怜还有一个天生的本钱，就是她的身体。冯小怜有花容月貌、凹凸有致的身材，这是不用说的。据说她的体质很特别，在寒冷冬天软如棉，暖似火；在炎热的夏天则光滑如玉琢，凉若冰块。这样一个天生的尤物，迷住高纬也是必然。

高纬对冯小怜宠爱到了空前绝后的程度，就连与大臣们议事的时候，也常常把冯小怜抱在怀里或放在膝上。议事的大臣不敢正眼相看，羞得满脸通红，陈奏时语无伦次，常常无功而返，气愤无比。

"独乐不如众乐"，高纬认为像冯小怜这样可爱的人，只有他一个人独享未免暴珍天物，于是他让冯小怜裸体躺在朝堂上，千金一视，让大臣都来一览秀色。"玉体横陈"的典故即来源于此。

高纬与冯小怜整天腻在一起，坐则同席，出则并马，祈愿生生死死都在一起。这种事如果发生在寻常人家，或生逢太平之世，这二人也许会成为模范恩爱夫妻。不幸的是，高纬是一国之君，而当时北齐与北周的战事正紧，这一对荒唐主儿之间的爱情对国家就是一种灾难了。

与北周开战后，为了鼓舞士气，高纬勉强亲征，冯小怜随行。古代军队本来就视妇人从军为不祥之兆，他们的行为已经犯了大忌。这二位还不知收敛，在战场上上演了一幕幕"爱情"荒诞剧。这种闹法，国家不亡才怪。

当北周的军队猛攻晋州时，高纬正在附近的三堆打猎，闻讯准备率大军驰援。冯小怜玩兴正浓，请高纬再杀一围。等到这一圈游猎结束，晋州已破。这一仗北齐虽然败了，但由于将领统率有方，所以士气并未损伤。这个时候，冯小怜忽然觉得战争比狩猎更好玩，看打猎还不如看打仗，于是她怂恿高纬亲自带兵反攻平阳。高纬言听计从，冯小怜也戎装随行。

平阳原来是北齐的地盘，北齐出兵是收复失地，再加上皇帝亲征，所以齐军将士无不以一当百，气势如虹，把整个平阳城团团围住。就在北齐大军准备攻城之际，高纬忽然传旨暂停进攻，命人去唤冯小怜观看大军攻垮城池的壮观景象。当时冯小怜正在化妆，对镜顾影自怜。等她磨磨蹭蹭地来到营前时，城里的北周军队已经修好塌垮的城墙，平阳城重归防御之中。

第二天，天昏地暗，北风怒吼，初雪飘落，北齐军队再次准备攻城，冯小怜认为气候不佳，看不清楚，要求暂停攻城。殊不知这种天气正是军事作战进攻的最佳时机，结果北齐大军就这么荒唐地丧失了两次大好时机。等到雪化天晴，北周武帝已亲率大军赶到平阳，两军只能硬碰硬了。

齐军和周军之间本来有一道几米深的土堑，高纬听信奸佞之言，填平那条大沟，摆出两国天子决战的架势。周武帝大喜，挥兵击之。

两军相交，高纬和冯小怜并马观战。齐军并不弱，胜负还是未定之数。冯小怜看到北齐军队的东翼阵脚略有退，顿时吓得花容变色，大叫"军队败了！"左右的将领对高纬说："半进半退，战之常理。陛下一定要沉住气，您的马足如果一动，必然会影响军心，到时候再想振作士气就不可能了！"高纬不听，带着冯小怜落荒而逃，齐军随退即大溃，万余人被杀。高纬一行人跑到洪洞才停下脚，冯小怜又在帐中涂脂沫抹粉，从人大叫周兵到了，于是大家又跑。逃跑的路上，高纬突发奇想，封冯小怜为左皇后，又命太监去晋阳取来皇后衣饰让小怜穿上，反复观赏后接着奔逃，最后逃回晋阳。

平阳之战结束后，北周武帝亲统大军直逼晋阳城下。晋阳是北齐经营多年的北方重镇，守备严密，城中粮谷、器械充裕，支持一年半载绝无问题。周兵远来，又值严冬，要不了多少时日便会知难而退，因此，高纬也不出兵，在城中等着北周军队自动撤走。

这个时候，高纬不想着如何奋发图强，而是想着法地找乐子。他命人在城中用木架搭了一座高耸入云的天桥，时常与冯小怜一道登桥遥望城外敌军的情况，不是分析敌情，而是观光消遣。冯小怜时不时会为高纬舞上一曲，高纬居然厚颜无耻地说："看了能够头脑清醒，精神百倍。"有一天，天桥忽然垮了，冯小怜认为这是不祥之兆，要求高纬放弃晋阳返回邺城，高纬居然真的放弃晋阳回邺城了。北周轻而易举地夺得重镇晋阳，紧随其后直扑邺城。

高纬退守邺城后尚有精兵十万，卷土重来，反败为胜也是可能的。谋臣斛律孝卿请高纬亲自向守城将士发表讲话，鼓励军心，并亲自为高纬撰写了意气风发的讲话稿。他还特别建议高纬在演讲时应该慷慨流泪，以感动激励士兵。高纬面对十几万庄严肃穆、抱有哀兵必胜之心的将士，忽然忘了讲话稿上的词，于是大笑起来。左右太监幸臣也跟着大笑。将士们见此情景大怒，皆无战心。

高纬心虚，未等开战，就将皇位传给年幼的太子高恒，自己带着冯小怜往东逃奔青州，结果在路上被北周所俘。北齐灭亡，黄河流域再度统一。

高纬成为俘虏后，心里只有冯小怜，他向周武帝提出的唯一要求竟是"乞还冯小怜"。周武帝不好色，仍将冯小怜赐还高纬。在庆功宴上，周武帝命高纬献舞，高纬是个高级文化人，会作词谱曲，当时他定是面带笑容，以鲜卑舞步让周国君臣大悦。

无耻并不能活命，半年以后，周武帝还是以谋反罪将高纬一家赐死，冯小怜则被赐给代王宇文达。宇文达本不好色，却也被冯小怜迷住。代王妃李氏被小怜挤兑得差点活不下去了。小怜虽遇新王恩宠，仍然不忘高纬的好处。一次弹琵琶断弦，即兴还作诗一首："虽蒙今日宠，犹忆昔时怜。欲知心断绝，应看胶上弦。"几年后，隋文帝杨坚篡了北周的王位，宇文达被杀，杨坚把冯小怜又赐给宇文达正妃李氏的哥哥李询。仇人见面分外眼红，李询的母亲算是逮着为女儿报仇的机会了，她令冯小怜穿着粗布裙子每日舂米、劈柴、烧饭、洗衣，动不动给以叱责和鞭打。冯小怜哪里经得起这样的摧残，她自知不能容于众人，也了无生趣，最终自缢而死。一代艳花，香消玉殒。

爱情不能凌驾于责任之上，否则就是灾难。对于那些掌握着许多人命运的人来说，尤其如此。高纬和冯小怜的荒唐爱情就是极好的反面教材。

艳奢绮靡后庭花：陈叔宝与张丽华

南北朝时期是中国历史上鸡飞狗跳的年代，生生闹了169年。这一时期除了乱之外，另一个特色就是自上而下的色情，比如上文提到的北齐的高家。位于江南水乡的陈国在这方面也相当"出色"。

陈国的开国先祖陈霸先堪称"乱世枭雄"，最初投身于萧家的梁王朝，从一介草民熬到将军，挡西魏，战北齐，为萧家保住了江南半边天。后来，掀翻了萧家的空壳子，取而代之建立了南陈。陈霸先虽说是抢了萧家的江山，但在历史上却没落下丝毫贬损。唐朝以正直闻名的谏臣魏征称赞他：效命旧王朝，功勋不下曹操、刘裕；三分天下，豪杰无愧刘备、孙权。司马光也在《资治通鉴》里说陈霸先"临戎制胜，英谋独运"。

陈霸先为后代打下的是一个占尽地理和物资优势的地盘：美得如画，富得流油，还有滚滚东去的长江充当天然的军事屏障，挡住了北方的铁蹄。遗憾的是，老子英雄儿混蛋，以陈霸先这样雄才大略的人物，却生出一代不如一代的嫡传子孙。等到陈叔宝登基时，便只剩下败家的能耐。而当美人张丽华出现后，这个国家也就走到了尽头。

张丽华的出身很低微，老爹本是个小兵，打了几年糊涂仗之后便回家过苦日子，落魄到编席子上街去卖的地步。张丽华十岁时被征入太子的东宫当奴婢。太子就是陈叔宝。

张丽华长相乖巧、俊美，很快就被陈叔宝的小老婆龚氏领走，当了一名贴身丫环。龚氏做梦都想不到，她弄来的这个捧茶叠被、扫地梳头的小人儿，很快就成了同自己争宠的"情敌"，而且是陈氏天下的"克星"。

张丽华是个美人胚子，心智早慧，身体早熟，小小年纪就显出了少女那种勾魂摄魄的魅力。《陈书》借魏征之口，描绘了这个十岁的小姑娘："发长七尺，其光可鉴。特聪慧，有神采，进止闲暇，容色端丽。每瞻视盼睐，光采溢目，照映左右。"陈叔宝是个见着漂亮女人就骨酥筋软的花花公子，他在龚氏处一见到这个天仙般的小丫环，当即起了强烈的占有之心。他张着大嘴端详了半天，对龚氏感叹说："她简直是国色呀！你干吗藏在身边，不叫我见见呢？"龚氏太熟悉陈叔宝那副花花肠子了，她虚情假意地劝解道："殿下，这姑娘年纪尚小，微葩嫩蕊，还不到采摘的时候。着什么急呀？她横竖都是您的人……"陈叔宝听着有理，一个劲儿地点头微笑。

龚氏这番话显然是卖个空头人情，她当然不愿意贴身丫头与自己争宠，但是已然捂不住了，只好把漂亮话儿撒出去，时间一长说不定这事就黄了。可惜，贪淫好色的陈叔宝可挨不到小姑娘成年。没过几年，陈叔宝就迫不及待地下了手。很快，张丽华就取代了其他后妃，成为"擅宠专房"的"女一号"。陈叔宝一登基就加封张丽华为贵妃，她生的儿子也被立为太子。

对于十来岁的张丽华来说，荣华富贵来得太快了，她根本就没有接受这一切的心理准备。想来，她做梦都在为这从天而降的幸运吃吃地窃笑吧？她怎能想到，陈叔宝"生深宫之中，长妇人之手。不知稼穑艰难，复溺淫侈之风"，绝对是个中看不中用的"样子货"。她跟了这样一个"花下鬼"兼败家子，活该她倒霉。

582年正月，陈叔宝继位，还没坐稳王位，就被亲弟弟在脖子上砍了一刀，差点儿出人命。但政权还算平稳过渡。他在承香阁中养伤时，诸姬都不能进去，只让张丽华在旁侍候，看来，俩人还挺投脾气。

陈叔宝接班的前一年，远在长安的铁腕人物杨坚刚刚创立大隋，对南陈的千里江山虎视眈眈。敌人磨刀霍霍，陈叔宝却在乐颠颠地享受宫廷盛宴。他在位七年，没干别的，天天就是毁灭性地折腾。

至德二年（584年），也就是陈叔宝登基的第三个年头，陈叔宝在光照殿前大兴土木，建造了"临春"、"结绮"、"望仙"三座高楼，供他玩乐。高楼极尽奢华之能，每座楼都有几十个大房间，用金玉、珠翠作装饰，窗牖栏槛都用沉香、檀木这些比黄金还贵重的木料制成，以至于"香闻数里，朝日初照，光映后庭"。其他方面也是极尽奢华，宛如人间仙境。南陈自开国以来从来没这么排场过，以至于工程告竣后，连陈叔宝都眼前一亮。三座高楼修好后，陈叔宝自居临春阁，张丽华独占结绮阁，其他一众美女同住望仙阁。三阁之间有凌空的复道衔接，陈叔宝往来其间，左右逢源，得其所哉！从这个局面看，张丽华已经成为后宫的女一号。

当然，张丽华能够迅速崛起并非只靠美色。

起初，陈叔宝把十多岁的张丽华当做一件漂亮玩意儿，临朝之际，百官启奏国事，都常常将张丽华放在膝上。张丽华此时的情景有点像冯小怜，可是她可不像冯小怜只是个空腹花瓶。张丽华却是人小鬼大，极有心机。《陈书》里说，张丽华有敏捷的才辩及过人的记忆力，并且善于察言观色。她坐在皇帝膝头上时，脑子可没闲着。朝中奏章，居然记得清清楚楚，一旦主事的蔡、李二位公公记不清了，她便轻启朱唇，一条一条准确无误地背诵出来。时间久了，张丽华渐渐地当上了皇帝的贴身秘书，和陈叔宝一同处理军国大事，"于膝上共决之"。假如哪个王公大臣想找刺儿，张丽华只要亲启朱唇，不疼不痒地说两句，就能让他卷铺盖滚蛋。

比起陈叔宝这种皇帝，后宫对张丽华来说更加凶险。陈后主是个好色之徒，除张丽华之外，还有龚贵嫔、孔贵嫔、王美人、李美人等十几个宠妃。俗话说，后宫如战场，想在粉黛如云的后宫里站稳脚跟，比占山为王还难。张丽华以卑微的身份一跃成为后宫首席，一不留神，就会引来其他人的嫉跟，但张丽华年纪虽小，但天生会来事儿，不但没有因为得宠而树敌，反倒受到后宫上下一致的赞扬。她的做法很简单，在守住头把交椅的前提下，雨露均沾。陈叔宝每次带她与宾客游宴时，她都会让其他后宫佳丽也有机会出场。如果有人犯了事，只要去求她，保证为其逐一开脱。如此一来，后宫人人都夸张贵人是个好人。

张丽华是个典型的会经营婚姻，且以掌控、经营自己的感情为唯一目的的女人。她把陪伴陈叔宝当做了终生的事业，挖空心思地哄着他玩。既由着他的性子，又要牵着他的鼻子。陈叔宝好作诗，张丽华便起劲儿地张罗"赛诗会"、"唱诗班"，让朝堂变成了一个饮酒赋诗、征歌逐色的场所。《玉树后庭花》就是陈叔宝在这个时期写的，诗中赞美后宫佳丽们娇娆媚丽，堪与鲜花比美竞妍。写完后又谱成曲子让上千个宫女习唱。词中写道：

> 丽宇芳林对高阁，新妆艳质本倾城。
> 映户凝娇乍不进，出帷含态笑相迎。
> 娇姬脸似花含露，玉树流光照后庭。
> 花开花落不长久，落红满地归寂中。

最后"玉树后庭花，花开不复久"两句尽显哀愁意味，时人都认为是不祥之兆，此诗后来成了亡国之音的典范。

除了歌舞淫词之外，张丽华还弄了一批巫婆神汉进宫，引诱皇帝求神拜鬼，以控制他的思想和行为。朝野上下不知陈叔宝，但知张丽华。陈叔宝也乐得不理朝政，对张丽华更加宠爱，一时间张贵人冠绝后宫。

权力会削弱人的理智，何况只有中等智商的张丽华。皇帝的宠爱、四面八方的赞美让昔日谨小慎微的张丽华陡然间趾高起来，她开始插手政治，广泛地培植亲信，大搞裙带关系，为达目的，竟然冒天下之大不韪，公然违法乱纪。上行下效，一时之间，陈国朝堂之上朋党之风盛行。张丽华玩得太猛了，尽管有皇帝祖护，可朝中还有正直之臣。大臣章华冒死直谏，结果第二天就被斩首了。从此，南陈元气大伤，"遂无骨鲠之臣"。

虽说人生得意须尽欢，可是，陈叔宝和张丽华将儿女私情从卧室移到了朝堂，甚至闹到祸国殃民的地步，就是犯罪。到了这个地步，陈国败亡已呈势不可挡之势。

公元589年春，隋军在大将韩擒虎的带领下潮水般涌入建康城。皇宫未破之时，平日围绕在陈叔宝身边的一班侍臣还力劝他摆足架势会见韩擒虎。可惜这位陈后主不是昔日的梁武帝，他当年看到隋文帝杨坚的画像就吓得不敢多看一眼，如今哪敢亲身犯险。他不理会群臣的意见，只说："非唯朕无德，亦是江南衣冠道尽，吾自有计，卿等不必多言！"大家听他说"吾自有计"，立即作鸟兽散。

陈叔宝也真有才，他的"计"就是带着张丽华、孔贵嫔一起躲进后花园的一口井中。再说韩擒虎冲进皇宫后，本指望擒住陈朝皇帝立下头功，想不到空荡荡的金殿上只有刚刚15岁的太子深平静地端坐着，他的父母不知所踪。

皇帝不见了可不是小事，韩擒虎当即下令搜查。隋军差一点把宫苑掀翻过来，最后只剩下后花园中的一口枯井了，一群士兵趴在井口大呼小叫，但井中寂然无声。士兵中有人建议将大石头投入井中，这时井中忽然传来讨饶的声音。士兵们用粗绳系一箩筐坠入井中，众人合力牵拉，觉得十分沉重，大家以为龙体确实不同凡体，等到拉上一看，才发现陈后主、张丽华、孔贵嫔三人，紧紧地抱在一起坐在箩筐中。士兵们一见欢声大笑。据传由于井口太小，张丽华红唇上的胭脂蹭在了井口的青条石上，于是这口井有了一个香艳的名字"胭脂井"。后人有感于此，作诗讽刺：

> 擒虎戈矛满六宫，春花无树不秋风。
> 仓皇益见多情处，同穴甘心赴井中。

南下平定陈朝的是杨坚的次子杨广，也就是后来的隋炀帝。这也是个好色之徒，他早就倾慕张丽华的艳名，所以事先打招呼，要留下张丽华，纳其为妾。不料，元帅高颎死活不干，他愤愤地说："昔日周武王灭商后斩了妲己，今日平定陈国，岂可取张丽华。"张丽华随即被斩杀在青溪的大中桥边，年仅30岁。杨广不好发作，只能暗暗地咬牙。

张丽华死了，生前的荣光，死后的凄凉都与她无关了。陈叔宝又苟活了许多年后，病死在洛阳，只有他与张丽华的荒唐情事为南朝留下最后一丝回响。

若干年后，唐代大诗人杜牧夜泊秦淮，闻岸上酒家女子在月下高歌陈后主的《玉树后庭花》，歌声凄婉，于是作《秦淮夜泊》："烟笼寒水月笼纱，夜泊秦淮近酒家。商女不知亡国恨，隔江犹唱后庭花。"

古人云："妻贤夫祸少。"陈叔宝本就是个不知轻重的败家子，张丽华偏偏火上浇油，拽着陈叔宝横冲直撞。结果没几年就把好端端的朝廷折腾散架了。撰写《南史》、《北史》的唐朝人李延寿说："后主嗣业，实败于椒房。"也不怪后世作践张丽华，作为皇帝的头号宠妃，她玩得也实在是太嚣张了。

宁静中开出花来：李世民与长孙皇后

长孙氏和李世民结婚时，李世民的身份还是太原留守李渊的次子。当时长孙氏 13 岁，李世民大约 16 岁。长孙皇后的名字在史书中没有记载，有人说叫长孙无垢，《观世音经信长笺注》中说她小字观音婢。听起来，这两个名字更像是后人对她品德的一种总结，而不是真名。长孙氏的一生确实无垢，且像观世音一样大慈大悲，造福众生。

长孙皇后的祖先是北魏皇室拓跋氏，鲜卑族，后来因为当了宗室长，号长孙，后来以此为姓。长孙氏的父亲长孙晟在隋朝时任右骁卫将军，母亲是扬州刺史高敬德之女。长孙晟有一位哥哥叫长孙炽，文武全才，任隋朝户部尚书。长孙氏的舅舅在贞观时期也很有名，叫高士廉。再看李世民家族。李渊的妻子窦氏是北周皇族，李渊则世袭唐国公，后来也官至右骁卫将军、太原留守。总之，两家是门当户对的。

有人说，他们二人的婚姻属政治婚姻。应该含有一丝这样的成分，政治核心中的家族，显然是看重政治的。但两家联姻并不仅仅因为门当户对。据说是因为长孙皇后的伯父长孙炽看中了李世民的母亲窦氏的睿智。窦氏是周武帝的外甥女，很得武帝喜欢，常常在宫里玩。当年周武帝为了稳定与突厥的关系，娶了一个突厥皇后。他并不喜欢这个突厥女，所以平时对她很冷淡。小小年纪的窦氏看在眼里，便对周武帝说：现在中国还没有统一，而突厥很强大，舅舅你应该抑制自己的情感，好好对待突厥皇后。只要有突厥支持你，江南和北齐就容易对付了。周武帝一代枭雄自然明白这个道理，乖乖地听了小外甥女的指点。后来朝代更替，隋文帝杨坚夺了北周的江山，但长孙炽对这件事念念不忘，他对弟弟长孙晟说，窦氏这样睿智的人，培养出来的儿子一定不同凡响，应该想办法结亲。长孙晟深以为然，就托人说亲，定下了这门婚事。当时长孙氏和李世民都还是娃娃。

事实证明，长孙炽的判断很有见地，这个母亲不但培养出了不同凡响的孩子，还培养了不同凡响的丈夫。李渊反隋建唐过程中，窦氏起了重要的启蒙作用。

长孙皇后虽然家世显赫，但小时候也遇了些坎坷。她九岁时（公元 609 年），父亲去世，她和哥哥长孙无忌被同父异母的哥哥长孙安业赶出家门。两个孩子不得已投奔到舅舅家。由此推论，长孙氏的母亲应该是长孙晟的继室，并且一起回到了娘家。后来在高士廉的主持下完成了这桩婚姻。据说，长孙氏出嫁后，有一次回到娘家，她舅舅高士廉看到屋子后面立着一匹两丈高的马，大惊，赶忙找人占卜。算卦的人说，此相寓意着长孙氏"坤载万物，德合无疆，履中居顺，贵不可言"。这自然是后人附会的说法，聊作谈资。

长孙氏嫁给李世民时，正值隋末群雄纷争之时，李家是群雄中重要的一支。后李渊建立唐王朝，19岁的李世民被封为秦王，已有身孕的长孙氏成为秦王妃。唐朝初立，各路反抗势力纷起云涌。作为李家的中坚力量，李世民长年奋斗在第一线。长孙氏年纪虽小，但知书达理，侍奉公婆，相夫教子，为李世民营造了稳定的后方"战场"——后宫。

天下平定之后，王宫内部的矛盾开始突显了。李世民与身为太子的哥哥李建成之间的嫌隙日益加深。李世民身为次子，战功卓著，而且手下强人云集，这让身为太子的李建成不能不心怀忌惮。

由于李世民与李建成两个阵营所争夺的是皇位继承权，所以争取皇帝李渊的支持最为重要。这种争取包括很多方面，其中一个重要环节是争取皇帝身边的人，包括朝中大臣，后宫的嫔妃。在这方面，合法继承人李建成具有压倒性的优势，但长孙氏为李世民弥补了这个缺陷。当时只有二十几岁的长孙氏尽心侍奉唐高祖，对后宫嫔妃也殷勤恭顺，极力维护李世民的正面形象，化解他们对李世民的误解。长孙氏是个称职的小媳妇，李渊和后妃们因为喜欢长孙氏，所以在对待李世民的时候，内心多少会有些软化。在皇位继承权方面，李渊是站在太子一方的，但他对李世民采取的最严厉手段，也只是选择釜底抽薪这种和风细雨式的方式，将秦王天策府的干将纷纷派出去打仗。这是不是受了长孙氏的影响呢？无法确定，但可以肯定的是，这种方式给了李世民阵营足够的时间进行反应和反击。

李世民与李建成两大阵营间的矛盾日益激化，最终导致了"玄武门之变"。长孙氏和她的哥哥都是李世民的有力支持者，她有着和婆婆一样的政治敏感，而政治斗争的果敢则胜过婆婆。对于丈夫决定对亲兄弟下手，长孙氏并未抱妇人之见，而是心安理得地跑到一线。玄武门之变当天，她出人意料地出现在全副武装的战士面前，为将士们敬酒壮行，用坚毅平静的声音慰勉他们。高贵的王妃亲自为自己饯行，这让将士们热血沸腾，战斗力就这样被激发出来。可以说，长孙王妃在玄武门政变中的功劳是独特的，也是不可替代的。

玄武门之变的结果是李世民获胜，李世民登基做了唐太宗，长孙王妃成为长孙皇后，掌管内廷。当时的后宫早不是李世民与长孙氏两个人的世界，而是一个日益庞大的家庭。无论作为一个女人的长孙氏心里有过多少百转千回，她都宽厚地接纳了丈夫给她带来的那个越来越大的家，对这个家庭中的所有成员，她都给予了包容和爱护。

长孙氏生性节俭，当了皇后之后依然不改。她所使用的一切物品，都以够用为限，从不铺张，对自己的儿子也同样严格。当时太子李承乾的乳母遂安夫人奏请增加东宫什器，长孙皇后直截了当地拒绝说："太子患无德与名，器何请为？"但对于后宫妃嫔，她却极其宽容。每逢后宫有人惹怒了皇上，她会先顺着皇帝的意思将其"绳治"，等皇帝怒气消了，她又多半会替其开脱。如果下边的妃子宫人生了病，她也会派人送药，并亲自前去看望抚慰。早在长孙氏还是秦王妃时，李世民的第六个女儿（后封豫章公主）出生不久，母亲就病故了。这位姬妾地位非常卑贱，连姓氏封号都没有留下。长孙氏毫不犹豫地抱起哇哇大哭的小女孩，将其收养在身边，视为己出。

深宫之内，从来都是万分险恶，永远是争斗激烈的场所，这是历史的铁律。但是在长孙皇后掌管时期，后宫一直是风和日丽。长孙氏的宽厚、正直使得"下怀其仁"，后宫不再冰冷，呈现出一派祥和温馨的气氛。同样是伟大的女性，西汉的吕雉、唐高宗时代的武则天，她们在位时的后宫都是混乱不堪、充满杀戮。相比较而下，长孙皇后何其伟大。

长孙皇后喜好读书，熟知历史上外戚干政的惨剧。为了避免类似的事情发生，她严禁自己和自己的家族涉入权力中心。她的哥哥长孙无忌和李世民是布衣之交，在唐朝建立过程中表现不俗，又在玄武门之变中立有大功。李世民打算任他为宰相，被长孙皇后坚决制止，她认为这样会重蹈汉代吕后、霍光的覆辙，使朝廷和自己的家族都卷入本可避免的政治漩涡里。李世民无奈，只给了长孙无忌加开府仪同三司这样的虚衔。

或许是见识了长孙氏在玄武门事变中的表现，李世民对她非常敬重，下朝以后经常都要和她谈起国家大事。长孙皇后虽然很有见地，但她有自己的原则，深知古来妇人乱政专权的祸害，很郑重地说："牝鸡司晨，惟家之索。我是妇道人家，怎能随意议论国家大事？"太宗不听，还是对她滔滔不绝地说，但她始终却沉默不语。

当然，该说话时她还是会说。她懂得巧妙地利用女性的温柔，不伤体面地提醒自己的丈夫。《资治通鉴》里记载了两件小事，很能说明问题。

长孙皇后所生的长乐公主出嫁之时，李世民赏赐的物品比唐高祖李渊的女儿永嘉公主出嫁的物品多出一倍有余。按理说，永嘉公主出嫁时正值百业待兴之际，长乐公主出嫁时已是贞观盛世，国富民强，嫁妆多些不算太过分。可是魏征认为这样做不合情理，当面向李世民提出异议。李世民不以为然，下朝后随口告诉了妻子这件事。长孙皇后非但不生气，还赞叹魏征是个社稷之臣。接着又巧妙地补充说："妾与陛下是结发夫妻，情深义重，仍然畏惧陛下高位，每次说话都要察言观色，不敢轻易冒犯。而魏征却敢于以君臣的距离据理力争，太难得了，陛下不可不从啊。"后来，长孙皇后还派人赏赐魏征，并温言勉励。

还有一次，魏征在朝堂之上顶撞李世民，气得李世民罢朝回宫，怒气冲冲地说："这次一定要杀了这个田舍翁。"长孙皇后温言询问"田舍翁"是谁，李世民说，还能有谁，就是魏征这个种地的，老让自己在朝堂之上丢脸。长孙皇后什么话没说退了下去，过了一会儿换了一身庄重的朝服站在庭前。李世民很惊讶地看着盛装的妻子。长孙皇后一本正经地解释道："妾闻主明臣直；今魏征直，由陛下之明故也，妾敢不贺！"唐太宗听了先是一怔，既而欣喜，脸上乌云一扫而空。

也许正是长孙皇后的支持才使得魏征犯颜直谏时多了几份豪然的底气，使得冰冷的政治有了一点人性的温度，也成就了一位圣明的君王。后来，她病死前还惦记着罢官的贤相房玄龄，并向她深爱的夫君提醒贤臣的价值。再一次印证了她的政治智慧之高，以及对丈夫的关爱之深。

长孙皇后对李世民的爱是深沉、含蓄的。从史书中看不到两人的卿卿我我，但是，严肃的史料中依然渗透出他们之间点滴的爱恋。有一年，李世民重病，长孙皇后内藏毒药，决心如果李世民有什么万一，就自杀不独活。爱一个人，就全身心地付出。有女人痴情如斯，李世民何其幸。

贞观八年（公元634年），长孙皇后同唐太宗一起去九成宫（在今陕西麟游）避暑，不幸身染疾病，且愈来愈重。这时，在身边服侍的太子李承乾向母亲提出，用赦免囚徒和度人入道等方法乞求保佑。就连耿直的魏征都没有提出异议，长孙皇后却坚决拒绝，她说："大赦是国家的大事，佛、道二教也自有教规。如果随便赦免囚徒和度人入道，就必定会有损于国家的政体，而且也是你父皇所不愿意的。我岂能以一妇人而乱天下之法。"太子听罢，便不敢向太宗奏告，只是把他母亲的话告诉了房玄龄，房玄龄又转告给了太宗。太宗听后，感动得涕泪交流，泣不成声。

贞观十年（636）六月，长孙皇后晏驾于立政殿，她在弥留之际还殷殷嘱咐唐太宗善待贤臣，不要让外戚位居显要，并请求死后薄葬，一切从简。这一年，长孙氏年仅36岁。

但这一次，皇帝没有听她的话，他按照长孙氏的遗愿凿山为陵，建筑了气势宏伟的昭陵，并在宫中建了登高台，以便随时凭高远眺昭陵。也许魏征担心皇上对长孙皇后的思念之情影响国家社稷，也许他认为这样做有违长孙皇后的意愿，他以自己只看到太上皇的献陵为由，委婉地劝谏李世民不要留恋昭陵。想必两人都明白了对方，所以李世民流着眼泪拆了登高台。男儿有泪不轻弹，只是未到伤心处。这世上能让李世民那样刚强的男子汉流泪的女人只有三个：母亲、长孙皇后，还有他与长孙皇后所生的晋阳公主。

长孙皇后生前搜集了古代妇女的事例，亲自编撰了一本《女则》作"自检"之用。等她去世后，这本书才被呈奉给皇上，唐太宗看后痛哭不已。

长孙皇后匆匆地走完了 36 年的人生历程，虽然短暂，但并不影响她的完美。在她当皇后时，朝野上下是一片赞声，即便是后世，史家也给予她"乾坤辅佐之间，绰有余裕"的高度评价。

李世民是个盛世帝王，身边女人众多，可他对长孙皇后却是始终不渝的：长孙皇后与李世民共生了七个孩子，长子和最小的女儿都是长孙所生，最后一个女儿是在她去世前一年所生，可见恩宠至死未断；长孙皇后之后，李世民再没有立后；他晚年最宠爱的女人是神似长孙皇后的徐惠；李世民去世后，与长孙合葬，开创了帝后同穴的先河。

长孙皇后和李世民的感情应该属于另一种境界的，包括了爱情、亲情、友情、知己以及生死之交等多种感情。谁说最奢华的宫殿里，不会有最质朴的感情？其实，早在一千四百年多前，在最强大的盛唐就出现过了。

贞观十年以后，李世民魅力打折，出现了一连串的失误。假如长孙皇后健在，或许一切都会不一样吧，说不定唐朝的历史就有可能改变。

长孙皇后与李世民一起生活了 23 年，李世民一生的大风大浪，都有长孙皇后相陪。打天下、玄武门之变、开创贞观……可以说，李世民能有如此成就，长孙功不可没。没有别的女人比长孙更了解李世民，也绝不会有人比李世民更了解长孙。

在我们这些局外人看来，长孙皇后活得太辛苦了。但在于她自己来说，李世民让她的光芒尽情地散发，遇到李世民是她的福气。而对于李世民来说，遇到这么好的女人，则是他无上的福气。

功业与爱情同在，这是爱情的最高境界。

爱到极致，返璞归真。执子之手，与子偕老，深沉的感情，往往能孕育出最美的爱情之花。

靠近你冻伤我：徐惠与李世民

徐惠似乎是上天特意赐给李世民的一件珍贵的礼物：她出生于贞观元年（727年），遇到李世民时11岁。当时长孙皇后刚刚辞世，徐惠颇有长孙皇后的遗风，她的到来对痛失爱妻的李世民来说不谛是一股清风。贞观二十三年，李世民去世，徐惠思念成疾，相思成灾，于次年去世。她似乎就是为了赴李世民这段约而生。

徐惠出生在盛产才女的浙江湖州。据史书记载，她五个月时就会说话，四岁时熟读《四书》、《五经》，八岁时已经能出口成章，而且辞致清丽，颇有水准。有一天，她的父亲徐孝德想考考她，就让她仿照屈原的《离骚》作一首诗。小徐惠眉头都不皱一下，拿起笔来信手一挥，即成《拟小山篇》一首：

> 仰幽岩而流盼，抚桂枝以凝想，
>
> 将千龄兮此遇，荃何为兮独往。

徐孝德当时的反应是"大感震惊"。的确，八岁的孩童能写出如此蕴含感慨和豪情的诗作，别说她爹，就是水平更高的屈原看到恐怕也会震惊。这首诗后来被收录进《全唐诗》。

徐惠的名声一传十，十传百，最后传入年届四十的李世民耳中。李世民虽不荒淫，却也好才好色。于是，徐惠进入大唐皇宫，被中国历史上最伟大的帝王之一揽入怀中。

徐惠喜爱读书，皇宫中丰富的藏书让她有机会遍览群书，才学和见识也进步得更快了。李世民身边的女人品位都不俗，刚刚去世的长孙皇后就是自小博览群书，稍后大展雄风的武则天也是以才人的身份进宫。可见，李世民对女人的要求不是只重美色。李世民见徐惠如此好学，甚是喜爱。史书称徐惠在性格上颇类长孙皇后，所以，李世民对她尤其宠爱，一旦后妃位号有空缺了，受到晋封的一定是徐惠。如此一来，没过多久徐惠就从最末等的才人晋升为九嫔中的第八级充容。

对于心灵相通的人来说，年龄不是障碍。虽然两个人年龄相差近30岁，但这并不影响彼此的息息相通。

年轻的徐惠让刚刚痛失所爱的李世民重拾欢乐。有一次，李世民心情很好，派人叫徐惠来见自己。结果徐惠姗姗来迟，李世民对她摆出一张标准的门神脸。聪明的徐惠马上发现了丈夫的不快，只见她嫣然一笑，挥笔写了一首诗：

朝来临镜台，妆罢暂徘徊。

千金始一笑，一召讵能来。

小女人见心上人之前忐忑不安的心态跃然纸上，李世民读后哈哈大笑，怒气顿时抛到九霄云外。此诗后来收入《全唐诗》，名为《进太宗》。

史书上称徐惠颇类长孙皇后，她在政事上颇有长孙皇后的遗风，当李世民行事出现偏差时敢于直言劝谏。李世民统治后期好大喜功，多次东征高丽，劳民伤财，民间怨声载道。当时魏征已经去世，朝中少了直言相劝的大臣。徐惠多次想劝谏他，都忍住了，后来终于在贞观二十二年的时候再也看不下去，就认真写了一份奏疏交给李世民，明确指出"地广者，非长安之术；人劳者，为易乱之符。"希望李世民能够多加节俭，休兵罢战，还百姓以安宁。李世民读完后有所醒悟，对徐惠重重奖赏了一番。

徐惠也和长孙皇后一样，对丈夫的其他嫔妃相当雍容大度，甚至于武则天能够走上李世民的龙床，也是由她牵线搭桥。而她对武则天的影响也是巨大的。

徐惠和武则天是同时入宫的，论年龄，武则天比徐惠年长。当徐惠已经成为皇帝面前的红人时，武则天这位并州美女还没有见过李世民，她当时的名字还叫媚娘。据说，在一个春光柔和的下午，年少却不甘沉沦的武媚娘去谒见新晋的红人徐惠。看着谦卑地垂首站在自己面前的武媚娘，徐惠轻声问："论起来，你的容色犹在我之上，可知皇上为何对我眷顾？"这正是武媚娘百思不得其解的地方，她低下头，恭敬地请求指点。徐惠叹道："以才事君者久，以色事君者短。"一语惊醒梦中人。武媚娘默立花荫良久，轻声告辞出去。我们不知道，武则天后来成为一位倾国女主是否与这句话有关，但可以肯定，她从中获益良多。

贞观二十三年（649年），51岁的李世民因病去世，遗诏指示让后宫未有子女的嫔妃出家，只有徐惠等极少数人不在此列。

说起来，太宗对徐惠的感情更多的是一种欣赏和缅怀，像知己，又带有点父爱，还包含着对长孙皇后的缅怀。而年轻的徐惠对李世民的爱是纯粹的、全身心的。李世民去世后，痴情的徐惠思念成疾，铁了心要随夫而去。她拒绝接受医治，终于在李世民去世的次年得偿所愿，从容去世，年仅24岁。唐高宗李治追封她为徐贤妃，葬于昭陵。除了长孙皇后，她是离李世民最近的一位妃子，也是太宗后妃里唯一一位和长孙皇后一起被列了传的。

"执子之手，与子偕老"，李世民未能与长孙皇后做到，却与徐惠做到了；长孙皇后曾经有过不独活的打算，却被徐惠做到了。有些人生来就是为了完成一段使命，徐惠或许就是这样的人。

一个人可以为另一个人大怒大喜、大起大落，甚至把一生的精力乃至生命都献出去，那是不虚此生的。从这个意义上来说，徐惠是幸福的。一生中遇到徐惠、长孙皇后两个甘愿为自己舍生忘死的女人，李世民是哪辈子修来的福？

白马悲风疑似真：武则天与薛怀义

武则天就不用介绍了，这个中国历史上独一无二的女皇帝被后人剖析得够透彻了，今天我们要讲的是她的感情生活。作为一个女皇帝，她的后宫虽然不似男皇帝那么热闹，但也够异彩纷呈。

第一个走入武则天后宫的是冯小宝，后来武则天给他改名为薛怀义。

公元 683 年，武则天的丈夫唐高宗李治驾崩，这一年，武则天 61 岁。事实上，因为李治中年时就患上了严重的头痛病，这个病让李治看上去像个行将就木的老人，因此，在李治驾崩前的很长一段时期，武则天就没有正常的性生活了。李治死后，武则天的感情生活几乎是一片空白。起初，武则天的精力都集中在追逐权力上面，这其中的兴奋和刺激在很大程度上消除了武则天内心的孤寂感。

可是，即便再认真，再专注，对某一件事情投入的时间一长，人就难免会产生厌倦和疲惫。在政治上取得优势以后，长期紧绷的神经猛然松弛下来，这让武则天感到无比的空虚和疲倦。

作为帝王，自然有很多人在揣摩她的需求。按常理，六十多岁即使在今天也属老迈年龄，何况在普遍短寿的古代。但六十多岁的武则天并不老迈，紧张的权力争斗让她容光焕发，精力充沛。另外，武则天家里似乎有长寿基因，她母亲活到九十多岁，她本人六十多岁时还新长了两颗牙齿。于是，当时正想法巴结武则天的千金公主经过揣摩之后，为武则天献上了一个帅哥，他就是薛怀义。

薛怀义本是洛阳城中一个卖假药的小货郎，终日走街串巷，沿途叫卖。一个偶然的机会，薛怀义被千金公主的一个侍女看中，并金屋藏娇。不想，很快就被千金公主发现。千金公主见他高大魁梧，肌肉发达，身材倍儿棒，当即将他收为男宠。千金公主独自享用了一段时间后，转念一想，太后威权日盛，却独守空房，不如将小宝献上去，以博取太后的欢心。也有说法称，薛怀义是太平公主献给武则天的。

礼是好礼，但武则天不好直接伸手接。她毕竟身为当朝太后，而且唐高宗尸骨未寒，直接让这礼物进宫不大妥当。武则天想来想去，想出一个办法：让薛怀义先出家，然后入宫。在唐朝，僧人道士出入宫廷是很平常的事。想当年武则天也是削发为尼，在感业寺里与李治暗中来往，最后重回宫中的。她让薛怀义出家这招不知是不是从自身经历得到的灵感。

为了给薛怀义一个高贵的出身，武则天想到太平公主的丈夫，也就是自己的女婿薛绍，她让薛绍认薛怀义当叔叔，还赐给他一个新名字：怀义。如此一来，世上再无冯小宝，只有改装版的薛怀义。薛怀义童话般地当上了洛阳白马寺的住持，完全是男版"灰姑娘的故事"。

薛怀义虽然名字变了，地位也在一夜之间天翻地覆，但在市井中养成的恶习却不会改变，就好像胡萝卜洗得再干净也变不成人参一样。所以，很快他在朝野中就恶名远播。举几个例子。薛怀义出入宫禁时，乘坐的是天子的车马，身边有十几个宦官跟着，遇上的百姓都奔走逃避，躲不及者就会被打得头破血流，打完抛弃在地，根本不管人的死活。由于他是和尚，所以看不惯道士，在路上遇见道士就无故殴打，并且把道士的头发剃光。他还纠集了一批市井无赖少年，把这些小流氓都剃发为僧，纵容他们为非作歹。右台御史冯思勖以国家法令处理薛怀义，反被他记恨在心，在路上遇到冯思勖，便命令随从殴打，险些将冯思勖打死。

薛怀义如此嚣张，大臣们也没辙，因为最高统治者武则天对他睁一只眼闭一只眼。时间一长，朝廷显贵们都极力巴结他，就连武承嗣、武三思都为他拉缰绳赶马车，生怕他在太后耳边吹"枕边风"。

一物降一物，卤水点豆腐，朝中大臣也有让薛怀义没辙的人。当朝宰相苏良嗣就是一个。有一次，两人在路上狭路相逢，薛怀义仗着有武则天撑腰，不对苏良嗣行礼。苏良嗣大怒，当即下令手下把薛怀义拖过去扇了几十个耳光，薛怀义被打得眼前金星乱冒。薛怀义哪里忍得下这口气，于是跑到武则天那里告状。武则天好色，但不昏庸，她只是叹了口气，道：唉，南门是宰相活动的地方，你走错了地方，怎么能赖别人打你？以后不要再去那里了。哎，这个苏良嗣，下手也忒狠了些！

还有一个叫王求礼的也非常有趣。武则天想和薛怀义双栖双飞日夜不离，就说薛怀义有奇思妙想，让他进入皇宫当建筑师。王求礼就上表武则天：太宗李世民在世时，有个叫刘黑黑的擅长弹琵琶，太宗为了让他进宫教宫女，先把他阉了。前事不忘后事之师，现在您想让薛怀义进宫搞建筑，可以，但应该先把他阉了，不能让他淫乱后宫！武则天没理王求礼这个奏折，但也没有因此报复王求礼。

那么，薛怀义仅凭床上功夫和溜顺拍马就能博取武则天的欢心，从而飞黄腾达成为朝廷重臣了吗？当然不是。

毫无疑问，这两个人的感情是不对等的，但也不是单纯的肉体关系。武则天对薛怀义没有爱情，只有爱慕；薛怀义对武则天也没有爱情，只有仰慕。但这两种不同的情感搅在一起，就让他俩之间形成了一种含混的爱恋状态。

薛怀义对武则天是真的贴心，他把太后的事业当做自己的事业，喜太后所喜，忧太后所忧。当时武则天还在为称帝做准备，朝野内外一片反对之声，亲生儿子是最大的敌人。这个时候，薛怀义成了武则天最信任的人，而且能很好地完成她交给的任务。

薛怀义做的最有名的一件事就是修建明堂。明堂是儒教的宗教建筑，集宗教、政事、教化为一体，是古代最高统治者的"大本营"。明堂是一个神圣的建筑，武则天居然很叛逆地让一个男宠去主管修建工程，见识很不一般。另外，有史可查的明堂，只有武则天建出来过。虽然早在南北朝时期的《木兰辞》中就出现过"归来见天子，天子坐明堂"的诗句，但在武则天之前，并没有实物或资料可资借鉴。武则天问儒生该建成什么样子，儒生们争论不休，最后还是武则天一锤定音。可见武则天的才学也非同寻常。

薛怀义果然不负重望，只用了不到一年的时间就修建起一座宏伟的明堂，这座明堂高二百九十四尺，合九十八米，三百尺见方，共分三层，下层模仿四时，中层模仿十二时辰；上层是园盖，有九只龙拱捧着，设有铁制的凤鸟，高有一丈，外表用黄金涂饰。是历代明堂中最为壮观的，号称"万象神宫"。百姓可以进入观赏。接着，又在明堂的北面造了一座更为雄伟的天堂，共五层，专门用来供奉佛像。佛像超大，他的一根小指里就能容纳几十个人。武则天祭拜的祭坛也是气派十足，各种珍禽异兽、宝物排列在前，文物车骑众多。明堂如此气派，耗资自然也大得惊人。加上薛怀义又是个花钱如流水的主儿，国库几乎都空了。武则天如此不惜代价地干，不是好大喜功，而是想利用佛教来为自己服务。

薛怀义在建筑业方面的成功，让他官拜正三品的左威卫大将军、梁国公。为了让他对得起大将军这个头衔，武则天又给他派了一个差事——讨伐突厥，并且给了他平行道行军大总管的名头。也该薛怀义走运，他带兵到的时候，突厥军队刚好不在，不知游牧到什么地方去了。于是，薛怀义"凯旋而归"，见到武则天后吹牛说，那些突厥听到他的名字就闻风而逃了。武则天一听大喜，又加封他为二品辅国大将军。

延载元年（公元694年）年，突厥入侵灵州。武则天又派薛怀义带兵出征，还给他配了十几位将军。这一次，他的运气更好，还未出发，突厥就退兵了。结果薛怀义又立大功，官越做越大，红得发紫。

武则天对薛怀义宠爱有加，薛怀义对武则天也是忠心耿耿，如此一来，他就犯了爱情中吃醋这样的毛病。

有一个叫沈南璆的御医，常常给武则天看病，一来二去，武则天就喜欢上了沈御医，这让薛怀义很不是滋味。满腔酸溜溜的情绪无处宣泄，他就跑去和那些流氓小和尚胡闹，结果闹出一些事端。武则天有些不满，但仍念及旧情，有意袒护他。可是薛怀义没有摆正自己的位置，不清楚自己终究是个玩具型奴才，因此不但毫不收敛，反而更猖狂，接下来，他又犯了一个不可饶恕的致命大错，导致武则天与他决裂。

公元 695 年正月十五，武则天在明堂开法会。薛怀义为这活动积极地准备，他事先命人在明堂的地下挖了一个五丈深的大坑，然后把佛像埋在里面，又用丝绸彩带搭了一座模拟宫殿。等武则天一到明堂，佛像由躲在暗处的人从坑底拉起，拉到模拟宫殿之中。从侧面看，佛像仿佛是从地底涌出，很有创意也很神奇。薛怀义唯恐这个画面不足以震撼武则天，就又想了一招——杀了一头牛，用牛血画了一个高二百尺的大佛，挂在天津桥南。然后对武则天声称，这是他刺破了腿，用自己的鲜血画成的。薛怀义小脸红润，一点也不像流血过多的样子，武则天又不傻，所以她没有理会薛怀义，更没有显露出半点的感动。

薛怀义认为武则天已经移情别恋，他失恋了。他决定做一件惊人之事，报复武则天的冷落，重新引起武则天的注意。

正月十六夜里，他在大醉之后，纵火焚烧天堂，火势迅猛蔓延到明堂，熊熊烈火把神都洛阳的黑夜照耀得如同白昼。天亮时，天堂和明堂都化为灰烬，昔日气派壮丽的建筑成了一片焦土。

这就是薛怀义没有摆正自己的位置。武则天当时已经称帝，历代的皇帝都是后宫佳丽成群，女皇武则天多几个男宠也不足为奇。薛怀义对自己的定位太高，他没搞明白自己终究是个玩具型奴才，不但把武则天当做平常女人争风吃醋，并且挑明堂这个地方宣泄怨气，有点找死的味道。要知道，明堂和天堂不是一般建筑，它是一个政治标志，武则天在那里祭祀、接受朝廷百官拜谒。对武则天来说，明堂是大周王朝的象征，是一个风光且神圣的所在。

薛怀义清醒后也知道不妙，提心吊胆，拿不准武则天会怎样处置他。可是几天过去了，武则天没有动作，这让薛怀义更害怕了。以他对武则天的了解，这个女皇帝不会轻饶他，此时风平浪静，是暴风雨来临之前的片刻安宁吗？

武则天迟迟没有行动是有原因的。对明堂和天堂失火一事，朝廷大臣议论纷纷。那些反对武则天称帝的大臣认为这是上天给予的警示，武则天应该下课。另一派则大拍马屁，说这是祥瑞，预示着大周必定兴旺。武则天心里也不安，她当然愿意听好话，可是内心里，她更认为这是上天的警示。因此，薛怀义这把火不单烧毁了大周王朝的标志性建筑，还给武则天留下了严重的心理阴影。但是，表面上她很平静，对肇事的薛怀义也没有什么处罚。

薛怀义毫发未损，在纳闷、忐忑中度日。半个月后，就在天册二年二月四日这天，薛怀义突然死了。

所有人都会想到这是武则天秘密杀害了情人小宝。她不公开杀，是因为怕丢脸。本来，薛怀义纵火烧毁明堂和天堂，罪大恶极，依律当死。可问题是，他纵火的原因是和御医沈南醪争风吃醋，这理由如果公之于众，武则天的脸往哪儿搁。女皇帝毕竟不如男皇帝待遇好，女嫔妃争宠对男皇帝没什么影响，可对女皇武则天来说，影响就比较坏了。

那么，薛怀义之死的过程如何呢？又是谁下的手呢？有两个版本。第一个版本出自《旧唐书》。说是武则天召薛怀义当晚到瑶光殿幽会，薛怀义重获新生，美滋滋地前去赴约，却只见到太平公主的乳母张夫人带着一帮武士候在那里。武士们一见小宝，当即将他掀翻在地，一阵拳打脚踢，将他活活打死。

第二个版本出自《资治通鉴》。案发现场仍是洛阳宫城内的瑶光殿，时间仍是夜晚，下手的变成了武则天的堂侄武攸宁。

这两个版本的情节大概一致，只是作案主犯不同。一般来说，后人通常倾向于太平公主。一来因为太平公主与武则天关系更近，二来，太平公主在权谋方面很像武则天，武则天更愿意让她去办这件隐秘的事。还有一点，薛怀义是太平公主推荐给武则天的，由太平公主去收场是再合适不过。反正不管怎么说，薛怀义死得挺倒霉。

薛怀义死后，武则天派人把他的尸体运回了白马寺。尸首在寺内被焚烧，建塔一座。一代美男薛怀义香消玉殒。

薛怀义是武则天的第一个男宠，是武则天人性解放的起始点，由此她开始了一面铁腕治国一面纵情声色的人生。所以，她对薛怀义宠爱备至。算起来，武则天宠了薛怀义大概十年，这或许是小宝高估自己地位的主要原因之一。两年后，武则天在73岁的时候，又纳了两个男宠，一个叫张易之，一个叫张昌宗。这两个人出身世家，有文化，一直陪武则天到死。这个时候，武则天或许已想不起那个冯小宝抑或是薛怀义了吧？

以武则天的年龄来讲，她与薛怀义之间的关系肯定不仅局限在肉体上，更主要是在精神上的交流。一旦薛怀义在心灵上不能和武则天沟通，那么他的死期就到了。

薛怀义的经历对所有正在傍大款或想傍大款的男男女女们是一个警示：当你放弃尊严傍大款时，就不要奢望与对方平起平坐。

薛怀义的经历同时也提醒所有夫妻、情侣们：爱一个人，就不要苦苦相逼，否则最后自己没有台阶下，只好分手。

打闹中成长：郭暧与升平公主

有一出著名的京剧曲目叫《打金枝》，讲的是驸马郭暧将妻子升平公主打成贤妻的历史。这二人的婚姻是典型的政治婚姻，却具有喜剧色彩，可称为训妻记。

郭暧是唐代宗的女儿升平公主的丈夫，也就是驸马爷，而他能成为驸马是因为他有个声名显赫的爹。郭暧的老爹非常厉害，是唐中期的著名大将郭子仪。当年平定安史之乱时，郭子仪起到了最为关键的作用。李唐王朝重得天下后，将郭子仪封为国公，任天下兵马副元帅。此后朝政变迁，郭子仪三起三落，总能逢凶化吉，最后被封为"汾阳王"，并获唐代宗颁发的免死"铁券"。为了表示诚意，代宗将自己的女儿升平公主嫁给了郭子仪的六儿子郭暧，郭暧因此受封为侯爵。

升平公主的母亲是沉后，与代宗非常恩爱。唐代宗是唐朝第八位皇帝，唐玄宗李隆基的孙子。玄宗末期，爆发安史之乱，玄宗外出逃亡，他的儿子即位，是为唐肃宗。六年后，唐肃宗被宦官李辅国惊死，代宗即位，继续平定安史之乱。在东征西讨的日子里，沉后因为战乱失落民间，不知所踪，唐代宗便把对沉后的宠爱转移到升平公主身上。升平从母亲那里继承了绝世的美貌和纯良的性格，但由于父皇的娇宠，以及周围人的恭顺，所以养成了任性的脾气。

郭暧成为驸马后，郭家的荣贵算是到了一个高峰。在局外人看来，郭暧是一步登天，但对于郭家来说，却是喜忧参半。特别是身为驸马的郭暧，日子更不好过。公主是谁？皇帝的女儿，从名分上讲，她是"君"，而驸马一家不过是"臣"。这样一来，关系就比较难处了。在等级森严的社会里，娶了皇帝的女儿，对驸马一家不但不是什么好事，有时候就是倒了八辈子霉，驸马一家不但不能行使夫家的权利，弄不好还得掉脑袋。

为了说明驸马有多难当，我们先讲讲另一个驸马的故事。南北朝时期，宋明帝刘彧想将女儿临汝公主嫁给江教。江教惶恐不已，担心自己日后不好过，于是写了一封《辞婚表》，说自己接到皇帝的诏书后，感念皇恩浩荡，但同时也心如火烧，求您老人家收回成命。因为这种招驸马的大事，固然光宗耀祖，却也实在不敢领教。为了给自己的辞婚提供证据，江教列举了自晋以来的驸马爷的悲惨遭遇，行文颇为有趣。江教的原信是文言文，读起来难免拗口，柏杨先生给它做了精彩的翻译，这里引用一段，以飨读者。江教在信中是这样说的：

"自从晋王朝以来，凡娶了皇帝女儿的朋友，即令他是世代书香，莫名盖世，结果无不弄得苦不堪言。像王敦先生，受尽了窝囊之气。像桓温先生，头都抬不起来。像刘惔先生，宁可假装白痴，都不敢应命。像王献之先生，宁可把脚烧掉，也不敢高攀。像王偃先生，被赤条条绑到大树上。像何瑞先生，竟被扔进深井里。像谢庄先生，心甘情愿断送前程。像殷冲先生，几乎被砍掉了尊头。这些人不是没有才干，也不是真的一窍不通，只因为妻子财大势粗，他就只好屈服，含垢忍辱，而且连个诉苦的地方都没有。

　　夫公主也者，皇帝的女儿也，管丈夫比管奴隶还狠，防丈夫比防叛逆还严。既然当一个男人，免不了到社会做事，交际应酬，接待宾客，件件天经地义。可是一旦娶了公主，就啥都变了样啦，所有朋友，没有一个敢再上门，和社会上人群，不得不告隔绝。不特此也，甚至连兄弟姐妹，也疏远啦。管家的因为吃公主的饭，对驸马的一举一动，自然处处干涉；仆人们因为拿公主的钱，索性连个笑脸都不给你；老妈子争着拍公主的马屁，一直劝她对丈夫厉害一点才好；小婢女更纷纷表演忠贞，乱出主意，要公主对丈夫不可假以颜色。管家的大都没知识，仆人们也大都势利眼，哇啦哇啦讲得震天响，难以分辨是非，鬼鬼祟祟打小报告，却抓不住重点。老妈子仗恃她是老关系，公主任何忌妒，她都赞成。小婢女自以为她忠心耿耿，因而天天有打不完的小报告。

　　更要命的是，当丈夫的，仅只回答调查盘问，就没个完。还有不知道哪里来的三姑六婆，一个个大权在握，发现残茶剩饭偶尔不见了，就冲上来，脸对脸地吼：'你送给谁啦？'破衣服、破被子也不敢扔摔，一扔掉就没盖的，盖必须凭破的才能领到新的。

　　至于日常生活，更是可怜，仅只出门入户，就有天大学问。当丈夫的虽然进入卧室，在公主点头之前，不敢跟她亲热，即令恩准亲热啦，却又不许再离开。当丈夫的如果生了气，不进卧室，好啦，那是故意疏远她。如果有要事在身，急着要走，好啦，那一定别有居心。于是乎天刚黄昏，丈夫就得进笼，第二天太阳出来才放走。驸马爷被关在家，关得晕晕乎乎，从没有见过晚霞，也从没有见过晨星。至于踏着月光散散步、弹弹琴，白天拥被读读书，这种情调，一辈子他妈的想都不要想，哀哉。

　　还有更倒霉的，丈夫还没走出房门哩，小婢女就围了上来；还没有坐稳，老妈子也拼命往上挤，虎视眈眈，严密监视。偶尔请人为你拉拉衣服，梳梳头发，公主就骂你存心不良；偶尔见见宾客，公主就吆喝你衣冠不整。无论天理国法，纵令一个男人有妾有婢，也不敢轻慢公主。可是她们却动不动就奚落丈夫没有教养，动不动就说瞧不起她这个公主，真是冤枉透顶。

最没法的是，那些公主老奶们一旦聚在一块，交头接耳，啥都不谈，专谈丈夫。谈到紧张之处，就互相乱出主意。脾气好、性情善良的，不但不能影响那些坏心眼的，反而那些坏心眼的，成了脾气好、性情善良的教习，教她们种种奇法去折磨丈夫，回到家来，猛烈发作，臭男人就招架不住矣。

按道理说，家庭之中，感情第一，和国法有啥关系？可是公主们却金口玉言，说的话就是法律。闺房之内，好像军事法庭；夫妇之亲，她成了主子，丈夫成了奴才；连一句玩笑话都不敢说，偶一不慎，说了两句，立刻就构成冤狱。伤天害理，一言难尽。父子夫妇，以和睦为贵，忌妒尤为恶德，而公主们无一不心脏抽筋，所以凡是娶公主的男人，往往危机四伏，断子绝孙。

现在就要问陛下啦，公主都是这种模样，哪个臭男人能受得了哉？一定非下嫁给我不可，我势必家破族亡、身败名裂。当然啦，娶公主的朋友很多，也没有完全死光，可是他们一个个叫苦连天，却是远近皆知。只因为妻子是皇帝的女儿，不得不忍气吞声。

我幸而生在盛世，陛下英明领导，明察秋毫，以道德为社会规范，以情理为家庭基础，所以敢把心里的恐惧，原原本本，吐露罄尽。我家世代蒙受大恩殊荣，兢兢业业，守着门户过日子。就是升迁，也凭才干。可是一旦沾上亲戚，就难免不破例，显得太不公平。我所以哀哀上恳，说了这么多，不仅是为了我自己，也是代表娶了公主的倒霉丈夫，诉一诉苦楚。敬请陛下俯察下情，免了我娶公主这个差事吧，使小燕子小麻雀，仍可自由在树林里飞吧。如果陛下硬是不肯，非把公主老奶嫁给我不可，我就只好割破皮肢，剪掉头发，跑到深山大海，逃命去矣。"

辞婚归辞婚，江教还是将临汝公主娶进了门，并且小妾也没少纳。《辞婚表》不过是"有言在先，丑话说在前头"的意思。

前面引了这么大段的文字，是为了说明，虽然公主不见得像江教说得那么厉害，驸马爷也不见得就很可怜，但是他所提到的驸马的难处是确实存在的，郭暧自然也会遇到。

郭暧与升平公主成婚之时都还是十三四岁的少男少女，正是反叛的年龄，而且这对小夫妻都出生在顶级的富贵权势之家，脾气都好不到哪儿去，擦枪走火是早晚的事。

231

新婚燕尔的新鲜劲过去之后，两个骄傲的人之间便开始发生冲突了。导火索是郭暧要求升平公主向自己的爹妈行礼。

　　按照郭家的规矩，晚辈每天清晨都必须到郭子仪面前请安，而郭暧与升平公主居住的驸马府离郭府较远，每天请安不太方便，于是郭家对他俩破例，让他们只在每月的初一和十五早晨到郭府请安。升平对此无话可说，但心里一百个不愿意。她觉得自己是堂堂的公主，即使在成亲的喜堂上，婚仪都要倒过来，由公婆向自己跪拜叩头，如今自己却要向公婆行民间的儿媳礼仪，太可气了。

　　心里不平，行动上就难免失敬。每次去郭府前，升平总是拖拖拉拉，在郭暧百般催促下才勉强起程，到达郭府时，其他子媳早已站了门下等候多时了。为此，郭暧对升平满腹怨言，但碍于她是公主也不好怎样，只是絮絮叨叨地讲道理，身前身后地催促。

　　生活就这么别别扭扭地到了郭子仪七十大寿的那一天。这天郭暧特意起了个大早，催升平公主起身，不想升平推说受风头痛，让郭暧一人带蛋糕前去祝寿。郭暧两三年来一直压着的怒气终于爆发了。他对着升平公主大声吼道："你不就是仗着你父亲是天子，才耀武扬威吗？我告诉你，我爹他是根本不想干皇帝这个差事，否则的话，哪轮得到你家？"

　　升平公主听了这话，气得面色发白，趴在床上，声色俱厉地指着郭暧叫道："欺君罔上，罪当诛杀九族！"郭暧这时正在气头上，听了公主的话也不相让，又接着教训道："皇帝又怎样？你在我这里就是郭家的媳妇，不遵守孝道，我不但骂得，还能打得！"升平公主见他竟然还敢动手，怒道："你打，你不打就不是郭子仪的儿子！"儿媳竟然直呼公公的名字，这让郭暧愈发愤怒，一跃而起，上前抓住升平公主猛推了一下。升平公主见他真敢动手，也更加愤怒，大声叫道："看我杀了你们郭家！"郭暧闻言气急败坏，不由得挥手给了她一巴掌。

　　升平公主没想到郭暧居然敢动手打自己，更没想到一向温文尔雅的驸马居然说出这样无法无天的话来，气得脸色都变了，立即乘着公主的辇驾，直奔皇宫向父皇哭诉告状去了。郭暧也不理她，自己去给父亲拜寿去了。

　　话说升平公主回到宫中，悲不自胜地扑在父皇脚下，声泪俱下地痛斥驸马对她和父皇的不敬，坚决要求父皇惩办郭家。唐代宗见心爱的女儿被打成这副可怜模样，自然心痛不已，也非常气愤。但他毕竟是一个有些头脑的帝王，听了女儿的控诉，他沉吟良久，然后对正在气头上的女儿说："驸马说的可全是实话呀，假如当年你公爹有心要做皇帝的话，这天下，早就不姓李而姓郭了。"然后，他又心平气和地劝解道："就算事情如你所述的那样，为父也不便过于帮你。做天子并不是天下尽归你所有，也不可为所欲为，这个你不能不了解。你是郭暧的妻子，就应谨守妇道，依从夫君，孝敬公婆，夫妻和睦为是。"安慰了女儿一番，代宗就命她速回驸马府，不可再喧闹。

升平公主见父亲不为自己出气，心有不甘，觉得这样回去很没有面子。但她也是个聪明人，见父皇深明大义，对郭家不予计较，自己如果不识趣地再闹下去，没有娘家可倚仗，到头来还得吃亏。于是她调整情绪，乖乖地打道回府了。说起来，做到这点需要很大勇气，升平公主也非常人可比。

就在皇宫里闹得不可开交时，郭府也乱成了一团。

郭子仪见儿子一个人怒气冲冲地前来，心中起疑，细问之下，得知方才儿子与公主大打出手，而且还说了一句要命的大话，顿时吓得手脚发抖。郭暧年少轻狂，郭子仪可是久经官场之人，"狡兔死，走狗烹"这样的道理他太了解了。假如皇帝想除了他，完全可以以这句话为由头把郭家满门抄斩。大惊失色之下，郭子仪把这个不懂事的儿子捆了起来，直接送进宫中，向皇帝亲家请罪。

刚送走女儿的代宗看见这个场面，不禁哈哈大笑。他亲自起身，为小女婿松绑，并向郭子仪说了一句千古名言："不痴不聋，不作家翁。"意思是说，作为长辈，要会对小辈的过失装聋作哑，宽宏大量。他宽解郭子仪道："小儿女们在闺房中几句戏言气话，我们作长辈的，何必当真？又何必去管这种夫妻闲事呢？"

郭子仪没想到皇帝居然如此申明大义，长长松了一口气。为了警戒少年无忌的儿子，回到家里，郭子仪拿出大棍，要亲自动手对郭暧家法处置一番。

打人对武将出身的郭子仪来说是强项，何况这一顿棍子其实是打给皇帝看的，更是又狠又准，打得郭暧几乎昏了过去。郭暧自己硬撑着不求饶，一边的升平公主可吃不消了。毕竟被打的是自己的丈夫，吵架归吵架，心疼归心疼。她红着脸求公爹罢手，郭子仪顺杆而下，立刻放下了手里的家伙。小夫妻间的一场吵闹就这样以惊险开头，以温情收尾了。

这次事件过后，升平公主反省自己，从骄横跋扈的公主变成了一个谦恭端庄、温柔贤淑的小媳妇，小夫妻俩的感情越来越好。唐代宗对女儿如此通情达理很是满意，对升平公主和郭暧越发宠爱，每有赏赐，总是远远超出别的女儿女婿。等到升平公主的哥哥德宗继位之后，他吸取了这场"打金枝"的教训，下令修改礼仪，规定公主要向公婆行礼恭让。

升平公主经过这场"打金枝"的事件，成长了不少。后来，长安城附近闹起

233

了水荒，代宗想要拆去权贵豪门在泾渭二河上架设的石磨房（这些磨坊是用来打磨脂粉用的）。权贵们都不愿意，最后，还是升平公主和郭暧站了出来，第一个拆掉了自家的石磨房。有公主带头，泾渭之上的八十多座属于权贵的石坊很快都拆去了。长安附近的田地，终于又得到了灌溉的水源。

在30岁左右，升平公主和郭暧经历了德宗年间的朱泚之乱。从战乱中死里逃生的升平公主，性情变得更加和顺谦让。这种转变直接影响了她和郭暧的一双儿女。她的独子郭纵娶了宗室女汉阳公主，以忠耿清廉、礼让贤德闻名，广得人缘，更得皇帝的喜欢，因此一生富贵平安。女儿郭氏嫁给唐宪宗李纯为妃。李纯终身没有册立皇后，但郭氏作为原配正妻是后宫地位最高的女人，而且宫中朝中，所有的人都认为她仁爱谦让，足以母仪天下。郭氏一身经过五朝，在历史上以贤德著称。郭氏的子女也都品行出众，儿子李恒当了皇帝，女儿岐阳公主下嫁之后，对家人上下均有礼有节，得到广泛的赞誉。

由于女儿的关系，郭暧与升平公主死后都享受了至高的哀荣。

人们常把男女之间的关系比喻成战争，其激烈程度不亚于硝烟弥漫的战争。有些人越斗越恩爱，有些人最后斗成了仇人。是恩爱还是反目成仇全看当事人的悟性。升平公主能知错就改，致使一段看似要血流成河的故事成了后人口中的佳话，她是个悟性极高的女人。郭暧在关键时刻敢于坚持原则，不慑于公主的背景，值得称赞。还有唐代宗和郭子仪这对老一辈的处事方式，也值得挑大指。假如这些人中有一个不明白事理，这个事件就不会是皆大欢喜的结局。

翁婿婆媳的关系如何处理？现代人还真应该跟"打金枝"这个故事中的人物学学。

别后相思隔烟水：薛涛与元稹

　　这二位的故事是以负心汉与痴情女的情节流传的，两位主人公都是以诗文名垂青史的人物。薛涛出生于唐代宗年间，本是官宦之家。母亲怀着她时，恰好随她的父亲薛勋从长安到成都赴任。薛涛出生后，取字为洪度，意指她是在惊涛骇浪的洪流中度过的。薛涛是个天才儿童，八岁那年，其父让她以院中梧桐树为题，吟诗一首，薛涛念道："庭除一古桐，耸干入云中；枝迎南北鸟，叶送往来风。"薛勋听了大惊，一惊这孩子的才华，二惊这"迎送"、"往来"太不吉祥了。

　　不想一语成谶。薛涛 14 岁时，父亲去世，薛涛迫于生计当了一名以诗乐娱人的诗妓，很快就凭借一流的才艺和容貌扬名于成都。

　　薛涛是历史上少有的才女，通音律，擅书法，工诗词，正式集子叫《锦江集》，诗五百余首，可惜没有流传下来。明本的《薛涛集》是后人从众多选本中拼凑起来的。《全唐诗》中说她的诗有"林下风致"，也就是说有大家闺秀的风范。用这个词形容薛涛，无非是说，她虽身份卑下，但诗作却有典雅、幽僻的气质。

　　薛涛喜欢把诗写在深红色的纸笺上，但她的诗多是四句小诗，当时流行的纸幅很大，浪费且不美观。薛涛设计了一种小幅的纸，不但小巧雅致，而且适用，当时风靡一时。这就是著名的薛涛笺。薛涛笺类似于今天的便笺，用料考究，在当时是神乎其神的人间珍品，小户人家根本用不起。

　　当时的四川既是军事要塞，又是人文气息浓郁的地方，当地的官员也多多少少都有些文才，剑南节度使韦皋就是这样一位。他非常欣赏薛涛的才华，常常邀请她去府中侍酒赋诗，后来见她文才很佳，就让她做一些文字工作。他试图向朝廷为薛涛要个名分，限于薛涛的身份，朝廷当然不可能批准，但人们都以"女校书"来称呼她。

　　韦皋经常邀请各方官员前来消遣，薛涛负责在酒席宴上与宾客诗词唱和。薛涛机智敏捷、幽默风趣，每每使在座客人惊叹不止，一时名声大振，俨然成为文化圈里一朵炙手可热的交际花。当时来蜀地巡视的官员都以见薛涛一面为快事。

　　薛涛 35 岁时，韦皋暴卒，继任的剑南节度使对她一如既往地青睐和敬重，她继续以艺妓兼清客的身份出入节度使府。当时与薛涛交往的名流才子甚多，白居易、牛僧孺、杜牧、刘禹锡、张祜等都与薛涛有诗文酬唱。

薛涛虽说跟很多男人有过极为特殊的关系，但都不是爱情。直到元稹出现。

元稹是唐朝著名诗人，长得很帅，白居易在诗中夸他"仪形美丈夫"。他在当时的诗坛名头极响，诗歌也非常走俏，每写出一章一句，马上就会流传，比珠玉转手还快。元稹对薛涛慕名已久，唐宪宗元和四年（809年），他被唐宪宗任命为监察御史，视察东川，终于有机会到成都会见薛涛。当时薛涛40岁，元稹30岁。

依当时的情况，元稹是诗坛巨匠，薛涛则不过是个文学女中年。初见面时，元稹以一副文学大师的姿态让薛涛以笔墨纸砚为题现场赋诗。薛涛从容不迫，走笔疾书一篇《四友赞》："磨润色先生之腹，濡藏锋都尉之头。引书媒而黯黯，入文庙以休休。"此诗写得很妙，元稹当下就被薛涛的书法、才思以及诗作折服。薛涛对元稹也是早有耳闻，如今一见之下，也是一见倾心。二人情投意合，当晚就同居一室，感情竟然像多年的夫妻。

好景不长，一年以后，元稹因为触犯权贵被召回长安。对于元稹的离开，薛涛表面上没有表现出很大的波动。当时元稹新丧，薛涛不可能没想过嫁给元稹，但她也知道元稹是朝廷要员，自己是一个官妓，两人地位悬殊，年龄悬殊，这样的恋情是不可能有结果的。她心里明白自己和元稹之间的感情就像露水情缘，朝生暮死。她决定静静地了断这场情缘，但元稹毕竟是她唯一深爱的男人，所以，她忍不住以诗言情：

> 芙蓉新落蜀山秋，锦字开缄到是愁。
>
> 闺阁不知戎马事，月高还上望夫楼。　　　　　　　　　《赠远一》

元稹很快回了一首诗，诗中写道：

> 锦江滑腻蛾眉秀，幻出文君与薛涛。
>
> 言语巧偷鹦鹉舌，文章分得凤凰毛。
>
> 纷纷辞客多停笔，个个公卿欲梦刀。
>
> 别后相思隔烟水，菖蒲花发五云高。

薛涛从诗中隐隐读出爱人有意归来的意思，她相信了。然而一年又一年，元稹再也没有回来。她写下《赠远二》：

> 扰弱新蒲叶又齐，春深花落寒前溪。
>
> 知君未转秦关骑，月照千门掩袖啼。

薛涛苦等着元稹前来迎娶自己，而元稹却根本没打算坚守爱情，或许他的爱情早已在前妻身上耗尽，曾经沧海难为水。

元稹 24 岁时牺牲初恋，娶了太子少保韦夏卿的女儿韦丛为妻。元稹攀这桩婚事，是为了仕途，而且后来也确实起了一定的推动作用，但是婚后次年韦夏卿就辞世，小夫妻俩的生活顿时陷入困顿。韦丛虽然出身豪门，但非常贤惠，一力承担起持家的重任。两个人曾经拮据到挖野菜充饥的地步，韦丛也毫无抱怨。她不仅在生活上无微不至地照顾丈夫，而且从精神上支持他、安慰他。元稹年少气盛，得罪了不少权贵，屡遭贬谪，韦丛总是在旁边安慰、排解。

元稹与韦丛生活了七年，这七年是元稹最贫困的时期。当元稹得到朝廷提拔时，韦丛却因为长期操劳、营养不良而一病不起，撒手人寰。这对元稹是巨大的打击，连续写下三首《遣悲怀》悼念亡妻，其中"昔日戏言身后意，今朝都到眼前来""诚知此恨人人有，贫贱夫妻百事哀""闲坐悲君亦自悲，百年都是几多时"，"惟将终夜长开眼，报答平生未展眉"，用词质朴，却感人至深。他还写过《离思》五首，其中"曾经沧海难为水，除去巫山不是云"不知感动了多少人。

元稹见到薛涛时，韦丛新丧，所以他对薛涛的感情或许更多的是姐姐般的依恋和朋友相惜相知的情分。"菖蒲"是用来纪念屈原的，元稹在诗中用这个词或许正是要表示他们之间的感情是纯洁的，却不是爱情。但薛涛不这么认为。

他们依然书信来往，传说薛涛笺就是这个时候创制的。但是元稹却娶了别的女子。

元和十一年，37 岁的元稹与裴淑结婚，两人感情深厚，裴淑对丈夫一往情深，曾写下"嫁得浮云婿，相随即是家"。后来，元稹在浙江又有了新欢——颇有才情的越州妓女刘采春，薛涛则早被抛诸脑后。

薛涛终于明白自己与元稹是不可能有结果的，她在寄给元稹的《春望词四首》的第三首中，沉痛地抒发了自己爱情理想破灭后的悲愤心情：

风花日将老，佳期犹渺渺。

不结同心人，空结同心草。

此后，虽然也有别的男人伸出橄榄枝，但薛涛终生未嫁。到了晚年，她过起了隐士般的生活，身穿道袍闭门不出。唐文宗太和五年（831 年），薛涛走完了一生，时年 62 岁。

元稹的仕途一直不太顺利，起起伏伏，曾一度官至宰相，又多次被贬到外地任职，最后的归宿地在武昌，官职是武昌节度使。或许是因为官场失意而至意气消沉，元稹最后竟至色贪具备，晚节不保。

或许有才情的女子是不需要倚靠某棵树的，她需要的是一个同样伟岸和高尚、能够产生共鸣的灵魂。否则，孤独或许是更好的选择。薛涛没有等到固守的那份爱情，所以她终生未嫁，致使后人有"孤鸾一世，无福学鸳鸯"（樊增祥《满庭芳》）之叹。

　　然而，根据留下来的资料来看，元稹一生中至少有三个女人，而且都有相关的诗作留下来，给韦丛的诗中传递的是忠贞的爱情和痛彻心扉的悼念，给裴淑的诗中则是款款温情和家长里短，唯独给薛涛的诗中更多是对她才情的赞扬，却从来没有在任何场合提过对薛涛的爱。我们不禁有些怀疑，或许，他对薛涛从来没有过爱情，有的只是仰慕。

　　如果真是这样，薛涛的爱算什么？

相见不如怀念：唐琬与陆游

南宋绍兴十四年，也就是公元1144年的一个秋日，20岁的陆游迎娶了表妹唐琬为妻。

流行的说法是，唐琬的母亲是陆游母亲的嫂子。当时流行亲上加亲，因而唐琬与陆游很小就订了娃娃亲。两个人青梅竹马，两小无猜，一起长大，这种水到渠成的爱，让小夫妻俩沉浸其中，难以自拔。然而，物极必反，两人结婚没多久，温柔美丽、知书达理的唐琬就被"遣归"了，动手的是她的婆婆兼亲姑母。

关于陆母为什么不能容忍这个亲侄女，历来说法不一。最流行的说法是，陆母望子成龙，她见陆游整日与唐琬卿卿我我，认为这样会耽误了儿子的学业前程，迁怒于唐琬，所以要他将妻子休了。这种说法的漏洞在于，新婚夫妇卿卿我我是很正常的事，再说，唐琬是个贤惠的妻子，怎么可能会因为自己而影响丈夫的前程呢？

另一种说法是，陆游对唐琬言听计从，陆母觉得儿子这是"娶了媳妇忘了娘"，于是逼儿子休了媳妇。可是，陆游是个少有的大孝子，他后来谨遵母命而把唐琬休了就是例子，所以这种说法似乎也不能成立。

还有一种说法是，唐琬婚后一直不孕所以被休。不孕这个理由确实很有说服力，"不孝有三，无后为大"，所以陆母不能接受唐琬没生孩子的现实。但是在那个男人可以三妻四妾的年代，陆游完全可以通过娶偏房、纳妾来传宗接代，没必要一定要休掉原配夫人。所以仔细地想，不孕似乎也不是问题的根本所在。

既然以上原因都不可能是问题的症结所在，而以唐琬的性格，也不会主动与陆母产生矛盾，所以可以推断问题主要出在陆母身上。无论具体原因是什么，总之，她宁愿让儿子不快乐，也决不给儿媳幸福。

新婚燕尔，忽然间就被打散，两个新人自然无法接受。陆游是个出了名的孝子，虽然苦苦哀求，但母命难违，只得一纸休书将唐琬送归娘家。就这样，一对人间美眷分崩离析。陆游固然心如刀绞，最可怜的还是唐琬，她怎么也想不通，相爱会是一种罪过。更让她想不通的是，那个深爱自己的、意志坚强的表哥竟然不敢争取自己的爱情与幸福。时至今日，我们也禁不住惋惜，那个敢于在金戈铁马中抗击金兵的大诗人，竟然因为愚孝牺牲了自己和爱人的幸福。

离婚后，陆游在外面另筑别院，希望有朝一日能再迎娶唐琬回家。无奈陆母很快察觉了此事，她严令二人断绝来往，迅速为陆游娶妻，并且很快有了孩子。如此，陆、唐之间的悠悠情丝彻底被斩断。

　　唐琬被休回家，唐家觉得是莫大的耻辱。为了挽回颜面，陆家很快逼唐琬再嫁，对象是当时有些名气的同郡士人赵士程。赵家系皇家后裔，门庭显赫。赵士程是个宽厚重情的读书人，他对唐琬所遭受的爱情挫折有所了解，婚后对妻子表现出诚挚的同情与谅解。在赵士程的关爱下，唐琬饱受创伤的心灵渐渐平复，并且开始萌生新的感情苗芽。从此，陆游和唐琬开始了各自的新生活，就像徐志摩的《偶然》里所说的，他们"相逢在夜的海上"，最终却"你有你的，我有我的方向！"原本他们也会像诗中所说的努力忘掉"在这交会时互放的光亮"，事实上他们也是这样做的。休掉唐琬之后的几年里，陆游的诗作中很少提这些事，二人也没有再见面。

　　一切看起来波澜不惊，然而，感情一旦产生就不可能消失。平静，只因为没有外力来搅动。就像平静的湖面，哪怕只是投入一颗小小的石子，就会激起满湖的涟漪。

　　两人分开六年后的一个春天，一颗小石子投进了陆游和唐琬的生命之湖，搅动了他们后半生的涟漪。这一年是绍兴二十二年（公元 1152 年），陆游 28 岁。

　　当时陆游因为当朝宰相秦桧从中作梗，在春天的礼部会试被借故剔除。陆游带着满腔愤懑回到家乡，再等机会。一个繁花竞妍的春日晌午，陆游来到附近的沈园散步，不想迎面遇到游春的唐琬和赵士程。这是陆唐二人离婚后第一次见面，两人谁也没能真正地忘记对方。不期而遇，两个人都很错愕，一时之间不知从何说起，再说旁边还站着个赵士程，所以心中有千言万语，却只能四目相对。

　　还是唐琬最先反应过来，她大大方方地把陆游介绍给了赵士程。赵士程对陆游寒暄了几句之后就带着唐琬离开了，只留下陆游呆立在原地，看着唐琬与赵士程的身影消失在沈园的树丛间。过了一段时间，有个丫环捧了酒肴过来，说是夫人赠与陆游的。端起绍兴黄酒，陆游的眼泪夺眶而出，他想起当年唐琬纤纤玉手为他把盏黄藤酒的情景，心中隐隐作痛。于是，他手捧那杯唐琬送来的酒，挥笔在沈园的墙壁上留下了一首《钗头凤》：

　　红酥手，黄藤酒，满城春色宫墙柳。东风恶，欢情薄，一怀愁绪，几年离索。错，错，错！

　　春如旧，人空瘦，泪痕红浥鲛绡透。桃花落，闲池阁，山盟虽在，锦书难托。

莫，莫，莫！

陆游在这首词里抒发了自己对爱情遭受摧残后的伤感、内疚和对唐琬的深情爱慕，以及对他母亲棒打鸳鸯的不满情绪。细看之下，词中还流露出对唐琬的些许埋怨。"山盟虽在，锦书难托，莫、莫、莫。"意思是说当年我们的海誓山盟仍在，如今却无法把我写满相思的情书递给你看。罢了！罢了！罢了！这三个"莫"毫无疑问是三声哀叹，但除了哀叹旧情不再，还有一些埋怨：我陆游还是伤心人，你唐琬却已平淡从容了！

留词之后，陆游将杯中酒一饮而尽，踉跄离去。

在陆游留词之后的某一天，唐琬一个人来到沈园，看见了陆游留在墙上的词。她那颗玲珑心又怎么不明白词中的埋怨？她反复吟诵，不由得泪流满面，心潮起伏，于是在词后和了一阙《钗头凤》：

世情薄，人情恶，雨送黄昏花易落。晓风干，泪痕残，欲笺心事，独语斜阑。难，难，难！

人成各，今非昨，病魂常似秋千索。角声寒，夜阑珊，怕人寻问，咽泪装欢。瞒，瞒，瞒！

唐琬是一个极重感情的女子，赵士程虽然给了她感情的抚慰，但毕竟曾经沧海难为水，与陆游那份刻骨铭心的爱情始终占据着她情感世界的最深处。与陆游的不期而遇让她的感情闸门再次打开，陆游词中的误解更让她肝肠寸断。在写完这首《钗头凤》之后，唐琬的心再难以平静，往日的种种煎熬着她，终于抑郁成疾，当年就香消玉殒，病逝了。《钗头凤》成了她的绝笔。

游园之后不久，秦桧病死，陆游被朝廷任用，离开了故乡。许多年后，他得知唐琬逝世的消息后，又一次来到沈园。读了唐琬的这首《钗头凤》后，陆游一下子明白了唐琬真正的死因，心中充满了由懊悔引发的歉疚与怀念。从这一刻起，沈园就成了他一生魂牵梦绕的解不开的结。他后来虽然转战一生，浪迹天涯，但会不时回到沈园，并留下了很多有关沈园的诗。

在陆游75岁的时候，他又来到沈园，写下了著名的《沈园二首》，其中有一句"伤心桥下春波绿，疑是惊鸿照影来。"这里的"惊鸿"用了曹植《洛神赋》的典故，曹植写梦中与甄宓相会时，甄宓的身影"翩若惊鸿，矫若游龙"。陆游借用这个典故是说，哪怕只是低头看看桥下的流水，都仿佛看到了唐琬在水中的倒影。此时距唐琬离开人世已有四十余年了，陆游这个"铁马冰河入梦来"的抗金英雄，一直生活在一个沉痛的梦里！

陈衍在《宋诗精华录》中评《沈园》诗道："无此等伤心之事，亦无此等伤心之诗。就百年论，谁愿有此事？就千秋论，不可无此诗。"陆唐二人的爱情悲剧让彼此痛彻心扉，唐琬把生命赠与了陆游，而陆游则是把沈园相遇后60年的沧桑岁月赠与了唐琬。

　　爱情中最痛苦的不是失恋，而是明明两情相悦、天造地设，却不得不放手。

　　值得惋惜的是，他们的爱情悲剧固然是陆游的母亲一手造成的，但陆游却负有更大的责任。他的愚孝不但毁了自己，也毁了唐琬。然而，他为此饱受了漫长的心灵煎熬，我们又怎么忍心责备他呢？

　　陆游和唐琬的痛苦之所以特别痛苦，是因为当初的幸福太过于幸福，而自己却没有努力把握。所以，假如你有幸遇到了真爱，请珍惜！

琴瑟款款两温柔：李清照与赵明诚

宋徽宗靖国元年（1101 年）冬，18 岁的李清照与 21 岁的太学生赵明诚结为伉俪。这是一桩门当户对的婚姻。其时，李清照的父亲李格非是礼部员外郎，赵明诚的父亲赵挺之两度任宰相。更般配的是，李清照和赵明诚都才气逼人，而且有共同的爱好。

李清照出生在山东济南，另一种说法是山东章丘县，六岁时随父亲进京。她的文学修养算是家族遗传，外祖父王拱辰 19 岁便以第一名得中进士，是宋代最年轻的状元之一，曾在翰林院 15 年；其父李格非是著名的散文家，位列苏门（苏轼）"后四学士"之一。

李清照很早就显露了非凡的文学造诣。当她还是攀坐在父亲膝头的年龄时，就已经能诵读上百首古诗；到了少女时期，执笔属文，展卷吟诗，更是锦心绣口，吐属风流。一个初夏露浓压得花低垂的早晨，李清照来到后花园荡秋千。当她玩耍过后，正欲回房梳洗的时候，只见有人影影绰绰走进了花园。此时的她衣衫不整，披头散发，不好见人，于是慌忙回避。慌乱中，她顾不得穿鞋袜，头上的金钗落地。回到自己的屋中，她将刚才发生的事情写成了一首小令《点绛唇》：

> 蹴罢秋千，起来慵整纤纤手。露浓花瘦，薄汗青衣透。
>
> 见有人来，袜划金钗溜。和羞走，倚门回首，却把青梅嗅。

寥寥数行，一个活泼可爱而又有几分调皮的少女形象便清晰地展示在人们的面前。这首词应该是李清照的处女作。从一开始，她的起点就如此雄奇瑰丽。

李清照的文学地位就不用多介绍了，在中国古代文学史上，能够与一流男性诗人并驾齐驱的，李清照毫无争议地占据一席。她身有一种动荡不安的"倜傥丈夫气"，或许正是这股气质让她的诗词在婉约中充满生机。

赵明诚的祖籍也是山东（今山东诸城），比李清照大三岁，是名动一时的青年才俊，年纪轻轻就进了当时最高学府太学。20 岁时，他开始潜心搜集研究金石书画，是北宋时期有名的金石学家，博览群书，诗词曲赋也不在话下。他的父亲赵挺之官至宰相，也是官宦世家、书香门第。

李赵二人门当户对，意趣相投，有着说不尽的喜悦。在那个父母包办婚姻的年代，李清照和赵明诚是幸运的。要知道，在中国历史上，才子多如恒河之沙，才女则屈指可数，他们刚好能够匹配就更是罕见。

婚姻只靠"郎情妾意"这种感性的东西是无法长久的。要想加强感情的持续性，就必须加入理性的东西，这个东西就是志趣相合。这一点，李清照做得非常聪明。赵明诚是个当之无愧的金石学家，李清照在嫁给赵明诚之后，主动向赵明诚学习，很快也成为一位杰出的金石学家。李清照作为杰出的文学家，其文学功底自然是非常深厚的。但文学创作与金石学也就是现在的文物艺术科学还不完全是一回事儿。我们不知道她有没有刻意地去迎合丈夫的这个爱好，但我们知道她在嫁给赵明诚后，很快地将志趣爱好与丈夫协调一致起来，从而营造出真正志同道合的二人世界。这无疑为二人幸福的婚姻生活奠定了最为重要的基础。

婚后，他们经常一起去旧市场上淘古玩字画。当时赵明诚还是太学生，收入非常有限，两人为了买回心仪的藏品，到了典当衣服的地步。细心的赵明诚在买完字画之后经常买些新鲜的瓜果，然后小夫妻俩经常通宵达旦地温酒赏画。

李清照是个懂得生活情趣的人，时常为他们的生活制造些许趣味。

赵明诚还在太学读书时，每月只有月中、月末才能回来。夫妻二人尽管同在一个汴京城中，却只能半月一次地相逢。这一年上元佳节，正好是赵明诚回家的日子。赵明诚回到家中，不见妻子来迎，正在纳闷，忽然丫环来报，说有一位太学来的青年公子求见。赵明诚连说有请。只见来人头戴绣花儒巾，身着湖色棉袍，足登粉底缎靴，眉清目秀，风度翩翩。赵明诚连忙起身，询问尊姓大名。那书生潇洒地还了一揖，答道："小生与兄素有同窗之谊。半月不见，吾兄为何如此健忘？"赵明诚这才看清原来这位"同窗"正是自己的新婚妻子，不觉哈哈大笑。

做了小妇人的李清照对这桩婚姻非常满意，她把自己的居室称为"易安居"。在词中，她这样描述自己的生活："卖花担上，买得一枝春欲放。泪染轻匀，犹带彤霞晓露痕。郎猜道，奴面不如花面好。云鬓斜簪，徒教郎比比看。"赵明诚对李清照也是欣赏有加，他为李清照画像并题词："佳丽其词，端庄其品，归去来兮，甚堪偕隐。"情趣相投以及安逸的生活让二人婚后感情融洽，其乐融融。

李清照主动靠拢赵明诚，而赵明诚对李清照也是关爱有加，不仅表现在生活上，在许多事情上他都能很体谅李清照。最典型的例子就是当政治运动影响到他们的生活时，他们还能相濡以沫，互相扶持。

李格非和赵挺之同朝为官，难免发生政见上的分歧。当年宋徽宗起用蔡京以后，新党执政，开始对旧党进行清算。以苏东坡为首的元祐党人是清算的对象，李清照的父亲李格非号称"苏门六学士"之一，毫无疑问在清算之列。而赵明诚的父亲赵挺之是新党的重要成员，当时任副宰相。也就是说，李格非受到政治清算，而清算他的正是他的亲家赵挺之。

在这种情况下，李清照大胆地给公公上书，以"何况人间父子情"为由请求赵挺之对李格非施以援手，但赵挺之在当时的政治环境下什么也没有做。李清照很怨懑，就写诗嘲讽公公"炙手可热心可寒"，意思是说你权倾天下，却让亲人心冷如此。对于李清照的表现，赵挺之采取了沉默的姿态。事实上他自己也身处政治漩涡中，蔡京收拾了旧党之后，就开始转头对付他了，没过多久，赵家也遭了难。

在朝廷对元祐党人进行清算时，赵明诚并没有因为父亲的关系故意疏远旧党，而是一如往常地买苏东坡等人的字画，照样收藏元祐党人的文物，照样和元祐党人的后代李清照一起欣赏。要知道，他的这些行为在当时都是犯法的。由此可见，赵明诚对李清照的爱是无条件的，这种爱深入李清照的灵魂和身体之中，并在以后的岁月里得到了强烈的回应。

二人在京城度过了七年浪漫而又高雅的快乐时光，期间赵明诚从太学毕业，当上了鸿胪少卿。然而，在那个动荡的年代，幸福的生活总是很短暂。大观元年（1107年），赵挺之在一波三折的政治斗争中死去，还被追夺赠官。赵明诚和李清照受到株连，两人回到赵明诚的故乡青州。

青州的日子是清苦的，两人只能靠积蓄生活。赋闲在家，赵明诚把所有的精力都放在了整理、研究金石刻上，他决心编写一本金石学专著——《金石录》。为了充实收藏，他到处寻"宝"。拮据的经济，让两人的生活水平降到极低：餐桌上从不摆两个荤菜，身上从不添第二套绸衣，至于金银首饰之类，早已集中起来充作《金石录》的经费。生活虽然清苦，但夫妻二人却获得了意外的乐趣。两人常常一起校勘书籍，一起品评书画，一起整集签题。闲时，两人还会玩些智力游戏。他们斟上香茶，随意说出某个典故，猜它出自哪本书的第几卷、第几页、第几行，猜中者先喝茶，赢的人往往乐得人仰茶翻。李清照记忆力超群，往往是赢家。这段生活被后人总结成一个成语——"泼茶赌酒"。

李清照喜欢这样的生活，夫唱妇随，粗茶淡饭，就像世外桃源。可是，对于赵明诚来说，恬淡的夫妻之乐只是生活中的一部分，他更看重的是金石。为了收集金石刻，充实资料，他经常外出，有时候一走就是几个月。

赵明诚这样一直远行在外，留给李清照的是难挨的寂寞。每当丈夫要收拾行装出门时，她便六神无主了。在孤独寂寞的日子里，她以写词表达自己的相思之苦。在爱情的感召下，一首首佳作纷至沓来，她的诗词创作进入成熟期，并形成了情景相生、形神俱似、体物超妙、绝尘去俗的独特风格。

有一次，赵明诚又要外出了。李清照问：会去多久？赵明诚上路心切，急惶惶地答：短则数周，长则数月，最迟重阳也该回来了吧！

送别了丈夫，李清照去市场上买回一批花苗种在自家小院里。她种的是黄菊，因为黄菊在秋季开放。她作了最坏的打算，丈夫最晚在重阳回来，那么，他回家门时正好赶上欣赏这黄菊了。

就这样，从春到秋，黄菊由小苗最后开出肥硕的花朵。在盼着丈夫归来的日子里，李清照几乎每天都要作词写诗，诗词中揉进了相思和期盼。重阳节到了，赵明诚没有回来，却等来了为丈夫取秋衣的书童。李清照问：他们住哪儿？还得多长时间回来？小书僮摸摸脑袋说：住在哪儿倒是知道，什么时候回来我却不知道，看他们好像乐不思蜀呢！

李清照的心顿时凉了下来，她让小书僮等她去整理衣服，便回了房里。看着早已整理得干干净净的房间，触摸着那凉凉的瓷枕时，她像掉了魂似的走到窗前，望着小院里盛开的黄菊，拿起纸笔，写下了一首新词《醉花荫》：

薄雾浓云消永昼，瑞脑销金兽。佳节又重阳，玉枕纱厨，半夜凉初透。

东篱把酒黄昏后，有暗香盈袖。莫道不消魂，帘卷西风，人比黄花瘦。

写罢，李清照将诗笺放进赵明诚秋衣的口袋里，让小书僮将这封信连同衣服一起交给赵明诚。

赵明诚看到诗后，反复诵读，叹赏不已，发誓要写一首词超过妻子。他闭门谢客，冥思苦想三昼夜，填词50首，把这首词混杂其中，请好友陆德夫等人品评。朋友反复吟咏，最后一致认为这51首词中只有三句绝佳，赵明诚赶忙问哪三句，陆德夫慢悠悠地说："是这三句：莫道不消魂，帘卷西风，人比黄花瘦。"赵明诚"啊"了一声，坐回凳子上：三天白饿了！

两人在青州过了13年隐居生活，赵明诚时时外出，离愁、闺情成了李清照这个时期的词作的主旋律。"一种相思，两处闲愁。此情无计可消除，才下眉头，却上心头。"(《一剪梅》)"人何处？连天芳草，望断归来路。"(《点绛唇》)，篇篇都是佳作。此时，刚过而立之年的李清照便以她惊世的才华和独具一格的作品享誉文坛，她的词作达到了后人难以企及的高峰。

宣和三年（1121年），赵明诚出任莱州太守，李清照独自留在青州。在李赵二人的感情生活中，赵明诚更多的时候是在接受，不对等的感情付出让赵明诚对李清照的在乎度要低得多。所以，赵明诚到了莱州后，李清照日日相思苦，赵明诚却开始蓄姬纳妾。虽说宋代世风如此，然而，赵明诚就算是逢场作戏，毕竟已经下水。李清照感到丈夫离她越来越远，心中的悲苦可想而知。这一段心情在《凤凰台上忆吹箫》中表露无遗：

　　香冷金猊，被翻红浪，起来慵自梳头。任宝奁尘满，日上帘钩。生怕离怀别苦，多少事，欲说还休。新来瘦，非干病酒，不是悲秋。

　　休休，者回去也，千万遍阳关，也则难留。念武陵人远，烟锁秦楼。惟有楼前流水，应念我，终日凝眸。凝眸处，从今又添，一段新愁。

　　此词一出，赞誉纷纷，被称为"压倒须眉"之作。词中的"念武陵人远，烟锁情楼"，引用的是两个有趣的典故：采药的武陵人巧遇仙女，乐而忘返。这是指外遇；秦穆公将女儿许配给会吹箫的萧史，让他们乘着凤凰归去。这是说私奔。

　　神仙美眷也出现了裂痕，才女李清照也不可避免地遇到了感情危机。"故人心尚在，故心人不见。"好在，赵明诚只是短暂的感情出轨，最终还是回到了志同道合的妻子身边。宣和三年秋，赵明诚将李清照接到身边。后来，赵明诚又出任淄州知州，李清照跟随。两人延续着青州时的相濡以沫的生活。

　　然而，好景不长。李清照和赵明诚生活在北宋末期，社会动荡不安。宣和七年（1125年）冬，金兵灭辽后，大举侵宋。建炎元年（1127年），北宋灭亡，宋室南渡，在长江以南建立了南宋朝廷，赵明诚出任江守知府。两年后，赵明诚被罢官，夫妻两人乘船到洪州暂住。途经西楚霸王项羽自刎的乌江时，李清照写下了名篇《思项羽》：

　　　　　　生当作人杰，死亦为鬼雄。
　　　　　　至今思项羽，不肯过江东。

　　就在同一年，赵明诚再次出仕，任湖州知州。宋高宗赵构在建康（今南京）下诏召赵明诚前去领旨奏事。由于时间紧迫，不允许他们带着那么多的金石书画同时前去建康，只好决定赵明诚先到建康赴诏，然后再回来接李清照。离别的日子是六月十三日，正是盛夏。李清照望着渐渐远去的明诚，不禁泪流满面，心如刀绞，一种不祥的预感像乌云一样笼罩着她。七月末，李清照得到明诚卧病不起的消息，当天就出发，日夜兼程赶到建康，与丈夫见了最后一面。

　　他们夫妇诀别的情景，李清照在《金石录后序》中有十分生动感人的描述："八月十八日，遂不起。取笔作诗，绝笔而终……"从此，李清照开始独自承受国破、家败、夫亡的剧痛。与此同时，她也不得不加入到逃亡的人流中。

一年多的逃亡生活，使李清照尝遍战乱流离之苦。她在《清平乐》词中写道："今年海角天涯，萧萧两鬓生华。"但是，更大的打击还在后面。在她49岁那年，病倒在临安，终日高烧不退，常常处于昏迷状态。结果被时任右承奉郎的张汝舟乘虚而入，将李清照娶回家中。

　　张汝舟此人是个七品小官，善于溜须拍马。当时李清照已近五十，以张汝舟的人品为什么会看中李清照呢？关键在于李清照手上的珍品。

　　赵明诚死后，南宋小朝廷四处逃窜，李清照也开始了逃亡生活。她逃亡有两个很重要的原因，一是保存文物，二是洗刷赵明诚的冤屈。

　　李清照夫妇是宋代最伟大的文物收藏家，他们几十年节衣缩食所收集的文物有几间大屋子。赵明诚临死时什么话都没留下，就是交代李清照看管好这些文物。这是赵明诚最后的遗言，李清照拼死也要维护。然而，对于一个弱质女子来说，要保护如此数量众多的文物岂是易事？金兵南下之时，李清照护送文物南下到江宁途中，一半文物没于战火。金兵攻占南京前，李清照情急之下把剩下的大部分文物送往洪州的妹夫处保管。她妹夫任兵部侍郎，本来有能力保管这些文物，可是，金兵分兵两路南下，一路经过洪州，结果这部分文物焚于战火。此时，李清照手中的文物已经损失大半，但是留下的都是精品。为了保护仅剩的这批文物，她做了一个大胆也是无奈的决定：把这些文物捐给朝廷。

　　南宋小朝廷当时虽然也在四处流亡，但毕竟有专门的部门管理文物，比起个人来说应该是个比较安全的归宿。另外，李清照还要通过献宝来洗冤明志。

　　赵明诚病重时，有人曾经拿一个玉如意请他们夫妻鉴定，后来此人把那个玉如意献给了金人，于是谣言四起，说赵明诚向金人进献了一个玉如意。这就是通敌卖国，在当时同仇敌忾的情况下，这个罪名非同小可。为了表示清白，李清照决定把剩下的文物都进献给朝廷。她带着这些珍贵的文物，一路追随宋高宗逃亡的路线。这一追就追了五年，从陆路到水路，再从水路入山路，整个过程艰辛备至。最后，她好不容易追上了逃亡政府，把大部分珍贵文物献了上去，哪知道又发生兵变，看管文物的李姓将军把这些文物席卷一空，逃得不知所终。李清照真是欲哭无泪，不仅她和丈夫一生的心血丧失殆尽，而且她心爱的丈夫的唯一遗命也眼看没法实现了。内忧外患之下，李清照病倒了，住在弟弟家中。就在这个时候，能说会道的张汝舟出现了。

　　吸引张汝舟的不是这个快五十岁的旷世才女，而是她的珍品。李清照在向朝廷进献文物时，还是留了个心眼，将一些珍贵且容易保存的字画真迹留了下来。

那个姓李的将军为了李清照的文物而趁兵变席卷文物逃亡，这个张汝舟为了李清照的文物决定将她娶回家中。

关于李清照再嫁这段，一直存在争论。一是有无之争，关于这点基本可以证明，李清照确实再嫁了。二是自愿与否。有一种说法认为，这次婚姻完全是在李清照长期昏迷不醒的情况下，李清照的弟弟在张汝舟的欺骗之下完成的，李清照本人毫无所知。等李清照身体逐渐康复后，她了解到骗婚的真相，一纸诉状递到公堂，并最终胜诉，离开了那个猥琐的男人。事后，李清照给当时任翰林学士的綦崇礼写了一封信，信中除了对他的帮助表示感谢外，还阐明了这次被"强以同归"骗婚事件的真相。

尽管有此信可以证明李清照是被骗婚而非改嫁，但李清照自愿改嫁之说仍一直是主流。事实上，即使李清照真的主动再嫁，也不是人格上的污点，而是对爱情的再次升华。试想，当进献给朝廷的文物也遭了劫难之后，李清照对手中剩下的这点精品必然放心不下。在当时，一个孤身的女子连自保都难，又有什么能力来保护这批文物？当时的李清照身患重病，寄住在弟弟家，可弟弟也有家人，她不可能永远跟着弟弟。就是在这个时候，张汝舟出现了，他用甜言蜜语为李清照提供了一种现实的选择：一是有了生活的依靠，二是这些文物也可以长久地、安全地放在身边。基于这两个关键点，李清照决定再嫁顺理成章。假如她是骗婚，或许她弟弟也是基于这样的考虑。

婚后，张汝舟发现如意算盘打错了，李清照发现了他的真实目的，并不肯将剩下的文物交给他。于是张汝舟原形毕露，胁迫李清照交出文物不成功后，对李清照拳打脚踢，施以家庭暴力。在那个封建时代里，其他女人可能只得认命。可李清照不然，她毅然决然地要跟张汝舟离婚。张汝舟冷处理，不理她，李清照就把他告上了衙门。因为李清照揭发了张汝舟骗官的事实，张汝舟最终被除去官职，发配外地，按宋朝的法律，这样李清照就可以与张汝舟解除婚姻关系了。但按照宋朝的法律，"讼夫"也是要判刑的，所以，李清照虽然逃离了张汝舟的魔爪，但也因犯了"讼夫"之条被投入大狱。幸好她弟弟极力营救，李清照在入狱后九天就被放了出来。算起来，李清照与张汝舟的这段婚姻只有三个月。

女人再婚，而后通过法律的手段离婚，这在当时都是惊世骇俗的举动。李清照敢于这样做，一是因为她有不凡的人格，另一个重要因素应该就是为了保护她和丈夫付出一生心血收集起来的文物。而文物之所以在她心中如此重要，一方面是因为这些文物本身是无价之宝，毁于战火或是落入坏人之手都是一场浩劫。另一方面，这些文物是她和赵明诚一生心血的结晶，也是他们幸福爱情的见证，她不能容忍它们所托非人。而这正是李清照与赵明诚的爱情让人羡慕的地方了：情意相投而且志趣相合。

这一系列的变故，使李清照的心境为之一变，追忆往事、怀念故都、感念身世以及家国之恨成了她后期词作的主旋律。至此，李清照的词达到了完美的艺术境界，形成了独树一帜的风格，被称为"易安体"，词人争相效仿。

李清照此后将所有的精力都用在整理、完善赵明诚留下的《金石录》遗稿。几年后，全稿竣工，全文都是用工楷誊写在细宣纸上。完稿时正是八月。秋风瑟瑟，秋雨潇潇，李清照在素绢封面上恭楷写下："《金石录》（三十卷）宋秘阁修撰，知湖州事，东武赵明诚撰。"

在一个深秋的黄昏，她独自漫步在落叶黄花之中，无边的寂寞阵阵袭来。国破家亡、颠沛流离的悲惨遭遇终于凝聚成浓缩了她半生痛楚的绝唱《声声慢》：

寻寻觅觅，冷冷清清，凄凄惨惨戚戚。乍暖还寒时候，最难将息。三杯两盏淡酒，怎敌它，晚来风急。雁过也，正伤心，却是旧时相识。

满地黄花堆积，憔悴损，如今有谁堪摘。守着窗儿，独自怎生得黑。梧桐更兼细雨，到黄昏，点点滴滴。这次第，怎一个愁字了得！

又是几年过去了，再过一天就是上元佳节，隔壁邻家的院子里传来阵阵笛声，间或传来江南水乡的莲歌渔唱。城中远处，隐隐传来鞭炮的噼啪声和孩子的欢笑声。李清照掀帘走进屋内，只见条几上的古瓶里斜插着几枝梅花，地上的火盆里炭火正旺。李清照忽然想到三十几年前的新婚之夜，也是通红的炭火，也是清香的梅花。三十多年前，京城火树银花、人涌如潮的元宵之夜，青春年少的她也曾换了男装和丈夫一道去观灯夜游。想着想着，她不觉想得呆了。夜已深沉，李清照独坐屋中，抚今追昔，不禁黯然神伤，反复沉思吟咏，写出《永遇乐·元宵》，词中写道："中州盛日，闺门多暇，记得偏重三五。铺翠冠儿，捻金雪柳，簇带争济楚。""如今憔悴，风鬟霜鬓，怕见夜间出去。不如向，帘儿底下，听人笑语。"

李清照卒于何年何地无人知晓。在历尽悲欢荣辱之后，她在寂寞凄凉中悄无声息地结束了她愁苦的生命。

关于爱情，有这样一种说法，上帝造人时将人一劈两半，然后扔进人群，所以，人之生命的意义就是去寻找另一半。李清照和赵明诚应该是幸运地找到了另一半。

罗大佑有一首名曲《爱人同志》，歌中唱道"在这批判斗争的世界里"，"我的灵魂进入了你的身体"。赵明诚的爱一定进入了李清照的灵魂与身体里。所以李清照在她后来的作品里，一遍遍地回忆和赵明诚一起饮酒赌茶，一起猜字读书，一起逛街购物，一起踏雪寻梅的种种过往。直至客死他乡，李清照对爱人的追忆始终没有消退。

　　李赵是中国古代历史上极为难得的一对恩爱夫妻，虽然他们的爱情总是游走在聚散离合之间，但在相聚的时间里，他们的爱情是满的。而这一切并非完全是上天眷顾，更多得益于他们的智慧。

　　有人以赵明诚蓄姬纳妾来证明他们的爱情并不完美。可是，世上没有无瑕的美玉，也同样不存在没有瑕疵的爱情。相反，些许的缺憾反而能营造出别样的美丽。

贫贱夫妻百日恩：马皇后与朱元璋

说起马皇后，人们都喜欢加"大脚"作定语，该词的来源是一个民间故事。话说有一年元宵节的晚上，朱元璋微服出行，与民同乐。在一家大商号门前，彩灯高悬，上面贴着很多灯谜，图文并茂，引来无数人围观猜射。朱元璋也凑过去看热闹，发现一幅画上画着一个赤脚女人，怀里抱着一个大西瓜。这个谜语不难猜，是在暗喻"淮西妇人好大脚"。周围的人一看就明白，随即哄然大笑。朱元璋也看明白了，但他非常生气，因为谜语影射的正是祖籍淮西，且有一双大脚的马皇后。那个年代，女人以三寸金莲为美，说女人脚大当然不是赞誉之词。

回宫后，怒气未消的朱元璋向马皇后提起此事，并说要下旨将那片地方"空其室"，就是将那里的居民都杀了。马皇后见状劝解道："佳节吉日，与民同乐，又有何妨？何况妾本是天足，说又何错？不必小题大做，贻笑大方！"此事方才作罢。这故事是真是假暂且不论，但皇后马氏确实没有裹脚，是一双天足。

马皇后有一双大脚与她的经历有关。马氏的故乡在今安徽宿州，母亲早逝，父亲生性豪爽，仗义疏财，后因避仇逃亡异乡，临行前将女儿托付给好友郭子兴抚养。至于她的名字，史书上没有记载，民间说叫马秀英。

郭子兴也是一方义士，与妻子张氏把马姑娘视为己出，精心抚养。马姑娘聪明伶俐，读书写字、针线女工，样样学得有模有样，行为举止颇有大家风范，郭子兴夫妇对她十分钟爱。

古时候，女人以三寸金莲为美，马姑娘却坚决不裹脚。当时正值元朝末年，天下大乱，战火连天，郭子兴素有大志，也揭竿而起，聚众起义。起事之初，事多如麻，众人无暇顾及缠足之事，于是历史上便有了一个罕见的大脚皇后。马姑娘虽然脚大，却出落得一副好模样，面貌端庄，神情秀逸。据说有一个相面先生曾对郭子兴说："此女天相，不可等闲视之！"所以，郭子兴夫妇一直谋划着给她找个好人家。

郭子兴起兵不久，年方25岁的朱元璋投奔到他的旗下。

朱元璋，安徽凤阳县人，早年因为吃不起饭，寄身寺中做了个小沙弥，在走南闯北的化缘途中，见识日长，后来投到郭子兴的军中做了"十夫长"。朱元璋作战十分勇猛，而且颇有智略，屡立大功，深受郭子兴的赏识。一次打了个大胜仗之后，郭子兴在帅帐中设酒宴犒劳众将士，朱元璋官职虽低，但因功高也在其中。这次盛会的目的除了庆功外，郭子兴夫妇还有一个没公开的想法，那就是趁此机会，在将领中间为马姑娘择一乘龙快婿。

酒宴开始后，马姑娘和义母张氏躲在幕帐后暗暗观察，目光最后落在最外席的一个年轻军官身上。此人身材魁梧，虽然长相粗陋一点，面容黑粗，还长了一脸大麻子，但是眉目轩昂，英气逼人。这位年轻军官正是朱元璋。郭子兴夫妇对朱元璋也很看重，张氏早就提醒过郭子兴，朱元璋非池中物，将来必定有一番作为，应该加以厚恩，使他感恩图报。此时见马姑娘也有此眼光，大喜。朱元璋也对马姑娘早有耳闻，于是，两人的婚姻大事就定了下来。

马姑娘与朱元璋二人相互倾慕，婚后十分和睦。有多恩爱，史书中没有煽情的文字，但却有震撼人心的事件。

朱元璋在军中刚刚崭露头角就成了元帅郭子兴的乘龙快婿，再加上他战功赫赫，不久就被提升为镇抚，大家都尊称他为朱公子。朱元璋威势日重，羡煞了不少英雄豪杰。当然也引来了不少妒火，一些追随郭子兴起兵的亲信人物总想寻机会驱除朱元璋，这其中包括郭子兴的两个儿子。这些人经常在郭子兴面前诋毁朱元璋。俗语说，疏不间亲，所以，起初郭子兴不信，但还有个俗话叫"三人成虎"，这些人天天说，郭子兴不免起疑。再说，郭子兴这人不够大度，偏怀苛刻，遇事不能明辨，容易轻信人言，所以，郭子兴对朱元璋不免心起微澜。朱元璋并不知道郭子兴对自己已起疑心，在军事会议上还是率而发言，不免有顶撞郭子兴的地方，这让性情刚愎的郭子兴有点不快。那些平日里嫉妒朱元璋的人乘机大进谗言，说他如何如何骄恣专擅，一定是怀有异心，请郭帅小心防范。

在一次高级军官会议上，朱元璋再次对郭子兴的计划发表异议，而且据理力争，坚决不肯退让，这让郭子兴甚觉反感，最后翁婿两人竟大声争执起来。郭子兴大感脸上无光，一怒之下命人将朱元璋幽禁起来思过。

郭子兴此举本来只是发泄一时之怒，并不想致朱元璋于死地。毕竟他是一名得力的干将，又是自己的女婿。可那批早就对朱元璋心存不满的人却想借机置他于死地。这些人瞒着郭子兴，偷偷嘱咐膳夫和看守，不要给朱元璋送饭，准备将他悄无声息地饿死。

马氏见丈夫无端被幽禁后，心中十分焦虑。她想方设法接近关押丈夫的别室，知道了朱元璋被断食的事情。她决定救夫。

那时群雄四起，全国都是兵荒马乱，郭子兴大军中的粮食供应相当紧张，每人每天的食品供应都有限制，即使身为元帅女儿的马氏也不例外，她只能从自己的嘴里省出吃的给丈夫。为了怕别人发现她的秘密，马氏每次吃饭时都佯装身体不适，把食物带回卧室中，待到傍晚时，一个人壮着胆子穿过一片坟地，把省下来的食物偷偷从别室的后窗上递给丈夫。

从马氏嘴中省下来的这点食物根本不够身强力壮的朱元璋吃，这样下去，结果还是饿死。为了救丈夫，端庄高雅的马氏决定使出下策——到厨房行窃。这天，她看准了厨房中的蒸饼刚蒸熟，厨子又离开了厨房，便悄悄地溜进去，掀开笼盖，也顾不得烫手，抓了几个热气腾腾的蒸饼就走。不料刚一跑出厨房，就与义母张氏撞了个满怀。她怕被义母看破，连忙把热饼塞进怀中，热饼烫在皮肤之上，疼痛难忍。马氏一面向义母请安，一面眼睛瞅着别处，脸上也显出很不自然的神情。义母见她神情有异，不免大起疑心，叫住她寻根究底。马氏后来实在烫痛难忍，忍不住满腔的委屈，伏地大哭，说明了原委。等说完事情的经过，取出饼来一看，胸乳都被烫烂了。张氏见状大感震惊，当即去找郭子兴说明了情况，并替朱元璋说情。郭子兴也觉得关禁朱元璋有些过分，亲信背着自己干如此勾当更是不通情理，于是放了朱元璋。朱元璋知道了马氏揣饼烂胸的事以后，大为感动，对马氏更加敬重爱护。

决策能力强的人往往对人情世故比较迟钝。比如韩信，带兵多多益善，战无不胜，却看不透兔死狗烹这样的浅显道理，结果冤死。朱元璋也是这样的人，他打仗没得说，对人情世故却不太用心。幸亏有马氏背后照应，才没出事。

郭子兴初任滁阳王时，当地的所有军马都归朱元璋节制。但只过了一月，郭子兴就对朱元璋冷淡起来，周围的人大多都被起用，唯独朱元璋坐了冷板凳。这还不算，有人散布谣言，说朱元璋手握重兵，为了保全实力，不肯出战，就是出战，也不尽力。郭子兴性情耿直暴躁，信以为真，把朱元璋的得力战将都调到自己的部队，削弱了朱元璋的兵权，对朱元璋越加冷淡，遇到战事，也不和朱元璋商议。二人之间渐生猜忌。

朱元璋对此百思不得其解，非常懊丧。马氏心里却跟明镜似的，她问："你可知道义父为什么这样对待你吗？"朱元璋说："以前怕我专权，已削了我兵权。现在怀疑我不肯尽力，我就争先杀敌。可是打了胜仗后，你义父仍然对我冷淡。我不知道什么地方得罪了他，也不知道应该怎样做才好。"马氏想了一会儿，问："我听说其他将帅回来时都有礼物献给义父，你每次出征回来，有没有给义父礼物？"朱元璋听了一愣，说："没有。"然后愤然说："他们是掳掠来的，我出兵时秋毫无犯，哪里会有礼物！就是有从敌人那里夺来的财物，也应该分给部下，为什么要献给主帅？"马氏说："体恤民生，慰劳将士，理应如此。但义父不知道这些，见别人都有礼物，只有夫君你没有任何表示，反而怀疑你私吞金帛，因此心中不高兴，这才薄待了夫君。我有一个办法，可以使你与义父尽释前嫌。"第二天，马氏拿着自己的积蓄去见义母，说是朱元璋孝敬义父、义母的一点儿心意。张氏满心欢喜地告诉郭子兴，郭子兴神色怡然地说："元璋这么有孝心，以前倒是我错疑了他。"自此以后，郭子兴对朱元璋疑虑渐释，翁婿和好，朱元璋被重用。此后，朱元璋因屡立战功，不断得到提拔荣升，投到郭子兴门下还不满三年，已成为郭子兴的副帅，总管兵符，节制诸将。不久，郭子兴病死，朱元璋顺理成章地顶替其位，成了义军元帅。马氏爱好文史，有智计鉴断之能，是朱元璋的重要参谋之一。朱元璋每次出兵打仗，军中的文书多交给马氏处理保管，即使在紧张仓促之中，马氏也没有丢弃过。为了助丈夫一臂之力，马氏还亲自带领将士的妻女为部队制衣做鞋，使得前方士气大振。

1368 年，朱元璋统一中国，建立了大明王朝，定都南京，马氏被册立为皇后。此时两人结婚已有十数年。

朱元璋坐了江山后，部下献上大批珍宝玩物。朱元璋从一个不名一文的小和尚开始，十多年时间就成了富拥天下的皇帝，不免得意，忙叫来马皇后一同玩赏。谁知马皇后见了，却不屑一顾地说："元朝就是因为有了这些而不能保住国家，陛下已经自有宝物，何必还要这些东西？"朱元璋闻言一怔，喃喃道："朕知道皇后说的是以贤士为宝物啊！"

作为历史上少有的贤后，马皇后具有贤后的所有品德。她身体力行，倡导后宫嫔妃节俭仁慈的风尚。马皇后喜读古代史书，也常用古训来教导别人，她认为宋代多贤后，因此命女史官摘录她们的事迹传示后宫众嫔妃。有人感慨："宋代的皇后也太过于仁厚了！"马皇后正色道："过于仁厚，不比刻薄好么？"众人无话可说。

马氏出身贫寒，贵为皇后依然保持勤俭本色，衣不重彩，多穿丝麻织成的衣服，过去的旧东西也总是修补后再用。这并非吝啬，在关乎国家大计的地方，她十分大方。比如资助太学中家境贫寒的生员家属，以保证太学生无后顾之忧，安心读书。年轻人是国家的未来栋梁，马皇后此举无疑是为朱家天下的未来打实基础。

作为后宫第一女人，马皇后自己虽然非常节俭，对妃嫔、下人们却非常宽厚优待，而且连她们的家人也都厚待。作为第一夫人，每逢文武官员夫人入朝，她都不忘送些礼品，并与她们寒暄交谈，就像对待家人。

马皇后深知忠臣贤士对朝廷的重要性，因而用女性特有的细心来关心他们。按惯例，早朝议事如果延续至晌午，奏事官吏就在殿廷上用午餐。为了保证大臣们吃好，马皇后亲自品尝菜肴。这看起来虽是小事一桩，却使官员们感受到了皇后和皇上对他们的重视和关心，当然也就更加尽力于朝廷。这样一来，宫廷内外的人对马皇后都十分尊敬。

朱元璋起于贫贱，身世坎坷，因而骨子里藏着猜忌和苛刻。"狡兔死，走狗烹；高鸟尽，良弓藏；敌国灭，谋臣亡"，这一点在朱元璋一朝表现得尤为突出。建国初年的宰相胡惟庸谋反案，其株连之广，在中国古代史上也是少见的。幸而有一个仁慈宽厚的马皇后，常常遇事劝谏，才减少了不少刑戮，挽救了无数的无辜受疑者。

朱元璋把马皇后比做唐代的长孙皇后，马皇后谦辞不敢当。为了表达对马皇后的感佩之情，朱元璋数次提议赐予马皇后的宗族故旧以高官厚禄，马皇后总是坚决谢绝，她叩谢道："爵禄应该授予贤德之人，不应私自给不配的人。妾希望陛下慎惜名器，勿徇私恩。"马皇后的这番话，令朱元璋倍加感动，最后只是坚持追封了她的父母，并设庙四时祭拜。明代外戚虽然也享受高爵厚赐，但一般不授以高职，严禁干预政事，这规矩就是马皇后订下来的。另外，善于以史为镜的马皇后还特别提醒朱元璋防止内臣宦官干政，并在宫门前竖下铁牌，上写着："内臣不得干预政事，犯者斩！"如此一来，杜绝了宦官乱政之弊。

现在有句流行语是：男人有钱就变坏。其实，那只是那个男人本来就不好，也说明这个女人的吸引力不够强。朱元璋虽然身居高位，生性自负多疑，但却是个专情的人，面对后宫佳丽无数，他独对马皇后一往情深，而且极为敬重。他是个粗人，不会风花雪月，却用自己的方式表达了对皇后的又敬又爱。

有这样一个例子。据说浦江有一个人叫郑谦，家族和睦，十代同堂，当地人都称他家是"义门"，当地郡守也特别赐予一块"天下第一家"的匾额。朱元璋听说此事后颇感兴趣，特意把郑谦召到京城相见，问他家中人口共有多少，郑谦回答说："一千有余。"朱元璋赞叹说："一千多人同居共食，同心合力，世所罕有，确实是天下第一家啊！"于是赐给了他丰厚的礼品让他回去。

马皇后在屏风后听了他们的对话，心有不安，连忙传话给朱元璋："陛下当初一人举事，尚得天下；郑谦家千余人，倘若举事，不是太容易了吗！"朱元璋不免为之一惊，急命中官再召郑谦，问他道："你治理家族，有什么方法可循么？"郑谦回答说："没有别的，只是不听妻子的话罢了。"朱元璋听了释然一笑，安心地放他回家了。朱元璋为什么放了郑谦呢？原来，他认为自己之所以成功，离不开妻子的辅佐，既然郑谦不听从妻子的话，便认定他成不了大气候。可见，他对马皇后多么重视。

马皇后做了 15 年皇后后，于洪武十五年 (1382 年) 八月身染重病，医治无效，群臣纷纷访求名医，马皇后却坚持不肯再服药。朱元璋苦苦劝求，她却平静地说："生死有命，我病已不治，服药何用！"朱元璋问她有何遗言，马皇后说："妾与陛下起自布衣，赖陛下神圣，得为国母，志愿已足，尚有何言？妾殁之后，只愿陛下亲贤纳谏，慎终如始。"说完去世，享年 51 岁。

朱元璋失去了同甘共苦的结发妻子，也失去了得力助手，悲痛之情，无以言表。群臣百姓，闻马皇后死讯，无不恸哭。

当年九月，马皇后葬于孝陵。有点神秘的是，在马皇后下葬的当天，忽然狂风骤雨，电闪雷鸣。对于九月时节的南京来说，这十分反常。朱元璋很不开心，疑神疑鬼，他让人找来和尚宗泐，让宗泐给马皇后念经超度一下，使她高高兴兴地归葬孝陵。这宗泐口宣一谒：

雨落天垂泪，雷鸣地举哀。

西方诸佛子，同送马如来。

意思是说马皇后是如来转世，如今西方诸佛都来送她了。之所以雷雨交加，是天地在表示悲哀。大和尚说马皇后是救苦救难的"马如来"，虽然有过誉之嫌，也实在是不无道理。说也来怪，宗泐说完了，天也一下子晴了。朱元璋这才龙颜大悦。

马皇后死后，朱元璋再未立后。

有句俗话叫做"贫贱夫妻百事哀"，意思是说，没有物质基础，其他都是扯淡。有一定道理。我们见过那些因为丈夫没钱而将丈夫一脚踢出家门的，也见过那些一旦暴富就休了糟糠之妻的。然而，一个有思想的贤妻是不会被抛弃的，而一个有能力、有责任感的丈夫也是不会被嫌弃的。当然，那些人品奇差的个例排除在外。

贫贱夫妻的确面对生命的尊严和生活的压力，容易在生活上产生痛苦和争执。那么，贫贱夫妻能不哀吗？当然可以，就是夫妻之间有深切的感情之以及上进心。感情和上进心是斩断一切阻碍的利器。二人同心，其利断金。即使很坏的环境，也会营造出美的感觉。

在中国历史上，皇帝多残暴，后宫多秽乱，而马皇后却以其独特的人性之美、女性之美划破了这个黑幕。她既能辅佐朱元璋打天下，又能辅佐朱元璋治天下，如此善始善终，实属难能可贵。

落难知己：万贞儿和明宪宗

几乎每一个皇帝都有特别宠爱的妃子，这些受宠的妃子必定都是绝色，而且必然年轻。但也有例外，明宪宗一生就专宠一个比自己大17岁的女人，可谓前无古人，后无来者。

那么，这个万贞儿是何方神圣，竟有如此大的魅力？这事要从明宪宗的身世说起。

明宪宗朱见深，原名朱见浚，他登上皇位的过程中充满了曲折，只差一点那张龙椅就要跟他说拜拜了。要怪就怪他那宠信宦官的爸爸明英宗，听信王振的怂恿，妄想建立盖世的功绩，仓促向瓦剌出击，结果把带去的50万大军全部送进地狱，自己也成了瓦剌的俘虏。这就是著名的土木堡战役。

明英宗被俘后，明政府怕瓦剌人以他为砝码要挟明朝，于是一致推举明英宗的弟弟朱祁玉为帝，是为明代宗。朱祁玉起初表示，以后的皇位还会交给哥哥的后代。

当时，孙太后已经成功地将朱见深立为太子，她担心即将登上皇位的朱祁钰保不准什么时候会来一个斩草除根，于是，她派出自己的亲信宫女万贞儿去保护朱见深。

万贞儿是山东诸城人，四岁时被选入掖廷，当了宫女。万贞儿当的是孙太后的宫女，这比侍候那些永远没有出头之日的普通妃子好得多，但归根结底也还是宫女，通常情况下不会有太惊天动地的发展。但是，世间还有运气这个东西，所以就有了鲤鱼跳龙门的时候。被皇太后派去照顾太子朱见深，这成了万贞儿人生的转折点。

那一年，万贞儿19岁，朱见深2岁。

那时候，大臣们都认为朱见深被废掉是迟早的事儿，所以没人对这个小太子感兴趣。他的亲生母亲周贵妃，为了不惹麻烦，也是来去匆匆。对于幼小的朱见深，只有这个万姑姑日夜守候在他身边。

事实证明，孙太后的政治感觉是准确的。击退瓦剌大军后，尝到当皇帝甜头的明代宗不想把皇位再还给哥哥明英宗，于是明代宗立自己的儿子朱见济为太子，原来的太子朱见深则被降级为王爷。树倒猢狲散，朱见深身边的人都走光了，只有万贞儿继续陪着他。

　　万贞儿此举，一方面有怜悯、忠诚以及感情的因素，另一方面，恐怕也有一些投机的心理。对于地位低下的万贞儿来说，朱见深毕竟还是高高在上的皇族。她没有其他高攀的途径，这个小孩子就是她未来的希望，所以她没有放弃朱见深。由此可见，这是个有远见的女人。

　　瓦剌兵败后，在大臣们的强烈要求下，明代宗很不情愿地将哥哥接了回来，给了他一顶太上皇的头衔，又在皇宫里拨了一处住所，让他自生自灭去了。

　　看起来，一切都已成定局。然而，世事无常，没过多久，新立的太子朱见济居然死了。几年后，明代宗也被赶下台，明英宗重新当了皇帝，朱见深也顺理成章地重新当上了太子。八年后，明英宗驾崩，16岁的朱见深登基为帝，就是明宪宗。

　　新皇帝继位，头等大事就是立皇后。明宪宗对立皇后这事没什么发言权，因为他爸明英宗早就替儿子选了12个美女作为未来皇后的人选。明英宗死后，皇宫里的两位皇太后——明英宗的皇后钱太后，还有明宪宗的生母周太后，替明宪宗从这12个人中选了三个候选人。周太后没有征求儿子的意见，而是问一个叫牛玉的司礼监太监哪个更好。牛玉推荐了相貌秀丽、性格贤惠的吴氏。

　　明宪宗十分不乐意，迟迟不愿下旨封后。周太后对此很不解，问："这吴氏有什么不好？人长得漂亮，又贤惠，是再好不过的人选了。"明宪宗吞吞吐吐地向周太后提出要立万贞儿为皇后。当时万贞儿已经整整35岁，况且地位又低下，所以周太后当即拒绝。事实上，如果选万贞儿为皇后，别说周太后，估计大臣们都不答应。明宪宗没有办法，只得尽力替万贞儿争取了个妃子的称号。

　　吴氏兴高采烈地当上了皇后，她的家人们也兴高采烈地升了官，但是，明宪宗这里却出问题了。他硬是不到吴皇后那里过夜，而是一直在万贞儿那里流连忘返。吴皇后觉得既委屈又纳闷，想不通自己年轻貌美、贤德淑良，哪里比不上那个足以当长辈的万贞儿。她哪里知道，朱见深之所以全身心地宠爱这个比他大17岁的女子，是因为在他那孤独无助的幼年时期，只有万贞儿守护在身边，不离不弃。十几年的相守，让性格柔弱的朱见深对万贞儿产生了极强的依赖心理和爱恋。况且，当时的万贞儿三十多岁，用今天的眼光看，正是充满成熟魅力的年龄。

　　本来，假如万贞儿是个贤淑的女人，以她对皇帝的影响力，说不定能成历史上一个知名贤妃。然而，她不是一个识大体的人。

　　万贞儿仗着明宪宗对她的宠爱在后宫里横行无忌，不把任何人放在眼里，尤其不把吴皇后放在眼里。按规矩，后宫的妃子们见了皇后要下跪，万贞儿觉得皇后这个位子本来就应该是她的，所以每次碰见吴皇后要么板着个脸，要么冷嘲热讽，好像吴皇后应该向她请安才对。

开始吴皇后鉴于明宪宗对万贞儿的宠爱忍了下来，次数多了，吴皇后终于忍不住数落了万贞儿几句。谁知万贞儿倒来劲了，当场和吴皇后顶撞起来。吴皇后多日以来积累的怨气终于爆发，再怎么说我也是皇后啊，你在这么多人面前和我吵架，我的面子往哪儿搁？于是吴皇后命宫人打了万贞儿一顿。

这下子就闹大了，万贞儿立即跑到老公那里哭诉，一副梨花带雨的模样。宪宗大怒，要去找皇后评理。万贞儿又故意拦住宪宗不让他去，还假意期期艾艾地说："妾已年长色衰，不及皇后玉女天成，还请陛下命妾出宫，以免皇后生气，妾也省得受那杖刑了！"

这一番话让宪宗对万贞儿更加怜惜，再看到万贞儿身上的杖痕更是怒火中烧，第二天就把吴皇后废了，她老爸吴俊本也跟着遭殃，被发配到边境去了。可怜吴皇后此时才被册封一个月而已。

皇后即废，万贞儿以为自己的机会来了。可是宪宗好说歹说，周太后还是坚决不答应立万贞儿，而是下旨册立王氏为皇后。王皇后眼见着吴皇后的下场，知道自己不是万贞儿的对手，只得处处谦虚忍让，做个傀儡皇后。这样，万贞儿就成了明宪宗后宫的真正主人，明宪宗只有在万贞儿的允许之下才可以和别的妃子亲热。

宪宗即位第二年，万贞儿生下一个儿子。这个孩子是明宪宗的第一个儿子，明宪宗自然是欣喜若狂，立即将万贞儿从一个普通的妃子升为贵妃，又派出使者去向全国各地名山大川的诸神祷告，为他儿子祈福。

母以子贵，万贞儿的气焰更加嚣张。也许是老天爷也看不惯她的行径，这个孩子还没满月就夭折了，自此以后，万贞儿再也没能怀孕。

普通人没有儿子不算什么，但是皇帝没有儿子这问题就大了，这可是关系到整个国家千秋万代的大事。所以，没有儿子，明宪宗急，万贞儿急，大臣们更急。一干大臣纷纷上书要求明宪宗多多施舍他的恩宠，多多宠信其他的妃子，以广继嗣。

当时宪宗的私生活完全被万贞儿把持，他对万贞儿是又爱又恨，不敢公开跟万贞儿作对，所以对大臣们的建议迟迟不答复。万贞儿对那些大臣们却记了仇，那些上书最积极的人后来都倒了大霉。

成化四年秋，京城上空出现了彗星。这事在今天看来很普通，但在古代却是大事。彗星也叫扫帚星，在古代是灾难的代名词。据说地上君王出现过错，上天就会派出彗星作警示。这个时候，皇帝们都会乖乖地写检讨书，向全国人民检讨自己的过失，并发誓今后一定改正。

明宪宗遇到的彗星不是一闪而过，而是"彗星屡见"，就是说多次出现彗星。这种情况就很严重了。大臣们对他说这是因为你没有儿子，老天发怒了。然后，又纷纷要求明宪宗多多宠信其他妃子。明宪宗虽然嘴硬，说这是我的内事，我自己处理就行了。但他心里对没儿子这事也很在意，因此到其他妃子寝宫的次数也就多了些。万贞儿虽然妒忌但也不好说什么，谁叫她生不出儿子呢。

让明宪宗和大臣们高兴的是，那些受到明宪宗宠信的妃子果然连连开花，纷纷怀孕。他们高兴了，但是万贞儿不高兴，她想到的是，要是让这些怀孕的妃子生下儿子来，将来就会有人被立为太子，成为皇帝，到时候，自己的日子恐怕就不好过了。万贞儿越想越怕，于是决定采取非常手段来维护自己的利益。

每当听说后宫有人怀孕了，万贞儿就会十分"体贴"地送去一碗药给她"保养"身体。当时万贞儿在后宫说一不二，怀孕的女人虽然知道来者不善，也不敢不喝。结果，药一下肚，那些还没出世的小生命就永远无缘来到这个世界，有时候他们的妈妈也会一起离开这个世界。后宫连连出现胎死腹中的事，明宪宗对其中的缘故心知肚明，却不敢对万贞儿怎么样。遇到这样一个丈夫，做他的妃子真是不幸。

权力让人疯狂，万贞儿渐渐不满足于掌控后宫，开始插手朝政。她仗着明宪宗的宠爱，卖官鬻爵，大肆敛财，动用国库无数，明宪宗也不敢多问。朝中奸臣们纷纷投其所好，她的周围形成了一个庞大的政治集团，祸国殃民的太监汪直就是其中一员，他所建立的西厂，比起原本东厂更加残暴，以至于才刚刚建立了一个月，朝中的大臣就一起上书要求撤了西厂。

万贞儿风光无限，不想明宪宗的儿子朱佑樘横空出世，要了她的命。

原本在万贞儿的严密监控下，后宫没有一个孩子能出世。可是，作为孩子的爹，明宪宗虽然窝囊至极，却有舍身为国的臣子。太监张敏当年舍命偷偷保住了一个皇子，将他放在密室养育，这孩子就是朱佑樘。由于张敏行事小心，万贞儿一直没有察觉眼皮底下有这么个孩子。不久，废皇后吴氏知道了这件事，便把这个孩子接到自己的住处亲自照料。这些事一直瞒着万贞儿。

成化十一年，有一天，太监张敏替明宪宗梳理头发。宪宗对镜自照，忽然发现头上已有数根白发，不禁长叹道："朕老了，尚无子嗣！"张敏一听，当下伏倒在地，连连磕头道："请万岁爷恕奴死罪，万岁已有子了！"接着把事情说了一遍。宪宗闻言又惊又喜，当下传旨摆驾去见从未谋面的皇子。

万贞儿知道这事后气急败坏，却也不敢明目张胆地杀了皇子。事已至此，她索性大方起来，放松了对明宪宗的管制，也不再迫害那些怀孕的妃子了。如此一来，明宪宗一下又多了好几个儿子。万贞儿是个睚眦必报的人，她对促成此事的人恨得咬牙切齿，没过多久，她就设法害死了朱佑樘的亲生母亲纪妃。大家都知道怎么回事，但是宪宗不予追究，只是下令予以厚葬，别人也不敢多言。张敏见纪妃被害，料想自己也难逃毒手，便吞金自杀了。

除掉了纪妃，万贞儿担心朱佑樘长大后报复自己，所以决定接着除掉这孩子。可是由于周太后亲自出手保护孙儿，下手并不容易。不久，朱佑樘被册立为皇太子，而且明显对万贞儿显出了敌意。万贞儿当然不会在身边埋一颗炸弹，于是就开始向明宪宗进谗言。明宪宗决定废了朱佑樘的太子之位，不想，老天爷出手帮了朱佑樘：泰山发生了地震。泰山在古代地位崇高，它地震和出现彗星的功能基本一样，都是上天对皇帝表示不满的意思。于是大臣都纷纷上书阻止明宪宗废太子。明宪宗虽然害怕万贞儿，但更怕老天爷，于是取消了废太子的意思。

万贞儿费尽心机也无法除掉太子，不免肝火攻心，生了一场大病，于成化二十三年怀着不甘心死去。万贞儿死后，明宪宗下令以皇后的规格埋葬她，为示哀悼，辍朝七日，还给了她"恭肃端慎荣靖皇贵妃"的谥号。说实在的，这一长串美好的谥号里面没有一个字是她有资格享受的。

万贞儿一死，明宪宗就像失了主心骨，凄然道："贵妃一去，朕亦不久于人世了！"果然，八个月后，明宪宗也得了重病，追随他的万姑姑而去。

朱佑樘即位后，有大臣请求削了万妃的谥号，并且请求追究他亲娘纪妃的死因。朱佑樘认为这样做有违先帝的意思，就此作罢。跟他父亲一样的窝囊。

万贞儿生前作恶，不但给后宫的妃子们带来了灾难，更给天下带来了灾难。这样一个女人却生前享乐，死后得意，难免让人觉得没天理。然而，这一切又是她自己争取来的。从感情的角度看，她的际遇说明一个道理：浴火的感情最稳固。

虽然现在的人都喜欢说"夫妻本是同林鸟，大难临头各自飞"，但那要看是什么样的夫妻，什么样的感情，什么样的人性。

孽海缘：王翠翘与徐海

这是发生在明朝嘉靖年间的一段传奇。

徐海，明嘉靖年间横行海上的倭寇海盗集团大头目之一，是个有几分传奇色彩的人物。徐海本是徽州歙县人，少时曾经在杭州虎跑寺当过和尚，法号明山。明山和尚极有野心，对修心并不热衷，所以当了一段时间和尚后，就跟随其叔父徐惟学以及另一个倭寇首领王直等人从事海上贸易。有一次，徐惟学将徐海抵作人质，向倭寇贷了大批银两，后无力偿还被杀。走投无路的徐海被迫与倭寇勾结，开始了烧杀抢掠的海盗生涯，并逐渐组建了一支数万人的海盗集团，成为倭寇首领。

王翠翘，江南地区的传奇女子，其事迹主要见于各种文学作品中，身世说法不一，但有一点是肯定的，她在遇到徐海前是秦淮河上的一个名妓。王翠翘姿色中等，但歌喉一流，且弹得一手好琵琶，引得顾曲者趋之若鹜，红极一时。尤其可贵的是，王翠翘对客人从不曲意奉承，还经常周济穷人，为此没少挨老鸨的斥责殴打。最后，她不堪忍受老鸨的侮辱，毅然以私蓄赎身，另立门户，改名王翠翘，不时前往苏、杭献艺，技艺被公认为"绝世无双"，逐渐名满江南。

关于王翠翘如何与徐海相遇的，说法不一。一种说法是，徐海早在当和尚时就对王翠翘情有独钟，投奔倭寇后，遂将王翠翘掳回海岛，当了压寨夫人。另一种说法是，徐海当了海盗后，到岸上寻乐时，与王翠翘一见如故，便派人将她迎娶回去。这一年大概是明嘉靖三十三年（1554年）。

徐海对王翠翘非常宠爱，不仅生活上锦衣玉食，还非常敬重她，军中的事务多听从她的意见。王翠翘的文学修养极好，而且才思敏捷，徐海军中的大小文书都出自她手。明朝浙江直隶总督胡宗宪曾派人给徐海送去招降的书信，徐海的回信言辞得体，让胡宗宪颇感意外，没想不到海寇中还有这样才华出众的人。叫来送信的人详细询问，原来，这回信是王翠翘代写的。

当时倭寇势头非常凶猛，胡宗宪正无计可施，听说徐海身边有这么个知书达理的女人，如获至宝。他认为招抚徐海，王翠翘是关键人物。于是，胡宗宪一方面送给徐海和王翠翘大量的礼物，同时又派人私下游说王翠翘说："徐将军如果早上投诚归顺，晚上就是大官了，你受到朝廷赏赐的诰命，衣锦还乡，难道还不如在海上为寇吗？"

王翠翘早就对徐海帮着倭寇掳掠同胞财物、欺压同胞妻女感到不安，常常温言软语地劝他，让他不要帮着倭寇残害自己的同胞。因此，看到胡宗宪的书信后，当下就心动了。她力劝徐海归顺，徐海听从了她的话。为了表示诚意，徐海设计将陈东和麻叶等倭寇头目捆绑起来献给胡宗宪，他这么做等于自翦羽翼，已无路可退。

嘉靖三十五年（1556）八月，徐海到平湖城向胡宗宪请降，然后，屯兵于平湖城外的沈庄。徐海虽然名义上归顺了，但数千倭寇屯于城外，依然是很大的隐患。于是，胡宗宪一边稳住徐海，一边实施反间计，让已经投降的另一个倭寇首领陈东率领其党羽攻击徐海部。徐海仓惶出逃，途中负伤。第二天，官军又将徐海团团围住，经过一场激战，徐海投水而亡，王翠翘被俘。

次日中午，胡宗宪在辕门大摆庆功宴，强令王翠翘以歌助兴，酒酣耳热之际竟当众调戏于她。酒醒以后，胡宗宪为了掩饰宴席上的失态，便把王翠翘赏赐给福建永顺前来协剿的士兵头目。

王翠翘被俘后曾向胡宗宪请求埋葬徐海，胡宗宪不许；请求去做尼姑，还是不许，此时竟被许配给一个小兵！一连串的意外变故让王翠翘万念俱灰，她悲愤地对胡宗宪说道："你诛杀归顺的人，把天道放在什么地方了？"随后，王翠翘随小兵去到钱塘江口的海船上。面对大海，王翠翘痛哭悲号："明山，我辜负了你呀！"想着过往与徐海的点点滴滴，想着徐海对自己的信任和宠爱，她认为是自己将夫君送上了绝路。如今珍爱自己的人已去，自己也无出路可走，遂写诗一首，投水而死。诗曰：

建旗海上独称尊，为妾投诚拜辕门。

十里英魂如不昧，与君烟月伴黄昏。

胡宗宪是个抗倭英雄，平定徐海、王直等人，对沿海一带的倭患是致命的打击。但是，由于性格上的缺陷以及官场倾轧，他最终也没得到好结局，后世人认为，这大概是对他言而无信的报应。

许多爱情故事之所以感人，往往是因为女人太出彩，王翠翘与徐海的故事就是如此。徐海身为为害一方的倭寇，其罪当诛，本不足惜。不幸的是，他爱上了王翠翘，王翠翘也爱上了他，更不幸的是，王翠翘是一个会为了爱情而献身的女子。于是，这一切不幸凝结成她最后的、最大的不幸：以命相报。

明人余怀在文章中叹惜:"嗟呼!翠翘以一死报徐海,其志亦可哀也!"对于翠翘之死,他认为是"犹鸿毛之于泰山也"。其实,王翠翘本来也不想这么死,只是她真心爱上了一把刀,因此命中注定,她最终会被这把刀所伤害。

　　错误的地方爱上了错误的人,这是爱情悲剧的一种。

义气妓与屠狗辈：李香君与侯方域

1699 年，孔尚任的一部《桃花扇》让李香君这个名字闻名于世。

李香君，又名李香，是明末清初居住在南京一带的名妓，与马湘兰、董小宛、柳如是、顾横波、陈圆圆、寇白门、卞玉京一起号称"秦淮八艳"。这八个女子个个才貌双全，玉洁冰清，而且都有一身传奇式的经历。秦淮八艳位卑却对爱情抱持坚贞的信念，更难能可贵的是，在清兵入关南下、国破家亡之际，她们个个抱持可贵的民族气节。然而，如此烈女子，碰到的却都是负心郎、弱丈夫。如钱谦益（柳如是的爱人）、侯方域（李香君的爱人）、吴伟业（卞玉京的爱人）之流，个个都是名动一时的"大才子"、"大名人"，却一个个做了清朝的官。特殊的背景让她们的结局注定是悲剧，然而，她们对爱情和民族的忠贞也为她们赢得了后世的敬仰，而李香君更因为血溅桃花扇而赢得"青楼皆为义气妓，英雄尽是屠狗辈"的赞颂。

李香君第一次见侯方域时年仅 16 岁，却已是秦淮河畔媚香楼里的红姑娘。媚香楼的主人李贞丽年轻时也是秦淮河边的红妓女，年长后用自己的积蓄建了这座媚香楼，在南京城里颇有些名气。媚香楼属于那种比较高级的妓楼，里面的姑娘多是卖艺赔笑不卖身，李香君便是这种情况。因为李大娘仗义豪爽又知风雅，所以媚香楼的客人多半是文人雅士和正直忠耿之臣。李香君自小在李大娘身边长大，琴棋书画诗词歌舞，被李大娘调教得样样精通，性情上也颇有李大娘的豪爽侠气。李香君的长相着实是逗人，她身材娇小玲珑，眉眼儿俏丽生辉，小嘴唇微微上翘，显出几分俏皮，整个一个可人儿的模样。因她娇小而香艳，名字里又带个香字，所以客人们都戏称她是"香扇坠"。

大约是崇祯十六年（1643 年）的一天，媚香楼里来了一位翩翩公子，姓侯，名方域，字朝宗。

侯方域是河南商丘人，打小才华横溢，15 岁即应童子试中第一名。侯家系名门，他的祖父侯执蒲是明朝的太常卿，父亲侯恂做过户部尚书，都是刚直不阿的忠臣。侯方域本人诗书出众，崇尚东林气节，且交游广泛，时人将他与陈贞慧、方以智、冒辟疆合称为"复社四公子"，又与魏禧、汪琬合称清初文章三大家。

这一年侯方域 22 岁，来南京是为了参加礼部会试。年少气盛的侯方域并不把应试当回事儿，来到灯红酒绿、流彩溢香的六朝金粉之地，他不免要涉足一番风月场所。这天，经友人杨龙友的介绍，他慕名来到媚香楼，一睹"香扇坠"李香君的风采。一见之下，惊为天人，交谈之后，更是欣赏倾慕。李香君对侯方域早有耳闻，如今得睹真容也是一见倾心。一个是风流倜傥的翩翩少年，一个是娇柔多情、兰心慧质的青楼玉女，几次交往之后便双双坠入了爱河之中，缠绵难分。

按当时的青楼规矩，如果哪位客人钟情于一个妓女，只要出资举办一个隆重的仪式，再给妓院一笔重金，这个妓女就可以专门为这一位客人服务了，这套手续称为"梳拢"。梳拢所需资金和排场，因梳拢对象名位高低而不同。李香君这样的名妓，梳拢必须邀请大批有头有脸的风流雅士前来作证，还要付一笔丰厚的礼金给鸨母。侯方域是出来赶考的，身边没带太多的银子，有心想梳拢李香君，却又无能为力。好在友人杨龙友雪中送炭，帮他解决了钱的问题。梳拢仪式很顺利地办了下来，当夜侯方域送给李香君一柄上等的镂花象牙骨白绢面宫扇作定情之物，扇上系着侯家祖传的琥珀扇坠。从此，她留他住在了媚香楼中。

一日，侯方域偶然想起杨龙友家中并不富裕，哪里有那一笔重金资助自己呢？他与李香君说起此事，香君也觉得蹊跷，便让侯方域去问个明白。一番追问之后才知道，原来那笔钱是阮大铖通过杨龙友赠送给侯方域的一个人情。这个情况让侯方域和李香君脸色大变。

阮大铖是何等人物？为什么要送钱给侯方域呢？事出自然有因。

说起来，阮大铖也是明末了不起的戏曲家和文学家，是明神宗万历年间的进士，多年在朝为官。然而，此人人品极差，为人阴险诡诈，与宦官魏忠贤狼狈为奸，搅得朝中乌烟瘴气。魏忠贤倒台后，阮大铖作为逆贼同僚被朝廷削籍免官，退到南京闲居。失势的阮大铖并不甘心就此埋没，他在南京广交各界人士，暗中谋划，准备伺机东山再起。侯方域是当时的名士，也是拉拢的对象，所以当他得知侯方域缺钱用，马上送钱给他。为防止侯方域拒绝，他让杨龙友暂瞒实情。

侯方域了解真相后十分气愤，决意立即把钱退还阮大铖，可一时又筹不到钱。正在犹豫不决之际，李香君劈手拔下头上的发簪，骂醒了侯方域。她变卖首饰，又从姐妹们那里借了些钱，总算凑够了数，把钱还给了阮大铖。阮大铖心胸狭窄，是个睚眦必报的人，侯、李的举动让他大感脸面丢尽，咬牙切齿地发誓要给他们点颜色瞧瞧。

不久，时局发生巨变。李自成攻破北京，崇祯皇帝自缢身亡，福王朱由崧在南京建立了小朝廷，阮大铖被启用为兵部尚书。大权重握后的阮大铖马上着手清除异己，陈贞慧、吴应箕等人转眼被捕下狱。侯方域知道黑手很快就会伸向自己，只好远走高飞避难。（也有说法称，侯方域被捕入狱，清军入关后出狱。）一个漆黑的夜晚，媚香楼中昏暗的烛光映照着两个难舍难分的人儿。侯方域怀里紧紧抱着李香君，眼中满是凄切。他叹了一口气，说："人生难得一知己，天下伤心是别离，为何我们不能不分离！"李香君强忍着夺眶而出的泪水，安慰道："有别离的苦楚，才有重逢的喜悦，好男儿志在四方，岂可在媚香楼中消磨了豪情壮志。况且人生离合，在乎心而不在形，彼此倘若不能心心相印，即使日日同床共枕，亦如相隔千里，只要你我永结同心，虽然远隔千山万水，照样可以魂来梦往！"

李香君的一番话给了侯方域一份坚毅、一份力量，他终于挥泪离开了南京城，渡江北上，投奔到正督师扬州的史可法麾下，在史可法身边做文书工作。史可法是侯方域父亲的门生，为人忠贞耿直，是著名的民族英雄。侯方域积极为抗清报国而努力工作，闲暇之余与南京的李香君频频书信往来，倾诉相思，畅谈抱负，彼此的心贴得更加紧密了。

侯方域离开后，李香君征得李大娘的同意，洗尽铅华，闭门谢客，天天凝视着那把定情的绢扇，只等侯郎回转。许多猎奇好艳的达官显贵不肯死心，纷纷来访，无奈此女吃了秤砣铁了心，一概坚定地予以回绝，客人们只好望楼兴叹。

可是，不久就来了个难以对付的人，此人是金都御史田仰，是新皇帝器重的红人。田仰这次是督运漕粮由扬州来到南京，阮大铖等人为他接风洗尘。席间，田仰表示久闻秦淮河名妓李香君艳名，此行想顺便把她收为侍妾。阮大铖早就想报复侯方域和李香君了，可惜侯方域闻风远走，害得他无从下手。如今若把李香君送给田仰为妾，一方面讨好了田仰，一方面也拆散了那对鸳鸯，聊泄心中积愤，岂不是一箭双雕！

第二天，阮大铖派人携带重金前往媚香楼行聘，李香君毫无商量余地地一口拒绝，她说："侯公子虽然漂泊在外，但总有回来的一天，以前我就拒绝了很多人的盛情，今天当然也不可能接受田大人的聘礼。"

就在这里还在劝来推去之际，那边迎娶的花轿已经吹吹打打地来到了媚香楼下，这便是阮大铖订下的强娶之计。娶亲的队伍人多势众，李大娘阻拦不住，已直冲进楼里，大有不抬走人决不罢休的架势。李香君被逼得无路可走，只好佯装答应。声言先回屋打扮，妆成立即上轿。娶亲的人信以为真，坐在楼下客厅中等候，猛听得楼外"呼"的一声闷响，接着传来侍婢的惊呼："不好了，小姐跳楼了！"屋里的人猛吃一惊，跑出去查看，只见盛妆华服的李香君横卧在院子里，一动也不动，鲜血从头上流出，染红了她的面颊和衣襟。她的怀里抱着那把侯方域赠送的白绢扇，上面也溅上了斑斑血迹。娶亲的人见闹出了人命，不敢再纠缠，一声不吭地抬着花轿溜回去了。

李大娘与媚香楼的姐妹们将李香君抬回屋中，又急忙打发人找医生。住在附近的杨龙友闻讯赶过来，院中已空寂无人，只有那把带血的绢扇孤零零地落在地上。杨龙友拾起绢扇，端视良久，深为李香君的贞烈品性感慨唏嘘。蓦地，一个奇妙的构思在他脑海中形成。他进屋探视过昏迷不醒的李香君后，带着绢扇回到家中，取出一枝不曾用过的羊毫笔，就着扇面上的血迹稍作点染，血迹便成了一朵朵鲜艳欲滴的桃花，再以墨色略衬枝叶，一副灼灼动人的桃花图便完成了。杨龙友对扇沉吟良久，又在扇面上题下三个小字——桃花扇，准备等李香君伤愈后送还。

幸亏媚香楼不高，摔伤后的李香君经过一段时间的精心调治，伤势总算痊愈了，这时田仰已离开南京，娶妾之事也就不了了之。然而，阴险恶毒的阮大铖并不想就此放过她。

南明的弘光皇帝是个昏庸无能之人，国难当头，不思治军理国，反而一头扎进声色享乐之中。他嫌宫中歌姬所唱之曲单调乏味，阮大铖便大献殷勤，亲自执笔撰写歌词剧本，又到秦淮河畔的歌楼妓院里挑选出色的歌妓送入宫中。李香君伤愈后，阮大铖立即打着皇帝的幌子，将她征入宫中充当歌姬。

这一招李香君着实无法抵挡，她一个青楼女子，哪敢违抗圣上。当时战事正紧，李香君无法与前方的侯方域取得联系，只好带着无限的眷恋和遗憾进了皇宫，怀里紧紧抱着那把鲜血写成的桃花扇。

不久，清兵攻下扬州，直逼南京，弘光帝闻风而逃，被部将劫持献给了清军，南京城不攻自破。混乱之际，李香君随着一些宫人趁夜色逃出宫中。大街上到处是烧杀抢掠的清兵和四处奔逃的难民，到处火光冲天，夜空被映照得一片血红。李香君高一脚、低一脚地向秦淮河畔走去，好不容易来到长板桥上，却发现媚香楼已隐入一片火海之中。李香君心中一沉，跌坐在桥面上。正巧，当年为李香君教曲的师傅苏昆生路过长板桥，无意中发现了坐在地上发傻的李香君，连忙将她扶起。得知她已无处可去，便带着她随逃难的人流，奔往苏州。

李香君不知道，这天夜里侯方域也在南京城里，他是在扬州兵败后脱身返回南京的。到达时正逢清兵肆虐屠城，他挂牵着李香君的安危，火烧火燎地赶到秦淮河边，却看到媚香楼燃成一团烈焰。他在媚香楼附近徘徊寻找了整整一夜，却

270

没能见到李香君的影子，也没有见到一个熟悉的人。就在他焦急寻找李香君的时候，李香君就坐在离媚香楼一箭之遥的长板桥上。老天弄人，让两人失之交臂。

由于一路颠簸劳苦，精神上又极度悲伤，李香君到了苏州后身染重病。苏州情况比较平静，几经周折，李香君找到了昔日好友卞玉京。卞玉京原本也是秦淮名妓，与李香君交情甚好，两年前她迁居苏州，在虎丘的山塘置下一座清雅的小院。卞玉京热情收留了李香君在小院住下，并请来名医为她诊治。几经诊察，才知李香君患的是肺痨，这种病在当时是无药根治的，只能滋养调理，勉强延续着生命。

病中的李香君时时捧着那把血染的桃花扇，回忆着侯郎的音容笑貌，泪水浸透了衣襟。苏昆生是个古道热肠的人，见李香君痛不欲生，便在局势稍微平静一些后返回南京打听侯方域的消息。经多方探问，得知侯方域在南京寻找李香君无果后，失望地回老家商丘去了。

苏昆生立刻赶到苏州告诉了李香君，李香君倦卧病榻，一副憔悴虚弱的可怜模样。见此情景，苏昆生心中痛惜之极，自愿提出北上商丘，为一对有情人传递消息。

在苏昆生北上不久，李香君开始咯血，病情日益加重，终于气息难继。弥留之际，她挣扎着让卞玉京为自己剪下一绺青丝，小心翼翼地用红绫包好，再把它绑在比生命还珍贵的桃花扇上，然后请卞玉京转交给侯方域，并留下遗言说："公子当为大明守节，勿事异族，妾于九泉之下铭记公子厚爱。"

再说侯方域得到苏昆生送来的消息后，星夜赶往苏州。可惜，当他来到卞玉京的小院时，李香君已于前夜辞世，只给他留下一片挚情，令他心伤欲绝。

李香君临死都不忘嘱咐夫君守节，可惜，她的侯公子连玩世的犬儒主义者都没有做到。清朝建立以后，陈贞慧隐居不出，冒辟疆放意林泉，方以智出家为僧，杨文聪抗清殉国，陈子龙自沉明志，但侯方域却耐不住寂寞，参加了顺治八年的乡试，而且只进了副榜。后又向清朝总督献计，协助剿灭抗清义军，引起许多非议。

关于李香君和侯方域的结局，除了上面所说，两个人连最后一面都没有见着，李香君就留下一柄桃花扇恹恹地死去之外，还有一种说法是，李香君顺利嫁给侯方域为妾。后来，侯方域变节降顺了清朝，李香君则被侯府赶了出来，不知所终。

清康熙年间，著名诗人、戏曲家孔尚任在他 51 岁时，完成了以李香君等人为原型的历史剧《桃花扇》。一时间洛阳纸贵，据传此剧上演之时，观众里的明朝故臣遗老莫不泪湿青衫，唏嘘而叹。就连康熙帝看了，也摧眉顿足地叹道："弘光弘光，虽欲不亡，其可得乎？"为了给明末士林一点粉饰，孔尚任美化了侯方域的结局。他说，若干年后，李香君与侯方域劫后重逢，国破家亡，二人掩不住深深的破灭感，于是各自出家入道，远离风尘。

其实，无论真实的李香君结局如何，都是决不会抛却纯洁的。而侯方域却是实实在在丢却了名节，这是无法掩饰的。乱世是个试金石。对任何人来说，做到爱情上的纯洁已属不易，保持品格上的纯洁更是艰难。然而，早在三百年前，身为一个弱女子，且是沦落风尘的弱女子，李香君以及"秦淮八艳"中的几个好姐妹就做到了。对于这样的女子，除了敬仰，无话可说。

侯方域有一首题为《赠人》的诗，是写给李香君的，诗中写道："夹道朱楼一径斜，王孙初御富平车。青溪尽是辛夷树，不及东风桃李花。"在侯公子眼里，天下佳丽谁也比不上他的"香扇坠儿"。对于李香君来说，侯方域也是她的唯一。

假如不是生逢乱世，他们二人会成为神仙眷侣的典范，过着"只羡鸳鸯不羡仙"的幸福生活。退一步讲，假如侯方域没有失掉气节，或者李香君只在乎爱情，他们的爱情会只留下香艳和含混的感叹。比如张爱玲之于汉奸胡兰成，陈璧君之于汉奸汪精卫。

然而，李香君的起点太高了，她的怒撕"桃花扇"让后人写下"青楼尽是义气妓，英雄皆是屠狗辈"的颂扬之句。相比之下，侯方域之流就显得猥琐多了。正因为此，他们的故事就增加了悲壮的气氛。

长向东风问画兰：卞玉京与吴伟业

卞玉京，秦淮八艳之一，本名卞赛，乱世佳人，后因自号"玉京道人"，所以人称玉京。卞玉京出生于秦淮官宦之家，因父早亡沦落为歌妓。玉京诗琴书画无所不能，通文史，擅小楷，画兰更是一绝，落笔如行云流水，"一落笔尽十余纸"。

吴伟业，号梅村，江南才子，明末清初的诗人，著名的《圆圆曲》就是他的杰作。吴传业和卞玉京第一次见面是在崇祯十四年（1641年）春的南京。当天吴伟业在南京水西门外的胜楚楼上为胞兄吴志衍饯行，时年16岁的玉京及其姐妹同时在座。二人的相遇算是晚明才子佳人的典型情境：江南水乡，和风送暖，一次风流雅聚，名姝文士参差间坐，推杯问盏，酒意酣然。

卞玉京不擅应酬，但如遇知音则谈吐如云，令人倾倒。她对初次见面的吴伟业一见倾心，吴伟业也为玉京的脱俗气质所打动，二人相谈甚欢，以后交往频繁，感情渐深。一次酒酣之际，卞玉京借着些许酒力，含蓄地问："你喜欢我吗？"（拊几而顾曰："亦有意乎？"），言语中有托付终身的意思。但吴伟业佯装不解，沉默应对。卞玉京何等聪慧之人，她凝视了吴伟业良久，然后长叹一声，再不提这个话题。

吴伟业不敢答应卞玉京的暗示，据说是因为他听说崇祯皇帝的宠妃田氏的哥哥田畹来南京为皇上选妃，已相中卞玉享与陈圆圆等人，慑于国舅的权势他胆怯了。还有更可信的原因是，按当时的规定，官员不得在就任地娶姬妾，另外，崇祯皇帝早就赐假令其回乡成婚，他不想为一个风尘女子而破坏了光荣的"赐婚"。其实就算没有以上原因，吴伟业的态度也不稀奇。说到底，吴伟业是有声望的文人，他有君王恩遇，朋党期许，家人厚望。卞玉京只是歌妓，尽管她温情款款，终不过是他生命中一段风雅的艳遇罢了。对于她的美好和情意，他不拒绝得到，但从没打算付出。卞玉京自然也明白这个道理，所以她只是百转千回地暗示了自己的情意，却没有坚持得到。

崇祯十六年，34岁的吴伟业在途经苏州时再次邂逅卞玉京。此时的卞玉京已完全修炼成一个符合士大夫生活情趣和赏玩口味的秦淮名妓了。肉体欢愉和"诗词曲赋"的精神交流，让吴伟业这个在党争漩涡中被搅得疲惫不堪的中年男人流连忘返。他为此次邂逅写下名篇《西江月·春思》："娇眼斜回帐底，酥胸紧贴灯前。

匆匆归去五更天，小胆怯谁瞧见？臂枕余香犹腻，口脂微印方鲜。云踪雨迹故依然，掉下一床花片。"

此时，柳如是、董小宛、顾眉等烟花姐妹一个个依附江南名士，跳出红尘，有了好的归宿，卞玉京难免也有此想。眼下正有这样一人拜倒在自己的石榴裙下，她希望赶紧抓住。我们不知道，卞玉京是否再次提过妾有意的事，总之这次相见后，二人依然没有结果。

在卞玉京眼中，吴伟业也许与其他客人不同，事实上，吴伟业始终只是个普通男人。他对卞玉京应该有真爱，可这份爱还不足以让他不顾一切地付出。卞玉京的"臂枕余香"以及出众的才艺，对于吴伟业来说，更多的只是在惨烈、疯狂的党争生活中的一种精神调剂。要知道，当时名士纳娶歌妓，是会受到强大的舆论谴责的。陈子龙就是因为没有顶住来自家庭和乡里的非议，而将已经进了门的柳如是"退了婚"，钱谦益、龚鼎孳、冒辟襄等人顶着压力纳了名妓，没少受人指指点点。钱谦益与柳如是喜结连理时，家门甚至被乡民的板砖砸坏过。吴伟业如果想把卞玉京娶进门，就要做好承受来自家庭、乡里责难的准备。他当时显然没有这个勇气和打算。退一步讲，就算吴伟业有心为卞玉京赎身，那笔数千两的赎金对他也是一大笔开支。吴伟业虽是当朝榜眼又为官多年，但不像钱谦益、冒辟疆、龚鼎孳这些人出自官宦世家，家产丰厚，可以轻松地为所爱付钱赎身。所以，卞玉京跳出娼门的愿望再次落空。

当然，如果卞玉京逼得再急一些，手段再狠一些，以吴伟业的性格，她很有可能得偿所愿。本来，如卞玉京这样的烟花女子多是善耍手段的，不巧，卞玉京毕竟还只是个小丫头，还有那么点小女生的骄傲和稚嫩。所以，一段佳缘，最终在双方的扭捏下付诸东流了。

如果是在太平年代，最终大家会各有各的出路，这点微渺的情愫充其量只是人生浩渺里的一点胭脂色，随着时间的推移稀释成乌有。可是，偏偏恰逢乱世，他们没有想到，这次一别就是七年，期间经历了明清易代的社会大变故。七年之后，两人再见，已是沧海桑田。

顺治七年（1650 年）的一天，吴伟业去尚湖（在今江苏常熟市内）拜访钱谦益，听说音信久绝的卞玉京也在此地。热心的钱谦益、柳如是夫妇有意撮合这对昔日恋人，于是请卞玉京前来相见。满座宾客闻听此消息都纷纷放下杯子，想看一场美丽的重逢。不想卞玉京却乘着钱府的车径直去了柳如是的内室，无论外面千呼万唤，先是声称补妆后再出来相见，紧接着又说旧疾骤发，就是拒绝与吴伟业见面，只说将来要见吴伟业时自然会写信相约。看来，吴伟业确实是她的伤心人。

卞玉京虽然没有说一句话就走了，但此时无声胜有声，吴伟业那根早已麻木的心弦更是被重新拨动，懊悔之中写下了《琴河感旧》四首诗并序。据吴伟业的记录，卞玉京不愿见他还有个含糊的理由，就是"憔悴自伤，亦将委身于人矣"。如果是这样，她将嫁作他人妇，还不如各走各的路，免一分嫌疑。然而，四首序中又有"相遇则惟看杨柳，我亦何堪；为别已屡见樱桃，君还未嫁"的句子，可见，当时的情况似乎并非真到了罗敷有夫、江湖两忘的地步。不论如何，两人再次失之交臂。

次年春天，一身道袍的卞玉京带着女弟子柔柔携琴来访。一叶扁舟载着两人前往他们的初识之地横塘，暖风如他们初次见面时温和，清政权的占领也渐渐成了被接受的事实，人的内心多少受时节感染，变得平静温和。他们的重逢没有指责，没有怨怼，甚至没有过多的言语。不善言辞的卞玉京为吴氏操琴，一弹三叹，诉尽过往十年间的逃难经历：满清入关，下旨征召江南的歌妓乐工，卞玉京不耻沦为屠杀同胞的异族的泄欲工具，扮成道士化妆潜逃，过着流离失所、风餐露宿的生活。

当时座中还有不少别的客人，他们都是那场大动荡时期的经历者，听着卞玉京的诉说，无不泣下。这样的情景下，吴伟业写出了他最负盛名的诗歌之一：《听女道士卞玉京弹琴歌》。

这次卞玉京告辞后，吴伟业长途相送，他将去年写成的《琴河感旧四首》赠予玉京，还题了一首《临江仙逢旧》：

落拓江湖常载酒，十年重见云英，依然绰约掌中轻。灯前缭一笑，偷解砑罗裙。

薄幸萧郎憔悴甚，此生终负卿卿。姑苏城外月黄昏。绿窗人去住，红粉泪纵横。

这次重逢没有了任何希求和顾虑，只有不求索取的同情和理解。或许此时吴伟业有了拥有卞玉京的想法，可是此时他自身都难保全，又哪有力量去维护她。所以，此一别画下了二人情感纠葛的终止符。

大约两年后，卞玉京有过一次不如意的婚姻，因不得意，遂让柔柔代替了自己，自己乞身下发，在苏州出家当了道士，依靠年迈的名医郑保御生活。玉京"长斋绣佛，持戒律甚严"，并曾以针刺舌，花三年时间血书一部《法华经》以报恩人。郑保御死后，她一直隐居在无锡惠山。十余年后在贫苦中病逝，以道人身份葬于惠山柢陀庵锦树林。

吴伟业的结局要热闹许多。起初他选择归隐，顺治年间出山仕清，却因为党争落败被罢还。时人讥讽"钱牧斋、吴梅村、龚芝麓、陈素庵、曹倦圃为江浙五不肖，皆蒙面灌将人也。"耻辱混合着失败，吴伟业的下半生一直生活在悔恨自责之中。多年后，他留下遗嘱，自己的墓碑上只留下"诗人吴梅村"这个唯一的称号。

60岁后的一天，垂垂老矣的吴伟业踏着萧萧落叶，来到卞玉京的幕前。没有了事业的热望，赔光了道德、气节的他，站在她的墓碑前又一次感慨成章，写下了《过锦树林玉京道人墓并序》：

"离别沉吟几回顾，游丝梦断花枝悟。翻笑行人怨落花，从前总被春风误。""紫台一去魂何在，青鸟孤飞信不还。莫唱当时渡江曲，桃根桃叶向谁攀？"

此时此刻，长眠地下的卞玉京，在他心里是亲人，是爱恋，更是他曾经的绮梦，短暂的风景，用来拾捡记忆的书签。

秦淮八艳的爱情故事个个异彩纷呈，唯有卞玉京的故事最是说不清道不明。终其一生，她没有开诚布公地挑明自己的态度，吴伟业也没有一句承诺，然而，彼此却终生念念不忘，并且成就了那些多名篇。原本，他们有机会过神仙眷侣般的幸福生活，可幸福往往还需要选择和争取。当机会来临时，吴放弃了，卞没有坚持，所以，他们就只能远离快乐。然而，也正是这样的兜兜转转才让他们的爱情绵长。

作为旁观者，我们会恼怒吴伟业的懦弱，也会为卞玉京的退让而叹惜，可是，我们无权苛责在别人的故事里看到奇迹。但愿，当机会来临时，我们在自己的生活里不要推诿。

生不逢时：珍妃与光绪

  光绪皇帝应该是清王朝最郁闷的皇帝。四岁时被强行推上皇帝的位子，成为慈禧手中的牵线傀儡。可是光绪雄心并未泯灭，然而，他一生唯一一次可能翻身的机会——百日维新，也就是"戊戌变法"却在内外夹击下失败，自此以后他再也没有施展政治抱负的机会。假如慈禧先他而去，或许还有转机，可惜，老天连这个机会也没有给他。38 岁时，光绪在疾病的折磨中痛苦地死去，紧接着第二天慈禧死了。

  如果人真的地下有灵，遇到慈禧的魂魄时，光绪会是多么的悲哀！幸好，他的生命中出现过珍妃，否则，光绪的生命底色将是彻底的黑暗。

  光绪本名载湉，其父醇亲王是道光皇帝的第七子，咸丰皇帝的弟弟，他的母亲叶赫那拉氏是慈禧的妹妹，同治皇帝的堂弟，因此，光绪既是慈禧的侄子，又是慈禧的外甥。

  同治十三年十二月，也就是公元 1874 年，慈禧的独生子同治皇帝因患天花突然去世。由于同治没有儿子，又没有留下遗嘱，于是，慈禧太后压制了其他一切意见后，让年仅四岁的载湉入宫来继承皇位，成为清王朝的第 11 任皇帝，即光绪皇帝。

  慈禧让光绪这个小娃娃当皇帝，一来是因为此子与自己血缘关系极近，更重要的是找个儿皇帝，以便自己垂帘听政。这样，从四岁起，光绪就生活在无尽孤独之中，这让他从小心情抑郁，身体积弱，留下了难以治愈的病根。

  按照清朝祖上留下的规矩，小皇帝成人以后就有资格亲政了，但亲政必须在大婚以后。能力强的，十三四岁就可以亲政，比如康熙、同治。随着光绪年龄的增长，他的大婚和亲政日期逐渐临近，慈禧把大权交给光绪皇帝已不可回避。

  光绪十四年（1888 年），光绪已经 18 岁，大婚不能再拖了，慈禧给他选了一个皇后，也姓叶赫那拉，名静芬，是慈禧的亲弟弟桂祥的女儿，比光绪大三岁，我们一般称呼她为隆裕皇后。在那个早婚的年代，这位静芬姑娘年过二十居然尚未出嫁，可见是个困难户。从流传下来的照片看，这位皇后长得实在不漂亮，瘦弱驼背。光绪从定亲时就对这桩婚姻极为不满，但也无奈。

  这桩注定是个悲剧的婚姻从一开始就充满了不祥之兆。光绪十四年十二月二十五日深夜，迎娶皇后的必经之门太和门发生了一场大火。正应了这场预兆不祥的大火，光绪与隆裕两人一辈子生活上不亲、政治上不合。两人都是有脾气的人，你不迁就我，我不迁就你，连话都不说，只是当着慈禧太后的面或在别人面前装装样子。清代宫廷有个传统规矩，在每年腊月二十和正月初一、初二这三天，皇后有特权必须陪伴皇帝就寝，过了这三天皇帝才能召幸其他的妃子。据说光绪和皇后即使同寝也仍不同食，西太后为此没少犯愁，但也无计可施。

光绪十五年十二月，19岁的光绪举行大婚典礼，与皇后同时娶进门的还有两位妃子——瑾妃和珍妃，她们也是慈禧选的。二人是亲姐妹，都是户部右侍郎长叙的女儿，姓他他拉氏，镶红旗人。两人起初封为瑾嫔和珍嫔，后升为妃。

光绪只有一后二妃，而且都是慈禧选的，这在皇帝史上算是奇迹。看起来，他的感情生活将一事无成。然而，或许是上天不忍太过残忍，所以虽然让他政治上无能为力，却送来了活泼开朗的珍妃，使他的感情不至于也成为一片沙洲。珍妃和瑾妃虽然是亲姐妹，性情却大不相同。瑾妃相貌平平，生性脆弱木讷，珍妃却生性活泼、机敏。对于从小就生活在沉闷深宫之中的光绪来说，能够带给他快乐的人才是他喜欢的，宫内这样的人并不多。珍妃的出现就像一缕清风，让光绪耳目一新，所以，她很快吸引了孤独的光绪。

光绪宠爱珍妃的原因和过程并不复杂。起初，光绪并不喜欢她，一方面是出于对慈禧的抵触，另一方面，珍妃当时只有13岁，还是个孩子。珍妃从小生活在广东，性格热情奔放。另外，小姑娘也算是受过良好教育，老师是文廷式，对绘画、下棋都有涉猎，从今天留下来的照片来看，珍妃并不算绝色，但她肯定具有特别的气质，想来和光绪是有共同语言的。活泼的珍妃一进宫就犹如一块石子投入一潭死水，激起了光绪对未来的憧憬和热情。

珍妃是当时后宫中比较开放的一个女子，也比较能接受外来事物。最有代表性的就是拍照。当照相机刚刚进入中国的时候，人们都很惊慌，认为这玩意儿会把人的魂魄给摄走。再说，那时的照相机也真的很吓人，拍照时，随着"轰"的一声，发出刺眼的亮光，那阵势就会吓退很多人。因此照相机刚进入国内时，多数人都不敢拍照。珍妃却不怕，据说她拍了很多相片，还有很多是穿男装拍的。可惜这些照片已经看不到了，估计是被销毁了，销毁相片的人可能是慈禧也可能是后来当了太后的隆裕皇后，甚至有可能是在慈禧和隆裕皇后都死了以后拥有了一定权力的瑾妃。

吸引一个人，仅仅靠活泼和会下棋是远远不够的，更重要的是思想层次上的共鸣，特别是对光绪这种有点理想却又极端孤独的人来说，思想共鸣尤其重要。珍妃对年轻英俊（光绪是个帅哥）却又有无限忧郁的光绪不但有男女之间的爱情，也有一种油然而生的怜惜。她理解光绪的忧国的思想，并且支持他，这让孤独的光绪就像一个落水者捉住了一根救命稻草似的，再也不肯放开。

基于以上种种原因，大婚后，光绪专宠珍妃，度过了一生中较为轻松的时光。

起初，慈禧对聪明伶俐的珍妃也是喜爱有加，喜欢程度超过亲侄女隆裕皇后。可能是太顺了，小姑娘做起事来有点过头。她对皇后和姐姐一点也不谦让，还常常人前人后地讥笑她们。有一次，隆裕皇后想请老公光绪帮自己亲戚的忙，知道光绪不喜欢自己，就去求珍妃。结果珍妃不但不帮忙，还通过身边的太监嘲笑隆裕："有本事当皇后，就该有本事亲自去向皇帝求情。"

关于珍妃恃宠凌人的事，很多老太监老宫女都提到过。这样一来，难免引来隆裕皇后和瑾妃的不满。隆裕与光绪从一开始就不合拍，假如珍妃懂事，从中迂回，也会缓和他们的敌意，现如今，光绪的冷淡和珍妃的奚落，让隆裕和光绪成了死对头。在光绪与慈禧的帝后两党之争中，隆裕皇后不但始终站在西太后一边，而且还起到了忠实帮凶的作用。瑾妃自然也是嫉妒的，有哪个女人不恨夺走自己丈夫的女人，哪怕是亲姐妹也不可能。这从后来珍妃被投井时，她不出言相救可见一斑。

最终，珍妃引起了慈禧的不满，这可是致命的。

慈禧不喜欢珍妃有多方面的原因，一个重要原因是不能生育。慈禧刚开始还有喜欢珍妃的，甚至为了成全她和光绪生个孩子，特意把皇后、瑾妃带去颐和园避暑。可是即使如此，珍妃仍然怀不上孩子。那时候的人一般都认为怀孕的责任在女方，如此一来，慈禧对珍妃就有些讨厌了。当然，这还只是一丝不快而已。光绪二十年（公元1894年），恰逢慈禧大寿，为了庆喜，珍妃和瑾妃都升了一级，由嫔变成了妃。可见，慈禧对珍妃并没有太多的成见。

但是珍妃和瑾妃的妃子的头衔很快就被摘掉了，原因是珍妃"习尚奢华"。

从人品来讲，珍妃算不得贤妃，她仗着皇帝的宠爱，卖官鬻爵，从中谋取大笔银两。有一次，珍妃把四川盐法道的职位卖给了一个叫玉铭的人。这个职位相当重要，所以光绪皇帝亲自召见了他。当时光绪随口问了一个惯常的话："你以前在哪里当差啊？"玉铭张嘴就答："回皇上，奴才以前在木器行当差。"光绪让玉铭写自己的履历，没想到，这个玉铭大字不识一个，久久写不出来，惹得大臣们掩嘴偷笑，光绪愣在当场。此事被正直的大臣捅到慈禧面前，珍妃以前的所作所为都被扯了出来。于是，慈禧命人将珍妃扒去衣服进行杖打，打完后，慈禧吩咐：念在你年龄还小，免于从重处罚。在清朝的历史上，皇妃遭受这样的处罚还是第一次。光绪还有他的老师翁同龢都为珍妃、瑾妃求情，建议大事化小。但珍妃的倔脾气上来了，根本不管不顾，还在跟慈禧顶嘴，说自己今天所做的一切，都是在学慈禧。而且说破坏了祖宗家法，也是在学慈禧。这下慈禧愤怒了，她没有想到自己平日里喜欢的珍妃这么不给自己面子，一气之下决定从严办理，将珍妃从妃降为贵人，瑾妃因为是她的姐姐，无辜受累，一同被降。

生活奢侈到了极点的慈禧因为奢华处罚别人，这件事实在有些滑稽。

将珍妃降为贵人，光绪很不情愿，但也无能为力。由于晚清官场上卖官现象很常见，从皇帝到大臣都在卖，珍妃卖官并不显得更突出。所以，没过多久，光绪就恢复了珍妃的位子，瑾妃也重新成为瑾妃。光绪仍然和珍妃待在一起，皇后和瑾妃仍然失宠，慈禧也仍然过着奢侈的生活。

随着光绪对珍妃依恋的不断加深，慈禧对珍妃的厌恶也在不断地加深。在慈禧的眼里，珍妃敢和光绪走得这么近，并且在政治上旗帜鲜明地支持他，分明就是在和自己作对。因此珍妃经常受到慈禧的斥责，倒霉的瑾妃虽然没有得到光绪的宠爱，却一同被骂。

1895 年，清政府在甲午战争中惨败后被迫签订了丧权辱国的《马关条约》，光绪对此悲愤不已。面对全国人民的声讨，慈禧不得已，允许光绪进行改革。1898 年 6 月，光绪起用康有为、梁启超和谭嗣同等人进行了著名的戊戌变法。光绪当了这么多年傀儡皇帝后，终于有希望实现自己的理想，兴奋异常，珍妃也跟着他一起高兴。在进行变法的过程中，珍妃虽然不能给光绪提出什么实质性的建议，但是让光绪在忙碌之余得到了放松和鼓励。

但是这种日子仅仅过了一百零三天，慈禧因为无法忍受光绪变法的程度而发动政变，将光绪软禁在中南海瀛台。因为珍妃实际上已成为光绪政治上的女秘书，所以，她也被囚禁在紫禁城中的北三所，并且慈禧严禁二人见面。此时，慈禧已将珍妃看作势不两立的政治对手，欲置之于死地而后快。

1900 年，在珍妃被打入冷宫两年之后，八国联军占领了北京，慈禧仓皇挟持着光绪准备逃往西安。在出逃前，慈禧命人将珍妃推入安顺门内的水井淹死了，此井就是故宫中的珍妃井。由于这件事在正史中没有记载，所以当时的情况如何，以及是何人直接下的手，至今意见不一。一般的观点都认为是太监崔玉贵推珍妃下井的。至于珍妃死时的细节，流传最广的说法来自崔玉贵的回忆。根据他的回忆，当时的情况是这样的：

慈禧出逃前命人将珍妃提到面前，直截了当地说："洋人要打进城里来了，外头乱糟糟的，谁也保不定怎么样。你万一受到了污辱，那就丢尽了皇家的脸，也对不起列祖列宗。"说完扬着下巴，瞧也不瞧珍妃，静等回话。

珍妃愣了一下说："我明白，不会给祖宗丢人。"

慈禧说："你年轻，容易惹事！我们要避一避，带你走不方便。"

珍妃答："您可以避一避，可以留皇上坐镇京师，维持大局。"

这几句话戳了老太后的心窝子，慈禧当下翻脸，大声呵斥说："你死到临头，还敢胡说。"

珍妃说："我没有应死的罪！"

慈禧说："不管你有罪没罪，也得死！"

珍妃要求见皇上，慈禧冷冷地说，皇上也救不了你。说完命人把她扔到井里头去。就这样，崔玉贵和另一个太监王德环连揪带推，把珍妃推到贞顺门内的井里。珍妃自始至终嚷着要见皇上。最后大声喊，皇上，来世再报恩啦！而后香消玉殒。

一位名叫王祥的太监对当时的情况作了另一种回忆：

当时王祥只有二十几岁，他记得西太后换好了出逃的装束后，亲自率领瑾妃和御前首领太监崔玉贵、王德环到了宁寿宫，把珍妃从三所里提出来。

珍妃被提到西太后跟前后，战战兢兢，非常憔悴。王祥从门缝里只看到珍妃跪在西太后面前，哀求留她一条活命，口里不断地呼叫："皇爸爸，皇爸爸，饶恕奴才吧！以后不再做错事了！……"西太后气狠狠地呼喝："你去死吧！"然后接连喊叫快点动手。崔玉贵走上前去，把珍妃连挟带提地丢到井里去。珍妃临危前，还在呼唤"李安达！李安达！""安达"是对太监的尊称，这是珍妃呼唤李莲英，求他搭救她。崔玉贵因为害珍妃有功，被提升作二总管。

不论当时的真实情况怎样，总之珍妃被慈禧以相当残忍的手段杀害了。

珍妃被害之时，光绪并不在场，事后才得知珍妃的死讯。一年后，光绪和慈禧回到北京，光绪立即命人把珍妃的尸体打捞起来，并追封她为皇贵妃，将她葬在北京西直门外，后来又被葬于崇陵，与光绪葬在一起。

变法失败以及失去爱人的双重打击，让光绪一蹶不振，旧病复发，再也没有康复。珍妃死后，光绪又活了八年。在这八年中，光绪像一具行尸走肉，对于政治不再有兴趣，事实上慈禧也不容他有兴趣。生活上他一直孤独，对隆裕皇后和瑾妃均没有兴趣，一生无子嗣。光绪对皇后来问候非常反感。据说在光绪临死前的十多天，有一天隆裕皇后来请安，皇帝当即吩咐皇后"请跪安吧"。皇后装作没听见，没有退下。光绪连发两次话，皇后都不答理，光绪也不说话，站起身来去拽皇后的发髻，把皇后的一只玉簪子摔在地上。总之，光绪跟皇后斗气不斗嘴，就晾着她，皇后事实上守了一辈子活寡。

1908 年 11 月 24 日，光绪驾崩，结束了悲哀的一生，年仅 38 岁。第二天，慈禧也死了，光绪终于没有看到慈禧的死。

光绪自始至终是个悲剧人物，珍妃和他一样悲哀。他们得到了爱情，却没有得到幸福。两人的悲情让他们一直受到后人的同情，甚至忽略了他们本身的缺点。

珍妃之死，有政治原因，也有其自身的原因。她的缺点是显而易见的：恃宠凌人，不通人情世故，甚至以权谋私。如果她懂得收敛，结果或许不会那么惨烈。只能说，命运注定了光绪和珍妃的爱情要这样惨淡收场。

今天的我们无法苛责她，却可以从她的身上得到借鉴。评价历史不是为了批评古人，而是以史为鉴。抛开政治因素，珍妃的经历对于处理婆媳关系，以及如何处理与配偶其他家人的关系，都有一定的借鉴意义。